河北高校学报
特色栏目文库

陈 玉 总主编

贾建钢 主编

赵文化研究

燕山大学出版社
·秦皇岛·

图书在版编目（CIP）数据

赵文化研究 / 贾建钢主编． — 秦皇岛：燕山大学出版社，2024.2
（河北高校学报特色栏目文库 / 陈玉总主编）
ISBN 978-7-5761-0587-2

Ⅰ．①赵… Ⅱ．①贾… Ⅲ．①文化史－河北－文集 Ⅳ．① K292.2-53

中国国家版本馆 CIP 数据核字（2023）第 232717 号

赵文化研究

ZHAOWENHUA YANJIU

贾建钢 主编

出 版 人：陈 玉	责任编辑：张 蕊
封面设计：方志强	责任印制：吴 波
出版发行：燕山大学出版社	地 址：河北省秦皇岛市河北大街西段 438 号
邮政编码：066004	电 话：0335-8387555
印 刷：涿州市般润文化传播有限公司	经 销：全国新华书店

开 本：787mm×1092mm 1/16	印 张：22.25	字 数：400 千字
版 次：2024 年 2 月第 1 版	印 次：2024 年 2 月第 1 次印刷	
书 号：ISBN 978-7-5761-0587-2		
定 价：90.00 元		

版权所有 侵权必究

如发生印刷、装订质量问题，读者可与出版社联系调换

联系电话：0335-8387718

河北省教育厅人文社会科学研究重大课题攻关项目"河北省高校学报影响力提升路径研究"（项目编号：ZD202110）阶段性成果

总序:建设特色栏目集群　提升高校学报影响力

中国特色社会主义建设进入新时代,中华民族伟大复兴的历史重任,呼唤加快构建中国特色哲学社会科学。高校学报在我国出版传媒领域中是期刊方阵的重要组成部分,围绕提升学报水平和影响力开展深入研究,是构建中国特色哲学社会科学的内在要求。

2021年5月9日习近平总书记复信山东大学文科学报《文史哲》编辑部,指出"高品质的学术期刊就是要坚守初心、引领创新,展示高水平研究成果,支持优秀学术人才成长,促进中外学术交流"。贯彻新发展理念,学术期刊的高质量发展,应当为全社会的高质量发展提供知识支撑、发挥创新引领作用,就是要在新发展格局下,提升服务国家创新发展、服务全社会高质量发展的能力和水平,担当好学术期刊的使命。这正是我们开展相关研究的思想起点。

目前,河北省共有89种高校学报,在全省全部期刊中占比将近一半,在全国各省市自治区中排名第7,堪称学报大省,但是这些高校学报跻身北大核心期刊的仅有7种,与学报大省的地位很不相称,在京津冀区域社会经济、科教文化的协同发展中明显滞后,某种程度上已经成为河北省人文社会科学发展的短板,影响了河北省高校的学术形象。

高校学报存在的共性问题,往往来源于一校一刊、学科综合,使它们总体上陷入千刊一面、低水平重复,尤其是地方高校学报在评价指标面前处于竞争劣势。着眼未来发展,学报的稿源、作者、编辑人才以及引文率、发行量平均增长率、辐射范围等指标的数量与质量如何平衡,如何实现良性循环、可持续发展,高校学报界在不断地进行艰辛探索。

2021年,燕山大学主持申报的"河北省高校学报影响力提升路径研究"获得河北省教育厅人文社会科学研究重大课题攻关项目立项支持,同时得到河北大学、衡水学院、邯郸学院、河北民族师范学院等高校学报同行的热情响应,研究很快开展起来。

纵观国内外的相关研究,按期刊影响力辐射范围,可分为国内影响力研究和国际影响力研究。国内影响力的研究主要由国内权威的核心期刊评价机构的评价指标体系构成,即使用期刊影响因子、论文被引量、下载率、转载、摘编情况等要素来考察期刊影响力的指标现状、差异性和发展趋势等。国际影响力研究主要集中于科技类综合期刊和专业性期刊的探讨,有关外语类、双语类期刊和权威核心期刊的较多,社科类期刊的国际影响力研究成果相对较少。对于主体的研究,按照期刊影响力的人力资源构成,可分为以作者为核心的主体研究和以编辑、编委会在学术期刊影响力中发挥能动作用的主体研究。此外还有媒介和渠道研究、国家工程和项目资助研究、期刊评价微观方法研究、特色栏目研究等不同维度。在这些研究中,定性研究占比大,中心议题是围绕高校学报发展现状如何、面临哪些困境,是否需要转型以及转型的效果等,对转型的路径探讨大体上可归纳为特色化、数字化、专业化三条道路。

在上述已经开展的研究中,尤其值得关注的是特色名栏研究这个视角。

在当前学报管理体制尚不能进行变革的前提下,学界几乎将特色化发展视为学报走出困局的唯一方法,社科学报是其中的重点。刘曙光、张积玉、龙协涛、蒋重跃、余志虎、张媛、姚申等学者专家都倾向于认为,高校社科学报应该立足于本地区的历史文化优势,突出地方特色,精心设计特色栏目,在教育部"名栏工程"以及全国高等学校文科学报研究会"特色栏目"评选的推动下,更多的期刊界同仁应当将打造特色栏目作为高校社科学报特色化转型的路径选择,普通高校社科学报通过打造特色栏目形成鲜明的个性文化,是打破"千刊一面"的生长点,既有特色又有水平是高校社科学报特色栏目建设的目标,打造高校社科学报特色栏目是保持高校社科学报的竞争力和提升社会影响力的重要举措,高校社科学报专业化、特色化是综合性文科学报走出困境的唯一道路,高校社科学报应该向集约化、专业化、联合办刊、栏目共建、内涵式发展方向努力,发挥学科优势、地域特色和历史传统,坚持个性化发展,有所为有所不为,必须立足于本校学科优势、地域特色和历史传统,制定科学的评价体系,鼓励个性化办刊。

我们的课题组受到启发,聚焦于特色栏目研究视角,从这个角度切入,展开了学报特色化、专业化研究,目标是以研究特色栏目为中心,分析河北省高校学报的现状、学报评价机制存在的问题,探索提升河北省高校学报影响力的路径。通过研究特色栏目所体现的学报传播方式,推动突破核心期刊至上的学报思维定势、评价模式,转变以刊评文的惯性思维,巩固学报的应有地位,建立更加科学、合理的学报评价体系,为破除"唯核心"的期刊评价体系提供新的评价思维和指标,引领学报转变发展模式,走特色发展之路。

所幸河北省高校学报在打造特色栏目方面已经具备了较好的基础,经过多年辛勤建设,现在拥有"宋史研究""董仲舒与儒学研究""赵文化研究""典籍翻译研究""避暑山庄研究"等约20个特色栏目,已经形成了一个以特色栏目为核心的期刊群,在学报界令人瞩目。这些特色栏目以地域和学科优势为支撑,做到了"人无我有,人有我强",成为学报的支柱性学术高地。壮大特色栏目群,与高校双一流建设同向同行,将是河北省高校学报走出困局、提升影响力的一个突破口,同时也正在形成一个相关的学术共同体。

英国科学家和哲学家坡朗依在《科学的自治》一文中首先提出科学共同体概念,指出学术共同体是从事科学研究的主要阵地和重要载体。学术共同体是学报开展学术交流和学术评价必须把握的关键性的互动关系。构建学报的学术共同体是主客体相互统一的过程,能够统筹人力资源、学术与文化资源、传播渠道、受众需求等各个要素,优化出版方式。

为凸显河北省高校学报社科特色栏目作为学术共同体形成的集群化特征,本课题组策划组织编纂了这套"河北省高校学报特色栏目文库",以突出展示河北省高校的学术成果,催生河北省高校学报特色栏目的集群效应,希望对学报界具有一定的示范意义,积极引领学报的发展。

这套文库由陈玉教授总体设计、全面把握,由一批长期主持特色栏目、经验丰富的一线学报编辑亲自主编,精选河北省5家高校社科学报

特色栏目发表的高质量、有影响的论文,分别汇编集成。首辑共收录5个分册:

《燕山大学学报(哲学社会科学版)》编辑董明伟精选"典籍翻译研究"栏目的代表性论文,主编《典籍翻译研究》;

《河北大学学报(哲学社会科学版)》编辑卢春艳精选"宋史研究"栏目的代表性论文,主编《宋史研究》;

《衡水学院学报》编辑曹迎春精选"董仲舒与儒学研究"栏目的代表性论文,主编《董仲舒与儒学研究》;

《邯郸学院学报》编辑贾建钢精选"赵文化研究"栏目的代表性论文,主编《赵文化研究》;

《河北民族师范学院学报》编辑王明娟精选"避暑山庄研究"栏目的代表性论文,主编《避暑山庄研究》。

编选出版一个省的高校学报特色栏目文库,这在全国尚属新鲜的做法。今后有条件的情况下,我们还将继续拓展补充收录更多的专栏文集。燕山大学出版社对该文库的组稿出版给予指导与支持,感谢出版社的各位编辑用精细严谨的工作与学报编辑们联手为读者呈现了这套颇具专业性的学术研究合集。

甲辰龙年伊始,诚愿以"河北省高校学报特色栏目文库"为龙头,引发河北省高校学报加快提升影响力的思考与行动,促进其有力推动社会经济、科教文化的发展,奋力向着建设成为学报强省的愿景进发!

"河北省高校学报影响力提升路径研究"课题组主持人
燕山大学教授、博士生导师
陈 玉
2024年2月于燕园

序　言

　　赵文化是中华文化的主干文化之一。赵人荀子是战国末期最后一位儒学大师,诸子百家集大成者,史称"后圣",和圣人孔子、亚圣孟子并称"孔孟荀",共同构成儒家核心思想。赵文化博大精深,源远流长,深入开展研究具有重大的历史意义和现实意义。

　　赵文化拥有独具特色的文化内涵。赵文化是赵国赵地文化的简称,是以战国时期的赵国为核心形成的一种区域文化。广义的赵文化还包括赵国建国之前的赵氏文化和秦汉以降的赵地文化,如曹魏邺文化、女娲文化、宋代磁州窑文化、清代太极文化等。邯郸作为战国时期赵国都城长达158年,涌现出赵武灵王、公孙龙、慎到、荀子、平原君、廉颇、蔺相如等一大批政治改革家、思想家、军事家,留下《荀子》《公孙龙子》《慎子》等影响深远的经典著作,积淀了丰富深厚的文化资源。大家熟悉的邯郸学步、价值连城、完璧归赵、毛遂自荐等成语典故均出自邯郸。

　　《邯郸学院学报》从1991年开始刊发研究"赵文化"的学术文章,1998年正式设立"赵文化研究"专栏,20多年来,在学术界广受关注和赞扬,受到《人民日报》《光明日报》《科学时报》《新华每日电讯》《中国史研究动态》《北京日报》《管子学刊》等报刊的好评。多篇文章被《新华文摘》《中国社会科学文摘》《光明日报》《全国高等学校文科学术文摘》《人大复印报刊资料》《北京大学学报》等刊物转载、转摘。被载入《共和国期刊60年》,是河北高校学报中唯一入选的特色栏目。在全国高校文科学报和河北省高校学报评比中,"赵文化研究"专栏连续11次荣获特色栏目奖,为邯郸学院升本,学位评估,审核评估,获批国家社科基金项目(赵文化研究)、省级重点发展学科(赵文化方向)和省级哲学社会科学研究基地(赵文化)等工作作出了独特贡献。

经过多年精心打造和持续发展,"赵文化研究"专栏在2014年成功入选教育部名栏建设工程,成为有全国影响力的文化品牌,得到学术界广泛关注。至今累计刊发论文300余篇,260余万字,内容涉及政治、哲学、经济、军事、历史、地理、文化、民俗、人物等诸多领域。2024年中共中央宣传部办公厅公布了首批哲学社会科学期刊重点专栏建设名单,"赵文化研究"专栏成功入选。想要了解赵文化就必看《邯郸学院学报》"赵文化研究"专栏。正如《光明日报》指出,《邯郸学院学报》已成为赵文化研究的主要阵地。"赵文化研究"专栏发表了一批名家名稿,回答了赵文化研究中的一系列重要问题。如著名历史学家、清华大学李学勤教授《赵文化的兴起及其历史意义》一文,回答了赵文化的精神和特点问题;著名哲学家、中国社科院荣誉学部委员庞朴先生回答了如何正确评价公孙龙的学术地位问题;著名考古学家、中国社科院学部委员刘庆柱先生回答了邯郸赵王故城在中国官城建筑史上的历史地位问题;红学大师周汝昌先生回答了《红楼梦》和赵国和氏璧(宝玉)、邯郸女娲文化(十二钗)的关系问题。《邯郸学院学报》依托"赵文化研究"专栏,历年主办、合办高水平赵文化研究、荀子研究等国际、国内学术研讨会15次,先后出版了《赵文化研究》《赵文化与华夏文明》《多视角的赵文化研究》《荀子思想研究》《荀子研究的回顾与新探索》《荀子与儒家外王之道》《荀子思想与道统重估》等7部研究论文集。

2014年10月20日至21日,由邯郸学院、中国秦汉史研究会联合主办的中国·邯郸"汉代赵国与邯郸文化"国际论坛在邯郸学院举行。2015年9月19日至20日,由世界中华文化研究会总会、中国先秦史学会、邯郸学院主办的"世界中华文化研究会第二届大会、中国先秦史学会第十届年会暨荀子与赵文化国际学术研讨会"在邯郸学院隆重举办。2018年4月20日至22日,由中国先秦史学会、全国高校文科学报研究会、清华大学出土文献研究与保护中心与邯郸学院联合举办的"新时代赵文化研究暨高校学报名栏建设"学术研讨会在邯郸学院隆重举行。会后大部分优秀论文先后在《邯郸学院学报》发表。

本书从"赵文化研究"专栏发表的论文中遴选出30篇结集出版。

该文集分为三部分：

第一部分为"先秦赵文化研究"，共收录15篇论文。其中，清华简中《系年》《赵简子》与赵国史研究成为当年学界研讨的亮点和热点，谢耀亭《清华简〈赵简子〉拾零——兼论其文献学价值》、冯小红《由清华简〈系年〉所见赵襄子至赵献侯世系新说》可为代表。其他文章则讨论了先秦赵国政治制度、军事、地理、人物等问题。

第二部分为"赵国思想家研究"，共收录5篇论文。这部分主要讨论了荀子的思想，其中，东方朔《"无君子则天地不理"——荀子思想中作为政治之理想人格的君子》一文，认为学者对荀子君子观念的研究大都把注意力放在作为道德之理想人格的层面上，而对于作为政治之理想人格的君子观念则措意不足。在荀子思想中，作为政治之理想人格的君子既是道德的楷模，也是理想的社会秩序和公道世界的设计者、承担者和完成者；同时，荀子的君子观念也将儒家的精英政治思想发展到了一个新的高度。

第三部分为"秦汉赵文化研究"，共收录10篇论文。这部分主要讨论了秦汉时期赵国的政治军事、徭役制度、土地制度、学术思想等。其中，赵国华《秦汉之际的赵国》一文，认为秦汉之际，在以邯郸、信都为中心的赵地先后出现了四个赵国：武氏、赵氏、张氏和刘氏赵国。这些赵国的兴亡过程反映出这一时段的历史特点，即在"秦失其鹿"的大背景下，从群雄竞逐到六国复兴，从分封异姓王到改立同姓王，重建君主专制和中央集权的帝国体制；同时表明赵地以特殊的战略地位成为各种政权争夺的焦点，这些赵国因陷于各种政治旋涡，都无法摆脱勃兴倏亡的命运。臧知非《战国秦汉赵地学术特征探微》一文，认为司马迁和班固就民众行为特点对战国秦汉时期赵地的文化特点作出概括，这仅仅是赵地文化的一个层面。从学术史的角度，从学术生成的地域性特征考察赵地文化则可以获得新的认识。荀子之学、吕不韦的思想、董仲舒之学均植根于赵地或者与赵地有着直接的关联,"综合"是其共同的学术特征,从一个侧面说明"综合"是赵文化的历史属性。

  以上我们从不同的学术视角,对本书选取的若干篇论文进行了简介,挂一漏万,更加详细充分的精彩论述和解读认识,还需要读者仔细研味、理解和商榷。

贾建钢

2024 年 2 月

目 录

【先秦赵文化研究】

赵武灵王"胡服骑射"在中华文化史上的价值 ………………………… 马执斌（1）
廉颇家族世系考论 …………………………………………………… 范文华（11）
赵国官制渊源再探 …………………………………………………… 秦进才（20）
赵国的将相分离问题 ………………………………………… 邵育欣，杨丽丽（39）
有关秦赵长平之战的几个问题 ……………………………………… 张广志（53）
秦赵博弈与战国后期的历史发展 …………………………………… 林献忠（61）
从长平之战坑杀降卒看军事规律的蜕变 …………………………… 田旭东（66）
赵国历史地理研究综述 ……………………………………………… 张龙凤（74）
赵都邯郸故城考古新发现与探索 …………………………………… 乔登云（81）
从赵长城的修筑看战国秦汉长城的双重功能 ……………………… 王绍东（97）
赵国武城戈及其地望辨析 …………………………… 张润泽，范文华，黄 楠（107）
清华简《赵简子》拾零
　　——兼论其文献学价值 ………………………………………… 谢耀亭（115）
从清华简《赵简子》论春秋贵族家族中的"师保傅母" ……………… 雷鹄宇（125）
由清华简《系年》所见赵襄子至赵献侯世系新说 …………………… 冯小红（131）
由清华简载梦谈先秦赵氏梦文化渊源问题 ………………………… 吕庙军（136）

【赵国思想家研究】

"无君子则天地不理"
　　——荀子思想中作为政治之理想人格的君子 ………………… 东方朔（143）
礼教的信念机制：《荀子·礼论》生存分析 …………………………… 邹晓东（169）
"性朴"即是"性恶"
　　——儒家视域下的荀子人性论之衡定与重构 ………………… 曾暐杰（190）
荀子的"王道"观念 …………………………………… 康香阁，贾建钢（208）
《公孙龙子》新解 ……………………………………………………… 杨菊生（215）

【秦汉赵文化研究】

秦汉之际的赵国 ··· 赵国华（237）
秦朝末年影响赵国政局的进言与纳谏
　　——以《史记·张耳陈馀列传》为中心的考察 ················ 王文涛（248）
汉代初期赵国政治管辖权的争夺及其影响 ······················ 阎盛国（257）
西汉窦太后的黄老思想与赵文化 ······················ 吴小强，张铭洽（265）
汉武帝时期的"赵蛇"之谶解析
　　——兼论汉代画像中的"蛇"形象 ································ 宋艳萍（274）
战国秦汉赵地学术特征探微 ··· 臧知非（284）
赵国土地制度与《二年律令·户律》的关系 ······················ 王彦辉（294）
肩水金关汉简的赵地戍卒 ··· 黎明钊（300）
边地商人与西汉初期的赵地叛乱研究 ······························ 张　功（321）
东汉初年赵国的重建及其意义 ··· 张盼盼（331）

【先秦赵文化研究】

赵武灵王"胡服骑射"在中华文化史上的价值

马执斌

  战国是古代中国社会的转型时期。随着封建领主经济向封建地主经济的转变,上层建筑势必要调整。战国时期各国相继进行的变法活动,正是适应当时经济变化而出现的政治改革。在战国七雄的政治改革中,赵武灵王"胡服骑射"独具特色。赵武灵王的改革,纠正了"贵华夏,贱夷狄"传统观念的偏见,突破传统的"夷夏之防",积极、主动地把北方夷狄游牧民族的优良传统文化推广到内地,谱写了中原华夏向北方夷狄学习的新篇章,促进了民族融合,为夷夏相互学习,取长补短,共同进步,树立起千秋典范,在中华文化发展史上有重要价值。

  中华民族迈进文明的门槛是从夏朝开始的。夏朝是禹在约前2070年创建的。《初学记》卷九引皇甫谧云:"自禹至桀,并数有穷凡十九王,合四百三十二年。禹一,启二,太康三,仲康四,相五,羿六,寒浞七,少康八,抒九,槐十,芒十一,泄十二,降十三,扃十四,廑十五,孔甲十六,皋十七,发十八,桀十九。"[1]430 夏朝起初定都阳城(今河南登封东南告成镇),以后多次迁都,曾迁至帝丘、原、老丘、西河等地,但始终以黄河中下游地区为统治中心。夏时的方国有过、寒、商、缯、英、六巢、扈等,四裔的部族有莱夷、九夷、三苗、熏育等。在夏朝十九位王中,羿和寒浞都是夷人。《春秋左传·襄公四年》记载:"昔有夏之方衰也,后羿自鉏迁于穷石,因夏民以代夏政。"[2]271《史记·夏本纪》也说:"帝太康失国。""集解"引孔安国曰:太康"盘于游田,不恤民事,为羿所逐,不得反国"。[3]85 后羿失德,被寒浞取代。经过仲康、相至少康中兴,"复禹之绩,祀夏配天,不失旧物"。[2]547 可见夷族在相当长的一段时间

[作者简介] 马执斌(1946—),男,回族,北京人。人民教育出版社编审、课程教材研究所研究员,曾任中国教育学会历史教学专业委员会常务理事兼秘书长。

里取代夏族统治天下。《竹书纪年》中有多条夷夏关夷的记录,如:"(帝相)元年,征淮夷。二年征风夷及黄夷。"[4]5"后少康即位,方夷来宾。"[4]7"后发即位,元年,诸夷宾于王门,再保庸会于上池,诸夷入舞。"[4]14这些记载说明夷夏概念从起初反映的就是在夏朝势力范围内的族际文化关系。

上古三代夏、商、周,如果从族系发展的角度看,各有来源:"禹生于西羌"[3]686,亦即蜀地羌人居住的区域,夏人原属于西羌集团;商人来源于东夷集团,起初臣属于夏;周人兴起于西北,属于戎狄集团,先后为夏商西部的方国。这三者之间曾经存在长期独立并存关系。如果从建立中原王朝的角度看,商汤西上灭夏,周武王东进克商,这三者呈现先后承继的关系。然而,他们原本都不是中原地区的土著居民。夏、商、周三种文化,经过夏、商、周三个朝代的互渗交融,特别是"小邦周"灭掉"大邑商"后,西周统治者积极吸收夏、商文化精华,制礼作乐,使周文化具有兼容并包的性质。那时候,原来的夏人、商人和周人都可以称为夏人。孔子是商族后裔,血统属于东夷。他曾深有感慨地说:"周监于二代,郁郁乎文哉,吾从周。"[5]68可见这些进入中原地区的蛮戎夷狄人都夏化了。夏人居住的地区在华山脚下,这里土著居民早在仰韶文化以来就以玫瑰花图案为族群标志,因此称华人。在西周时期,由于对三代文化的认同,接受中央王朝分封的各诸侯国便称"诸华"或"诸夏",合称则为"华夏"。由此可见,华夏是蛮夷戎狄的先进部分和华山脚下的土著居民在中原地区经过上古三代交流融合的产物。

"华"字在甲骨文中是象形字,像盛开的花朵。盛开的花朵是华的本义,后又引申为光彩、光辉的意思。"夏"字在甲骨文中是会意字,由三部分构成,从上到下依次表示头颅、双手、双脚,像一个威武高大的人。高大是夏的本义。进入中原后夏化的蛮戎夷狄人自称"华夏",带有十足的褒义。而蛮、戎、夷、狄四字,起初也没有贬义。夷和戎两字无贬义是显而易见、众所周知的。中国古代对居住在北方的少数民族,统称"狄"。金文狄字有犬旁,是因为狄人普遍蓄犬,有使犬习俗。犬是象形字,在甲骨文和金文中,犬字都像狗的样子。犬的本意指猎狗。春秋时期齐国正卿晏婴说:"今夫胡貉戎狄之蓄狗也,多者十有余,寡者五六。"[6]50犬是人类的朋友,帮人狩猎警卫,上古之人对犬多有好感。以习俗区分族类是古人惯用的方法,延续到清代,人们还称北方的民族为"使犬部",这并无贬义。在古籍中,狄字常用同音字"翟"替代。翟是会意字,由羽、隹组合而成。翟的本意是长尾野鸡。雄性野鸡的尾巴长,羽毛多为赤铜色或深绿色,很美丽。古人用翟尾作装饰品或舞蹈道具。翟也没有贬义。中国古代对居住在南方的少数民族,统称"蛮"。西周青铜器虢季子白盘中"蛮"字,当中是言,两旁为丝,并无虫旁,说不上把人贬作与爬虫同类。孟子说:"南蛮鴃舌之人。"[5]300 意思是"南方少数民族语言难懂。"创造"蛮"字的本意是说南方人的语言,像束丝一样,绕过来绕过去,让人难明白。这是反映客观实情,绝无贬义。

自然地理、气候环境是人类赖以生存发展和创造文化的物质基础。中原地区相对优越的自然地理、气候环境,无疑对于周边四夷有持久、强大的吸引力。夏夷分野一旦形成,为争夺中原,两者之间的较量和势力消长也随之而来。《尚书·尧典》就有"蛮夷猾夏"[7]246 的记述。从西周中晚期起,周室式微,四夷不断侵扰中原。前770年,犬戎攻破镐京,在骊山下杀死幽王,迫使太子宜臼东迁洛邑,称平王;西周遂亡,东周开始,中国历史进入春秋时期。

夷夏概念出现于夏代,但从那时起至西周中期,夷夏关系尚未形成完整的思想体系,夷夏之辨并不严格,严格的夷夏之辨是从春秋开始的。当时的局面是"南夷与北狄交,中国不绝若线"[8]2249。面对这种态势,中原大国便举起"尊王攘夷"的旗号,来团结诸夏,抵御戎狄,借保卫中原先进文化的名义,争霸天下。诸夏滋生了民族歧视心理。襄赞齐桓公完成首霸事业的管仲说:"戎狄豺狼,不可厌也;诸夏亲暱,不可弃也。"[2]71 在管仲看来,夏与夷,非但有主从之分,而且有尊卑之别,他甚至将夷狄视为野兽。从此,蛮、夷、戎、狄都带上贬义,华夏人已经把流淌在自身血液里蛮、夷、戎、狄的基因忘得一干二净。

根据攘夷的需要,华夏思想家设计出一张理想的民族分布图:正中为王畿,其外围是华夏诸侯,再外围则是四夷。所谓"四夷",按照《礼记·王制》的说法:"东方曰夷""南方曰蛮""西方曰戎""北方曰狄"[8]62。这种依文化高低区分的夷夏民族分布图,其目的是强调夷夏之间的文化差异。夷夏之辨、夷夏之防由此而生。

《史记·管晏列传》说:"齐桓公以霸,九合诸侯,一匡天下,管仲之谋也。"[2]2131 孔子称赞管仲,说:"管仲相桓公霸诸侯,一匡天下,民到于今受其赐。微管仲,吾其披发左衽矣。"[5]168 倡导"仁"学的孔子虽然没有像管仲那样视夷狄为野兽,但是孔子称赞管仲的言论依然透露出其贵华夏,贱夷狄的思想。在夷夏关系上,孔子主张"裔不谋夏,夷不乱华"[2]537。这一方面反映出春秋晚期中原诸夏大体完成尊王攘夷任务,试图维持民族关系既成格局的诸夏小国贵族的心态,另一方面反映出孔子对夷夏之辨的严守。私淑孔子的孟子在夷夏关系上进一步提出"吾闻用夏变夷者,未闻变于夷者也"[5]300,设置了夷夏之大防。从此,夷夏之辨成为儒家文化的传统,信奉尊王攘夷、坚守夷夏大防、主张以夏变夷者,可谓代代不乏其人,甚至成为传统国策,被后世汉族建立的封建王朝所遵循。夷夏之辨在历史上对中国的发展产生了巨大而深远的影响。

夷夏之辨,亦称"华夷之辨",其实质是文化之辨。区分夏与夷的标准是文化高低,而不是种族的同异和地域的差别。代表当时文化最高水平的是诸夏实行的周礼,所以是否实行周礼便成为判断夏与夷的标志。文化可以提升,也可以沉降,因此夷夏可以互相转化。《国语》说:"有夏虽衰,杞、鄫犹在。"[9]54 作为夏之正宗的杞,到春秋时期因靠近东夷,受东夷熏染,采用夷礼,于是被诸夏贬称为夷。《左传·僖公二十三年》断然判定:"杞,夷也。"[2]112 所以杞成公卒,《春秋》记载只称"子",而不记载其名字,因为鲁国与杞国没有同盟关系。凡是有同盟关系的诸侯,死后讣告上载名字,《春秋》才如实记载,这是合乎周礼的。相反,《左传·僖公二十一年》记载:"任、宿、须句、颛臾,风姓也,实司太皞与有济之祀,以服事诸夏。邾人灭须句,须句子来奔,因成风也。成风为之言于公曰:'崇明祀,保小寡,周礼也。蛮夷猾夏,周祸也。若卦须句,是崇皞、济而修祀纾祸也。'"由此可见,须句原本属夷,因"服事诸夏",文化得以提升,便被视为夏了。孔子修《春秋》:"诸侯用夷礼则夷之,进于中国则中国之。"[10]288 孔子正是以周礼为标准,严格区分夷与夏的。

那么,如何评价夷夏之辨呢?笔者认为,夷夏之辨对中国发展的影响,既有积极的一面,又有消极的一面。

中国一面临海,三面环山,成为一个相对独立的地理单元。这种地理环境造就了古代先进的中国人以"天下"和"四海"的概念来构想世界格局。他们设想自己生活在四海之内,天下之中,由中而外,依次是:京师、诸夏、四夷。华夏与四夷分立是天下基本模式。这种世界格局,为古代中国长期坚持大一统的政治理想奠定了基础。《公羊传》僖公四年解诂云:"桓公先治其国,以及诸夏,治诸夏以及夷狄,如王者为之。"[8]2249 这是为实现大一统而设计的由内及外、由近而远,推行王化的策略。它向人们展示出从夷夏有别过渡到夷夏一家,实现大一统政治理想的演进过程。《春秋》严夷夏之辨,为实现大一统的政治理想树立起一面以先进文化为主导促进民族融合的大纛。这种观念促成一种凝重执着的民族凝聚力和向心力。到战国时期,华夏文化已经成为列强普遍认同的主体文化,原来被视为蛮夷的秦楚两国,跟三晋、燕、齐并列七雄,同称中国与华夏,由此奠定了中华民族多元一体的格局,为秦汉封建统一国家的形成、确立打下坚实的基础。正是这种凝重执着的民族凝聚力和向心力,使华夏文明的优秀传统数千年绵延不绝,在世界民族之林中创造出"一株独寿"的奇迹。

然而,夷夏之辨也存在偏执的问题。首先,孔子贵华夏而贱夷狄的思想就不公正。这种观念否定了民族的平等性和交融性,为大汉族主义的滋生提供了温床,为民族融合设置了障碍,延缓了中华民族整体文化素质同步提高的进程。各民族文化的先进与落后从来都是相对的,不是绝对的。任何一个民族的文化都不可能永久走在其他民族前面,更不可能在所有方面走在其他民族前面。举例来说,春秋时期楚国被华夏诸侯视为蛮夷,楚国也自称蛮夷。楚武王熊通灭权国,首创由楚王直接派官员管辖县级地方政权机构。这一变革比周朝的分封制度进步,在中国政治制度建设史上是一大创举。这个创举从秦朝起被以后历代封建王朝所采用。其次,孔子以华夏衣冠服饰为标准,鄙视蛮夷"被发左衽",就更没道理。这里有必要指出,"被发"容易引起人们误解,以为是头发"不梳拢像野人一样",刘兆伟先生在《论语通要》中就是这样解释的。[11]324 其实,"被发"完全可以梳理得整整齐齐。相传梳篦发明于炎黄时代。1959 年,山东泰安大汶口出土过回旋透雕象牙梳,距今已有 4500 余年,正是炎黄时代的制品。可见,先民很早就讲究梳理头发了。"被发"不等于头发散乱。时至今日,不是还有人留披肩发吗? 人们的装束模式跟居住地域的自然环境有很大关系。江南水乡,潮湿炎热,人们"被发",易洗涤,好散热;河北陆国,干燥寒冷,人们"束发",易戴冠,好保暖。"被发"和"束发",同样反映出蛮夷与华夏不同族群适应自然地理环境的生存智慧,从文化角度看,难分高低。至于"左衽"或"右衽",跟不同民族"尚左"或"尚右"的习俗有关系,很难说"左衽"就落后,"右衽"就先进。时至今日,我国生产的服装仍有左衽衣。如果说左衽衣服落后,那为什么要生产落后的衣服呢? 孔子贵华夏而贱蛮夷的思想,实属文化偏见。

孟子继承孔子贵华夏而贱夷狄的错误思想,进一步提出:"吾闻用夏变夷者,未闻变于夷者也"[5]300,更是错上加错。因为民族融合从来都是双向交流、彼此互动的,只有不断地取对方之长,补自己之短,才能交融共进。孟子只承认"用夏变夷",不承认"变于夷者",这种思想不符合中华民族和中华文化发展的实际情况。我们承认,在数千年中华民族和中华文化发展史上,华夏文化在总体上处于领先地位,是四夷效法的榜样,引领四夷进步。华夏文化之所以能够长久处于领先地位的奥秘,就在于它以博大的胸怀,兼收并蓄,不断地吸纳四夷的优秀文化,充实壮大自身,使自身枝繁叶茂,永葆青春。秦汉是我国封建大一统国家形成、确立的时期。秦汉在政治制度上采用的郡县制是从楚国蛮夷那里学来的,军事制度上的骑兵建置是从北方夷狄那里学来的。在农业生产上,北方黄河流域种粟,南方长江流域种稻。西汉后期记述北方耕作技术的《氾胜之书》设专章介绍种稻方法,反映出北方向南方学习种稻的信息。《后汉书·张堪列传》记载:东汉初年,渔阳太守张堪引潮白河水,在"狐奴(北京顺义)开稻田八千余顷"。这是北京地区种稻最早的确切记录。孟子只承认"用夏变夷",反对"用夷变夏",在夷夏之间构筑起一道堤防。就中国内部来说,这道堤防既堵塞了华夏文化吸收蛮夷文化精华,永葆青春的途径,又因鄙视蛮夷文化,加剧了民族隔阂,延缓了中华民族整体文化素质同步提高的进程。

在战国时代,儒家是显学,主张"用夏变夷",反对"用夷变夏"是社会的主流意识。前307年,赵武灵王发动改革时,孟子尚在,改革从衣冠服饰入手,这就更增加了难度。因为衣冠服饰是区别族属的显著标志。儒家讲究礼乐制度,衣冠服饰是礼乐制度的重要内容。颜渊问怎样治理国家,孔子回答:"行夏之时,乘殷之辂,服周之冕,乐则韶舞。"[5]180 儒家鼻祖孔子把坚守西周衣冠服饰制度提高到治国平天下的高度。周代尚赤,齐桓公好服紫,一国尽紫。孔子愤怒地声讨:"恶紫夺朱!"齐桓公更改服色,竟引起孔子愤怒声讨。那么,赵武灵王要更改服制,"用夷变夏",其阻力之大可想而知。

孔子曾对鲁哀公说:"丘少居鲁,衣逢掖之衣。长居宋,冠章甫之冠。丘闻之也:君子之学也博,其服也乡。"[7]238"衣逢掖之衣",即穿腋下肥袖的衣服。"冠章甫之冠",即戴圆顶的礼帽。"其服也乡",即穿装随乡俗。由此可见,当时中原华夏人穿肥袖深衣,戴圆顶礼帽。《礼记》对深衣有专门记载:"古者深衣,盖有制度。以应规、矩、绳、权、衡。短毋见肤,长毋被土。续衽,钩边。要缝半下;袼之高下,可以运肘;袂之长短,反诎之及肘;带,下毋厌髀,上毋厌胁,当无骨者。制:十有二幅,以应十有二月。袂圜以应规,曲袷如矩以应方;负绳及踝以应直;下齐如权衡以应平。故规者,行举手以为容;负绳、抱方者,以直其政,方其衣也。……故可以为文,可以为武,可以摈相,可以治军旅,完且弗费,善衣之次也。"[7]235-236 华夏服饰文化底蕴确实深厚,难怪儒家盛赞中原诸夏为"衣冠之国"。中原华夏,地势平坦,素重车战,将士穿肥袖深衣的军服对于战斗尚无大碍,但在崎岖凹凸的山谷中,战车无法驰骋,不如骑兵机动灵活。反观胡服,窄袖短衣,合裆长裤,武冠具带,短靿皮靴,敏捷灵动,便于骑射,不仅适于山地作战,而且适于平原作战。与胡服相比,夏服既浪费衣料,又有碍于四肢活动,明显笨拙。从这个意义上说,夏服不如胡服先进。

赵国偏居中原北部,与赵国毗邻的林胡、楼烦、中山和东胡,都是北方精于骑射的少数民族。前325年,怀揣强国梦的赵武灵王即位。可他统兵每与齐、秦、中山交战,林胡、楼烦、东胡总会乘机侵扰,迫使赵军几处分兵,疲于应付,而且三胡骑兵进则迅猛,退则迅捷,使用传统战车的赵军既难以设防,又无法追击。长此下去,势必危及社稷。严酷的现实,让赵武灵王认识到胡服骑射的优势,于是产生效法"胡服骑射"的构想。

可是要让举国上下脱掉夏服,穿着胡服,看似简单易行,只不过是一脱一穿的举手之劳,其实不然。服饰的突变,必然会在人们心理上引发激烈震荡,从而产生反感、抵触,甚至抗拒。前307年春,赵武灵王大朝信宫,对群臣说:"我先王因世之变,以长南藩之地,属阻漳、滏之险,立长城,又取蔺、郭狼,败林人于荏,而功未遂。今中山在我腹心,北有燕,东有胡,西有林胡、楼烦、秦、韩之边,而无强兵之救,是亡社稷,奈何?夫有高世之名,必有遗俗之累。吾欲胡服。"[3]1086 这是赵武灵王第一次坦露心声。他表示自己欲完成先王未遂的事业,面对强敌环伺的形势,处在社稷存亡的危急关头,只能变革图强!而变革首先从胡服入手。然而,当时只有楼缓赞成,"群臣皆不欲"。

于是,赵武灵王召重臣肥义商议。他对肥义说:"'夫有高世之功者,负遗俗之累;有独智之虑者,任骜民之怨。今吾将胡服骑射以教百姓,而世必议寡人,奈何?'肥义曰:'臣闻疑事无功,疑行无名。王既定负遗俗之虑,殆无顾天下之议矣。夫论至德者不和于俗,成大功者不谋于众。昔者舜舞有苗,禹袒裸国,非以养欲而乐志也,务以论德而约功也。愚者暗成事,智者睹未形,则王何疑焉。'"[3]1806-1807 重臣肥义的支持,坚定了赵武灵王实施改革的信心。

反对改革的群臣,以公子成地位最尊贵,他是赵武灵王的叔父。赵武灵王非常希望这位叔父支持改革,为群臣做出表率,就事先派王继告诉公子成说:"寡人胡服,将以朝也,亦欲叔服之。家听于亲而国听于君,古今之公行也。子不反亲,臣不逆君,兄弟之通义也。今寡人作教易服而叔不服,吾恐天下议之也。制国有常,利民为本;从政有经,令行为上。明德先论于贱,而行政先信于贵。今胡服之意,非以养欲而乐志也;事有所止而功有所出,事成功立,然后善也。今寡人恐叔之逆从政之经,以辅叔之议。且寡人闻之,事利国者行无邪,因贵戚者名不累,故愿慕公叔之义,以成胡服之功,使绁谒之叔,请服焉。"[3]1807-1808 这时候,公子成也把自己反对胡服的理由和盘托出:"'臣闻中国者,盖聪明徇智之所居也,万物财用之所聚也,贤圣之所教也,仁义之所施也,诗书礼乐之所用也,异敏技能之所试也,远方之所观赴也,蛮夷之所义行也。今王舍此而袭远方之服,变古之教,易古之道,逆人之心,而佛学者,离中国,故臣愿王图之也。'使者以报。"[3]1808

公子成是聪明人。他明白牵一发而动全身的道理，预见到赵武灵王的改革不会局限于服饰一隅，随之而来的必然是整个秩序的改变。所以，他没有在改变服饰这样的细枝末节上纠缠，而是单刀直入，切中问题本质，探讨文化乃至文明的"变与不变"。在公子成看来，中原地区人物、财富汇聚，是诗书仁义教化之地，为举世倾慕、效法的榜样，而实施"胡服"，改变了自古以来的传统教化，背离正道，断不可行。实际上这是坚守孟子"吾闻用夏变夷者，未闻变于夷者"的主张。

为说服叔父，赵武灵王亲自登门拜访。他对公子成说："夫服者，所以便用也；礼者，所以便事也。圣人观乡而顺宜，因事而事而制礼，所以利其民而厚其国也。夫剪发文身，错臂左衽，瓯越之民也。黑齿雕题，却冠秫绌，大吴之国也。故礼服莫同，其便一也。乡异而用变，事异而礼易。是以圣人果可以利其国，不一其用；果可以便其事，不同其礼。儒者一师而俗异，中国同礼而教离，况于山谷之便乎？故去就之变，智者不能一；远近之服，贤圣不能同。穷乡多异，曲学多辩。不知而不疑，异于己而不非者公焉而众求尽善也。今叔之所言者俗也，吾所言者所以制俗也。吾国东有河、薄洛之水，与齐、中山同之，无舟楫之用。自常山以至代、上党，东有燕、东胡之境，而西有楼烦、秦、韩之边，今无骑射之备。故寡人无舟楫之用，夹水居之民，将何以守河、薄洛之水；变服骑射，以备燕、三胡、秦、韩之边。且昔者简主不塞晋阳以及上党，而襄主并戎取代以攘诸胡，此愚智所明也。先时中山负齐之强兵，侵暴吾地，系累吾民，引水围鄗，微社稷之神灵，则鄗几于不守也。先王丑之，而怨未能报也。今骑射之备，近可以便上党之形，而远可以报中山之怨。而叔顺中国之俗以逆简、襄之意，恶变服之名以忘鄗事之丑，非寡人之所望也。"[3]1808-1809

赵武灵王更聪明，对于叔父认为中原文化一切高明，反对"变古之教，易古之道"的错误思想，他没有正面驳斥，以免让叔父过于难看。他首先指出：服饰、风俗、礼仪的制定，都是为方便行事。他举出春秋末叶称霸一时的越国和吴国为例，断发文身，袒露胳膊，衣襟左开，是越人的服饰风俗；染黑牙齿，刺饰面额，免冠粗衣，是吴人的服饰风俗。尽管他们的服饰风俗各不相同，但其目的都是方便行事，在这一点上是相同的。圣贤根据人们的意愿而采取适当的措施，根据事物发展的需要而制定礼仪，目的都是富国利民。这就是说，服饰、风俗、礼仪不是一成不变的，而是随着时间、地点的变化而改变的。既然风俗可变，为富国利民而改变风俗就是合理的、正当的。接着，赵武灵王指出：对别人的行事不理解就不乱加猜疑，对不同于自己的主张而不妄加否定，这才是公正包容，追求尽善的态度。如今叔父所说的是风俗，而我所说的是驾驭风俗。这里，他故意绕个弯子，把他与叔父对待改革的尖锐对立态度说成两码事,目的是给叔父找个台阶下。然后,赵武灵王从现实状况和历史教训两个方面论述了胡服骑射的正当、合理,并对公子成反对改革的言行进行严厉的批评。他说:赵国处于强敌环伺的危险境地,而又缺乏有效适用的应敌设施,中山倚仗齐国强兵,侵犯我疆土,俘虏我百姓,引水围困我鄗城,如果没有国家神灵的护佑,鄗城几乎失守。先王引以为耻,此仇至今未报。如今训练骑射,从眼前讲可以加强上党的战备力量,从长远讲可以报中山侵辱之仇。叔父您只顾维护中原习俗,而不顾违背简主、襄主的意愿;您只顾讨怨改变服饰的名声,而忘掉鄗城被围困的耻辱,这可不是我所希望的啊!赵武灵王的一席话,雄辩有力。公子成心悦诚服地接受了批评,明确表示支持改革。

赵文、赵造、周袑、赵俊都以"如故法便"为理由,谏止胡服。赵武灵王说:"先王不同俗,何古之法?帝王不相袭,何礼之循?虙戏、神农教而不诛,黄帝、尧、舜诛而不怒。及至三王,随时制法,因事制礼。法度制令各顺其宜,衣服器械各便其用。故礼也不必一道,而便国不必古……法古之学,不足以制今。"[3]1810 赵武灵王的议论理直气壮,令赵文等人无言以对。

扫除了改革的思想障碍,赵武灵王大张旗鼓地推行胡服骑射,军事力量迅速壮大。十余年间,赵武灵王"北破林胡、楼烦。筑长城,自代并阴山下,至高阙为塞。而置云中、雁门、代郡"[3]2885,并于前296年灭掉中山国。当时著名的纵横家苏秦曾说:"当今之时,山东之建国,莫如赵强。赵地方二千里,带甲数十万,车千乘,骑万匹,粟支十年。……且秦之所畏害于天下者,莫如赵。"[12]638 足见赵武灵王的改革是富有成效的。

总览战国历史,如果说商鞅变法是夷狄民族主动学习华夏民族优秀文化,由弱变强的典范,那么赵武灵王胡服骑射就是华夏民族主动学习夷狄民族优秀文化,由弱变强的典范。在"贵华夏,贱夷狄"传统观念弥漫的时代,赵武灵王不以华夏自居,不以夷狄为贱,顶住世俗的压力,排除异议,率先突破夷夏之防,坚定地推行胡服骑射,开创了华夏民族主动学习夷狄民族优秀文化的先例。这是难能可贵的。

赵武灵王胡服骑射,功著当代,泽被后世。秦汉时期人们穿着的窄袖短衣合裆裤来源于胡服,以后的朝代也多用胡服。北宋卓越的科学家沈括就曾指出:"中国衣冠,自北齐以来,乃全用胡服。窄袖绯绿、短衣、长靿靴,有蹀躞带,皆胡服也。"[13]21 20世纪20年代兴起的旗袍,是中国妇女的代表服装,深受人们喜爱。旗袍来源于满族妇女的装束。赵武灵王倡导学习夷狄优秀文化的影响绝不只局限在服饰领域,其影响是极其广泛的。

纵观中华文化发展史,在漫长的历史进程中,我国各族人民密切交往、互相依存、休戚与共,形成了中华民族多元一体的格局:以商鞅变法为代表的夷狄民族主动学习华夏民族优秀文化,迅速进步是一类型;以赵武灵王胡服骑射为代表的华夏民族主动学习夷狄民族优秀文化,迅速进步是另一类型。这两种类型的文化现象并存互补,共同谱写出古代中国各民族的交融史。中华民族大家庭中的56个民族之间的关系,就像元代女画家管道升写的《我侬词》:"……把一块泥,捏一个你,塑一个我;将咱俩个,一齐打破,用水调和;再捏一个你,再塑一个我;我泥中有你,你泥中有我;……。""交融",准确地表达出历史上我国各民族之间相互交流的真实关系。

参考文献

[1] 田昌五.华夏文明:第1集[M].北京:北京大学出版社,1987.

[2] 左丘明.春秋左传[M].北京:华龄出版社,2002.

[3] 司马迁.史记[M].北京:中华书局,1959.

[4] 方诗铭,王修龄.古本竹书纪年辑证[M].上海:上海古籍出版社,1981.

[5] 乌恩溥.四书译注[M].长春:吉林文史出版社,1990.

[6] 李万寿.晏子春秋全译(修订版)[M].贵阳:贵州人民出版社,2009.

[7] 礼记·尚书[M].北京:华龄出版社,2002.

[8] 阮元.十三经注疏[M].北京:中华书局,1980.

[9] 刘倩,鲁竹.国语正宗[M].北京:华夏出版社,2008.

[10] 朱东润.中国历代文学作品选:中编第1册[M].上海:上海古籍出版社,1980.

[11] 刘兆伟.论语通要[M].北京:人民教育出版社,2008.

[12] 刘向.战国策[M].上海:上海古籍出版社,1978.

[13] 胡道静,金良年.国学经典导读《梦溪笔谈》[M].北京:中国国际广播出版社,2011.

原载《邯郸学院学报》2016年第1期

廉颇家族世系考论

范文华

一、赵国名将：廉颇

廉颇是战国时期赵国的名将。

若论官爵，廉颇为赵国上卿，假相国（代理相国），封号信平君，同时握有兵权、相权，亦同时享有封号、封地，位居赵国诸将之首，人臣之极。

若论战功，廉颇"伐齐，大破之，取阳晋；攻魏之防陵、安阳，拔之；大破燕军于鄗，遂围燕。以勇气闻于诸侯"[1]2439。《史记》记载："强秦之所以不敢加兵于赵者，徒以吾两人（廉颇、蔺相如）在也。"[1]2443《汉书》记载："赵有廉颇、马服，强秦不敢窥兵井陉。"[2]3021廉颇跃马横戈，气吞山河，征战六国，几无败绩，就连"宰割天下，分裂河山"[1]279的秦昭王都对廉颇又敬又畏。《汉书》中"百万之众，不如一贤，故秦行千金以间廉颇"[2]1688正是关于廉颇的真实写照。

若论品行，廉颇"负荆请罪"更是誉满天下，是以国计为重，私怨为轻。清代女学者李晚芳于《读史管见》卷二《廉蔺列传》评论："人只知廉颇善用兵，能战胜攻取耳，亦未足以尽廉颇。[廉颇]深得古人社稷为重之旨，非大忠勇不敢任此事。"[3]504南宋词人辛弃疾在《永遇乐·京口北固亭怀古》中以廉颇自喻，发出嗟叹："凭谁问，廉颇老矣，尚能饭否？"[4]929廉颇八十，尚能"一饭斗米，肉十斤，被甲上马"[1]2448，不愧老当益壮。《列女传》之《赵将括母》形容廉颇"老夫灌灌"[5]127，忠心满腔、诚义报国的品行跃然纸上。开启"文景之治"的汉文帝"闻廉颇为人"，非常赞赏喜悦，拍打着大腿说："嗟乎！吾独不得廉颇为吾将，吾岂忧匈奴哉！"[1]2757

若论名誉，因汉代司马迁著《史记》为其作传《廉颇蔺相如列传》，《史记集评》录明代文学家钟惺评论《廉蔺列传》："赵之兴亡，节目全在于此。数人共一传，只

[作者简介] 范文华（1984— ），男，河北邯郸人，邯郸学院学报编辑部讲师，研究方向为赵文化。

如一人。贤才关系国家,此史之识也。"[3]503 故而,廉颇与蔺相如、赵奢、李牧并称"赵国四贤"。南北朝时期梁朝周兴嗣编撰《千字文》:"起翦颇牧,用军最精。宣威沙漠,驰誉丹青。"[6]158 随着《千字文》与《三字经》《百家姓》并称中国传统蒙学三大读物,廉颇与白起、王翦、李牧并称"战国四大名将",被很多人所熟知。

不论廉颇的官爵、战功、品行、名誉,均有一种诚义慷慨的英雄气一以贯之。《世说新语·品藻第九》引庾道季云:"廉颇、蔺相如虽千载上死人,懔懔恒如有生气。"[7]513 明太祖朱元璋阅读老子《道德经》第三十三章中"死而不亡者寿"时,曾经御批点评:"将名垂万古而不朽,是谓死而不亡者。"[8]222 廉颇虽为古人,然而这种死而不亡、生机勃勃的凛然生气,正是燕赵大地慷慨悲歌的精神气质,正是河北义士挺立千秋的文化自信。

二、黄帝正宗:大廉

大廉是廉姓始祖。

汉代宋衷著、清代秦嘉谟辑注《世本八种》中引《姓纂》:"廉氏,颛顼曾孙大廉之后,以王父字为氏。"[9]407

唐代林宝《元和姓纂》卷五《廉》姓:"颛顼曾孙大廉之后,以王父字为氏,汉有廉丹。赵郡,又颛帝之后。京兆杜陵,汉右将军廉褒生丹,大司马丹孙昭为后汉广汉太守,蜀郡太守,廉范字叔度,丹后。河东,状云廉范之后,唐瀛州刺史方实,刑部员外郎廉瓘,海州人。"《四库全书》收录《元和姓纂》误作"汉有将军廉褒",考之《后汉书》"与右将军褒",兼有金陵书局校刊嘉庆七年刊版《元和姓纂》亦作"右将军"。右将军:将军名号。汉有前后左右将军,位上卿,掌京师兵卫和四夷屯兵,凡将军皆掌征伐。故而,今作"右将军"[10]630。

南宋郑樵《通志》卷二十五《氏族略》记载《廉氏》:"颛帝曾孙大廉之后,以王父字为氏。赵有廉颇。汉有廉丹、廉范。宋廉布,登科,楚州人,廉操縠,昌州人。臣谨按:古者帝王犹以名行,况臣下乎,此以名为氏。然以名字为氏者,起于商、周之世,今此廉氏未有所征,且从大廉之号焉。"[11]439

清代王相《百家姓考略》:"《廉》角音。河东郡。颛顼曾孙,大廉之后。以祖字为氏。赵有廉颇。"[12]14 至清代亦认同廉姓源自于颛顼帝的说法。

从唐代《元和姓纂》、南宋《通志》,到清代《百家姓考略》都将廉氏溯源,直通轩辕黄帝。《史记·五帝本纪》:"帝颛顼高阳者,黄帝之孙而昌意之子也。"[1]11 而《元和姓纂》中"颛顼曾孙大廉",非曾孙,而是来孙。《史记·秦本纪》:"帝颛顼之苗裔孙曰女修。女修生子大业(皋陶)。大业取少典之子,曰女华。女华生大费(伯益),舜赐姓嬴氏。大费生子二人:一曰大廉,实鸟俗氏。"[1]173 故而,大廉应为女修的三世孙,即颛顼帝孙女女修的曾孙。《史记·孟尝君列传》索隐按《尔雅》云:"孙之孙,为玄孙。玄孙之子,为来孙。"[1]2353 即颛顼帝—女修(孙女)—大业(曾孙)—大费(玄孙)—大廉(来孙)。廉姓应当溯源到颛顼帝来孙大廉,《元和姓纂》中"以王父字为氏",即以大廉中的"廉"为姓。由此可知,廉颇世系可上溯至轩辕黄帝之后,乃华夏正宗。

据《史记·秦本纪》,廉姓始祖大廉,其父为大费。而且,舜帝将大费"赐姓嬴氏",并且预言"尔后嗣将大出"[1]173。《索隐》:"出犹生也。言尔后嗣繁昌,将大生出子孙也。"大廉后代传至飞廉,时值商代末年。又据《史记·赵世家》:"飞廉有子二人,恶来,事纣,为周所杀,其后为秦。恶来弟曰季胜,其后为赵。"[1]1779 那么这些昌盛的后嗣,包括秦国的始祖恶来与赵国始祖季胜,皆与廉氏共祖。

另据《史记·楚世家》:"楚之先祖出自帝颛顼高阳。高阳者,黄帝之孙,昌意之子也。"[1]1689《史记·屈原贾生列传》记载:"屈原者,名平,楚之同姓也。"[1]2481 故而,《离骚》开篇即"帝高阳之苗裔兮"[13]735。由此可知,楚国始祖与屈原都是颛顼帝的后裔,亦与廉氏共祖。

综上,廉颇世系可上溯至轩辕黄帝之后,乃华夏正宗,始祖为颛顼帝来孙大廉。大廉,史称鸟俗氏,其父为大费。与秦赵楚之始祖共祖于颛顼帝。

三、孔门贤哲:廉洁

春秋时代,廉氏最为著名的人物即孔子七十二弟子之一的廉洁。

《史记·仲尼弟子列传》中有"孔子曰:受业身通者七十有七人,皆异能之士也"[1]2185。《索隐》记载:"《孔子家语》亦有七十七人,唯文翁孔庙图作七十二人。"《史记·仲尼弟子列传》记载:"自子石已右三十五人,显有年名及受业见于书传。其四十有二人,无年及不见书传者纪于左:廉洁,字庸。"[1]2225《集解》记载:"郑玄曰卫人。"

宋代邓名世《古今姓氏书辩证》记载《廉》姓:"孔子弟子廉洁,字子庸,卫人。赵相信平君廉颇,后居赵郡。汉兴,以豪宗自苦陉徙京兆杜陵。或居陇西襄武,世为边郡守。后秦有侍御史廉桃生。"[14]296

《古今姓氏书辩证》将廉洁系于廉颇世系之中,填补了春秋时代廉氏名人的空白。廉洁,春秋卫国人。战国初年,赵敬侯推行南进战略,逐鹿中原,使得卫国城门毁坏,卫国君主光脚逃命,进而攻占了卫国许多领土。《战国策·秦策四》:"昔者,赵氏亦尝强矣。曰赵强何若?举左案齐,举右案魏。筑刚平,卫无东野,刍牧薪采,莫敢窥东门。"[15]259 仅此推测,卫国的廉氏家族,或在此时并入赵国。

《新唐书》卷十五《志第五》:"(玄宗开元)二十七年,诏夫子既称先圣,可谥曰文宣王。又赠曾参以降六十七人:廉洁莒父伯……于是二京之祭,牲太牢,乐宫县、舞六佾矣。"[16]376《文献通考》卷四十四《学校考五》:"廉洁从祀文宣王,考之《史记》,皆有其名。《唐开元礼》亦载祀典。乞皆赠侯爵,使与祭享。从之。大观四年九月十二日,诏:廉洁胙城侯。"[17]415 由此可知,唐玄宗封廉洁为莒父伯,宋徽宗封廉洁为胙城侯。

《永乐大典残卷》之《圣贤图像赞》:"胙城侯廉洁,字庸,卫人,先赠莒父伯。赞曰:兄弟之邦,士有廉庸。涵泳素教,表揭儒宗。杏坛探赜,洙泗从容。作兴一时,莒父其封。"[18]7129 考之《全宋诗》,此赞为宋高宗撰写的《文宣王及其弟子赞》。

综上,春秋时代卫国人廉洁师从孔子,为孔门七十二贤哲之一,身通六艺、才能卓异,虽无史载事迹,但唐玄宗封其为莒父伯,宋徽宗封其为胙城侯,宋高宗御笔撰写赞文。其廉氏后裔应于战国初期,由卫入赵。

四、有名前世:廉褒、廉丹

西汉至新朝,廉褒、廉丹父子,世代为将,有名前世。

南朝宋史学家范晔在《后汉书》中撰写《廉范列传》记载:"汉兴,以廉氏豪宗,自苦陉徙焉。世为边郡守,或葬陇西襄武,故因仕焉。曾祖父褒,成哀间为右将军,祖父丹,王莽时为大司马庸部牧,皆有名前世。"[19]1101 范晔为廉氏家族的世系提供了宝贵的线索,弥补了《东观汉记》中遗缺"廉氏世系"的遗憾。

苦陉:战国中山邑,后属赵。《韩非子》中,赵国李兑曾治理中山,有苦陉令。秦属恒山郡,西汉属中山国,东汉章帝时改为汉昌县。在今河北定州市东南邢邑镇。《史记》中,陈馀数游赵苦陉,即此。襄武:西汉属陇西郡,王莽时改相桓县,东汉时复改襄武县,唐末废。在今甘肃陇西县东南五里。廉颇氏族由燕赵大地,远迁到西北边郡,世代为郡守,亦葬于襄武。

汉成帝、汉哀帝年间,西汉王朝内忧外患,廉氏家族的代表廉褒,颇受帝王赏识。据《汉书·百官公卿表》,西汉成帝永始三年,金城太守廉褒为执金吾;永始四年,执金吾廉褒为右将军。《汉书·西域传》:"都护廉褒赐姑莫匿等金人二十斤,缯三百匹。"[2]3909

金城:西汉金城郡,即今甘肃兰州市西北西固城。《汉书·地理志》金城郡注引应劭曰:"初筑城得金,故曰金城。"执金吾:官名。西汉武帝太初元年由中尉改名,秩中二千石。职掌京师治安,督捕盗贼,负责宫廷之外、京城之内的警卫,戒备非常水火之事,管理中央武库,皇帝出行则掌护卫及仪仗队。右将军:将军名号。汉有前后左右将军,位上卿,掌京师兵卫和四夷屯兵,凡将军皆掌征伐。都护:官名。汉宣帝时置西域都护,都护南北道三十六国,为驻在西域地区的最高长官。

廉褒"以恩信称","以勇武显闻",历任西汉边郡太守、执金吾、右将军、西域都护等要职。《汉书·孔光列传》记载,绥和年间,汉成帝即位二十五年,没有继承皇位的子嗣,只有血缘最为亲近的中山孝王、定陶王。汉成帝召见右将军廉褒等人,进入密室,询问二人谁宜立为皇位继承人。最后,汉成帝听从了廉褒等人的建议,确立了好学多才的定陶王,是为汉哀帝。[2]3352 此事足见廉褒在皇帝心中的地位。

王莽时代,廉褒之子廉丹担任大司马、庸部牧。大司马:王莽时置前后左右中大司马,掌征战。庸部牧:西汉时,武帝初置刺史十三人,成帝改为牧,俸二千石,是总理军政的地方长官。王莽改益州为庸部,辖境相当今四川、重庆、贵州、云南等省市大部,湖北省西北部及甘肃省小部分地区。

廉丹不仅深受王莽器重,而且还深得军中校尉仰慕,甚至生死相随。《汉书·王莽传》记载,廉丹与王匡攻击赤眉军,王匡贪功冒进,在成昌会战之中失败逃亡。廉丹派人将自己的印信交给王匡,曰:"小儿可走,吾不可!"廉丹视死如归,遇难不退,飞驰奔贼,血战而死。校尉汝云和王隆等二十多人,听说廉丹战死,皆曰:"廉公已死,吾谁为生?"随后,一齐飞马奔向贼军,亦血战而死。王莽伤痛,下书曰:"惟公多拥选士精兵,众郡骏马仓谷帑藏皆得自调,忽于诏策,离其威节,骑马呵噪,为狂刃所害,乌呼哀哉!"王莽赐廉丹谥号曰果公。[2]4039 正如《前汉纪·孝平皇帝纪》记载:"前所遣太师王匡、更始将军廉丹击赤眉,匡丹皆败。莽知天下溃叛。"[20]540 王莽失去廉丹之后,已然意识到即将面临失败的结局。虽然,廉丹为王莽而死实为可惜,然而相比于王匡那种贪功冒进、临阵脱逃的"小儿",廉丹表现出了一位将领敢于慷慨赴死的豪情壮志,部将二十多人心甘情愿,生死相随,亦属可歌可泣。

综上,战国之后,廉颇氏族由燕赵大地远迁到西北边郡,世代为郡守,亦葬于襄武。西汉年间,廉褒以"恩信勇武"参与汉成帝的立嗣大计;新朝年间,廉丹以"飞驰奔贼",受到王莽的悼文赐谥。不论王朝更迭,廉氏名将都能以诚义勇武受到皇帝的格外器重。《后汉书》所载的"有名前世",真是所言不虚。

五、廉氏典范：廉范

廉范是继廉颇之后最为世人赞许的廉氏典范。

南朝宋史学家范晔在《后汉书》中专门为廉范撰写《廉范列传》："廉范,字叔度,京兆杜陵人也,赵将廉颇之后也。"[19]1101 另据刘珍《东观汉记》、司马彪《续汉书》、袁宏《后汉纪》等史料,记载廉范事迹,辑为六事。

其一,步负亲丧。廉范之父,客死蜀汉。廉范十五岁时,辞别母亲,千里入蜀,与人一起背负棺柩,步行返回葭萌。船只触礁沉没,廉范抱着棺柩,一同沉入水中。蜀人为他的孝义所感动,奋力将廉范打捞上来,廉范才幸免一死。蜀郡太守张穆,是廉范祖父廉丹时的故旧官吏,赠送巨资,廉范坚辞不受,曰："石生坚,兰生香,前后相违,不忍行也。"[19]590 意思是廉氏世代正直,我廉范不能因为蝇头小利败坏了家族自古以来的名声。廉范孝父轻财,被宋代诗人林同写入《贤者之孝》二百四十首组诗,成为孝道的典范："亲丧徒步负,万里历岷峨。何事今人说,惟知襦袴歌。"《全宋诗》第一百七十九卷,《四库全书》集部四《孝诗》,皆有收录。《四库全书》题跋："廉范,年十五,与客自蜀,步负亲丧。归京兆后,为蜀守,民歌曰:平生无襦今五袴。"故而取其"步负亲丧"为题。陶渊明在《陶渊明集》卷七《庶人孝传赞》中评价："夫孝者,人之本,教之所由生也,是以范之临危也勇,宰民也惠,能以义显也。"[21]2101

其二,敛师报恩。葬父服丧完毕之后,廉范到京师学习,拜博士薛汉为师。廉范后来当官成为公府掾。正遇上恩师薛汉因楚王之事被朝廷诛杀,薛汉虽然故友弟子众多,但没有一个理会。只有廉范独自前去收尸。汉明帝大怒,召廉范入朝,责问："薛汉与楚王同谋,交乱天下,范公府掾,不与朝廷同心,而反收敛罪人,何也?"范叩头曰："臣无状愚戆,以为汉等皆已伏诛,不胜师资之情,罪当万坐。"帝怒稍解,问范曰："卿廉颇后邪?与右将军褒、大司马丹有亲属乎?"范对曰："褒,臣之曾祖;丹,臣之祖也。"帝曰："怪卿志胆敢尔!"[19]1102 另据《后汉书·儒林列传》："薛汉以章句著名,教授常数百人。"[19]2573 然而,这数百人都不敢为老师收敛尸体,真是不禁感叹："生子当如孙仲谋,授徒当如廉叔度。"值得注意的是,廉范此时已经被政府授予公府掾。公府掾:官名,太尉、司徒、司空皆称公,三公府下属诸曹职吏统称,俸禄约三百石。廉范以师恩为重、官禄为轻,这正是薛汉数百弟子所不能做到的,也是廉范最可贵之处。汉明帝之所以特赦廉范,除了廉颇后代、前世有名的因素之外,廉范之志向胆略、可贵品行应当是更重要的原因。宋代王钦若将其收入

《册府元龟》之《师道》，成为中华尊师的典范。

其三，大破匈奴。廉范触怒汉明帝，反而受到格外器重。廉范被举荐为茂才，数月之后，再次升迁为云中太守。正遇上匈奴大举入侵边塞，兵力超过五千人，廉范智勇双全，亲自带领极少兵力举火列阵。夕阳西下，匈奴望见汉营火炬众多，认为汉军救兵到来，十分惊恐。清晨，廉范亲自追击匈奴，斩敌首级数百，匈奴畏惧廉范声威，居然自相踩踏，死了上千人。匈奴"由此不敢复向云中"[19]1103。廉范大破匈奴，续写了廉颇的军事传奇，同时也为当年汉文帝"吾独不得廉颇为吾将，吾岂忧匈奴哉！"的历史疑问交上了满意的答卷。如果考察当时汉匈对峙的历史背景，匈奴处于优势，汉朝处于劣势，汉朝的失败与胜利，同在这一年。在汉朝将军出征匈奴多半"无功而返"的同时，廉范却能在云中大破匈奴，取得辉煌胜利。这真是难能可贵！即《后汉书·明帝纪》："（永平）十六年春二月，遣太仆祭肜出高阙，奉车都尉窦固出酒泉，驸马都尉耿秉出居延，骑都尉来苗出平城，伐北匈奴。窦固破呼衍王于天山，留兵屯伊吾卢城。耿秉、来苗、祭肜并无功而还。是岁，北匈奴寇云中，云中太守廉范击破之。"[19]121 廉范被宋仁宗官修的《武经总要》列为以少胜多的经典战例。

其四，防火治蜀。廉范历任武威、武都二郡太守，"随俗化导，各得治宜"[19]1103。廉范升迁为蜀郡太守，成都民物丰盛，房屋建筑狭窄，旧制禁止百姓夜晚工作，以防火灾。但百姓为了生计，不得不私下点灯劳作，因而火灾连连。于是廉范取消先前规定，只是严格规定必须储水。百姓由此十分便利，于是歌颂他道："廉叔度，来何暮？不禁火，民安作。平生无襦今五绔。"[19]1103 意为，廉叔度，为何来得这么晚？不禁夜火，百姓安心劳作。平生没有短衣，如今却有五件裤子。《幼学琼林》："廉范守蜀郡，民歌五袴。"《训蒙骈句》："廉范临民，慈惠群歌来何暮。"《华阳国志》卷三《蜀志》盛赞："蜀郡太守著德垂绩者，前汉莫闻。建武以来，有廉范叔度，特垂惠爱。"[22]159 巧合的是，廉范的祖父廉丹曾担任庸部牧（益州牧），故而他了解成都百姓日夜劳作的民情；廉范的曾祖父廉褒曾担任执金吾，此官职责之一，即戒备京畿非常水火之事。廉范汇聚了廉氏家族的整体智慧，发明了"储水防火"，被载入中国消防史。

其五，刎颈之交。《后汉书·廉范列传》："初，范与洛阳庆鸿为刎颈交，时人称曰：'前有管、鲍，后有庆、廉。'鸿慷慨有义节，位至琅邪、会稽二郡太守，所在有异迹。"[19]1104《解人颐》之《敦伦集》记载："后汉廉范与庆鸿，始亦有隙。鸿乃效蔺相如法，每至逊让，范心甚惭，亦效廉颇故事，诣门负罪，彼此相欢。时人称曰：'前有廉蔺,后有廉庆.'"《后汉书·朱乐何列传》:"古之善交者详矣。汉兴,中世有廉范、庆鸿。"[19]1474 廉范与庆鸿为刎颈之交,既成就了"管鲍之交",又再现了廉颇与蔺相如"刎颈之交"的佳话。"廉蔺之交"与"庆廉之交"足以证明廉氏家风中"重信义,贵友情,慨然诺,托生死"的珍贵品质。

其六,以廉为名。据刘珍《东观汉记校注》:"廉范为蜀郡守,令民不禁火,百姓皆喜,家得其愿,时生子皆以廉为名者千。"[23]591 刘向在《荀子·叙录》也有类似记载:"兰陵人喜字为卿,以法孙卿也。"[21]332 正如兰陵人因敬慕荀子都喜欢以"卿"为名字(孙卿,即荀子,字卿)一样,蜀郡的百姓敬重廉范的仁政,纷纷为自家的孩子取名为"廉",一时千人,堪称佳话。

南朝宋史学家范晔给予廉范极高的评价:"廉范以气侠立名,观其振危急,赴险厄,有足壮者。范之忘施,亦足以信意而感物矣。若夫高祖之召栾布,明帝之引廉范,加怒以发其志,就戮更延其宠,闻义能徙,诚君道所尚,然情理之枢,亦有开塞之感焉。"[19]1104

综上,廉范可谓廉氏家族典范,是廉氏家族继廉颇之后的又一个著名的人物。廉范有廉洁之文采,廉颇之襟怀,廉褒之信义,廉丹之勇猛,又能孝父尊师、不媚龙颜、退敌千里、造福万民,可谓廉氏家族集大成的人物。

六、余论

仅就先秦两汉史料而言,目前能确考的廉颇家族世系,应当上至大廉、下至东汉廉范。值得赞叹的是,廉颇之后,廉褒、廉丹、廉范一脉,颇受两汉时代最高统治者的信任与赞许。汉文帝嗟叹求廉颇,汉成帝择嗣问廉褒,新王莽赐谥悼廉丹,汉明帝转怒赞廉范。这些殊荣,都与燕赵大地"慷慨悲歌""精诚报国""忠义勇武"的精神气质一脉相承,息息相关。廉颇以自己一生的心血将这种燕赵精神注入廉氏家风,使得廉褒、廉丹的身上亦有廉颇的风范,最终在廉范身上绽放出廉氏家族独特的人格魅力,为历史家所铺叙,为词章家所讴歌。

附:先秦两汉廉氏家族世系

轩辕黄帝

昌意:轩辕黄帝之子

颛顼帝(高阳氏):黄帝之孙,昌意之子

女修:颛顼帝之苗裔孙

大业(皋陶):女修之子

大费（伯益）：大业之子

大廉（廉姓始祖）：大费之子

廉洁（春秋卫人）：大廉之后

廉颇（战国赵人）：大廉之后

廉褒（西汉）：廉颇之后

廉丹（新朝）：廉褒之子

廉范（东汉）：廉丹之孙

参考文献

[1] 司马迁.史记[M].北京：中华书局,1959.

[2] 班固.汉书[M].北京：中华书局,1962.

[3] 杨燕起,陈可青,赖长扬.史记集评[M].北京：华文出版社,2005.

[4] 唐圭璋.唐宋词鉴赏辞典[M].南京：江苏古籍出版社,2005.

[5] 张涛.列女传译注[M].济南：山东大学出版社,1990.

[6] 周兴嗣.千字文[M].北京：中华书局,2009.

[7] 张万起,刘尚慈.世说新语译注[M].北京：中华书局,1998.

[8] 刘韶军.老子御批点评[M].长沙：湖南人民出版社,1997.

[9] 宋衷.世本八种[M].秦嘉谟,等辑.北京：北京图书馆出版社,2008.

[10] 林宝.元和姓纂[M]//文渊阁四库全书：第890册.上海：上海古籍出版社,2003.

[11] 郑樵.通志[M].杭州：浙江古籍出版社,2000.

[12] 王相.百家姓考略[M].上海：华东师范大学出版社,2010.

[13] 姜亮夫,夏传才,等.先秦诗鉴赏辞典[M].上海：上海辞书出版社,1998.

[14] 邓名世.古今姓氏书辩证[M].南昌：江西人民出版社,2006.

[15] 刘向.战国策[M].上海：上海古籍出版社,1998.

[16] 欧阳修.新唐书[M].北京：中华书局,1975.

[17] 马端临.文献通考[M].杭州：浙江古籍出版社,2000.

[18] 解缙.永乐大典：第七册[M].北京：中华书局,1986.

[19] 范晔.后汉书[M].北京：中华书局,1959.

[20] 荀悦,袁宏.两汉纪[M].张烈,点校.北京：中华书局,2002.

[21] 严可均.全上古三代秦汉三国六朝文[M].北京：中华书局,1958

[22] 常璩.华阳国志[M]//永瑢,纪昀,等.文渊阁四库全书：第463册.上海：上海古籍出版社,2003.

[23] 刘珍,等.东观汉记校注[M].吴树平,校注.北京：中华书局,2008.

原载《邯郸学院学报》2018年第3期

赵国官制渊源再探

秦进才

战国时代，华夏"下无方伯，上无天子"[1]711，既导致了社会秩序的混乱，也为各国发展提供了机遇。列国相继改革，富国强兵，合纵连横，"力功争强，胜者为右；兵革不休，诈伪并起"[2]1176。出现了"士无常君，国亡定臣"[3]3567 的状况，形成了"邦无定交，士无定主"[4]749-750 的格局，社会矛盾错综复杂，赵国乘势崛起。为适应政治、军事、经济发展的需要，赵国逐渐建立健全了中央集权君主专制的官制体系。然而，随着赵国的覆灭，年代日益久远，文献逐渐散佚、百不存一，再加上秦朝焚书等原因，后人只能在有关事件的记述中了解赵国官职的只言片语，只能在有关人物的传记里窥见赵国官制的吉光片羽，只能在出土文物中看到赵国官名的一鳞半爪。千年之后，明代董说博考典志撰写了《七国考》，其中有《赵职官》，但开创者难以为工，空疏学风留下遗憾。现代缪文远检核群籍、拾遗订误做《七国考订补》，有功于董说之书。杨宽著《战国史》中论述赵国官制，比较七国官制异同。王宇信、杨升南著《中国政治制度通史·先秦》卷中涉及战国官制。缪文远著《战国制度通考》中有《职官考》，系统梳理七国官职，推进官制研究。杨宽、吴浩坤主编的《战国会要》有《赵职官》，尽心搜罗传世的文献资料，竭力运用新出土的文献史料，以求再现赵国官制的原貌。沈长云等所著《赵国史稿》中，对于赵国官制作了系统的论述。数百年来，诸家迭起，筚路蓝缕之功可喜，拾遗补阙之志可钦，然而已经很难再看到赵国官制系统、完整的本来面貌，明知不可能彻底解决赵国官制问题，但还是应当尽可能地利用现有条件，推动赵国官制研究的进展，为后人系统深入研究创造条件。为此，笔者曾搜集传世文献与金石简牍资料，汲取前贤今哲的研究成果，撰写《赵国官制渊源及演变》(《赵国历史文化论丛》，河北人民出版社 1989 年)、《赵国官制渊源探索》(《光明日报》2009 年 9 月 8 日) 两文发表；周建英撰写《赵国官制

[作者简介] 秦进才(1953—)，男，河北衡水人，历史学博士，河北师范大学历史文化学院教授，博士生导师。

考》(《衡水师专学报》1999年4期);崔向东撰写《赵国官僚制度述考》(《渤海大学学报》2011年第6期)等文章。可见赵国官制研究取得了一些成绩,但还有些问题需要深化、细化。笔者过去因限于篇幅有些问题没有展开,现在又收集了些新资料,对赵国官制渊源进行了再探索,以请教于大家。

一、卿大夫化家为国,家臣变大臣

赵氏历史悠久,周穆王时,赐造父以赵城(今山西省洪洞县赵城镇),因以为赵氏。周幽王时,叔带如晋,事奉文侯。晋献公时,赵夙为大夫。晋文公时,赵衰始任国政。晋平公时,赵武子为正卿,执掌晋国朝政。晋出公时,赵襄子先是与智、魏、韩瓜分范氏、中行氏之地,后又与韩、魏联手消灭智伯。赵烈侯时,受周威烈王册命为诸侯。赵敬侯时,韩赵魏三家分晋。赵氏由卿大夫膨胀为万乘之国,走过了建家立室、执掌国政、兼并诸卿、瓜分晋国的历程,经过由卿大夫、家主到国君的身份变化,有些官职就是在卿大夫家臣的基础上,转化为赵国的官制,构成了赵国官制的直接来源。

具体如相、相室与相国的演变转化。鲁定公九年(前501年),阳虎"逐于鲁,疑于齐,走而之赵,赵简主迎而相之。左右曰:'虎善窃人国政,何故相也?'简主曰:'阳虎务取之,我务守之。'遂执术而御之,阳虎不敢为非,以善事简主,兴主之强,几至于霸也"[5]730。赵简子敢于任用鲁国阳虎为相,阳虎尽职尽力辅佐赵简子。"解狐荐其雠于简主以为相"[5]753,解狐所推荐者的姓氏名字,笔者不清楚,是赵简子时的相当无大问题。周定王十六年(前453年),智伯率领韩、魏出兵围攻晋阳(今山西太原市晋源区古城营村及附近),引汾水灌城,城中悬釜而炊,易子而食,赵群臣皆有外心。赵"襄子惧,乃夜使相张孟同私于韩、魏。韩、魏与合谋,以三月丙戌,三国反灭知氏,共分其地"[6]1795。张孟同是赵襄子的相。阳虎、张孟同等,是保存下姓名的赵卿之相,没有留下姓名来的相当多。这些相所经管的范围,已经不仅是赵氏家族的事务,而且涉及赵氏集团的政治、外交等方面的政务,他们的职责随着赵氏化家为国的进程而变化。

卿大夫的相，又称相室①。中牟令王登推荐中章、胥己于赵襄子，赵襄子曰："子见之，我将为中大夫。"相室谏曰："中大夫，晋重列也，今无功而受，非晋臣之意。君其耳而未之目邪？"②相室劝谏赵襄子，忠实地履行自己的职责。相室，又称为家相③、室老④。相、相室、家相等，名称虽然不同，身份都是卿大夫的家臣，主要职责是管理卿大夫的家室事务，即当是习称的"相其室"⑤。实际上，战国时代，赵氏相室除了管理卿大夫的家务之外，还要承担为卿大夫出谋划策，或奉卿大夫之命出使联络等重要的政治、军事、外交的活动。

赵氏由卿大夫被周威烈王册命为诸侯后，赵氏家臣的相、相室变成了赵国权势显赫的相、相国等。有时仍然使用相室称谓，如"六年，相室肖（赵）斁"[7]（鼎的铭文）。"相室约其廷臣，廷臣约其官属"，这里的"相室，宰相也"[5]1064,1071，即宰相的异名。实际上，称朝廷重臣为相室者较少，多是称为相国，如赵"烈侯好音，谓相国公仲连"[5]1797，赵惠文王以"肥义为相国"[6]1812，后来又以"相国乐毅将赵、秦、韩、魏、燕攻齐，取灵丘与秦会中阳"[6]1816，赵孝成王"以尉文封相国廉颇为信平君"[6]1828，还有皮相国、张相国等，这些是以相国为名的朝廷重臣。有时仍按照习惯称为相，如赵成侯以"大戊午为相"[6]1799。赵"武灵王元年，阳文君赵豹相"[6]1803。赵惠文王时，"公子成为相"[6]1815，"魏冄来相赵"[6]1820。赵孝成王时，"田单为相"[6]1824。上述的"相"字，有的是动词，有的是名词，为名词者当是相国的省称。

---

① 传世有"长平君相室鉌"（《于豪亮学术文存·古玺考释》，中华书局1985年，第82页），"相室"（罗福颐主编《古玺汇编》，文物出版社1981年，第416页，4561—4563）等玺印。《韩非子》《战国策》等书中多有相室记载，相室，即"室家之相"（《战国策》卷五《秦策三·应侯失韩之汝南》注，第206页）。《汉书》卷二七中之下《五行志中之下》记述僖公三十三年"十二月，李梅实"。记曰："不当华而华，易大夫；不当实而实，易相室。"颜师古注曰："相室，犹言相国，谓宰相也。"（第1412页）颜师古注看到了相室与相国相同的一面，但没有看到不同的一面，那就是相室有时也是卿大夫的家臣。也就是说，相、相室，既可以是卿大夫家臣的称号，又可以是国家重臣的称谓。

② 《韩非子新校注》卷十一《外储说左上》，第697页。陈奇猷校释《吕氏春秋校释》卷一七《知度》："襄子见而以为中大夫。相国曰：'意者君耳而未之目邪？为中大夫若此其见也，非晋国之故。'"（学林出版社1984年，第1093页）同一件事情的当事人，《韩非子》作"相室"，《吕氏春秋》作"相国"，称谓相异，当是古人认为两者有相通之处，也可以证明相室向相国转化的一个标志。

③ 黄怀信等撰《逸周书汇校集注》卷八《祭公解》载："汝无以家相乱王室而莫恤其外。"孔晁云："言倍（陪）臣执国命。"庄述祖云："家相，私人，'皇门'所谓以相厥室者也。"朱右曾云："家相，嗜利营私者。"（上海古籍出版社2007年，第938页）陪臣、私人、相厥室等，都表明家相职责与相室相同，因此说，相室又称家相。

④ ［唐］贾公彦等．撰《仪礼注疏》卷二九《丧服》载："公卿大夫室老、士，贵臣，其余皆众臣也。"注曰："室老，家相也。士，邑宰也。"（《十三经注疏》，中华书局1980年，第1102页）室老，与家相相同，也就与相室相同。

⑤ 《春秋左传注》昭公二十五年载："公乌死，季公亥与公思展与公乌之臣申夜姑相其室"（第1460页），即三人共同经理公乌之家。

相、相国、相室，在赵国青铜器铭文中多记载为相邦，如矛的铭文，有"元年，相邦春平侯"；"五年，相邦春平侯"[8]599；"十七年，相邦春平侯"[8]600等。剑的铭文，有"十（七）年，相邦阳安君"[9]；"八年，相邦建信君"[8]649等。铍的铭文，有"四年，相邦建信君"[8]656；"十八年，相邦平国君"[10]等。上述铭文涉及的相邦有春平侯、阳安君、建信君、平国君等人。战国时代，赵、楚①、魏②、秦③、燕④、中山⑤等国都用相邦一词，汉朝人整理先秦文献时，为避汉高祖刘邦名讳，把相邦改为相国。

赵国把相等称谓应用在多方面。朝廷有相国，在代地设相。赵武灵王十八年（前308年），"代相赵固迎公子稷于燕，送归，立为秦王，是为昭王"⑥；二十年，"代相赵固主胡，致其兵"[6]1811。除传世文献外，还有出土文献为证，如"廿三年，代相邛皮"[11]；"四年，代相乐宽"⑦；"六年，代相吏微"[12]等兵器铭文。相邦的称谓还传至匈奴，有"为赵国所刻制"[13]15的"兇（匈）奴相邦"[14]11玺印为证。

相、相室、相邦、相国，有时通用，职责有相同之处。如"相也者，百官之长也"[15]1310；"相者，论列百官之长，要百事之听，以饰朝廷臣下百吏之分，度其功劳，论其庆赏，岁终奉其成功以效于君"[16]224；"相国者，论功劳，行赏罚，不敢隐贤，使百官共（恭）敬悉畏，毋敢口随（惰）行口，以侍（待）主令"⑧，职责大同小异。相、相室

---

① 马承源主编《上海博物馆藏战国楚竹书》（四）有张光裕考释的《相邦之道》载："吾见于君，不问有邦之道，而问相邦之道。"（上海古籍出版社2004年，第237—239页）这里的相邦，似乎不是名词，而是动词。这当与楚国设令尹，而不设相国有关。

② 《睡虎地秦墓竹简·为吏之道》附抄《魏户律》载："二十五年闰再十二月丙午朔辛亥，○告相邦：民或弃邑居壄（野），入人孤寡，徼人妇女，非邦之故也。自今以来，叚（假）门逆吕（旅），赘婿后父，勿令为户，勿鼠（予）田宇。"（文物出版社1978年，第292—293页）此相邦，当是魏国相邦。

③ 《殷周金文集成释文》11342有"廿一年相邦冉造"的铭文（第6卷第519页），可证秦国有相邦。

④ 邹安辑《周金文存》卷六《戈矛之属》有"郾相邦"剑的铭文（广仓学宭1916年，第92页），可证燕国有相邦。

⑤ 中山譻通方壶铭文："隹（唯）十三（四）年，中山王譻命相邦䌛，斁（择）郾（燕）吉金，铸为彝壶。"（河北省文物研究所《譻墓——战国中山国国王之墓》，文物出版社1996年，第370页）可证中山国有相邦。

⑥ 《史记》卷四三《赵世家》，第1805页。《史记》卷五《秦本纪》载："武王取魏女为后。无子。立异母弟，是为昭襄王。昭襄母楚人，姓芈氏，号宣太后。武王死时，昭襄王为质于燕，燕人送归，得立。"（第209页）两处说法不同，年代相差一年，不妨并存。

⑦ 高士英：《朔县赵家口发现赵国剑》，《考古与文物》1989年3期。参考王辉《跋朔县拣选的四年代相乐宽铍》，《考古与文物》1989年第3期。

⑧ 银雀山汉墓竹简整理小组编《银雀山汉墓竹简》壹释文注释《守法守令等十三篇·王兵》（文物出版社1985年，第136页）。黎翔凤撰《管子校注》卷一〇《地图》载："论功劳，行赏罚，不敢蔽贤有私，行用货财供给军之求索，使百吏敬，不敢解怠行邪，以待君之令，相室之任也。"（中华书局2004年，第532页）与银雀山汉墓竹简《王兵》篇基本相同，亦有差异，《王兵》篇无《地图》篇的"行用货财供给军之求索"一句，《王兵》篇"相国者"在前，《地图》篇"相室之任也"在后；一作"主令"，一作"君令"，意同字异。两篇对读互证，不仅可以证明"相国"与"相室"称谓相异，而且也可以说明两者职掌基本相同。

可以是卿大夫的家臣,可以是封君的辅佐者,更以国王的重臣著名于世。家臣之相,向家主负责;朝廷之相,向国王负责。掌握权力大小有别,政治地位高低不同,但都是家主、国王信任之人。卿大夫赵氏开国立业转化为君主,其家臣相、相室随着变成了赵国权势显赫的相国,人称百官之长,但仍然带着一些家臣的特点。这是家国同构的体现,又是赵国官制的直接渊源,更是赵国官制的特点之一。

二、继承周晋官制,革新职责

"自周衰,官失而百职乱,战国并争,各变异。"[3]722 赵国是三家分晋的主角之一,晋国是西周初年分封的国家,"命以《唐诰》,而封于夏虚,启以夏政,疆以戎索"[17]1539,官制亦受周朝的影响,赵国是在晋国的母体中成长而分离出来的,因而其官制难免打着周朝与晋国官制的烙印,又根据时代的变化、本国的实际情况和巩固统治的需要而有所改变。

(一)继续沿用周朝晋国的官职名号

其一司寇。西周初年,康叔为司寇,镇抚东土。《周礼》曰:"大司寇之职,掌建邦之三典,以佐王刑邦国,诘四方。""小司寇之职,掌外朝之政,以致万民而询焉。"[18]2741、2762 "司寇协奸",注曰:"司寇,刑官,掌合奸民,以知死刑之数。"[19]25《秩官》曰:"司寇诘奸",注曰:"禁诘奸盗"[19]71、72。这些是司寇的职掌。晋景公三年(前597年),屠岸贾为司寇,"擅与诸将攻赵氏于下宫,杀赵朔、赵同、赵括、赵婴齐,皆灭其族"[6]1783。司寇屠岸贾擅自使用杀戮之权,攻杀赵氏。赵氏建国后,继续沿袭周晋之制,设立司寇之官。"抃急禁悍,防淫除邪,戮之以五刑,使暴悍以变,奸邪不作,司寇之事也。"[16]170 司寇职掌既有继承,也有发展。担任司寇者,赵惠文王四年(前295年),李兑为司寇,与公子成专国政。还有"十二年,邦司寇赵新"[8]648,"五年,邦司寇马悕"[8]653,"二年,邦司寇肖(赵)或"[20]274 等人。"邦司寇",是赵国朝廷的司寇。朝廷司寇玺印,为"司寇之鉨"[14]4。还有"武阳司寇"[21]9 "襄阴司寇"[22]13 "阴馆司寇"①等玺印,武阳、襄阴、阴馆,都是隶属于赵国的县,冠以县名的司寇,是赵国地方的司寇,是县级掌管刑狱、纠察等事物的官员。司寇,在秦变为刑徒受到刑罚之名,后世成为刑部尚书的别称。

其二傅。"傅者,傅之以德义,因以为官名。"[23]20 指负有辅佐、教导责任的官员。鲁僖公二十八年(前632年)五月丁未,晋文公献楚俘于王,"郑伯傅王,用平

---

① 《古玺汇编》第12页,0068。参徐在国:《战国官玺考释三则》,《考古与文物》1999年第3期。

礼也"。傅,为辅佐之意,①郑伯即文公以周卿士的身份辅佐周襄王接受楚国俘虏。晋献公因听信骊姬谗言,杀太子申生"傅杜原款"[17]297。杜原款将死,使小臣圉告于申生,曰:"款也不才,寡智不敏,不能教导,以至于死。"[19]290 从杜原款所言中,可见傅的职责是教导太子。晋悼公因"羊舌肸习于春秋。乃召叔向使傅太子彪"[19]445。羊舌肸,字叔向,此傅为太子傅。晋"平公即位,羊舌肸为傅"[17]1026。此傅为君主之傅,亦称太傅。② 赵武灵王立周绍为王子何傅,认同"立傅以行,教少以学"的道理。周绍提出"知虑不躁达于变,身行宽惠达于礼,威严不足以易于位,重利不足以变其心,恭于教而不快,和于下而不危。六者,傅之才"[2]669 的看法,表达了对于王子傅职责、才能和品德的看法。赵武灵王"遂赐周绍胡服衣冠,具带黄金师比,以傅王子也"③。赵武灵王二十七年(前299年),王子何继位为赵惠文王,"肥义为相国,并傅王"[6]1812。傅,亦有辅佐、教导之意。

其三行人。《周礼·秋官司寇》有大、小行人,掌天子与各国间的交际礼仪,接待宾客。春秋时,行人掌国宾之礼籍,以待四方之使,宾大客,受小客之币辞。周灵王二十年(前552年),晋国栾盈出奔楚国路过周地,周西鄙人抢掠其财物,栾盈辞于周行人之后,周灵王使司徒禁止掠夺栾氏,使候送出轘辕。晋国行人见于记载的,有鲁成公七年(前584年)狐庸为行人出使于吴;有鲁襄公四年(前569年)鲁国叔孙穆子(穆叔)出使于晋国,晋悼公飨之,乐及《鹿鸣》之三,而后拜乐三。晋侯使行人询问,曰:"子以君命镇抚弊邑,不腆先君之礼,以辱从者,不腆之乐以节之。吾子舍其大而加礼于其细,敢问何礼也?"④还有鲁襄公二十六年,行人子朱争取接待秦国国君之弟鍼的任务等。战国时,冯忌因行人得见赵王,行人烛过对内政提出自己的看法,赵简子说:"与吾得革车千乘也,不如闻行人烛过一言。"[15]1533 由此可知,赵国行人主要职掌外交,对内政亦可提出自己的建议。

其四大夫。大夫是个内涵繁杂的概念,包含着爵位、官职、等级等丰富的内容,

---

① 《春秋左传注》僖公二十八年,第463页。《春秋左传注》襄公二十五年载郑国子产言:"我先君武、庄为平、桓卿士。城濮之役,文公布命曰'各复旧职。'命我文公,戎服辅王,以授楚捷。"(第1106页)傅王、辅王所说为同一件事,意为辅佐。
② 《国语》卷一四《晋语八·叔向均秦楚二公子之禄》载:"叔向为太傅,实赋禄。"(第476页)可知叔向晋悼公时为太子彪傅,太子彪继位为君主,叔向为太傅。
③ 《战国策》卷一九《赵策二·王立周绍为傅》,第670页。《史记》卷四三《赵世家》载:"使周袑胡服傅王子何。"(第1811页)周袑、周绍,当为一人而两书的名字用字不同。
④ 《国语》卷五《鲁语下·叔孙穆子聘于晋》,第185页。《春秋左传注》襄公四年作"韩献子使行人子员问之"(第933页)。《国语》《左传》两书记载的鲁国使者都是叔孙穆子(或称穆叔),出面招待的是晋悼公,而命行人询问叔孙穆子拜谢原因者虽有晋悼公与韩献子之不同,但通过行人进行询问则又是相同的。

并且历时久远、使用广泛。《周礼》六官中都设有数量多少不等的大夫。从等级看,有上、中、下不同级别的大夫。从社会地位看,有卿大夫、士大夫、朝大夫、乡大夫等不同层次的大夫。晋国除含义广泛的晋大夫、诸大夫外,还有独具特色的县大夫、公族大夫、七舆大夫等,军中设立上、中、下军大夫等。赵国继承了周朝晋国的部分大夫名号。如鲁哀公二年(前493年),赵简子伐郑誓师,曰:"克敌者,上大夫受县,下大夫受郡。"[17]1614 可见晋有上、下大夫。赵惠文王拜完璧归赵的蔺相如为上大夫。赵国亦设有战国特色的五大夫,如"续经以仕赵五大夫"[15]1492。多用大夫的通称,如"魏襄王十七年,邯郸命吏大夫奴迁于九原,又命将军大夫适子、戍吏皆貉服矣"[24]224。赵武灵王二十七年(前299年)五月,武灵王传国王子何,"大夫悉为臣"[6]1813。从"大夫""吏大夫"看,可知赵国大夫很多,但现在已不能得其详了。秦汉以后,既有官职名号的御史大夫、谏大夫等,又有爵位称号的官大夫、公大夫等,还有文职散官称谓的光禄大夫、荣禄大夫等,类型多种多样。

其五大卜。周大卜,又作太卜。郑氏注:"问龟曰卜。大卜,卜筮官之长。"[18]1281 职掌"以八命者,赞三兆三易三梦之占,以观国家之吉凶,以诏救政"[18]1938。晋国卜偃知识广博,见识高明,多次预见国家吉凶,①其意见为君主所尊重。战国时,生产力水平提高,鬼神色彩变淡,人事重于神权,卜人地位下降,但赵国太卜仍可利用鬼神灾异,占卜吉凶,使赵国退还东周的祭地。汉代太常属官仍然有太卜令,在朝廷中的地位已经下降,在黎民百姓中仍有广泛的市场。

其六筮史。以蓍草占卜吉凶休咎或卜问疑难困惑的事为筮。周朝的筮人,"掌三易,以辨九筮之名"[18]1964,既占卜吉凶祸福,又参与军事和政务活动。箕子曰:"汝则有大疑,谋及乃心,谋及卿士,谋及庶人,谋及卜筮。"[25]313 晋国设筮史②,筮史相当于周朝的筮人,是掌卜筮之官。③《周礼》言"凡国之大事,先筮而后卜"[18]1965。实际上,鲁僖公二十五年(前635年),晋文公卜纳周襄王;鲁哀公九年,赵鞅占卜救郑国,均先卜而后筮。可知卜筮先后,并非固定不变。赵承晋制,仍设筮史之官。

---

① 卜偃,又作郭偃,《国语》卷七《晋语一·史苏论献公伐骊戎胜而不吉》载:"郭偃曰",注曰:"郭偃,晋大夫卜偃也"(第257—258页)。《韩非子新校注》卷五《南面》载:"管仲毋易齐,郭偃毋更晋,则桓、文不霸矣"(第334页)。《春秋左传注》载:鲁闵公元年(前661年)、鲁僖公二年、僖公五年、僖公十四年、僖公二十五年、僖公三十二年等,卜偃多次预测国家大事的吉凶祸福,并提出理性谋略建议。因此,杨伯峻认为:"卜偃之于晋文公,实变法称霸之功臣。"(第259页)

② 《春秋左传注》僖公二十八年载:"晋侯有疾,曹伯之竖侯獳货筮史,使曰以曹为解。"注曰:"货,贿赂也。筮史,晋掌卜筮之官"(第474页)。

③ 《国语》卷一〇《晋语四·重耳亲筮得晋国》载:晋公子重耳占卜,"尚有晋国",得贞屯、悔豫,筮史占之。韦昭注曰:"筮史,筮人,掌以三易辨九筮之名。"(第362—363页)可知,筮史与筮人相当,筮史是晋国主管卜筮之官。

赵孝成王四年（前262年），王命筮史敢占卜梦的吉凶征兆。筮史职掌为后世所沿袭，官职名号有变化。

其七工师。《周礼·冬官考工记》载："国有六职，百工与居一焉。"郑氏注曰："百工，司空事官之属。"[18]3105 孙诒让案曰："《月令》'季春，命工师，令百工'。注云：'工师，司空之属官也。'又'孟冬，命工师效功'。注云：'工师，工官之长也。'是冬官之属有工师与匠师、梓师同领诸工。"[18]3106 战国时，各国多有工师，管理官府手工业的生产与经营。"论百工，审时事，辨功苦，尚完利，便备用，使雕琢文采不敢专造于家，工师之事也。"① 这是工师职责所在。赵与韩、魏兵器铭文中多有左库、右库、上库、下库工师等相同的官职称谓，当是均继承于晋国官制而然，并各自都有所发展，不再仅仅局限于司空事官之属。赵国工师，分别隶属于国家与郡县。隶属于国家者，如"四年，相邦春平侯，邦左库工师长身"[8]664，"十五年，守相廉颇，邦右库工师韩亥"[8]660，"十七年，相邦春平侯，邦左伐器工师长蘁"[8]668 等铭文可为证。隶属于郡县者，如"六年，安平守蠻疾，左库工师赋賫"[8]647，"王苴事，南行唐令瞿卯，右库工师司马郘"[8]647-648，"三年，武信令司马䦚，右库啓工师粤秦"[8]648 等。铭文上的相邦、守相、守、令，是器物的监造者，是工师的上司。工师官制为后世继承并发展。

司寇、傅、行人、大夫、太卜、筮史、工师等官职，不仅周朝、晋国、赵国前后相沿袭，而且列国亦多有设置者，并为后世所沿袭并发展。

（二）继承于周朝的官职名号

其一内史。周内史，职"掌王之八枋之法，以诏王治"。"执国法及国令之贰，以考政事，以逆会计。掌叙事之法，受纳访，以诏王听治。凡命诸侯及孤卿大夫，则策命之。凡四方之事书，内史读之。""内史掌书王命，遂贰之。"[18]2129-2132,2136 春秋时代，见于记载的周内史，如：鲁庄公三十二年（前662年），内史过论神降于莘；鲁僖公十六年，内史叔兴聘于宋；鲁文公元年（前626年）春，王使内史叔服会鲁君主之葬等。可见春秋时的周内史职掌有所变化，奉命出使的任务增加。赵烈侯时，徐越侍以节财俭用，察度功德，所与无不充，被任命为内史。赵国内史具体职掌不清楚，

---

① 《荀子集解》卷五《王制》，第169页。《管子校注》卷一《立政》亦载："论百工，审时事，辨功苦，上完利，监壹五乡，以时钩脩焉。使刻镂文采，毋敢造于乡工师之事也。"（第73—74页）两书有文字相同者，亦有字句相异者，其精神无疑是一致的，说明了当时工师的职责。

从徐越所言"节财俭用,察度功德"与秦汉"治粟内史,秦官,掌谷货"①来看,与管理国家财政有些联系。

其二御史。周朝"御史,掌邦国都鄙及万民之治令,以赞冢宰,凡治者受法令焉,掌赞书"[18]2140。其职掌赞书授法律、上传下达等事。战国时,御史职掌稍有变化,成为国王的亲近之臣,管理文书及记事等。张仪出使赵国,称:"弊邑秦王使臣敢献书于大王御史。"[2]649可见御史有接受、转送文书的职责。赵惠文王二十年(前279年),秦、赵两国国王相会于渑池,御史记录鼓瑟、击缶之事。其官职名称相同,而职掌发生了变化。内蒙古卓资县城卜子古城遗址出土的陶量铭文有"剐(半)匿(斛)亮(量),卸(御)史肖(赵)宫(?)立敀(校)"的记载,说明"御史参与造器,是为了校准度量衡单位,使器物的量制或衡制符合法定标准。御史有这方面的职掌,这是我们过去所不了解的"[26],十分珍贵。赵国弩机上有"邦御史"[27]的铭文,韩非记载了魏国等有县级御史。据此推断,"邦御史""大王御史"等,当是朝廷御史,相对应赵国也应当有县级御史。御史,历代均有设置,主要担负秘书、监察等职责。

(三)渊源于晋国的官职名号

其一将军。《左传》载,晋阎没、女宽谓魏献子曰:"岂将军食之,而有不足。"注曰:"魏子中军帅,故谓之将军。"《春秋左传正义》曰:"晋使卿为军将,谓之将中军、将上军。此以魏子将中军,故呼为将军。及六国以来,遂以将军为官名,盖其元起于此。"[28]2119-2120《墨子》言:"昔者晋有六将军。"孙诒让注曰:"六将军,即六卿为军将者也,春秋时通称军将为将军。"[29]127银雀山汉墓竹简载,吴王问孙子曰:"六将军分守晋国之地,孰先亡?孰固成?"②晋国由六卿执掌政权、统率军队,故被称为六将军。赵国亦有将军之官职,如"魏襄王十七年,邯郸命吏大夫奴迁于九原,又命将军大夫适子、戍吏皆貉服矣"[24]224。将军名号主要授予武官。功绩卓著者,号称大将军,简称大将。③廉颇、李牧、乐乘为大将军,三人都有封君之号,廉颇、乐乘还

---

① 《汉书》卷一九上《百官公卿表上》,第731页。《睡虎地秦墓竹简》中涉及内史的有八条,总起来看,需要"上内史"者事务不少,如财政、赋税、畜牧、手工业、器用物资等都与其管理范围有关。
② 《银雀山汉墓竹简》壹释文注释《孙子兵法》下编《吴问》,第30页。《淮南鸿烈集解》卷一二《道应训》载:"昔赵文子问于叔向曰:'晋六将军,其孰先亡乎?'对曰:'中行、知氏。'"(第416页)两书记述吴王与赵文子问"晋六将军孰先亡"的问题,都说到了晋国六将军的称谓,答案相同,理由相异。
③ 《史记》卷八一《廉颇蔺相如列传·李牧》载:"后七年,秦破赵杀将扈辄于武遂,斩首十万。赵乃以李牧为大将军,击秦军于宜安,大破秦军,走秦将桓齮。封李牧为武安君。"(第2451页)《史记》卷四三《赵世家》载:赵幽缪王迁七年(前229年),"秦人攻赵,赵大将李牧、将军司马尚将,击之"(第1832页)。赵国兵器有"三年,大将吏(李)牧"(张振谦:《三年大将吏弩机补释》,《文物》2006年第11期)的铭文。由上述可见,李牧先称大将军,后又称大将,铭文作大将,大将是大将军的省称。

有守相、假相国之名。赵庄、赵护、赵奢、赵梁、韩徐、贾偃、庄豹、燕周、赵括、庆舍、傅抵、李齐、司马尚、扈辄等人为将军，茄等为裨将军。① 而赵国上卿仍然有按照习惯称为将军者，以完璧归赵而著名的赵国上卿蔺相如亦被廉颇称为将军，②体现出战国时代的特色。将军作为武将的名号、对军官的尊称，历代通用。

其二军尉。军尉亦是春秋时代晋国设置的军官名称。应劭曰："自上安下曰尉，武官悉以为称。"[3]725 晋悼公元年（前 573 年），"卿无共御，立军尉以摄之。祁奚为中军尉，羊舌职佐之；魏绛为司马，张老为候奄。铎遏寇为上军尉，籍偃为之司马。使训卒乘，亲以听命"[17]909-910。《国语》亦载："公知祁奚之果而不淫也，使为元尉。"注曰："元尉，中军尉。""知铎遏寇之恭敬而信强也，使为舆尉。"注曰："舆尉，上军尉。"[19]435、436 由上述可知，中军尉又称元尉，上军尉又称舆尉。中军尉又称为军尉，晋悼公四年，军尉祁奚请老，推荐其子祁午，晋悼"公使祁午为军尉，殁平公，军无秕政"③。赵国亦设其官，"秦赵战于长平，赵不胜，亡一都尉"。注曰："军尉也。"[2]701 周赧王四十六年（前 269 年），阏与之战后，"赵惠文王赐奢号为马服君，以许历为国尉"[6]2446。赵国的将军、都尉、国尉等当是效仿晋国将军、军尉官制设立的，官职名称、职掌而有所变化。

有因时制宜赋予官职新职责者。如上卿，是西周时代由天子任命的诸侯国之卿。由于各国大小不同，其上卿数量、地位也不一致，"次国之上卿，当大国之中，中当其下，下当其上大夫。小国之上卿，当大国之下卿，中当其上大夫，下当其下大夫。上下如是，古之制也"[17]814-815。鲁桓公三年（前 709 年），晋武公伐翼杀晋哀侯，告诉栾成："苟无死，吾以子见天子，令子为上卿，制晋国之政。"[19]251 当时晋国的上卿是由周天子来任命的。韩厥、赵鞅、解扬等为晋上卿。战国时，周天子日趋衰微，周天王变为周君，各国自己任命了一些上卿。赵国沿袭周晋制度置上卿，廉颇、蔺相如、虞卿等为上卿。荀卿由楚国到赵国，"赵以为上卿"[30]154。为上卿者，既有文臣，也有武将。赵国上卿，不仅不再由周王任命，而且逐渐由执政官演变为食厚禄的称号。

---

① 《汉书》卷三一《项籍传》载："籍为裨将。"颜师古注曰："裨，助也，相副助也。"（第 1797 页）裨将，即副将，协助将军处置军务者。

② 《史记》卷八一《廉颇蔺相如列传》载："廉颇闻之，肉袒负荆，因宾客至蔺相如门谢罪曰：'鄙贱之人，不知将军宽之至此也！'卒相与欢，为刎颈之交。"（第 2443 页）作为文官上卿的蔺相如被廉颇称为将军，当是赵国沿袭晋国的习惯而然。

③ 《国语》卷一三《晋语七·祁奚荐子午以自代》，第 440 页。此事又见《春秋左传注》襄公三年，第 927 页。

（四）继承周晋官制而完善者

其一师。古代有乐师称为师，西周时武官称师，周文王拜吕尚为师，周武王尊吕尚为师尚父，吕尚参与谋划、指挥伐纣战争。后演变为最高执政官之一。周成王时，召公为保，周公为师。周庄王之子"子颓有宠。蒍国为之师"[17]212。蒍国是周王子之师。晋国既有乐师师旷等人，侍奉君主，以供咨询，又有太师贾佗和绛县老人为绛县师。层次等级高低有别，职掌亦各不同。战国时代，牛畜侍赵烈侯以仁义，约以王道，赵烈侯官牛畜为师。师由周代武官、执政官演变为赵王师或侍讲官员。

其二，晋国是军政合一，中军元帅、诸军将领，既是统帅军队的长官，又是执掌国政的首脑，出将入相，文武兼备。赵国则是文武分职，文官相国职掌内政、外交等事务，武官将军训练、指挥军队。官职分为文武，既适应了政务与军务分工的客观需要，使文臣武将各尽其能；又因文武分职使大臣权力分散，有利于大臣互相制约和监督，从而能有效地防范高官重臣独揽大权而威胁君权，还有利于君主专制集权。

赵国官制制度、官职名号，既有周朝晋国赵国前后一脉相承者，亦有继承于周朝者，更有渊源于晋国者，也有沿袭其官职名号因时制宜赋予新职责者，还有继承周晋官制与时俱进而完善者等，对于周晋官制采取了不同的继承方式。周晋官职名号并没有全部都被继承下来，如周朝的太师、太傅、太保或司徒、司空等三公官，瞽史、外史、小史等史官，晋国的祭史等官职名号。之所以这样说，是因为目前笔者所能够看到的赵国官制史料中没有记载。当然，人类历史并没有全部记载在历史文献中，我们现在看到的历史文献仅仅保存了其中很小的一部分。所以说，目前没有记载者，不一定就不存在，只是目前没有资料证明赵国的确是继承了那些周晋官职名号。赵国官制既不是原封不动地照搬周朝晋国官制，而是适应时代的需要，采取了扬弃、继承、选择与创造相结合的方法，使周朝晋国官制成为赵国官制的主要渊源之一。

三、借鉴别国官名，为己所用

战国时代，"九州七裂，各置官司"[31]651。不仅各国均有自成体系的官制系统，而且各国的官职又互相效仿借鉴，以完善本国的官僚制度，赵国也不例外。

（一）借鉴于楚国者

楚国的将军名号，当是借鉴于三晋，赵国也有些官职名号来源于楚国。

其一柱国。《战国策》载:"安邑者,魏之柱国也;晋阳者,赵之柱国也;鄢郢者,楚之柱国也。"注曰:"柱国,都也。""言其于国如室有柱。"[2]391,393"楚之法,覆军杀将","官为上柱国,爵为上执珪"[2]355。楚国官制系统中,贵于上柱国者仅有令尹。据上述资料推断,柱国当由国都之称变为保卫国都之武官,又演变为高级将领称号。不仅楚国有柱国,而且赵国亦有柱国。赵孝成王时,翟章从梁至赵,赵王再三延之以相而推辞不受。田驷谓柱国韩向曰:"臣请为卿刺之,客若死,则王必怒而诛建信君。建信君死,则卿必为相矣。"注曰:"柱国,楚官。盖赵亦有。"[2]756 当时,建信君为赵国的相国。由此可见,赵的柱国,其地位与楚上柱国同,仅次于相国(相当于楚国的令尹)。

其二大工尹。楚国官职中有工尹,鲁僖公二十八年(前632年),楚成"王使为工尹",杜预注曰:"掌百工之官。"[17]576 鲁宣公十二年(前597年),"工尹齐将右拒卒以逐下军"[17]739。鲁成公十六年(前575年),"楚子使工尹襄问之以弓"[17]887。鲁昭公二十七年(前515年),"左尹郤宛、工尹寿帅师至于潜"[17]1483。由上述可知,楚国工尹既掌管百工,也率师出征。出土文献记载,楚国有大工尹。楚惠王五十六年(前433年)后的曾侯乙墓竹简记载有"大攻(工)尹之駰为左骖"[32]363。鄂君启金节记载,楚怀王六年(前323年),"大攻(工)尹脽"奉王命召集诸尹铸造金节。① 学者们对于楚国大工尹的职掌有不同的看法,王辉认为:"楚之大府有大工尹,尹为长官,楚之大工尹地位甚高,大约相当于后代的工部尚书。"[33]353 刘玉堂认为:"从《鄂君启金节》铭文分析,大工尹的职权当与被称为百工之长的工尹相当。它很可能为限制工尹职权而专设或临时增设,但也不排除是对工尹尊称的可能。"[34] 两人看法有些不同,但楚国大工尹职掌官营手工业的生产、经营则是无疑问的。包山楚简有"少工尹惑"[32]47,当是大工尹的属官。赵国从赵孝成王时开始,在器物背面的显著位置镌刻上大工尹的官职、姓名。赵孝成王时,七年(前259年)相邦皯有"大攻(工)尹韩啻"[8]667 的铭文,十五年守相杜波皯有"大工尹公孙桴"[8]646,660-661 的铭文,十七年相邦春平侯皯有"大工尹韩甾"[8]654,665,668 的铭文,十八年相邦剑有"大工尹赵□"[8]666 的铭文等。赵悼襄王时,四年(前241年)相邦春平侯皯有"大工尹赵闲"[8]664 的铭文等。上述资料证明赵国设有大工尹。根据兵器铭文可知赵国大工尹有韩啻、公孙桴、韩甾、赵闲、赵解、尹阡□等人。赵国的大工尹设立于赵孝成王以后,只设置于朝廷,杜宇、孙敬明认为:"此'大工尹'当是位次相邦而又在邦左右

---

① 殷涤非,罗长铭:《寿县出土的"鄂君启金节"》,《文物参考资料》1958年第4期。参见《殷周金文集成释文》第6册,第778—783页,12110—12113。

库长之上的专管国家兵器铸造业的长官。其铭刻于器之背面,或当系表示曾由其检查验收承认合格之意。"[35]303 从时间来看,楚国的大工尹在前,赵国的大工尹在后,职掌并不完全相同,这当是赵国效仿楚国官职名称的一个例证。

(二) 效仿于秦国者

秦国有些官职渊源于三晋,如相国等。赵国也借鉴了秦国的一些官职名号。

其一丞相。秦武王二年(前309年),"初置丞相,樗(huò)里疾、甘茂为左右丞相"①。青川木牍载:"二年十一月己酉朔朔日,王命丞相戊(茂)、内史匽、□□更脩为田律。"二年,指秦武王二年;丞相戊,是丞相甘茂。② 青川木牍与《史记》的本纪、列传记载相互印证,说明秦武王二年建立了丞相制度,并以樗里疾、甘茂为左右丞相。赵孝成王时,赵国建信君宣称:"秦使人来仕,仆官之丞相,爵五大夫。"注曰:"使为丞相官属。"[2]721 建信君,赵孝成王时的宠臣,时间在秦武王设立丞相四五十年之后。赵国的相国,其爵位多为封君,而建信君所言官之丞相,爵为五大夫,远在相国之下。征诸后世史实看,有时丞相与相国并存,如张家山汉墓汉简载:"御史、丞相、相国长史,秩各千石。"[36]69 论地位,相国尊于丞相。吕后八年(前180年),"高后崩,吕禄以赵王为汉上将军,吕产以吕王为汉相国,秉汉权,欲危刘氏。(周)勃为太尉,不得入军门。陈平为丞相,不得任事"[6]2072。权力掌握在相国手里。有些人先为丞相后为相国,如秦"庄襄王元年,以吕不韦为丞相";"太子政立为王,尊吕不韦为相国"③。再如,汉代萧何,先担任丞相十一年,后拜为相国④。由

---

① 《史记》卷五《秦本纪》,第209页。《史记》卷七一《樗里子甘茂列传》载:"秦惠王卒,太子武王立,逐张仪、魏章,而以樗里子、甘茂为左右丞相。"(第2307页)本纪与列传记载相同。

② 四川省博物馆等:《青川县出土秦更修田律木牍——四川青川县战国墓发掘简报》,《文物》,1982年第1期。青川木牍与《史记》记载相互印证。由此可知缪文远参考韩养民《秦置相邦、丞相渊源考稿》所言"传世及考古所得秦器,称'丞相'者均为秦始皇时物,见秦权诏版及琅邪刻石,其在此之前者均称'相邦',则'丞相'之称,当是始皇时事"(《七国考订补》卷一《秦职官》,上海古籍出版社1987年,第3页),其说法有可商榷之处。

③ 《史记》卷八五《吕不韦列传》,第2509页。但不要看得太绝对,因为司马迁对于吕不韦官职名号的记述,并不特别严谨,也不太一致。在《史记》卷五《秦本纪》载:庄襄王元年(前249年),"东周君与诸侯谋秦,秦使相国吕不韦诛之,尽入其国"(第219页);卷六《秦始皇本纪》中说:"吕不韦为相,封十万户,号曰文信侯。"(第223页)卷一五《六国年表》载:秦庄襄王元年"吕不韦相,取东西周"(第750页);始皇帝十年(前237),"相国吕不韦免"(第753页)。由上述可见,相、丞相、相国,在《史记》中使用的并不严格。

④ 《史记》卷五三《萧相国世家》载:汉元年,"沛公为汉王,以何为丞相"(第2014页);汉十一年,"上已闻淮阴侯诛,使使拜丞相何为相国,益封五千户,令卒五百人一都尉为相国卫"(第2017页)。《史记》卷二二《汉兴以来将相名臣年表》载:高帝九年(前198年),"迁为相国"(第1121页)。参考《史记》的高祖本纪、萧相国世家、淮阴侯列传等,笔者认为高帝十一年,萧何为相国为是。萧何先为丞相十一年,方为相国,名号应当更尊贵。

上述可见,相国比丞相更尊贵。建信君言:"使为丞相官属",也说明赵国曾经设立过丞相。从时间看,赵国丞相官职名号当是效仿秦国的丞相制度,或是按照秦国丞相的官职名号来说赵国相应的职官。

其二县令。秦孝公十二年(前350年),"并诸小乡聚,集为大县,县一令,四十一县"[6]203。这是目前所知设立县令最早的记录①。班固曰:"县令、长,皆秦官,掌治其县。"[3]742 县令官职名号渊源于秦。韩非曰"王登为中牟令,上言于襄主",不可信。② 比较可靠的应为赵国兵器铭文上记载的县令,如赵惠文王八年(前291年)的"兹氏令吴庶"[8]512;赵孝成王十七年(前249年)的"邢令吴次"[8]530,"二年,邢令孟朿庆"[37];还有"南行唐令瞿卯"[8]647-648;"三年,武信令马师"[8]648 等。从时间上看,赵国的县令当也是仿效于秦国。

(三) 借鉴于宋、齐者

赵国官职名号,亦有借鉴于宋、齐官制而根据本国情况稍作变革者。

其一左师。周晋官职系统均有此官职,春秋时宋国置左师,职掌君臣百官教训,并与右师兼掌四乡政令,为执政官六卿之一。赵国设置左师,尤以触龙言说赵太后闻名。元朝胡三省认为:"赵以触龙为左师,盖冗散之官,以优老臣者也。"[23]164 缪文远指出,"盖"者,为推测之辞,认为:"赵之左师当仍为执政大臣,故敢犯言入谏,未必为胡氏之所云也。"[38]24 从触龙言在赵太后面前的气势看,并非是可有可无的冗散之官。从触龙言说赵太后的内容来看,左师是资格老、年纪大、经验丰富的顾问之官。

其二司过。春秋齐景公时,虽然"民神俱怨,而山川收禄,司过荐罪,而祝宗祈福"③。这里前后两句对照而言,司过举其过失,而祝宗为其求福,相互矛盾。可知司过是掌纠正君主过失以示惩戒之官。因赵武灵王年少,未能听政,设立"左右司

---

① 楚国、晋国、秦国,设立郡县都比较早。楚国县官称为县尹,尊称县公,直至秦楚之际,楚人刘邦、项羽集团中仍以县公为称,如刘邦称沛公,夏侯婴称滕公等。项羽部下有萧公角、薛公等人。晋国县官称为大夫,如鲁昭公二十八年(前514年)秋,"魏献子为政,分祁氏之田以为七县,分羊舌氏之田以为三县。司马弥牟为邬大夫,贾辛为祁大夫,司马乌为平陵大夫,魏戊为梗阳大夫,知徐吾为涂水大夫,韩固为马首大夫,孟丙为盂大夫,乐霄为铜鞮大夫,赵朝为平阳大夫,僚安为杨氏大夫"(《春秋左传注》昭公二十八年,第1493—1494页)。任命了十个县大夫。楚、晋两国不以县令为名,可知县官称县令,当以秦孝公十二年为早。

② 《韩非子新校注》卷一一《外储说左上》,第697页。赵襄子于前457年—前425年在位,尚为晋国卿大夫,即使有县,按照晋国制度,当设县大夫,而非县令。历史记载,"地近则易核,时近则迹真"([清]章学诚:《文史通义校注》卷八《修志十议》,叶瑛校注,北京:中华书局1985年,第843页)。这当是在赵襄子二百余年后的韩非子按照自己生活时代的官制来追记或者比拟赵襄子时代的官制,因此不可信。

③ 吴则虞编著《晏子春秋集释》卷三《内篇问上十》,中华书局1962年,第200页。《银雀山汉墓竹简》壹释文注释《晏子七》作:"司过荐至而祝宗祈福。"(第93页)荐至,即接连而来,与荐罪有相通之处。

过三人"[6]1803。此司过,当是随时谏正君主言行过失,以纠正其失误之官。后世在太子免保傅之严以后,有"司过之史","太子有过,史必书之,史之义,不得不书过,不书过则死"[39]51。以鉴戒太子的过失,培养完美的品格。秦汉之际,陈胜以"胡武为司过,主司群臣"[6]1960。司过名同职责相异。

上述列举的诸官职,有些成为赵国重要的官职,有些在赵国官制中不占主导地位,有些是否可靠尚需多方考察,有些还需要考古资料来证明。虽然如此,从中仍然可看到战国是各国官职互相交流效仿的时代,借鉴别国官职名号,成为赵国官制的渊源之一。

四、首创官职名号,独具特色

"自周衰,官失而百职乱,战国并争,各变异。"[3]722 赵国不仅继承了周朝晋国的职官制度,借鉴了各国的职官名号,而且还首创了一些官职名号,并为后世所继承与发展。

(一)首创官职名号、制度为后世所沿用者

其一守相、假相国。赵孝成王十五年(前251年),"赵以尉文封廉颇为信平君,为假相国"①。赵孝成王十七年,"假相大将武襄君攻燕,围其国"[6]1828。秦始皇帝十八年(前229年),文信侯吕不韦党与司空马之赵,赵以为守相。注曰:"守相,假也。""守,假官也,马为之。"[2]285 可见,假与守相通,守相即假相国,反之亦然。在传世的赵国纪年兵器中,有多件剑、钺上镌刻着"守相"的铭文,有"□□年,守相武襄君"[40],有"十六年,守相□平侯"[41]366,有"十五年,守相杜波"[8]646,有"十五年,守相杢波"[42]72。黄盛璋先生认为:守相杢波,指廉颇[43]110,112。还有"十五年,守相杜艺廉颇"剑一把、钺两件[8]659-661。十五年,当为赵孝成王十五年,正与《史记》记载相互印证。铭文为守相,本传为假相国;姓名杜波、杢波、廉颇,均指廉颇,可知三者同指一人。其官称"假相国""守相",表明是兼职摄事,或试用、试守的相,地位低于相国②。这种职官守、假制度,为后世所效法。秦王政"十六年九月,发卒受

---

① 《史记》卷八一《廉颇蔺相如列传》,第2448页。《史记》卷四三《赵世家》载:赵孝成王十五年,"以尉文封相国廉颇为信平君"(第1828页)。与《廉颇蔺相如列传》相比少一个"假"字,证以下面所列举的"十五年,守相杜波"钺等金文资料,可知,《赵世家》脱漏了一个"假"字。

② 前面说,文信侯吕不韦党与司空马之赵,赵以为守相。六年相邦司空马钺铭文载:"六年,相邦司工(空)马"。证明在赵幽缪王六年(前230年)司空马是赵的相邦(《保利藏金》李学勤《钺》,第274—275页)。司空马由守相变成了相邦。

地韩南阳,假守腾"①。"十七年,内史腾攻韩,得韩王安,尽纳其地,以其地为郡,命曰颍川。"[6]232秦王政"廿年四月丙戌朔丁亥,南阳守腾"[44]15。可知,腾先为南阳假守,后为南阳守。秦末农民战争中,吴广以假王挥兵西进,景驹自立为楚假王,项羽杀宋义诸将立项羽为假上将军。楚汉战争时,曹参以假左丞相名义屯兵关中、出击魏豹,阎泽赤曾为假相击项羽,韩信请求立为假齐王。秦汉官制有假守制度②。

其二宦者令,为宫廷近侍之长。蔺相如为赵宦者令缪贤的舍人,有缪贤的推荐,才有蔺相如原璧归赵的壮举。宦者令有接近国君的便利条件,掌握机密信息,参与朝政大事,还能在家中招养门客,可见其地位比较显赫。宦者令,在汉代被纳入为皇帝服务的少府系统之中。

(二) 首创官职后世改变其职掌者

赵烈侯时,荀欣以言"选练举贤,任官使能"而为中尉[6]1797,当以选任贤能,拔举官吏为其职责,与孟夏月"命太尉,赞杰儁,遂贤良,举长大,行爵出禄,必当其位"[15]185-186有些类似。秦朝的中尉掌徼循京师,维护社会秩序。楚汉战争中,刘邦麾下的中尉,是南征北战的武将。汉武帝时,改中尉为执金吾。汉代各诸侯王国亦置中尉备盗贼。赵国与秦汉时代中尉名称相同,而职掌则有了很大的变化。

(三) 首创官职只实行于赵国者

其一负责征收田租赋税的田部吏。赵奢曾任赵国田部吏,"收租税,而平原君家不肯出租,奢以法治之,杀平原君用事者九人。平原君怒,将杀奢。奢因说曰:'君于赵为贵公子,今纵君家而不奉公则法削,法削则国弱,国弱则诸侯加兵,诸侯加兵是无赵也,君安得有此富乎?以君之贵,奉公如法则上下平,上下平则国强,国强则赵固,而君为贵戚,岂轻于天下邪?'平原君以为贤,言之于王。王用之治国赋,国赋太平,民富而府库实"[6]2444-2445。

其二博闻师。因赵"武灵王少,未能听政,博闻师三人,左右司过三人"[6]1803。《礼记》曰:"师也者,教之以事而喻诸德者也。"[45]563应劭说:"博闻师,赵谏官。"董说曰:"司过乃谏官耳,博闻师当是备顾问者。"[46]125也就是以博学广闻者为君主的

---

① 《史记》卷六《秦始皇本纪》,第232页。梁玉绳撰《史记志疑》卷五《秦始皇本纪》附案言:"此句疑有讹误,方氏《补正》曰'发卒受韩南阳地,而使内史腾为假守也。'"(中华书局1981年,第174页)田余庆先生认为方苞说法"比较合理可信"(《秦汉魏晋史探微·说张楚》,中华书局1993年,第6页)。

② 赵翼著《陔余丛考》卷二六《假守》,收集秦汉时代的假守史料比较全面,但所说"秦汉时,官吏摄事者皆曰'假',盖言借也"(河北人民出版社2007年,第515—516页)。实际上,战国时代,赵国官制中已经有假守制度,赵翼所言有失片面。

博闻师,学识渊博以备君主咨询,增长其见识,以提高君主的素质,形成良好的品行。还有作为低级军官名称的官卒将或官帅将①,以及传舍吏[6]2369、左右校等。

赵国首创的职官称谓,体现着赵国人的创新精神,但并不是说丝毫没有前人的影响,只是说没有直接的渊源关系,仅存在着某些间接的蛛丝马迹。它反映着赵国官制的特点,有些为后世所沿袭、发展,说明赵国所创造的官职名号具有活力,有些则为赵国所特有成为官制的标志,首创官职是赵国官制的渊源之一。

五、小结

中国古代社会是由行政权力支配,君主、官吏是行政权力的代表,官职是行政权力的标志,"官者,事之所主,为治之本也"[47]192。赵国官制渊源于卿大夫家臣发展为国家大臣、沿袭改革周晋官名、借鉴采用别国官制、本国首创官职等,逐渐形成完备的赵国官制系统。从纵的方向来说,以乡里为基础,以郡县为纽带,朝廷总揽全局,顶端是赵王,形成了金字塔形的君主专制集权统治体系。赵王具有至高无上的权力,既是行政的元首、军队的最高统帅,又是重大案件的最高裁判人,并享有种种不受限制的权力。"主势能制臣,无令臣能制主。"[2]593从横的方向来看,官分文武,将相合作,各有专责,相互监督,统归君主。在相国之下有处理政务的司寇、御史、内史、郎中、行人、田部吏等文官。在大将军之下有统领军队的将军、国尉、都尉、裨将、官卒将等武官。此外有教导太子或供国王咨询的师傅系统,如师、傅、博闻师、司过等官。还有为国君服务的宦者令等事务性官职,以及太卜、筮史等传统官职。纵横交错,井然有序,总汇于赵国君主,君主是整个行政权力网络的总控制者,是中央集权君主专制的官制体系的核心所在。纵横交错的统治网络触角伸到社会的各个层次,分布到疆域的每个角落,渗透到政治经济等各个领域,严密地控制着整个国家。赵国官制上承周朝晋国之制,采用秦楚等国官职名号,继往开来,对秦汉以后的官制有所影响,从某种意义上讲,赵国官制又成为战国以后中央集权君主专制官制的渊源之一。

---

① 《史记》卷一〇二《冯唐列传》载,冯唐曰:"臣大父在赵时为官卒将,善李牧。"《集解》引徐广曰:"一云'官士将。'"裴骃案,晋灼曰:"百人为彻行,亦皆帅将也。"《索隐》曰:案《国语》百人为彻行,行头皆官师。贾逵云"百人为一队也。官师,队大夫也"(第2758页)。《汉书》卷五〇《冯唐传》载,冯唐曰:"臣大父在赵时,为官帅将,善李牧"(第2313页);卷七九《冯奉世传》载:冯亭后裔"在赵者为官帅将"。颜师古注曰:"帅,音所类反,字或作帅,其义两通。"(第3293页)荀悦记载为"臣大父赵时为将卒,善廉颇"(《汉纪》卷八孝文皇帝纪下,载张烈点校《两汉纪》,中华书局2002年,上册第118页)。官卒将与官士将、官帅将与官师将,或将卒,何者为是,现在已经很难分辨,具体职掌也很难说清楚。不妨暂且三者并存,待将来发现新资料再仔细考察,但无论叫何官名,都是赵国所特有的官职。

参考文献

[1] 刘文典. 淮南鸿烈集解[M]. 北京:中华书局,1989.

[2] 刘向. 战国策[M]. 上海:上海古籍出版社,1985.

[3] 班固. 汉书[M]. 北京:中华书局,1962.

[4] 黄汝成. 日知录集释[M]. 上海:上海古籍出版社,2006.

[5] 陈奇猷. 韩非子新校注[M]. 上海:上海古籍出版社,2000.

[6] 司马迁. 史记[M]. 北京:中华书局,1982.

[7] 吴镇烽. 六年相室赵曼鼎考[J]. 考古与文物,2008(5):39-41.

[8] 中国社会科学院考古研究所. 殷周金文集成释文:第六卷[M]. 香港:香港中文大学中国文化研究所,2001.

[9] 张福有. 集安出土赵国青铜短剑之阳安君为李跻[J]. 考古与文物,2005(6):45-46..

[10] 赵福寿,吴佩英. 邢台发现十八年相邦平国君鈹初议[J]. 文物春秋,2006(5):34-38.

[11] 张德光. 有关"邛皮戈"铭的补议[J]. 文物世界,1997(2):54-55.

[12] 黄盛璋. 新发现之三晋兵器及其相关的问题[J]. 文博,1987(2):53-58.

[13] 盖山林,盖志浩. 远去的匈奴[M]. 呼和浩特:内蒙古人民出版社,2008.

[14] 上海书画出版社. 上海博物馆藏印选[M]. 上海:上海书画出版社,1979.

[15] 陈奇猷. 吕氏春秋校释[M]. 上海:学林出版社,1984.

[16] 王先谦. 荀子集解[M]. 北京:中华书局,1988.

[17] 杨伯峻. 春秋左传注[M]. 北京:中华书局,1981.

[18] 孙诒让. 周礼正义[M]. 北京:中华书局,1987.

[19] 国语[M]. 上海师范学院古籍整理组,校点. 上海:上海古籍出版社,1978.

[20] 《保利藏金》编辑委员会. 保利藏金[M]. 广州:岭南美术出版社,1999.

[21] 萧春源. 珍秦斋藏印·战国篇[M]. 澳门:澳门基金会,2001.

[22] 罗福颐. 古玺汇编[M]. 北京:文物出版社,1981.

[23] 司马光. 资治通鉴[M]. 北京:中华书局,1956.

[24] 杨守敬,熊会贞. 水经注疏[M]. 南京:江苏古籍出版社,1989.

[25] 孙星衍. 尚书今古文注疏[M]. 北京:中华书局,2004.

[26] 董珊. 内蒙古卓资县城卜子古城遗址出土陶文考[J]. 古代文明研究通讯,2008(39).

[27] 吴良宝,张丽娜. 韩赵兵器刻铭释读三则[J]. 中国文字研究,2003(1):34-36.

[28] 孔颖达. 春秋左传正义[M]//阮元. 十三经注疏. 北京:中华书局,1980.

[29] 孙诒让. 墨子间诂[M]. 北京:中华书局,1986.

[30] 许维遹. 韩诗外传集释[M]. 北京:中华书局,1980.

[31] 董说. 丰草庵前集[M]//续修四库全书编委会. 续修四库全书第1403册. 上海:上海古籍出版社,2002.

[32] 陈伟,等. 楚地出土战国简册[M]. 北京:经济科学出版社,2009.

[33] 王辉. 战国"府"之考察[C]//《中国考古学研究论集》编委会. 中国考古学研究论集——纪念夏鼐先生考古五十周年. 西安:三秦出版社,1987.

[34] 刘玉堂. 楚国手工业生产管理、技术职官[J]. 中国科技史料,1996(3):3-9.

[35] 杜宇,孙敬明. 从有关铭刻看战国时期赵之兵器冶铸手工业[C]//河北省邯郸市历史学会. 赵国历史文化论丛. 石家庄:河北人民出版社,1989.

[36] 张家山二四七号汉墓竹简整理小组. 张家山汉墓竹简〔二四七号墓〕:释文修订本[M]. 北京:文物出版社,2006.

[37] 刘龙启,李振奇. 河北临城柏畅城发现战国兵器[J]. 文物,1988(3):50-54,56.

[38] 缪文远. 战国制度通考[M]. 成都:巴蜀书社,1998.

[39] 王聘珍. 大戴礼记解诂[M]. 北京:中华书局,1983.

[40] 吴振武. 赵武襄君鈹考[J]. 文物,2000(1):65-69.

[41] 李学勤,艾兰. 欧洲所藏中国青铜器遗珠[M]. 北京:文物出版社,1995.

[42] 河北省博物馆,文物管理处. 河北省出土文物选集[M]. 北京:文物出版社,1980.

[43] 黄盛璋. 历史地理与考古论丛[M]. 济南:齐鲁书社,1982.

[44] 睡虎地秦墓竹简整理小组. 睡虎地秦墓竹简[M]. 北京:文物出版社,1978.

[45] 孙希旦. 礼记集解[M]. 北京:中华书局,1989.

[46] 缪文远. 七国考订补[M]. 上海:上海古籍出版社,1987.

[47] 《中国军事史》编写组. 武经七书注译[M]. 北京:解放军出版社,1986.

原载《邯郸学院学报》2014年第3期

赵国的将相分离问题

邵育欣,杨丽丽

战国是中国古代一个大变革的时代,与春秋相比,当时社会在政治、经济、军事、文化等方面均发生了重大变化。其中在职官方面的重大变化即文武分职、将相分离,各有专责。作为战国七雄之一的赵国,为发展自身实力,顺应时代潮流进行改革,"逐步建立和健全了中央集权君主专制的官僚体系"[1]166-184,形成了文武分职、将相分离的新格局。

春秋以前,各国卿与将职责不分,平日理政是为卿,战时统兵即为将。如春秋时晋国的执政卿,战时也就是中军统帅。楚国的令尹平时是最高行政官,战时也统率军队。

到战国时,随着诸侯争霸战争的需要,各国对军队的依赖增强,要求具有一定经验、知识和才干的专业指挥官来统领军队,以提高军队战斗力并保持队伍的相对稳定性。这就促使各国相继建立了相对独立的武官系统,实行了"将、相分离",即以相国为首的文官系统和以将军为首的武官系统,将、相在官职任命上实现了分离。如魏国魏文侯时曾先后以魏成子、翟璜、李悝为相,而另有乐羊、吴起、翟角为将;齐国齐威王时曾先后以邹忌、田婴为相,而有田忌、申缚为将;赵国赵惠文王时,曾以肥义、李兑、乐毅、赵胜为相,而以廉颇、赵奢、乐乘为将。

一、战国时期将、相任命的普遍性

"相"的本义为辅佐、襄助,春秋时代文献中就已经有关于"相"的记载了,但那时的"相"不同于后代的作为职官之称的"相"。如《左传·定公元年》载:"仲虺居薛,以为汤左相。"[2]1524《孟子·万章上》云:"舜之相尧,禹之相舜也,历年多,施泽

[作者简介] 邵育欣(1979—),女,河北邯郸人,邯郸学院文史学院副教授,博士;杨丽丽(1987—),女,河北涉县人,河北涉县河南店镇胡峪村党委副书记,硕士。

于民久。"[3]382 这里的相均不是官名,而是辅佐的意思。《左传·定公十年》载:齐鲁夹谷相会,"孔丘相"[2]1577。这里的相只是一种地位不高的辅导诸侯行礼的官,亦非官名。晃福林先生在其《论战国相权》中说:"辅佐国君以行治国之事,这在春秋时期多称之为'相'。行'相'之事者亦被称为相。"[4]179-192 另据《左传》记载,城濮之战后晋文公曾说:"困兽犹斗,况国相乎?"[2]748 这里晋文公将楚国令尹子玉称为"国相",这里的相已由动词转化为名词,演变为一种职官。春秋时期,可能以齐国设置相职为最早。史载,鲁襄公二十五年(前548年)齐臣崔杼弑齐庄公以后,立齐灵公为君,"崔杼立而相之,庆封为左相"[2]1099。《史记·齐太公世家》亦载:"景公立,以崔杼为右相,庆封为左相。"[5]502 可以推测当时齐国已有左右相的职官设置。战国时,相作为一国最高一级行政长官已基本确立下来,史称其为"百官之长"[6]146,称为相邦或相国。出土的文物中多有"相邦"之称,如"四年,相邦春平侯"剑①,"相邦阳安君"剑②,"相邦春平侯"矛③。据学者萧秦的研究,"相邦简称相,邦与国通,汉人避高帝刘邦名讳,改邦为国,称相国"[1]。

战国时期的相职一般由文人担任,在此之外,又有擅长兵法的人统兵打仗,称为将或者将军。关于"将军"一词,文献中有关晋的将军的出现次数比较多。如《墨子·非攻中》记载:"昔者晋有六将军。"孙诒让指出:"六将军,即六卿为军将者也。"[7]87 晋以六卿执政统军,因此称为将军。另《文献通考·职官考》记载:"晋献公初作二军,未有其号,魏献子、卫文子始有将军之称。"[8]526 杨宽先生在其《战国史》中指出:"将军原是春秋时代晋卿的称号,因为春秋时代卿大夫不仅有统治权力,而且有宗族和'私属'的军队亲自统率着。"[9]222 到战国时,由于战争的频繁和战争方式的多样化,伴随着常备军的出现和征兵制度的推行,军队中要求具有一定专业知识和才干的指挥官,并要保持军官队伍的相对稳定性,这就促使各国相继建立了独立于文官之外的武官系统,实行了将相分离。战国时期最高的武官一般称为"将军"或"大将军"(楚称为"柱国")。将军之前加一个"大"字,是为了表示地位的尊宠。在将军以下,还设有左右将、副将、兵尉、佰长、伍长等各级武官。这些专职的武官平时负责军队的训练,战时带领士兵出征作战。战国初期,这种将相分离的趋势还不太明显,到战国中期以后,特别是各国变法之后,将相分离的现象在各国普遍出现。这是加强王权的需要,也是当时社会的一大进步,因而在各国得到

---

① 旅顺博物馆报导组:《旅大地区发现赵国铜剑》,《考古》,1973年第6期,第361页。
② 张雪岩:《吉林集安县发现赵国青铜短剑》,《考古》,1980年第6期,第666页。
③ 《小校经阁金石文字拓本》卷10,第75页。

了普遍推行。例如,魏国在魏文侯时,曾先后以魏成子、翟璜、李悝为相,而另外有乐羊、吴起、翟角为将。又如,齐国齐威王曾先后以邹忌、田婴为相,而另有田忌、申缚为将。

战国时期将、相分离制度并不是一蹴而就的,各国经历了长久的探索。在时间上,这种将相分离的官职制度也不是同时确立的,有早有晚,将、相官职在名称上也不尽相同。如下文提到的秦、楚就是两个特例。

秦国设立将相之位的时间是比较晚的。杨宽先生在其《战国史》中指出,"直到秦惠王十年(前328年)张仪做秦相,秦才开始正式设立相位,这是仿效三晋制度的"[9]222。到秦武王二年(前309年)初置丞相,樗里疾、甘茂为左右丞相。[5]209而将军一职的设置,则是在秦昭王时期,"昭王即位,以冉为将军,卫咸阳"[5]2323。这是秦最早设立的将。然而秦设将、相职位时,文武将领在职任上尚未做到严格分家。据《史记》记载,当时为相的张仪、樗里疾、甘茂等还统率军队作战。

楚国的文武分职与其他国家有些区别。楚国始终没有设立将、相之位,而是仍然沿袭春秋时代的官制,以令尹、柱国为最高的文武官职。楚悼王时任用吴起变法,吴起做的是令尹。[10]198《淮南子·道应篇》《说苑·指武篇》都说吴起官至令尹,而《史记·吴起列传》则曰"楚悼王素闻起贤,至则相楚"[5]2168,这里称吴起为"相",当是以他国制度比拟而言。而楚考烈王时春申君黄歇执政,做的也是令尹。[5]1735《史记·春申君列传》也说,"考烈王元年以黄歇为相,封为春申君"[5]2394,也应当是以他国制度比拟而言。此外,《韩非子·存韩篇》记载李斯上书韩王说,"杜仓相秦,起兵发将,以报天下之怨而先攻荆,荆令尹患之"[11]42。这件事已发生在战国末年,楚的官职之称还是令尹。而且楚在战国时代也没有设置将军,只有柱国或上柱国的官职。《战国策·东周策》载秦攻宜阳之战,赵累对国君说:"君谓景翠曰:公爵为执圭,官为柱国,战而胜则无以加焉矣。"[12]5由此可知在战国时代楚国柱国的职位相当于他国的将军,是楚最高的武官。

以上是战国时期将、相任职分离情况的两个特例。

二、赵国的将、相分离

由上可知,战国时期将相分离、文武分职的情况已在各国普遍推行。作为战国七雄之一的赵国,为发展自身实力,亦顺应时代潮流进行了改革,逐步建立了中央集权的官僚政治体制,形成了将相分离的新格局。

讨论赵国的将相分离,首先要对赵的立国有一个界定。据沈长云教授等人撰写的《赵国史稿》一书中认为:"赵襄子即位,标志着赵国的建立。"[13]109 因此,有关于赵国将相分离的问题论述即从赵襄子开始。下面将对赵国不同国君统治时期内,将、相的任命情况作一纵向梳理,以探讨赵国的将、相任命是否做到了彻底的分离。

(一) 萌芽时期

前475年,赵简子去世,子毋恤即位,就是襄子。襄子即位时,晋君的地位已经微不足道,无论《左传》还是《史记》,都已不见晋君从事政治活动的记载,代之以韩、赵、魏、知伯四卿的活动为主,俨然四个独立的政权。襄子执政期间,先是"兴兵平代地"[5]1795,将代作为赵的北部屏障,然后又与知伯、韩、魏"共分范、中行地以为邑"[5]1685,之后韩赵魏三家又共灭知伯,瓜分其地。通过这一系列的开疆扩土的战争,襄子统治下的赵国领地得到空前的扩张,"于是赵北有代,南并知氏,疆于韩魏"[5]1795。至此,赵与韩魏两国基本完成了对晋国领土的瓜分。

关于这一时期赵国将、相的任命情况,由于史料的缺乏,我们无从知晓。但从襄子立国之初一系列开疆扩土的战争之中,我们可以断定,襄子本人即为一位具有军事才能的将领。而襄子对文学之士也是非常赞赏的,并且大胆任用。《韩非子·外储说左上》记,襄子所任命的中牟令王登向襄子举荐其辖区内叫中章、胥己的两位士人,理由是:"其身甚修,其学甚博。"[11]697 襄子马上表示要任命他们为中大夫。襄子身边的重要谋臣张孟谈,在辅佐襄子成就伟业的过程中,也发挥了重要作用。据《战国策·赵策一》记载,当韩魏借口赵氏多分了知伯的土地而联合齐燕二国共同对付赵氏时,襄子连忙求助于已隐居躬耕的张孟谈,并按照他的要求,亲自为他驾车,把他安排在庙堂,并授予他吏大夫的称号。这里的"吏大夫",应该是一个文官的名称。襄子对文人的重视由此可见一斑。

综上,襄子时期赵国将相分离的现象还不太明显,但也初露端倪,是为萌芽时期。

(二) 发展时期

赵襄子之后赵国的将相分离制度进入进一步的发展时期。

赵襄子之后的赵献侯在位十五年,在治理国家方面最重要的措施是将都城迁到中牟,关于此时将相的任命情况,不详。

献侯死后,烈侯即位。烈侯在位期间最重大的一件事是取得了"诸侯"的正式称号。《史记·赵世家》载,"(烈侯)六年,魏、韩、赵皆相立为诸侯"[5]1797。这是赵国历史上一件大事,取得诸侯封号的赵国国君们,从此可以名正言顺地从事过去只有诸侯才可以从事的事业,这其中就包括对自己的将、相的任命。在《史记·赵世家》中,烈侯时已有了"相国公仲连"。公仲连辅佐烈侯管理赵国的内政,而且还向烈侯举荐了牛畜、荀欣、徐越三个人。《史记》载:"牛畜侍烈侯以仁义,约以王道,烈侯逌然。明日,荀欣侍,以选练举贤,任官使能。明日,徐越侍,以节财俭用,察度功德。所与无不充,君说。"[5]1797-1798 烈侯于是任命"牛畜为师,荀欣为中尉,徐越为内史"[5]1798,进行了战国初年小有影响的赵烈侯改革。

这一时期担任大将军职务者,据《吕氏春秋·不广》载,为大将孔青。① 赵烈侯四年(前383年),齐国发生内乱,齐公孙会以廪丘反叛齐国,投入赵国。齐国田布出兵攻打廪丘,赵烈侯派大将孔青率领赵国敢死之士,联合曾经同在晋国为卿并共同分晋的韩、魏二国出兵援救廪丘。三国联军大败齐国军队,"得车二千,得尸三万"[14]925。据此可知,赵烈侯时,文有相国公仲连,负责管理内政,武有大将孔青,负责领兵作战,文武分职,各有专责,赵国将相分离的官僚制度已初步形成。

烈侯之后的敬侯,在位十二年,主要功绩是迁都邯郸,与邻国争战向中原扩张,至于当时将相任命的情况,不详。

敬侯之后是成侯,成侯时期的将相任命情况,史书上有"(成侯)三年,大戊午为相"[5]1799 的记载。这里提到的大戊午,《战国策·韩策一》作大成午,曾与申不害联合引外援而固己之相位。这一时期赵继续与他国作战,战争频繁,《史记·赵世家》关于此时的作战情况记录如下:

> 伐卫,取乡邑七十三。魏败我蔺。四年,与秦战高安,败之。五年,伐齐于鄄。魏败我怀。攻郑,败之,以与韩,韩与我长子。六年,中山筑长城。伐魏,败涿泽,围魏惠王。七年,侵齐,至长城。与韩攻周。八年,与韩分周以为两。九年,与齐战阿下。十年,攻卫,取甄。十一年,秦攻魏,赵救之石阿。十二年,秦攻魏少梁,赵救之。十三年,秦献公使庶长国伐魏少梁,虏其太子、痤。魏败我浍,取皮牢。成侯与韩昭侯遇上党。十四年,与韩攻秦。十五年,助魏攻齐。[5]1799-1800

战争的频繁由此可见。关于领兵作战的将领的姓名,虽没有明确记载,但可以得出的是,赵既与他国长期作战,则必定要有专门的将领率军在外,而国内也有相国大戊午,帮助国君处理内政。因此,将、相的任命在这一时期应该是分离的。

到了肃侯时,《史记·赵世家》记载,肃侯有一次不顾农事率众出游,大戊午扣

---

① 《水经·瓠水注》引《竹书纪年》对此事也有记载,《纪年》载赵将名为孔屑。

马进谏："耕事方急,一日不作,百日不食。"[5]1802 肃侯听了非常惭愧,下车谢罪。这里的大戊午,就是成侯时期的名相大戊午,而晁福林教授在其《论战国相权》一文中引用此事时,亦称其为"赵相大戊午"。或许在肃侯时期,大戊午仍在相职也未可知。肃侯时期任将者为谁,史书也没有明确记载。在《史记·赵世家》中记载,"二十二年……赵疵与秦战,败,秦杀疵河西,取我蔺、离石。二十三年,韩举与齐、魏战,死于桑丘"[5]1803。这里提到的赵疵、韩举,其具体职务我们无从知晓,但从其领兵作战的记载上,应该是武将的身份,因此,将、相的任命也应是分离的。

(三) 成熟并逐渐成为定制

赵肃侯在位二十四年,死后子雍即位,就是历史上声名显赫的赵武灵王。赵武灵王时期,各国为了图强,已纷纷进行了改革,魏国有李悝变法,楚国有吴起改革,秦国有商鞅变法,韩国有申不害厉行法政,其他齐、燕等国也都进行过不同程度的改革努力。经过变法,这些国家的实力明显强于其他诸侯,尤其是秦的商鞅变法,秦国逐渐成为最强盛的国家。在这种改革之必然趋势的推动下,赵武灵王也推行了他的改革,这就是历史上著名的胡服骑射。胡服骑射改革之后的赵国,在官职制度上表现为将、相分离制度的逐渐成熟并成为赵国的定制。

赵武灵王即位之初,因年纪尚小,阳文君赵豹为相,"另设博闻师三人,左右司过三人"[5]1803,形成了以赵豹为首的文官系统。

而同时期被任命为将军者,有明确记载的是将军英和将军赵庄。据《史记·六国年表》载,武灵王十一年(前315年)秦攻赵,败赵将军英。① 十三年,秦再次攻打赵国的蔺,在这次战争中,"虏将军赵庄"[5]207,1804。

赵武灵王二十七年五月,他在邯郸举行盛大的朝会,突然宣布将王位传给小儿子赵何,是为惠文王。惠文王时期,将、相的任命已成为一种定制,并且终惠文王一朝,将相更替也比较频繁,多有变化。

惠文王即位之初,由于新王年幼,武灵王下令众大夫为臣子,肥义为相国,并担任傅王。这是惠文王时期第一位任相者。另据《史记·六国年表》,赵惠文王元年(前298年),"赵胜始为相,封平原君"[5]746。但据学者魏建震的研究,此记载并不可信。因平原君赵胜乃赵惠文王之母弟,惠文王即位初,年纪尚幼,最大不过十二岁,赵胜年龄则应更小,担任百官之长的相国之职是不大可能的。[15]由此推测,直至惠文王四年沙丘之变前,担任相国一职的都是肥义。沙丘之变中,肥义去世,而公

---

① 《史记·秦本纪》中"英"作"泥"。

子成和李兑则凭借在这次政变中,"杀公子章及田不礼,灭其党贼而定王室"的功劳,"公子成为相,号安平君,李兑为司寇"[5]1815。公子成在任相不久之后去世,李兑独揽大权。李兑应从惠文王四年或稍后任相,并被封为奉阳君,到惠文王十三年底或十四年初老死于政,前后任相达十年左右。据二十世纪七十年代在长沙出土的《战国纵横家书》和《战国策》记载,奉阳君李兑任相期间,赵之内政外交均由奉阳君主持,涉及此间的一系列大事,言必奉阳君而不提赵惠文王,尤其是《战国纵横家书》记录三国北朝奉阳君于邯郸,似当时赵内无主,李兑专政。[16]209-224 李兑去世后,赵惠文王于十四年开始亲政,同年,"赵惠文王以相国印授乐毅"[5]2428。之后,五国攻齐,"相国乐毅将赵、秦、韩、魏、燕攻齐,取灵丘"[5]1816。到惠文王十七年,赵停止攻齐,此时赵之相国应仍为乐毅。到惠文王十八年,"魏冉来相赵"[5]820。此后任相的还有平原君赵胜。关于平原君任相的事情,在《史记·平原君列传》中记录为"平原君相赵惠文王及孝成王,三去相,三复位,封于东武城"[5]2365。至于在惠文王时期平原君具体的任相时间,应在惠文王后期,据魏建震在《平原君身世与任赵相考》中考证,《小校》10·57·1 著录中有一件赵国铜戈,其铭文为"二十九年相邦肖(赵)□、邦左库工币(师)鄼番、冶苑?身执齐"。赵国君主只有赵惠文王有二十九年,那么赵惠文王二十九年,这位姓赵的赵相有可能就是平原君赵胜。假如平原君在赵惠文王时期曾担任赵相,那么他任赵相的时间也是很短暂的。[15]

这一时期由于战争的继续,将领的任命也是多有变化。经过赵武灵王胡服骑射改革后的赵国,北灭中山,西略胡地,成为山东诸侯中的强国。赵惠文王凭借赵武灵王改革后的余威和赵国强大的军事及经济实力,以东方强国的姿态开展与列国的交往,参加与列强的争雄战争。此时赵国的良将辈出,著名的有大将廉颇、因阏与之战大败秦军而被封为马服君的将军赵奢、著名的齐将田单,以及韩徐、楼昌、燕周等人。

惠文王在位三十三年,死后由孝成王即位。《史记·六国年表》载,"孝成王元年,平原君相"[5]746。① 平原君任相仅一年,"二年,田单为相"[5]1824。三年时,任相的又为建信君。从传世赵国铜兵器可知,赵孝成王三年(前263年),建信君开始任相邦之职,到了孝成王八年,建信君仍任赵相。[17]100 根据文献记载和铭文研究的结果,孝成王十五年至十八年的历任相邦情况如下[18](除标注的,均出自《史记·赵世家》):

---

① 文献《史记·范雎蔡泽列传》记载,孝成王元年担任赵相的还有虞卿。平原君任赵相当在虞卿逃出赵国,即平原君从秦国回来之后。

十五年,守相廉颇。

十六年,守相信平君廉颇①。

十七年,假相大将武襄君乐乘;相邦春平侯②。

十八年,相邦平国君③;相邦信平君廉颇。

孝成王时期,赵国有一种特殊的相职的设立:假相或守相,而且担任此职位的多为赵国的武将。如:"假相大将武襄君攻燕,围其国"[5]828;"赵以尉文封廉颇为信平君,为假相国"[5]2448。

萧秦在其《赵国官制渊源及演变》一文中认为:"其官称'假''守',表明是兼职摄事,或试用,试守的相,地位低于相邦(国),相当于副相的地位。"[1]166-184 无论是副相还是代理,有一点可以肯定的是,大将军廉颇、乐乘确实担任过相一职。

赵孝成王时期还有另一个特殊的相国,即建信君。据《战国策·赵策三》记载,建信君"之所以事王者,色也"[12]718,即他是靠男色为赵王服务的。在受到赵孝成王的宠幸后,他不但得以封君,而且担任赵国的相邦。[19]

担任此期间将军职位的有:

元年,田单为将[5]743。

四年,廉颇。

长平之战,赵括。

十年,乐毅、庆舍。

武襄君乐乘。

孝成王之后,赵国逐渐走向衰弱,开始了赵国历史上最后两位国君即悼襄王和幽缪王的统治。经过前面的不断发展,将、相分别任命的制度早已成为定制,同时由于国势衰微,加上强秦的进攻,这时期将、相的任命情况也是错综复杂,多有变化。根据文献记载和出土铭文的结合,以及近年来学者所作的研究,将此时相的任命情况概述如下:

赵悼襄王时期初任相的是建信君。到悼襄王九年(前236年),秦攻赵,赵舍弃

---

① 吴振武:《赵十六年守相信平君皱考》,载香港中文大学中国文化研究所、中国语言及文学系编《第三届国际中国古文字学研讨会论文集》,第397—414页,1999年。

② 参董珊:《论春平侯及其相关问题》,北京大学考古文博学院编《考古学研究》(六),科学出版社,2006年12月。

③ 参黄盛璋:《关于加拿大多伦多市安大略博物馆所藏三晋兵器及相关问题》,《考古》1991年第1期;又许进雄:《十八年相邦平国君铜剑——兼谈战国晚期赵国的相》,《中国文字》新十七期,第36—38页,台北艺文印书馆,1993年;吴振武:《赵武襄君皱考》,载吉林大学古籍研究所:《金景芳教授百年诞辰纪年文集》长春,吉林大学出版社,第116页,又见《文物》2000年第1期,第66页。

之前的连横政策而改为合纵,而企图继续维持秦赵之交的建信君因此失宠而去相。是年,"文信侯出走,与司空马之赵,赵以为守相"[12]285,司空马接替了建信君的位置为赵相。但司空马任相不到一年,赵王迁立,春平侯出任相邦,取代了守相司空马。春平侯从赵幽缪王元年(前235年)开始出任相邦直至五年或六年去相,之后任相的仍是司空马,[18]直至赵被秦攻灭。

由于这一时期秦的兼并战争的扩大,以及此时赵王的昏庸,将军的更替亦比较频繁,简单摘录如下:

悼襄王时,

  元年,廉颇、乐乘。

  二年,李牧;

  庞暖、傅抵、庆舍。

幽缪王时,

  扈辄;

  李牧、司马尚;

  赵葱、齐将颜聚。

赵葱和颜聚代替李牧、司马尚,赵王在紧急关头撤换前线将领,并将良将李牧杀害,自毁长城,最终导致赵王迁被俘。其后赵王嘉虽逃到代地为王,但赵的灭亡已成必然,不久之后代亦被秦攻破,强大一时的赵国最终被秦兼并,成为秦的一个郡。

通过以上的论述,我们将战国时期赵国将、相的任命情况简单列表如表1。

三、赵国将、相分离的评价

通过以上的论述,我们可以知道,战国时期赵国在官僚体系方面,基本实现了将相分离、文武分职的新体制。这样,内政由相国处理,军队由将军指挥,既适应了当时政治上和军事上的需要,同时官分文武,大臣的权利分散,又便于把权力集中到国君手中,便于国君进一步的集权。以相为首的文官体系和以将为首的武官体系并立,文武百官各司其职,起到相互监督的作用,提高了行政效率和军队的力量,为赵国在战国中崛起为七雄之一提供了保障,甚至一度成为强秦东进吞并中原的最大障碍。正如当时著名的纵横家苏秦的精彩论断:"当今之时,山东之建国,莫如赵强。赵地方二千里,带甲数十万,车千乘,骑万匹,粟支十年;西有常山,南有河、漳,东有清河⋯⋯秦之所畏害于天下者,莫如赵。"[12]638

表 1 赵国将、相任命情况一览表

赵国国君	任相者	任将者
赵襄子	不详	不详
赵献侯	不详	不详
赵烈侯	公仲连	孔青(屑)
赵敬侯	不详	不详
赵成侯	大戊午	不详
赵肃侯	大戊午	赵疵
		韩举
赵武灵王	赵豹	英
		赵庄
赵惠文王	肥义	
	公子成、李兑	廉颇
	乐毅	赵奢
	魏冉	乐乘
	赵胜	
赵孝成王	虞卿、赵胜	田单
	田单	廉颇
	建信君	赵括
	廉颇	乐毅、庆舍
	武襄君乐乘	乐乘
	春平侯	
赵悼襄王		廉颇、乐乘
	建信君	李牧
	司空马	庞暖
		傅抵、庆舍
赵幽缪王	春平侯	扈辄
	司空马	李牧、司马尚
		赵葱、齐将颜聚

然而,任何制度在其初创时期都难免有不完善之处,赵国的将相分离的官制也不例外。首先,它表现在文武分职还没有做到绝对地严格,文献中有文臣受君令为将、率军出征的事例,如惠文王二十八年(前271年),"蔺相如将而攻齐,至平邑而罢"[5]2444;"二十八年,蔺相如伐齐,至平邑"[5]1821。同时也有武将兼摄文相之职的记载,文献中出现最多的就是"假相国"的设置,如前文所述,著名的将领廉颇、乐乘都曾担任过假相或守相一职。

其次,赵虽建立了独立的武官系统,将军一旦授命,他在战场上就有了独立指挥的权力,即所谓"军中之事,不闻君令,皆由将出"(《六韬·龙韬·立将》)。然而在实际当中,国君临战干涉的事例屡见于史书之中。如《史记·廉颇蔺相如列传》中记载的这样一件事,长平之战中,赵孝成王在关键时刻轻信秦人散布的反间计,认为秦人畏惧赵奢之子赵括,因而以没有任何实战经验的赵括为将代替正在前线作战的廉颇。尽管出征之前,蔺相如、赵括之母都直言进谏,认为赵括没有能力代替廉颇。赵括之母引用赵奢生前对赵括的评价企图说服赵王,赵奢说:"兵,死地也,而括易言之。使赵不将括即已,若必将之,破赵军者必括也。"[5]2447 并通过自己的对比观察来向赵王表明赵括不能胜任,她说:"始妾事其父,时为将,身所奉饭饮而进食者以十数,所友者以百数,大王及宗室所赏赐者尽以予军吏士大夫,受命之日,不问家事。今括一旦为将,东向而朝,军吏无敢仰视之者,王所赐金帛,归藏于家,而日视便利田宅可买者买之。王以为何如其父?父子异心,愿王勿遣。"[5]2447 无论从领军作战的军事能力上,还是待人处事的细节上,赵括都不足以代替当时已威名在外的廉颇。然而赵王依然一意孤行,坚决任命只会纸上谈兵的赵括为前线将军,最终导致长平之战中赵国的大败,四十万人被坑杀,赵国的实力大大削弱。一代名将李牧之死,也是如此。李牧是赵国防御北边,抵御匈奴的重要将领。《史记·廉颇蔺相如列传》记载,李牧在与匈奴的战争中,曾经立下"灭襜褴,破东胡,降林胡,单于奔走"[5]2450 的功劳,以使"其后十余岁,匈奴不敢近赵边城"[5]2450。赵王迁时,秦将王翦出兵灭赵的危急关头,赵王初以李牧、司马尚率兵抵御,阻止了秦人的进攻。秦人故技重施,"秦多与赵王宠臣郭开金,为反间,言李牧、司马尚欲反"[5]2451。昏庸的赵幽缪王也中了反间计,下令使赵葱及齐将颜聚代替李牧作战。李牧不肯听从赵王的调遣,赵王就派人暗地里抓住了李牧,并把他杀死。在国家危急关头,赵王屡次听信谗言,临时更换前线将领,致使廉颇、李牧这样的良将无法彻底执行自己的军事战略方针,导致战争失败,生灵涂炭。同时,削弱了赵国的军事力量,最终被强秦吞并。

再次,将、相的任命按"亲亲"原则,留有贵族政治的痕迹。

赵国是在晋国的母体中分化而来,在立国的过程中,君王们深知晋国亡国的原因,因此没有重蹈晋公室微、六卿专政的老路,取消了春秋时期各国盛行的世卿世禄制,而代之以选贤任能,因功授爵,实行俸禄制,并创立了年终考核制度。[9]202 如烈侯时期的相国公仲连,就曾向烈侯举荐过牛畜、荀欣、徐越三人,这三位贤才辅助烈侯在赵国进行了政治改革,对稳定赵国的统治作出了贡献。再如蔺相如本为赵宦者令缪贤的舍人,因为完璧归赵以及渑池之会上的功劳,则拜为上卿,职位在廉颇之右。这种出身并不高贵的人担任重要职务,"实开秦汉时代布衣卿相之先河"[4]。

然而,赵国将相的任命却仍有贵族政治的遗存。由于传统的巨大影响和社会结构中旧贵族势力的庞大,赵国贵族在政治舞台上依然十分活跃。平原君赵胜作为赵王诸公子之一,就曾"三去相,三复位,封于东武城"[5]2365,在当时很有影响。术士公孙龙曾当面说他"君无覆军杀将之功,而封以东武城。赵国豪杰之士,多在君之右,而君为相国者以亲故。夫君封以东武城不让无功,佩赵国相印不辞无能"[12]699。由此可见,平原君是依靠贵族亲缘关系而占据相位的。此外由赵氏族人担任将相职位的还有赵武灵王元年任相的阳文君赵豹,沙丘宫变之后辅佐赵惠文王的公子成,以及在危急关头临时由赵王任命代替前线将领的赵氏族人赵括、赵葱。这样的将相虽然一定程度上可凭借自身的影响为君主、为国家作出贡献,如平原君就凭借自己的贤名招纳宾客数千人,这其中不乏毛遂这样在危急关头为国立功之人。而平原君本人也凭借自己的声望使信陵君窃符救赵,解除了邯郸之围。然而贵族干政,在很大程度上左右君王的决策,甚至影响整个国家的命运。如在是否接受韩国上党郡的战略决策中,就体现了贵族卿相对君王决策的影响。据《史记·赵世家》记载,前262年,秦韩交战,上党郡守冯亭派人向赵孝成王表示韩不能守上党,愿将上党献归于赵。赵王在听到这个消息后,非常高兴。然而当时秦韩交战,赵国如若接受上党,则是"秦服其劳而赵受其利"[5]1825,势必会引起秦的进攻。在这样一件大事上,史书上记载赵王召平阳君赵豹告诉他,又召平原君赵胜与赵禹而告之,只是通过与这三个族人的商议,得到他们的支持后,赵王就命令平原君赵胜去接收了上党郡,而没有与群臣计议,可见赵氏贵族对政治决策的影响之大。

赵国贵族政治的痕迹,还表现在对领兵打仗的将领的任命上。据学者统计,"总计《史记·赵世家》,自赵烈侯起共有31位将领,其中12位是赵氏族人,几乎占百分之四十"[20]158-165。这里说的将领的数据,可能和我们本文讨论的略有出入,但赵国贵族将领的存在却是不争的事实。

四、结语

赵国的将相分离制度，萌芽于简、襄时期，经过烈侯、成侯、肃侯时期的发展，到武灵王时基本形成，之后的惠文王、孝成王、悼襄王、幽缪王继续沿用，并成为定制。将、相分离的官僚制度，符合当时的政治发展趋势，文武分职，使百官各司其职，有效地提高了行政效率，并使权力最终集中于赵王手中，为中央集权君主专制的官僚政治奠定了基础。终赵一国，由于国内的政治变化和对外作战的需要，同一时期君主对将、相的任命多有变化，后期更替更加频繁，将、相的任命没有做到绝对的严格，国君临时更换将领的事件也屡有发生，并且将、相的任命在一定程度上留有贵族政治的痕迹。但将、相分离的官制体系，以及将、相领导之下的一系列文武官职的设立，作为一种有效的行政管理方式，为秦国所借鉴，并推广到全国，成为秦制，"在这个意义上来说，赵国官制奠定了中国专制中央集权的官僚体系的基础"[1]。

参考文献

[1] 萧秦.赵国官制渊源及演变[M]//邯郸市历史学会,河北省历史学会.赵国历史文化论丛.石家庄:河北人民出版社,1989.

[2] 杨伯峻.春秋左传注[M].北京:中华书局,1990.

[3] 焦循.孟子正义[M].北京:中华书局,1996.

[4] 晁福林.论战国相权[J].中国社会科学,1998(5):179-192.

[5] 司马迁.史记[M].北京:中华书局,1982.

[6] 王先谦.荀子集解[M].北京:中华书局,1996.

[7] 孙诒让.墨子间诂[M].北京:中华书局,1996.

[8] 马端临.文献通考[M].杭州:浙江古籍出版社,2000.

[9] 杨宽.战国史[M].上海:上海人民出版社,1998.

[10] 高诱.淮南子[M].北京:中华书局,1996.

[11] 韩非.韩非子新校注[M].陈奇猷,校注.上海:上海古籍出版社,2000.

[12] 刘向.战国策[M].上海:上海古籍出版社,1998.

[13] 沈长云.赵国史稿[M].北京:中华书局,2000.

[14] 吕不韦.吕氏春秋新校释[M].陈奇猷,校释.上海:上海古籍出版社,2002.

[15] 魏建震.平原君身世与任赵相考[J].邯郸师专学报,1999(4):1-5.

[16] 徐少华.奉阳君任相及相关赵史探析[M]//邯郸市历史学会,河北省历史学会.赵国历史文化论丛.石家庄:河北人民出版社,1989.

[17] 黄盛璋.历史地理与考古论丛[M].济南:齐鲁书社,1982.
[18] 董珊.论春平侯及其相关问题[M]//北京大学考古文博学院.考古学研究(六).北京:科学出版社,2006.
[19] 白国红.试论先秦时期赵国的封君制度[J].河北师范大学学报,2002(1):80-83.
[20] 史建群.略论赵国政治的两面性[M]//邯郸市历史学会,河北省历史学会.赵国历史文化论丛.石家庄:河北人民出版社,1989.
[21] 白国红.试论赵国的人事管理制度[J].邯郸师专学报,1999(4):4-10.
[22] 秦进才.赵国官制渊源探索[N].光明日报,2009-09-08(12).

原载《邯郸学院学报》2016年第2期

有关秦赵长平之战的几个问题

张广志

发生在战国晚期的秦赵长平之战,向以耗时长,规模大,且对交战双方的前途命运乃至当时历史发展的大走势都产生过重大影响而受到当时政治家和后世史家的关注。近年来,随着山西高平长平之战遗址永录1号尸骨坑的发掘、展出和相关影视作品的造势,这一已逝去2000多年的古战事又一下子在人们的心目中热了、活了起来。

不过,由于年代久远,史籍缺失,《战国策》《吕氏春秋》《史记》《资治通鉴》等书所传留下来的有关长平之战的记述,错乱、龃龉之处甚多,有些记述更是明显靠不住的,须作进一步的清理研究,以使我们的认识更加接近历史的真实性。

本文拟在前贤时哲研究的基础上,对有关长平之战的几个疑点作所议论,不当之处,请大家批评指正。

一、关于长平之战的历时和起止时间问题

关于长平之战的历时(持续时间)和起止时间,一般多谓起于前262年,止于前260年,凡历时三年之久。如颇具权威的上海辞书出版社1979年版《辞海》、2000年版《中国历史大辞典》两书的《长平之战》条,郭沫若主编之《中国史稿》,白寿彝总主编之《中国通史》,皆取此说。著名战国史研究家杨宽更多次强调,"秦、赵两军在长平相持了三年"的说法"是正确的"。[1]359,[2],[3]

亦有学者系"赵使廉颇拒秦于长平"于周赧王五十四年,即前261年,系"赵使赵括代廉颇,秦白起败之于长平,大破赵军,坑四十五万人"于周赧王五十五年,即前260年,此役历时年余,跨两个年头。[4]93

另外还有学者认为,长平之战实前260年一年间事。[5]256-257

[作者简介] 张广志(1937—),男,江苏徐州人,青海师范大学原校长,中国先秦史学会顾问,历史学教授。

上述诸家说,似皆有所本。以杨宽为代表的历时三年说,其根据是《吕氏春秋·应言》篇所谓:"秦虽大胜于长平,三年然后决。"三年之数既定,接下来须定其起、止两头。把战役的终止点定在前260年,根据尚觉充分,因为《史记·秦本纪》《六国年表》《白起王翦列传》《资治通鉴》等书皆把长平之战的终止点定在秦昭王四十七年、周赧王五十五年,即前260年。起始点的推定则麻烦多了,因为,迄今为止尚无任何可靠材料足以证明长平之战是从何时开打的,人们把它定在前262年,多半是为凑足三年之数向上逆推的结果。

历时二年说的根据是《史记·六国年表》把"使廉颇拒秦于长平"和"使赵括代廉颇将,白起破括四十五万"分系周赧王五十四、五十五年,即前261、前260年。

以长平之战首尾皆在前260年,即为一年间的说法,根据较多。如《史记·秦本纪》载:"(昭王)四十七年,秦攻韩上党,上党降赵,秦因攻赵,赵发兵击秦,相距。秦使武安君白起击,大破赵于长平,四十余万尽杀之。"《史记·白起王翦列传》更按月细载是役之经过云:

> (昭王)四十七年,秦使左庶长王龁攻韩,取上党。上党民走赵。赵军长平,以按据上党民。四月,龁因攻赵,赵使廉颇将。赵军士卒犯秦斥兵,秦斥兵斩赵裨将茄。六月,陷赵军,取二鄣四尉。七月,赵军筑垒壁而守之。秦又攻其垒,取二尉,败其阵,夺西垒壁。廉颇坚壁以待秦,秦数挑战,赵兵不出。赵王数以为让。而秦相应侯又使人行千金于赵为反间,曰:"秦之所恶,独畏马服子赵括将耳,廉颇易与,且降矣。"赵王既怒廉颇军多失亡,军数败,又反坚壁不敢战,而又闻秦反间之言,因使赵括代廉颇将以击秦。秦闻马服子将,乃阴使武安君白起为上将军,而王龁为尉裨将,令军中有敢泄武安君将者斩。赵括至,则出兵击秦军。秦军详(通佯)败而走,张二夺奇兵以劫之。赵军逐胜,追造秦壁。壁坚拒不得入,而秦奇兵二万五千人绝赵军后,又一军五千骑绝赵壁间,赵军分而为二,粮道绝。而秦出轻兵击之,赵战不利,因筑壁坚守,以待救至。秦王闻赵食道绝,王自之河内,赐民爵各一级,发年十五以上悉诣长平,遮绝赵救及粮食。至九月,赵卒不得食四十六日,皆内阴相杀食。来攻秦垒,欲出。为四队,四五复之,不能出。其将军赵括出锐卒自搏战,秦军射杀赵括。括军败,卒四十万人降武安君。武安君计曰:"前秦已拔上党,上党民不乐为秦而归赵。赵卒反覆,非尽杀之,恐为乱。"乃挟诈而尽阬杀之,遗其小者二百四十人归赵。前后斩首虏四十五万人。赵人大震。

《资治通鉴》所记略同,亦系此役于周赧王五十五年。1975年出土之云梦睡虎地秦简《编年纪》亦作:"(昭王)卅七年,攻长平。"[6]5

综上,有关长平之战持续时间和起止时间的各种说法虽皆有所本,但相比较而言,三年说依据的是《吕氏春秋·应言》篇的无头无尾的只字片言,二年说本于《史记·六国年表》,所据虽尚称坚实,惜孤证难立,恐皆不足凭信,唯发生于前260年一年之内的说法,不但见诸多种记载,特别是有《白起王翦列传》按月记事式的言之凿凿,其可信度理应在三年说、二年说之上。此事,当如张景贤所论:"秦赵长平之战正式爆发于秦昭王四十七年,即前260年,战争从四月开始至九月结束,历时六个月。"所谓"双方相持三年之久,才分出胜负"的说法,是因为人们往往"把秦军攻韩上党的时间、赵军进驻长平的时间和长平之战爆发的时间混为一谈"。[7]

说到这里,还有一条记载亦应在此议论一下。《史记·赵世家》载:"(赵孝成王)四年,……赵遂发兵取上党,廉颇将军军长平。七年,廉颇免而赵括代将。秦人围赵括,赵括以军降,卒四十余万皆阬之。"如果此记载不误,按照有些学者所主张的廉颇进驻长平之日即可视为长平之战开始之时的说法,长平之战岂不又成了起于前262年、止于前259年,前后历时四个年头的战役了。这段记载,从孝成王四年(前262年)跳到七年,中间或有缺失。梁玉绳看到了这一点,于是于《史记志疑》中提出:"廉颇将军军长平"上"失书六年二字";"七年""乃七月之误"。这样,长平之战的结束之日,又重新被拉回到赵孝成王六年,以求与《史记》他处记载相吻合。中华书局点校本《史记》,大约是接受了梁玉绳的部分看法,校改"七年"为"七月",却又未接受梁氏"廉颇将军军长平"上"失书六年二字"的看法。这样一来,长平之战岂不成了首尾皆在赵孝成王四年时候的战事了,这恐怕是点校者所始料不及的。应该说,梁玉绳和中华书局点校本《史记》的点校者的校改"七年"为"七月"之举,恐未必妥当。因为,将长平之战的终结置于赵孝成王七年并非《赵世家》的一家之言。如《史记·廉颇蔺相如列传》附《赵奢传》即明谓:"(孝成王)七年,秦与赵兵相距长平,……括军败,数十万之众遂降秦,秦悉阬之。"《史记·韩世家》亦谓:"(桓惠王)十四年,秦拔赵上党,杀马服子卒四十余万于长平。"韩桓惠王十四年,当秦昭王四十八年、赵孝成王七年,即前259年。故有学者认为,长平之战应终于赵孝成王七年,秦昭王四十八年,即前259年。[8]究竟应该怎样看待长平之战的终结是在前260年还是前259年一事呢?梁玉绳《史记志疑》的做法是以《白起传》为准校改他书年份。如谓《韩世家》中的桓惠王"十四年"乃"十三年"之误,《赵奢传》中的孝成王"七年"乃"八年"之误(这里需提醒读者格外注意:此"八年"实应作"六年",因为唯有作"六年"才能与《白起传》中的秦昭王四十七年合,才能与上文的韩桓惠王十三年合。"六"误为"八"者,不知是出于手民之误,还是梁氏自己一时犯糊涂了)。杨宽的解释是:"有的同志根据上述资料,断定长平之战最后结束在秦昭王四十八年。我认为,最后决胜在秦昭王四十七年结尾,可能已跨进四十八年的年初,因而记载有四十七年与四十八年的出入。《白起传》载:'至九月,赵卒不得食四十六日,皆内阴相杀食,来攻秦垒,欲出',于是展开决战。按秦昭王时,秦已采用颛顼历,云梦睡虎地秦墓出土秦简《编年纪》可资证明。历以十月为岁首,十月初一为元旦,九月已是岁末。"[3]事情是否如此,尚有待于识者作进一步深入之研究。

二、白起将赵降卒四十余万"悉阬之"的说法靠得住吗?

长期以来,史学论著及通俗历史读物多取旧史有关白起将赵降卒四十余万"悉阬之"的说法,近年来,怀疑者渐多。下面,试谈谈自己对这个问题的看法。

为讨论方便计,先摘引一下旧史有关这个问题的记述:

白起……又越韩、魏攻强赵,北阬马服,诛屠四十余万之众,流血成川,沸声若雷……(《战国策·秦策三·蔡泽见逐于赵章》)

(秦昭王)四十七年,……秦使武安君白起击,大破赵于长平,四十余万尽杀之。(《史记·秦本纪》)

(秦昭王)四十七年,白起破赵长平,杀卒四十五万。(《史记·六国年表》)

(桓惠王)十四年,秦拔赵上党,杀马服子卒四十余万于长平。(《史记·韩世家》)

(赵孝成王)七年,廉颇免而赵括代将。秦人围赵括,赵括军降,卒四十余万皆阬之。(《史记·赵世家》)

(赵孝成王)七年,……括军败,数十万之众遂降秦,秦悉阬之。赵前后所亡凡四十五万。(《史记·廉颇蔺相如列传》附《赵奢传》)

(秦昭王)四十七年,……括军败,卒四十万人降武安君。武安君计曰:"前秦已拔上党,上党民不乐为秦而归赵。赵卒反覆,非尽杀之,恐为乱。"乃挟诈而尽阬之,遗其小者二百四十人归赵。前后斩首虏四十五万人,赵人大震。(《史记·白起王翦列传》)

(周赧王)五十五年,……赵师大败,卒四十万人皆降。武安君曰:"秦已拔上党,上党民不乐为秦而归赵。赵卒反覆,非尽杀之,恐为乱。"乃挟诈而尽

坑杀之,遗其小者二百四十人归赵。前后斩首虏四十五万人,赵人大震。(《资治通鉴》卷五)

上引所记,虽有"诛屠四十余万之众""四十余万尽杀之""杀卒四十五万""杀马服子卒四十余万"及"卒四十余万皆阬之""数十万之众遂降秦,秦悉阬之""卒四十万人降武安君,……乃挟诈尽阬之,遗其小者二百四十人归赵"等行文用语上的小小不同(或仅言"杀",或明言"阬"),但却一致地认定白起残忍地把赵国降卒几乎都杀(阬)了,而且一杀(阬)就是40多万。

对这类记载,长期以来人们多深信不疑,近年来,已有不少学者对此提出质疑,认为旧史所谓长平之役后白起将赵降卒四十余万全部坑杀了的说法显然是夸大了的,不可信的。

首先,从赵国的人口、兵源及此役在赵人心目中的地位看,赵国投入此役的总兵力当远不足40万人。有研究者估计,当时赵国的总人口约为170万或223万,成年男人约40余万或50万—60万。可这些成年男子又不可能全都开往前线作战,从事生产和提供军需者必占相当大比重。另外,赵乃"四战之国",四面受敌,边防不能空,都城邯郸也要拱卫,长平之役虽事关重大,但毕竟不过是秦、赵之间的一次争城夺地之战,尚不是事关赵国生死存亡的一次总决战,赵国没理由倾巢出动把全部兵力都押在这一战上。据此,长平之役中赵国投入的总兵力充其量不过20万人左右。[9-10]

其次,《白起传》所言"卒四十万人""尽阬之",与"前后斩首虏四十五万人"明显不合常理,有违事实。据《白起传》所载白起自己的说法,是役中秦军虽大获全胜,但也付出了"秦卒死者过半"的惨重代价。号称虎狼之师英勇善战的秦军都付出了"死者过半"的代价,作为败方的赵军又怎会只在战斗中减员1/10左右,9/10左右都存活下来向白起投降了呢?这是不可能的。如果上引赵方在长平之役中投入的总兵力为20万人左右的估计不误的话,那么,经过廉颇、赵括与秦军的多次搏杀,再加上被围中饿死、被食的,战役结束后向白起投降的赵卒应当远在10万人以下。有研究者更根据长平之战的决战阶段,白起只用2.5万人即将赵军后路切断并形成一个包围圈,另用5000骑兵便将赵军主阵地穿插突破,并实行有效的战役隔离达46日之久等事实。估计秦赵两军当时交战的部队均已不超过10万人。再经过决战的消耗、饿毙、溃逃等,最后降秦被杀的赵国军卒,不过万余人。[11]93-94

再次,旧史所谓白起对赵降卒一律采取"阬杀"的处置办法的说法未必是事实。如上所引,《战国策》《史记》《资治通鉴》诸书在述及这次杀俘事件时,也是或言"诛屠",或言"杀",或言"阬",词语不尽一致。再则,从纯技术的角度讲,对人实行"活埋"要比"斩杀""击杀"等费时、费力得多,且被处置的又不是几个、几十个、几百个的小数目,没必要也不大可能对数以万计的俘虏一律按"活埋"的办法处置。

　　山西省考古研究所等所撰《长平之战遗址永录1号尸骨坑发掘简报》谓:"永录1号尸骨坑内的遗骸应是赵军亡卒。""关于赵卒死亡原因,史书记载大都一致,即,'挟诈而尽阬杀之'。……'阬'、'阬杀'多解释为'活埋'。然而,从坑内遗骸的观察和分析,并非如此。初步观察统计表明,未经破坏和扰乱的60个个体近半数或头骨无躯体,或头与躯干分离,应是死亡在前,埋葬在后。还有14具头骨有钝器、刀器、石块等造成的创伤痕迹,其中至少7具个体的创伤是致命的,应排除在活埋死亡之外。剩余十多个个体死亡原因难以判断。可能被活埋的仅有1例,编号AI:4,俯身,面部向下,脑后部被晚期灰坑破坏,其他骨骼不见创伤痕迹。右臂下垂,尺挠骨扭曲状,左臂从腹下伸向右侧髂脊上缘,两腕相距约10厘米,左手掌骨与右手腕骨基本相邻。这种现象可以有两种解释,其一为软组织受伤致死而葬;其二为双手被缚活埋而死。当然,永录1号尸骨坑仅有百余个体,尚不能完全反映数十万死者的死因。"[12]这里,笔者甚同意文中所表述的"'阬杀'多解释为'活埋'。然而,从坑内遗骸的观察和分析,并非如此"的看法。至少,该号尸骨坑到底是秦军处置赵降卒的场所,还是某次战斗结束后秦军或赵军打扫战场时草草掩埋战死者的所在,恐尚需作进一步深入之研究。

　　最后,再谈谈造成这种状况的原因。宋裕把它归结为两类:一,最先道及白起坑赵卒"四十余万"众的,是战国游士蔡泽,而"战国游说之士惯于夸大其辞","难以置信";二,"与秦末汉初人痛恨秦政从而夸大秦的残暴有关"[9]。舒咏梧又补充了一条,说:"历史上的战争,有不少杀伤数字都是夸大了的。《三国志·魏书·国渊传》里有一段文字道出了事情的真谛,原来'破贼文书,旧以一为十'。曹操就曾因国渊如实上报斩首数而感到奇怪。可见这种事情相沿成习已非一朝一夕的事了。用此旧习惯解释长平之战,再联系到秦还有'上首功'的制度,所谓活埋了赵卒四十万之说,是不确实的。那是被夸大了的因而也是不可信的数字。"[10]我想再补充一下,这种"夸大",不仅是战胜方邀功请赏的需要,亦为战败方所需要,因为"夸大"牺牲,不仅可将对方置于不义的地位,又可借此激励自己。明于此,白起"坑赵卒四十万"说,《扬州十日记》中所谓清军在扬州杀人"八十余万"说,也就好破解了。

三、赵长平之败不应归罪赵括一人

一谈到长平之战中赵方的败因，人们总是习惯地认为，多亏"廉颇筑垒固守，坚不出战，以逸待劳，消耗秦的力量"，才造成"双方相持三年，不分胜负"的局面。后来，"赵国中了秦的反间计，改用赵括代替廉颇。赵括只会纸上谈兵，不能领兵打仗。他一反廉颇坚守的战略，向秦军发动进攻"，终遭败绩。[13]105 有论者更不无惋惜地写道："兵法空谈家赵括凭他的空谈就断送了四十余万人的生命。"[5]257 这种把战争失败的责任完全归结为赵括的无能的看法，是有失公允的。

实际上，是役赵国战败的最根本原因还是赵在综合国力上逊于秦。虽说在战国后期赵是东方六国中最强的，但与强秦相比，还是逊色不少。正如有的研究者所论："从秦赵两国的国力上看，秦经过商鞅变法，已经发展成为战国七雄中的最强国"，而赵虽不失为"东方最强国，军事力量也比较强大"，但此时的赵国，"政治腐败，经济发展出现失衡，法令不行，已经出现亡国之形"。特别是"赵国的粮食生产远远落后于秦国，战争进入相持阶段，赵国军粮的不济，使赵国在持久战中陷于不利地位，赵孝成王责备廉颇守而不战，就是因为赵国军粮缺乏之故。军粮的缺乏促使赵国急于决战，这使赵国又失去了久劳秦师最终取胜的机会。"所以，"从根本上说，赵国是没有力量与秦国相抗衡的。"[14]204-208

另外，赵国以孝成王为代表的高层决策者的昏聩无能和关键时刻的决策失误也是导致赵国在长平之役中溃败的重要原因。长平之战爆发后不久，赵军稍遭挫折，前不久还在为取得上党而"大喜"的孝成王立马就动摇了抗秦的决心。当时，虞卿曾建议赵王派使者携重宝向楚、魏求援，合纵抗秦。可惜孝成王并未采纳虞卿的建议，而是派人向秦求和，坐失一次可能挽回败局的良机。在廉颇有鉴于双方力量对比于己不利，坚守不出，苦苦支撑局面的情况，孝成王非但没有增兵驰援，反而怪廉颇怯战，又中了秦人的反间计，以"徒能读其父书传，不知合变"的赵括取代经验老到的廉颇，终遭惨败。看看无能的赵王，再看看"自之河内，赐民爵各一级，发年十五以上悉诣长平，遮绝赵救及粮食"的秦昭王，赵之败自在情理之中。

长平之败，赵括自然亦有其不可推卸的责任。他的责任就在于下车伊始便"悉更约束，易置军吏"，并贸然出击，从而招致了赵军的速败，惨败。我这里之所以用"速败"和"惨败"的字样，无非是想说，在当时那样一种局面下，若无外援（合纵攻秦）、内援（增兵），即使仍让廉颇主军，亦不过是两种结局：一是继续困守，坐以待毙；一是组织一次成功的突围，挽救部分赵卒的生命。两种结局，败的形式、程度虽可能有所不同,终归还是一个败字。

　　自负而又缺乏实际战争历练的赵括,接的是烂摊子,碰的是硬钉子,结局自然很惨,注定只能是个悲剧式的人物。

参考文献

[1] 杨宽.战国史[M].上海:上海人民出版社,1980.
[2] 杨宽.关于长平之战的时间[J].历史教学,1983(3):57.
[3] 杨宽.再谈长平之战的时间[J].历史教学,1983(11):55-58.
[4] 齐思和.中外历史年表[M].北京:生活·读书·新知三联书店,1958.
[5] 范文澜.中国通史简编:第一编[M].修订本.北京:人民出版社,1964.
[6] 睡虎地秦墓竹简整理小组.睡虎地秦墓竹简[M].北京:文物出版社,1978.
[7] 张景贤.长平之战时间考辨[J].历史教学,1982(9):60-61.
[8] 韩连琪.睡虎地秦简《编年纪》考证[M]//朱润东,李润民,罗竹风.中华文史论丛.上海:上海古籍出版社,1981.
[9] 宋裕.白起坑赵卒有"四十万"吗?[J].晋阳学刊,1983(3):77-78.
[10] 舒咏梧."长平之战活埋赵卒四十万"质疑[J].文史杂志,1990(3):30-31.
[11] 王树新.战国长平之战新考[M].北京:军事科学出版社,2007.
[12] 山西省考古研究所.长平之战遗址永录1号尸骨坑发掘简报[J].文物,1996(6):34-40.
[13] 郭沫若.中国史稿:第2册[M].北京:人民出版社,1979.
[14] 沈长云.赵国史稿[M].北京:中华书局,2000.

原载《邯郸学院学报》2016年第2期

秦赵博弈与战国后期的历史发展

林献忠

战国后期,秦与赵的关系由外交妥协而逐渐演变为生死存亡的战争,特别是秦赵之间的一系列大规模战争,最终决定着战国后期的历史发展。秦与赵领土本来并不接壤。前332年至前328年,魏、秦交战,魏败,把阴晋(今陕西华阴)、上郡(今陕西北部及内蒙古鄂尔多斯一带)15个县等地区割给秦国。这样赵与秦就在南起壶口,北至延安、靖边一线直接接壤。

纵观赵与秦的关系,大致可分为两阶段。商鞅变法以前,赵主要采取攻势;商鞅变法以后,秦国一跃成为强国,赵国则成防守的态势。

从赵成侯到代王嘉,史书所载赵与秦的战事有32次,赵国战败达23次之多,胜秦仅7次,2次胜负不明(统计数据来自《史记·赵世家》,本文引用《史记》文献均出自该书,不再一一标明)。[1]2147-2218

一

秦献公二年(前383年),秦国迁都栎阳(今陕西临潼栎阳镇东北武家屯附近),开始进军中原。赵国在赵成侯时才第一次与秦国有战事。《赵世家》载:赵成侯四年(前371年)"与秦战高安,败之"。关于高安地望,朱活研究认为地在今山西省夏县西北。战国时,夏县西北属魏,在安邑附近,当时秦国还没有到达这一带,赵国不应该在此与秦交战。高安应该是在今山西省西境中部,近蔺(今山西离石西)、离石(今山西离石),[2]77 这是秦国东侵部队与赵国的交火地带。

赵肃侯时,赵国在东南方向与魏、齐的争夺加剧,与秦国相对和平。这期间秦国经过商鞅变法,国力大增。赵肃侯二十二年(前328年),秦国发兵侵赵,赵派赵疵迎战,结果赵疵兵败被杀,秦侵占赵的蔺、离石两地。不久,赵又收复两地。在这

[作者简介] 林献忠(1980—),男,河北内丘人,武汉大学历史学院博士研究生。

期间，赵国还参加了六国攻秦，《楚世家》载：楚怀王十一年（前318年），"苏秦约从山东六国共攻秦，楚怀王为从长。至函谷关，秦出兵击六国，六国兵皆引而归，齐独后"。但六国的行动无果而终。

二

赵武灵王时期，赵国面临的局势日益严峻。各国经过改革实力大增：秦"四塞之国，被山带渭，东有关河，西有汉中，南有巴蜀，北有代马，此天府也"，并且"秦，虎狼之国也，有吞天下之心"；燕"地方二千余里，带甲数十万，车六百乘，骑六千匹，粟支数年"；韩"地方九百余里，带甲数十万，天下之强弓劲弩皆从韩出"，"车六百乘，骑六千匹，粟支数年"；魏"武士二十万，苍头二十万，奋击二十万，厮徒十万，车六百乘，骑五千匹"；齐"地方二千余里，带甲数十万，粟如丘山"；楚"地方五千余里，带甲百万，车千乘，骑万匹，粟支十年"。而赵是四战之国，西有韩、秦、林胡、楼烦，北有燕、东胡，东连齐国，南有魏国，中山在其腹心。且赵国"东有河、薄洛之水，与齐、中山同之，无舟楫之用。自常山以至代、上党，东有燕、东胡之境，而西有楼烦、秦、韩之边，今无骑射之备"。赵在东南发展处处受阻，而秦在商鞅变法之后，对赵国的威胁越来越大。赵武灵王为了开拓西北，抗御强秦，进行了"胡服骑射"改革，以便利用西北部少数民族地区力量和资源增强国力。

这一时期，赵国拓展的中心虽然在北方，在西部也与秦国发生了几次战事，但多以失败而告终。赵武灵王时，赵与秦首次交战在前318年，韩、赵、魏、齐、楚五国联合攻秦，初战失利后。第二年，韩、赵、魏三国军队又集结进攻秦，三国联军在修鱼（今河南原阳西南）被秦将樗里疾打败，赵军伤亡达8万余人。随后几年，秦不断侵赵，赵损失惨重，失去了中都等地。之后，赵国为了进行改革、缓和与秦的冲突，于赵武灵王二十年（前306年），派遣楼缓出使秦国。赵国的改革，使赵国在军事上强大起来，还曾想奇袭秦国，《赵世家》载：在赵武灵王"身胡服将士大夫西北略胡地，而欲从云中、九原直南袭秦，于是诈自为使者入秦。秦昭王不知，已而怪其状甚伟，非人臣之度，使人逐之，而主父驰已脱关矣。审问之，乃主父也。秦人大惊。主父所以入秦者，欲自略地形，因观秦王之为人也"。然而，事非所愿，沙丘宫变，赵武灵王功未成而身先死。

三

赵惠文王时，借助赵武灵王改革的余威，对列国还是有些威慑作用。赵惠文王十二年(前287年)发动齐、魏、燕、韩等五国对秦的战争,但联军内部松散,最终不欢而散。赵惠文王二十年,赵与秦妥协,西部边境暂时稳定。而五年之后,"与魏共击秦。秦将白起破我华阳,得一将军"。四年后,在赵惠文王二十九年,赵国派赵公子郚到秦国作质子,并借机打算用焦、黎、牛狐交换被秦占领的蔺、离石、祁。赵国得到蔺、离石、祁等地时,竟然拒绝把焦、黎、牛狐给秦国。于是秦赵之间在阏与(今山西和顺)发生了一场大战,秦军大败。阏与之战后,赵将廉颇率赵军又在几(今河北大名东南)击败秦军。[3]188-189 经过这几场大战,秦进攻赵的势头有所减缓,但这种状态并没有维持多久。到赵孝成王时,对于秦国的进攻,赵只剩下招架之功了。

赵孝成王元年(前265年),秦一举攻取赵国三座城池,而残酷的长平之战却使赵一蹶不振。

长平之战起因于秦对韩的进攻。前262年,秦攻取韩的野王(今河南沁阳),断绝韩上党(今山西长治地区)与韩本土的联系。韩上党守冯亭宁降赵不服秦。赵接受上党,并派廉颇率军驻守长平,以备秦患。秦昭王恼羞成怒,于前260年派白起、王龁对长平发动猛攻。赵初战失利,廉颇采用坚壁清野的战术,不与秦军短兵相接,以疲弊其军队的斗志。秦、赵两军相持3个月,秦一无所获。后赵孝成王中秦反间计,以赵括代廉颇为将。这位纸上谈兵的赵括改弦更张,改变廉颇的策略,大举出兵直面秦军。白起利用赵括缺乏作战经验的弱点,让秦军正面佯败,再出两支奇兵,袭击赵军。

赵括见秦军败退,率军直追到秦军营垒。秦军坚守不出,同时白起的两支奇兵迂回到赵军后,将赵军截为两段。赵军进退维艰,只好就地筑防,期待后援。此时的秦昭王,亲赴河内,收揽民心,赐民爵一级,征发15岁以上壮丁赶至长平,切断赵军兵马和粮食,鼓舞士气。赵军被困46日,饥饿交迫,为了突围,赵军分四队仍不能出,后赵括被秦军射杀,赵军降秦。白起将赵降卒40万人坑杀于长平谷口,只放走240人回赵报信。近年来的考古工作也证实了这一惨烈的战争。在今山西永录村周围,发现了10多处尸骨坑,当年在平整土地、挖房基的时候基本已被破坏。1996年,考古工作者对永录1号尸骨坑进行了发掘,发现坑内埋藏尸骨个体大约有130多个,均为男性,年龄大多在20—45岁之间。专家证实,这些就是长平之战中赵军死亡的将士。①

长平之战,耗时3年;赵秦共投入兵力达百万之众,赵军元气大伤,秦则"死者

---

① 参山西省考古研究所,晋城市文化局,高平市博物馆:《长平之战遗址永录1号尸骨坑发掘简报》,《文物》1996年第6期。参沈长云,魏建震,白国红等:《赵国史稿》,北京:中华书局,2000年,第202—207页。

过半,国内空"。战争波及的范围,以今高平市城乡为主战场,扩至今沁水、晋城、泽州、长子、长治、壶关、陵川等县市。长平之战,是春秋战国时代一次持续最久、规模最大、战况最惨烈的战争,《后汉书·郡国志一》:"凡县名先书者,郡所治也";刘昭注引晋皇甫谧《帝王世纪》:"长平之战、血流漂卤"。[4]3387

四

长平之战后不久,秦国又用重兵攻赵。赵孝成王七年(前259年)九月,秦昭王再次派大将王陵率军直逼邯郸。邯郸军民同心协力抵抗秦军,给秦军以重创,秦军伤亡惨重。《赵世家》载:"陵战失利,亡五校。"秦军失利后,打算重新起用白起攻赵,白起则装病回避。于是秦昭王派王龁换掉王陵,围攻邯郸八九个月,赵军誓死坚守。而且赵军还间或小有收获,《战国策·中山策》载:"赵王出轻锐以寇其后,秦数不利。"[5]52 在这期间,平原君赵胜还到楚、魏争取军事援助,共同抗秦。在赵、楚、魏三国军队的联合打击下,秦军大败,赵国取得了邯郸保卫战的胜利。考古发现也证实了邯郸保卫战的惨烈。1982年,考古工作者在河南省汤阴五里岗发现了一处阵亡将士墓群。经研究,确定该墓群年代为战国后期,而且该墓群从年代、地点和文化遗存的现象等方面来看,与邯郸保卫战极为相似。在战争中,楚、魏联军和秦军在此发生了激烈的战斗。该墓群密集分布在20多万平方米的范围之内,东西排列得井井有条,总数约4000座,死者多为男性青壮年,有的尸骨上还嵌有铜簇。[6]191 该墓群反映了当年战争的残酷和延续时间之长,及双方死伤之重。秦攻邯郸失利,又转而攻魏,夺取魏新中(今河南安阳南),把它改名为安阳。后在赵、魏、韩、楚联军的反击下又收复新中。赵孝成王十年,赵国派将军乐乘、庆舍进攻秦信梁的军队,获得了小小的胜利。而在赵孝成王十八年,赵国一下子丢掉榆次等37座城池。

赵孝成王二十年,秦王嬴政即位。在这一年,秦国攻下了赵国在西部的根据地——晋阳。前222年,秦灭赵。

五

综合上述,在秦对赵国西部的侵略战争中,虽然赵在赵武灵王改革后也曾有所还击,但总的来说是以防御和妥协为主。对于强秦的崛起,赵国并没有给予足够的认识,虽然赵向北和西北地区的拓展,确实扩大了赵国的领土面积,也促进了民族地区的发展和交流,增强了国力,但赵国的目的或许在于灭掉中山,并没有花太多精力或实力抑制秦国的扩张,应对秦的放肆进攻也显得捉襟见肘,没有多大成效。然而,赵国在战国七雄中的地位也不能小觑。秦与赵之间大的战争往往有多国参与,赵国的存亡,影响着其他国家抵抗秦国的信心,从而影响了战国后期的历史发展。

参考文献

[1] 司马迁.史记[M].北京:中华书局,2013.
[2] 雁侠.先秦赵国疆域变化[J].郑州大学学报,1991(1):77-90.
[3] 沈长云,魏建震,白国红,等.赵国史稿[M].北京:中华书局,2000.
[4] 范晔.后汉书[M].北京:中华书局,1965.
[5] 刘向.战国策[M].上海:上海古籍出版社,2008.
[6] 杨育彬.河南考古[M].郑州:中州古籍出版社,1985.

原载《邯郸学院学报》2015年第1期

从长平之战坑杀降卒看军事规律的蜕变

田旭东

从前262年起,前后耗时3年的长平之战,是我国历史上最早、规模最大的包围歼灭战。此场战争,发生于最有实力统一中国的秦赵两国。秦国上将军白起率军在这场规模空前的战争中获得全歼赵军主力40余万人的决定性胜利,确定了秦国军事实力已经无敌于天下的强权地位,极大地加速了秦国统一中国的进程,被后人认为是战国形势的转折点。然而,自古以来,秦军坑杀赵军40余万降卒的事件一直是人们讨论的话题,抨击秦军残忍者有之,认为秦军此举合理者有之。今天我们仅从古代军事规律蜕变的角度再作点讨论。

战争,从来就是血腥而又残酷的,是在血与火的战场上你死我活的厮杀。然而在中国早期的战场上,除了铁血残酷的一面以外,还存在为数不少的、比较温和的、体现出"仁"和"义"的一面。诸如师出有名、师不伐丧、不伤国君、不杀厉、不禽二毛、不犯田稼等等,可称之为"贵族战争"。在早期兵家所留下的兵书中,我们可以明显地看到这一点。

我们这里所谓的早期兵家,从时间上来划分,应当指的是春秋中期以前的兵家。中国最古老的兵书应该产生于周代,据史载可知有《军志》《军政》等,可惜今已不存。流传至今的最早兵书当为《司马法》。据《史记》[1]2160记载,《司马法》成书于战国时的齐国威王时期,但它之中却有威王使大夫所追论的《古司马法》,并附有春秋时齐国的大将军司马穰苴的兵法,它是西周时期所确立的礼乐文明在军事领域的集中体现,即所谓的"军礼"。

《司马法》所代表的早期兵家的确是以讲求"仁"和"义"作为兴师用兵的出发点和所追求的目标的,这是中国兵学文化最早发展阶段的一个显著特点,也是"贵族战争"所遵循的基本原则。至于后来出现的以《孙子兵法》为首的,以讲求"谋略""诡诈"为特点的兵法,则代表着中国古代兵学发展的成熟与高峰,同时也标志

[作者简介] 田旭东(1954—),女,四川渠县人,西北大学历史学院教授,历史学博士。

着"贵族战争"的终结和军事规律的蜕变。

我们先来看看《司马法》是怎样体现"以礼为固,以仁为胜"[2]253的原则的。

关于战争的目的,《司马法》用最为简洁的"兴甲兵以讨不义"作为总的概括,具体是:

> 杀人安人,杀之可也;攻其国,爱其民,攻之可也;以战止战,虽战可也。(《司马法·仁本》)

> 凭弱犯寡则眚之,贼贤害民则伐之,暴内陵外则坛之,野荒民散则削之,负固不服则侵之,贼杀其亲则正之,放弑其君则残之,犯内陵政则杜之,外内乱、禽兽行则灭之。(《司马法·仁本》)

《周礼·夏官》论大司马之职掌曰:"以九伐之法正邦国,冯弱犯寡则眚之,贼贤害民则伐之,暴内陵外则坛之,野荒民散则削之,负固不服则侵之,贼杀其亲则正之,放弑其君则残之,犯令陵政则杜之,外内乱鸟兽行则灭之。"

《周礼·夏官》的这段文字与《司马法》基本一致,个别处如《司马法》"凭弱犯寡"之"凭",《周礼》作"冯",贾公彦《疏》曰:"凭,冯之俗体。"《司马法》之"禽兽行"《周礼》作"鸟兽行"。九伐之法中的眚、伐、坛、削、侵、正、残、杜、灭,分别指不同等级的军事活动。眚,即"省"之假借,瘦也。诸侯若有以强凌弱,以大欺小的行为,则瘦其地,即四面削其地。伐,古代鸣钟鼓以声其过曰伐,《左传》庄公二十九年:"凡师有钟鼓曰伐,无曰侵,轻曰袭。"贾公彦《疏》:"专杀贤大夫以害民,皆是暴虐之事,故声罪以伐之也。"可见"伐"是等级较高的堂堂正正、大张旗鼓的师旅征讨活动。坛,段玉裁读为"墠"(shàn),指野土空墠之地,[3]2286诸侯若有对内杀贤大夫以害民,对外欺凌弱小之行为,则出其君于空野之地幽禁之。削,削地,田地荒芜不治,民众散而不附,可见君政不善,则削其地。侵,古代兵加其境,用兵浅者谓之侵,诸侯依恃险要坚固的地势而不服事天子,则侵其地,以示警告,此为等级较低的军事活动。正,执而治其罪,随意诛杀宗族则治其罪而杀之。残,戕也,杀也,臣杀君曰弑,为臣者有放逐或杀其国君的行为则杀之。杜,杜塞以使不得与邻国交往,违反天子之命而又不循政法则杜绝之。灭,诛灭,悖人伦,外内无异于禽兽,则诛灭其君。

《司马法》:

> 战道:不违时,不历民病,所以爱吾民也;不加丧,不因凶,所以爱夫其民也;冬夏不兴师,所以兼爱民也。(《司马法·仁本》)

> 春不东征,秋不西伐,月食班师,所以省战。(《司马法》佚文)

所谓"不违时",即不违背农时。"不历民病",即不在国家民众遇到疾疫流行时举兵。"冬夏不兴师",不在大寒大暑时举兵。"不加丧",古军礼以乘人有丧事而加兵为非。在此我们虽举不出更早的事例,但仍可在《左传》中得以窥见,僖公二十三年(前637年),秦乘晋文公新丧灭晋之同姓小国滑,先轸即曰:"秦不哀吾丧,而伐吾同姓,秦则无礼。"所谓"无礼",即指秦不依礼制行事。春秋时期礼坏乐崩,这种伐丧的例子在《左传》中多见,然仍有例外,《左传》襄公四年记载,楚将出兵侵伐陈国,得知陈国国君死了,乃罢兵而止。"不因凶",即不利用敌国的饥荒年景。《左传》僖公十三年记,晋连年欠收,乞谷于秦,秦穆公询问于大臣,子桑、百里主张给予,而聘于秦的丕郑之子豹则主张乘机伐晋。按古军礼不仅"不因凶",还应"救灾恤邻",若依丕豹的主张不仅乞谷不与,而且要举兵加之,这是极不合乎礼制的。最终秦穆公采纳了子桑、百里的意见,粜谷于晋。次年,秦饥,乞谷于晋,晋则不予,晋大夫庆郑即讲了这样一段话:"背施,无亲;幸灾,不仁;贪爱,不祥;怒邻,不义。四德皆失,何以守国?"庆郑所讲的"四德",其实也是军礼的具体体现。晋惠公不听庆郑之言,不粜谷于秦,这也是极其"无礼"的行为。而最终的结果是又次年,秦穆公出兵三败晋于韩原,俘获晋君。

万不得已而兴师,《司马法》又对具体的军事行动有若干限制:

古者逐奔不过百步,纵绥不过三舍,是以明其礼也;不穷不能,而哀怜伤病,是以明其义也;成列而鼓,是以明其信也;争义不争利,是以明其义也;又能舍服,是以明其勇也;知终知始,是以明其智也。六德以时合教,以为民纪之道也,自古之政也。(《司马法·仁本》)

穷寇勿追,归众勿迫。(《司马法》佚文)

军旅以舒为主,舒则民力足。虽交兵致刃,徒不驱,车不驰,逐奔不逾列,是以不乱。军旅之固,不失行列之政,不绝人马之力,迟速不过诫命。(《司马法·天子之义》)

入罪人之地,无暴神祇,无行田猎,无毁土功,无燔墙屋,无伐林木,无取六畜、禾黍、器械。见其老幼,奉归勿伤。虽遇壮者,不校勿敌。敌若伤之,医药归之。

既诛有罪,王及诸侯,修正其国,举贤立明,正复厥职。(《司马法·仁本》)

这些都是体现了"仁"和"义"基本精神的军礼。那么,这些军礼在历史上是否真正实行过?西周以前的战争情况已经难以考察,我们从一部《左传》看到,其中处处都在以礼来评判事情,故"礼也""非礼也"的字样非常多,"知礼""违礼"的事情也常常出现,有时还插上大段的礼论。在对春秋时期战争的纪录中,我们也可看到,虽处于"礼坏乐崩"历史大变革时期,但军礼的许多原则仍然得到了尊重与奉行。以下略举几例。

《左传》隐公八年记有:"齐人卒平宋、卫于郑,秋,会于温,盟于瓦屋,以释东门之役,礼也。"[4]59 说的是在宋国联合卫国等国侵伐郑国,围攻了郑国的东门之后,郑国与宋国、卫国之间多次交兵,搞得周边地区不得安宁。齐国这时出来调停,使郑国与宋、卫国之间消除了仇怨,最终签订了友好盟约。齐国这么做是符合礼的。

《左传》桓公二年记载,宋国的太宰华督弑杀国君宋殇公,为了防止其他诸侯来讨伐,华督用重物贿赂别国,鲁国因此得到一个大鼎。鲁桓公非常喜欢这个大鼎,将它安置在祖庙里。这种做法显然非礼,大夫臧哀伯劝谏鲁桓公道:"君人者,将昭德塞违,以临照百官,犹惧或失之,……今灭德立违,百官象之,其又何诛焉?国家之败,由官邪也。官之失德,宠赂章也。郜鼎在庙,章孰甚焉?"作为国君应该昭示德性,杜绝违礼行为,不应该将贿物纳入祖庙。国家之败都是由官员行邪开始的,为官的失去德性,贿赂就会成风,将贿物昭显于大庙之上,没有比这个行为更能显示官邪的了。君为何要这样做呢?臧哀伯作为鲁国一大夫,对鲁桓公违背礼制的行为进行劝谏,受到了周内史的赞扬。[4]85-90 这个事实说明春秋初年礼制的原则还是得到普遍认可的。

尊崇礼制原则最为突出的例子,莫过于宋襄公。《左传》僖公二十年记,中原霸主齐桓公卒,齐国发生群公子争位之乱,宋襄公两度领军平定齐乱,协助齐太子昭登上君位。称雄中原长达 30 年的齐国因经历这次动乱,国力转衰,失去霸主地位。在中原诸侯陷入群龙无首的状况之下,宋襄公为恢复殷商故业企图称霸中原,连续召集诸小国盟会。前 639 年,楚成王对宋襄公不自量力之举感到十分恼火,于是乘率军赴会之机,拘捕了宋襄公并击败了宋军。同年冬,宋襄公获释,历经此次打击,执迷不悟的宋襄公依然醉心于图霸事业。前 638 年夏,宋襄公率卫、许、滕三国联军进攻楚的附属国郑。秋,楚成王发兵北上攻宋救郑。宋襄公闻讯回师,在泓水(今河南柘城西北)北岸列阵迎敌。"宋人既成列,楚人未既济。司马曰:'彼众我寡,及其未既济也,请击之。'公曰:'不可。'既济而未成列,又以告。公曰:'未可。'既阵而后击之,宋师败绩。公伤股。"宋襄公不听取司马的建议,丧失楚军半渡、过河后未成阵这两次有利战机,待敌列好阵势之后方与之交战,因寡不敌众很快战败,宋襄公自己也受了重伤。归国后,遭到国人的普遍批评,宋襄公有一段话颇有意思:"君子不重伤,不禽二毛。古之为军也,不以阻隘也。寡人虽亡国之余,不鼓不成列。"[4]397-398 这段话似乎很迂腐,但"君子不重伤""不禽二毛""不以阻隘也""不鼓不成列"等均为古军礼内容,宋襄公之举在后人看来愚蠢可笑,但在当时却是依军礼行事。作为一个商朝贵族后裔,深受贵族教育的影响,自觉尊崇并实践贵族理念,这对宋襄公来说,并不为怪。

《左传》宣公十二年记,晋楚两国争霸战达到高潮,双方为争取郑国爆发了邲之战。楚庄王为彻底征服依违无常的郑国,亲率大军围攻郑之都城新郑,晋景公派主政卿士荀林父率晋上、中、下三军南下救郑。郑为摆脱长期遭受晋、楚两国交相攻击的困境,积极策动两国决战,以便自己依战争胜负决定归属。双方最终在郑地邲(今河南荥阳北)决战,结果是晋军大败而归。在作战过程中,"晋人或以广队不能进,楚惎之脱扃,少进。马还,又惎之拔旆投衡,乃出,顾曰'吾不如大国之数奔也。'"[4]741。晋军的兵车坠陷于坑中不能进,楚人教晋人抽去车前横木以出坑。然而拉战车的马匹却仍盘旋不前,楚人又教其拔去车上插的大旗扔掉厄马头的横木,使车轻马便,晋人战车乃得逃出。晋人逃脱之后,反而讥笑楚人,说自己出陷的本事不如楚人。晋军车陷,楚军未加俘获,反而教其出陷之法,任其逃脱,正体现了军礼"穷寇勿追"的原则。

《左传》成公九年记:"(晋)栾书伐郑,郑人使伯蠲行成,晋人杀之,非礼也。"[4]844 晋国攻伐郑国,郑国派使者求和,晋国人将郑使者杀死,此为严重的"非礼"行为。按礼,两国交兵,不杀使节。这个礼规至今仍然实行。

《左传》成公十六年记,在晋楚争霸战争中,晋军和郑、楚联军遇于郑地鄢陵(今河南鄢陵西北),郑、楚联军战败,晋军在实施战场追击过程中,将领郤至曾"三遇楚子(楚共王)之卒,见楚子,必下,免胄而趋风。楚子使工尹襄问之以弓"[4]887。晋军将领郤至三次遇到楚共王,均下战车,脱去头盔,向前快速行走,以表示恭敬,而楚共王亦派工尹襄向郤至以弓作为回报和慰问。"晋韩厥从郑伯,其御杜溷罗曰:'速从之?其御屡顾,不在马,可及也。'韩厥曰:'不可以再辱国君。'乃止。郤至从郑伯,其右茀翰胡曰:'谍辂之,余从之乘,而俘以下。'郤至曰:'伤国君有刑。'乃止。"[4]888 晋军将领韩厥和郤至都曾有机会抓获郑国君主郑伯,而他们都未采纳部下的建议,停止追击,任郑伯逃脱。这些都是依军礼行事的典型例子。《国语·周语》记周王卿士邵桓公对此的总结是:"三逐楚君之卒,勇也;见其君必下而趋,礼也;能获郑伯而赦之,仁也。若是而知晋国之政,楚、越必朝。"[5]81

《左传》襄公十九年记:"晋士匄侵齐,及穀,闻丧而还,礼也。"[4]1049 晋人侵齐,已行至穀,即今山东东阿之南的东阿镇,却听到齐灵公去世的消息,随即依军礼而撤兵。

以上所举《左传》中的例子,所体现的尊礼、重信、轻诈和"先礼后兵"等,展现了一些诸侯依然恪守着多年来的道德准则,这正是春秋时期礼制在军事行为上的集中显现,它的道德性超越了功利性,由此也可见真正的贵族精神并不把功利的实现作为唯一的价值标准。

春秋战国时期作为中国历史上重大的转变时期,社会生活的方方面面都经历着剧烈而深刻的转变过程,军事领域也不例外。恰如班固在《汉书·艺文志》"兵书略"之序中说:"及汤武受命,以师克乱而济百姓,动之以仁义,行之以礼让,《司马法》是其遗事也。自春秋至于战国,出奇设伏,变诈之兵并作。"[6]1762

春秋中期前,各国在军事行动中投入的兵力一般不多,范围也比较狭小,战争的胜利主要依靠战车的阵地会战来取得,在较短的时间内即可决定战争的胜负。故在春秋早期的军事领域中,无论是战争观念、战争目的、作战方式,还是战争指导,都表现出一种过渡性的特征,即由早期的"兴甲兵以讨不义"[2]243的正义之举向"伐大国""拔其城、隳其国"[2]71的争霸战争过渡;由早期"动之以仁义,行之以礼让"的恪守军礼向"出奇设伏,变诈之兵并作"[6]1762的奉行"诡道"过渡,可以说这是一个在军事领域丰富多彩的、充满着各种矛盾的历史阶段。

我们从发生在这一时期大大小小的战例就可看到这种充满矛盾的过渡性质。那时的军事活动,既有战场上的残酷厮杀,又更多地具有以迫使敌方屈服为目的的"行成"、会盟等比较温和的行为。考察齐桓公称霸的过程,我们看到真正通过激烈的战场之争的情况实际上并不多,基本上都是依靠军事上的威慑作用,以使诸侯顺服,达到建立霸业目的,即所谓"九合诸侯,不以兵车"。

春秋中期以后,尤其是春秋战国之际,随着社会变革的日趋剧烈,社会生产力的发展,战争也相应进入新的阶段。首先是武器装备的进步,钢铁武器增多,传统冷兵器的矛、戟、剑、钺均由青铜改为铁制,从秦俑坑出土数量众多的弩机,足见当时秦国已普遍装备。其次,兵种兵员也发生了变化。步兵和骑兵成为主要兵种,战车退居次要地位。各国普遍实行郡县征兵制度,各国兵额大大增多,秦国当时就有戴甲的步兵百万以上。再次,战争方式也发生了很大的变化。战争的发起者和指导者开始摒弃旧礼制的束缚,使战争呈现出丰富多彩的状况。以前用车兵作战,双方要选择平坦的地方,排列成整齐的车阵,一经交战,战败的车阵乱作一团,很难重整旗鼓,再次编排车阵重行作战,胜负很快决定。而这时,步骑为主的野战和包围战为主,战争带有持久的、长期的性质,往往"旷日持久数岁"。步兵骑兵轻捷灵活,适于攻击险要地势,进攻手段上迂回的运动战术的运用,险要之地往往成为防御战和争夺战中的中心地点。再加上各国防御手段的加强,险要地势的利用,各国长城的修筑、作战指导的进步等,这些都显示出战争的变化。

除了上述种种以外,体现在春秋晚期以后战争上最大的特点,当属作战指导的根本性变化。这就是《孙子兵法》倡导的"诡道"战法原则在军事活动领域内的普遍流行,过去的那种"贵偏战贱诈战"①的堂堂之阵战法遭到全面否定。正如班固所概括的"出奇设伏,变诈之兵并作"。使用诡诈之术,已成为战争舞台的主角,无须再用仁义道德来作任何掩饰。一切以功利为重,重视经验理性对事物本质的分析和判别,是一种在主客体"谁吃掉谁"迅速变化着的行动中简化了的思维方式。它以现实生存为根本目的,强调的是力量的差别,注意到自我力量的保护和隐藏,同时又必须看到事物变化的规律,顺着事物发展的态势来改变自己力量的劣势,从而自得其所,这是军事规律发展的必然结果。

发生于战国晚期的长平之战,在作战指导上,秦赵双方均突破了军礼规定的窠臼。先是廉颇筑垒固守,坚不出战,以逸待劳,双方相持3年,不分胜负。继而秦使用反间计,使赵孝成王中计,以只会纸上谈兵的赵括替代谋略双全的老将廉颇。秦将白起运用迂回战术,正面诈败佯退,把赵军引入秦军营垒附近,再以奇兵断截赵军后路,包围赵军46天,使其弹尽粮绝,只能突围。最后将其击败。

最为残忍的是,白起仅放回战俘中年幼者240人,将40多万降卒全部坑杀。这与《司马法》强调的"入罪人之地,无暴神祇,无行田猎,无毁土功,无燔墙屋,无伐林木,无取六畜、禾黍、器械。见其老幼,奉归勿伤。虽遇壮者,不校勿敌。敌若伤之,医药归之"简直相距甚远。

对待战俘的不同处置方式,体现了战争目的的差异,也从一定的角度反映出军事规律的蜕变。不同的战争目的,导致人们对实现战争目的过程中人的价值的不同认识,战国时期的杀俘是为了最大限度的消灭敌方的有生力量,像秦国就是为了尽快取得兼并战争的胜利。这一战使赵国元气大伤,一蹶不振。秦从根本上削弱了当时关东六国中最为强劲的对手,也给其他关东诸侯国以极大的震慑,六国弱势以成。由秦统一的形势已成,不可逆转。

---

① 偏战:《春秋公羊传》桓公十八年,何休注:"偏,一面也。结日定地,各居一面,鸣鼓而战,不相诈。"见阮元校刻:《十三经注疏》,北京:中华书局,1980年,第2219页。

参考文献

[1] 司马迁. 史记[M]. 北京:中华书局,1982.
[2] 李零. 兵家宝鉴[M]. 石家庄:河北人民出版社,1991.
[3] 孙诒让. 周礼正义[M]. 北京:中华书局,1987.
[4] 杨伯峻. 春秋左传注[M]. 北京:中华书局,1981.
[5] 国语·周语[M]. 上海:上海古籍出版社,1978.
[6] 班固. 汉书·艺文志[M]. 北京:中华书局,1962.

原载《邯郸学院学报》2016 年第 1 期

赵国历史地理研究综述

张龙凤

战国赵国从前475年立国,到前222年灭亡,共历12代13位国君,存在了253年。《战国策·赵四》曾这样描述赵国昔日的强盛:"昔者,赵氏亦尝强矣。曰赵强何若?举左案齐,举右案魏,厌案万乘之国,二国,千乘之宋也。"[1]258 赵国疆域广阔,境内地理环境复杂,在影响其历史进程的诸多因素中,地理环境发挥着重要的作用,不容忽视。赵国历史地理研究可谓至关重要,也取得了一定的成果,对这些成果的总结将有助于推动相关研究进展。

一、综述

研究赵国历史地理,应有大局观念,立足大背景。因此,有关先秦史、战国史研究论著都在必读之列。如吕思勉《先秦史》谈道:"古所谓国者,义亦与今异同。其存亡,以有采地以奉祭祀与否为断,而不以土地主权之得丧为衡。"[2]151 这段话对理解"邯郸为魏所攻占而赵未亡国"一事就非常有启发。杨宽《战国史》是研究战国历史的名著,内容包括春秋战国间的农业、手工业和商业、制度变革、各国的变法运动、战争、思想,以及科学技术的成就等,内容丰富。缪文远《战国制度通考》运用出土材料与文献记载相结合的方法,对战国职官、食货、地理、兵制和法制等战国重要的制度作了考证与综述。这方面论著较多,限于篇幅,不一一列举。

赵国史的研究专著主要有两部:一部为张午时和冯志刚合著的《赵国史》,该书比较全面系统地论述了赵国历史,涉及经济、政治、军事、文化、民族关系等各个方面,然该书历史地理的内容甚少;另一部为沈长云等著的《赵国史稿》,这是对赵国历史进行系统深入研究的学术专著,该书对赵国的都城、疆域、交通路线、关塞等

[**作者简介**] 张龙凤(1981—),女,内蒙古包头人,内蒙古大学历史与旅游文化学院讲师,北京大学城市与环境学院博士研究生。

历史地理问题进行了一些讨论。

二、地名

赵国地名研究是赵国历史地理研究的一项非常基础的工作,学者们作了大量的研究。

日本学者泷川资言《史记会注考证》是继三家注之后,对《史记》研究成果最重要的总结和梳理,对大部分赵国地名作了考证;钱穆《史记地名考》卷十五"赵地名"专考赵国地名。这两本书对研究赵国地名都有较高的参考价值。

缪文远《战国制度通考》"赵地考"对赵国郡邑、关塞、地区、山川等地名作了通盘考订,搜集比较全面,但过于简略。周振鹤主编、李小杰著《中国行政区划通史·先秦卷》和后晓荣《战国政区地理》都有专篇讨论赵国郡县地名,并以考古资料佐证。

此外,还有一些涉及赵国地名考证的论文。如黄盛璋《试论三晋兵器的国别和年代及其相关问题》,裘锡圭《战国货币考(十二篇)》,王仁康《一次古地震在京郊形成的地裂沟——历史上乐徐、平阴在今何处?》,曾庸《若干战国布钱地名之辨释》,朱华《山西朔县出土"宋子"三孔布》,柳石、王晋《中山国故都——古灵寿城考辨》,路洪昌《中山早期地域和中人、中山其名》,何琳仪《释四》,许作民《廉颇拔魏防陵、安阳地望考》,韩嘉谷《"平舒"戈、"舒"豆和平舒地理》,孟繁峰《曼葭及井陉的开通》,靳生禾、谢鸿喜《阏与古战场考察报告》,王洪瑞《赵将扈辄死地武城考》,黄锡全《三晋两周小方足布的国别及有关问题初论》,吴良宝的《读币札记(四则)》,梁尚之《历史上消失的城邑——古封龙邑考》,魏建震《赵国"九门""北九门"地望考辨》,德君、田光《"干关"方足布考——干关、扞关、挺关、麋关异名同地》,陈隆文、王平《"干关"方足布地望考辨》,李零《再说滹沱——赵惠文王迁中山王于肤施考》,张润泽、王自兴《"平台"地望考辨》,杨凤奎《对沙丘、沙丘宫、沙丘平(苑)台的梳理考证》等。此类论文众多,不胜列举。

随着考古资料的不断发现以及对文献的深入解读,赵国地名研究的一些结论被确证,但仍有部分存在阙疑,故需给予持续关注。

三、疆域

史念海曾言,战国时期,军役频繁,兵争剧烈,各国的疆域也没有一个永久固定的界线,尤其是两国接壤的地方,更是变化莫测。此外,当时各国之间关系的复杂,史料的零碎、模糊和缺乏,都造成了疆域研究的困难。尽管如此,学者们还是对赵国的疆域研究作了有益尝试。

钟凤年《〈战国疆域变迁考〉序例》及《〈战国疆域变迁考〉序例(续)》为较早研究赵国疆域的文章,写作体例如作者所言:"首推得最初之疆域以为标准,然后依历世之君,纯粹递叙其战事之胜负,及偶互易地之事迹,因以著见一时土地盈缩之状况,悉如统计方式,夹叙夹议,各作一清晰之结束,以迄于终点。"陈昌远《赵国的疆域与地理特征》、缪文远《战国制度通考》和钱林书《春秋战国时期的国家、都城、疆域及政区》均十分简略地勾勒了赵国的疆域范围;雁侠《先秦赵国疆域变化》分时段描述了赵国疆域变化的大致情况。沈长云等《赵国史稿》将赵国历史分为四个时期,每一时期有专门小节论述赵国疆域问题,较为详细。李晓杰的《战国时期赵国疆域变迁考》则按南、东、北、西四个地理方位,说明了赵国疆域的四方变动情况。

综观研究赵国疆域的文章可以发现,研究者或以时间,或以空间方位展开研究,但侧重点一般在于阐述城邑得失对疆域范围的影响,较少关注疆域和地理环境的相互联系以及更深层次的讨论。《赵国史稿》在这方面做了一些努力,但作者本是治史者而非治地理者,着力点不同,以致地理方面的讨论仍显不足,故赵国疆域研究仍有一定空间。

四、赵郡

杨宽《战国史》附录一"战国郡表"列出的赵郡有:上党郡、雁门郡、云中郡、代郡和安平郡,[3]677-678 共计五郡。这其中,杨宽据上海博物馆馆藏"六年安平守剑"推断认为赵曾设置安平郡。缪文远《战国制度通考》则持六郡说,分别是上党郡、代郡、云中郡、雁门郡、九原郡和太原郡。[4]160-162 沈长云《赵国史稿》认为古籍文献中明确提到的有代郡、云中郡、雁门郡、上党郡,共计四郡,但应不仅限于此。[5]301 李晓杰《中国行政区划通史·先秦卷》认为赵国有安平郡、代郡、九原郡、云中郡、雁门郡、上党郡和太原郡,[6]427-430 共计七郡。后晓荣《战国政区地理》专列一章写赵国政区地理,认为赵国先后置有:上党郡、雁门郡、代郡、云中郡、九原郡、太原郡,[7]108-114 共计六郡。

可见,众学者对于赵国设郡情况仍莫衷一是,且分歧较大。具体来看,对于上党郡、雁门郡、云中郡、代郡的设置是无争议的,争论的焦点在于安平郡、太原郡和九原郡,这就值得进一步探讨。

另外,吴良宝《战国时期上党郡新考》,钱林书《战国时期的上党地区及上党郡》、谢鸿喜、杨剑英《战国上党郡县考》、吴良宝《战国时期上党郡新考》、史念海《论秦九原郡始置的年代》、陈仓《战国赵九原郡补说》、辛德勇《阴山高阙与阳山高阙辨析——并论秦始皇万里长城西段走向以及长城起源诸问题》等文章则对个别郡进行了讨论。

五、都城

关于赵国早期都城晋阳的文章主要有：靳生禾《古都晋阳刍议》、沈乔《浅论董安于、尹铎对晋阳城的贡献》、康玉庆、靳生禾《晋阳城肇建的地理环境因素》、孟万忠、刘晓峰《晋阳的立都背景及其在赵国都城变迁中之地位》。

中牟也是赵都之一。靳生禾《赵都中牟应在黄河之北》、张新斌《河南鹤壁鹿楼古城为赵都中牟说》、胡进驻《赵都中牟新考》、张新斌《赵都中牟在鹤壁研究》、张增午《赵都中牟林州说的推定》、李久昌《论战国赵都中牟的历史地位》和白国红《试析春秋战国之交赵氏对中牟的经营》等文章对中牟地望等问题作了讨论。

邯郸是赵国最后一个都城。钟凤年《〈战国疆域变迁考〉序例》一文驳斥了胡三省和狄子奇笺《国策地名考》所认为的"赵肃侯三年（前347年）赵始都邯郸"之说，认为"治地理者""每视一国之首都失，便意谓其国即亡"的观点实不可取。侯仁之《邯郸城址的演变与城市兴衰的地理背景》实乃有关邯郸城市历史地理研究的典范之作，至今仍为相关研究的重要参考文献。此后，孙继民《关于战国赵都城的几个问题》继钟凤年再次推翻了"盖肃侯徙都，非敬侯也"的论断，并提出了赵国另有陪都并存的观点。不过李兴河《赵国都邑迁徙考略》仍针对"赵国在公元前353年被魏国攻破且之后占据两年"这一事件提出了在此期间"国都徙往何处"的疑问，似并不赞同之前孙继民提出的陪都的看法。潘晓娟《先秦多都并存制度研究》认为赵国"没有多座都城同时存在的现象"[8]204，作者进一步在《战国时期"一都独大"现象及其出现的原因》中表明并不认同孙继民提出的信宫为陪都的观点，认为"信宫当为赵国行宫，间或朝会诸侯、处理政务，但是信宫不是赵国陪都"。如此看来，该问题还需进一步商榷。

1987年召开的赵文化学术讨论会，极有力地推动了邯郸古代城市研究的深入，此后，《赵国历史文化论丛》《邯郸简史》《邯郸历史与考古》等著作相继问世。史延廷、徐勇《试论战国时期邯郸的战略地位》依据文献和考古资料讨论邯郸的重要战略地位。郝良真《邯郸古代城市研究的几个问题》认为赵国之所以迁都邯郸，不仅有着深刻的社会背景，而且也是赵国政治、经济、军事发展的必然结果。孙继民、郝良真《先秦两汉赵文化研究》第二编"赵都考略"汇总赵都晋阳、赵桓子都代、战国赵都迁耿、战国赵都中牟、赵敬侯迁都邯郸、战国赵信都地望等赵国都城研究，是研究赵国都城的集大成之作，其中提出了代、耿也曾为赵都的看法。朱士光《论赵都邯郸与赵国都城研究问题》提出赵都邯郸及赵都需要进一步研究的几个问题。

六、交通与关塞

赵国历史地理研究还包括交通与关塞研究。卢云《战国时期主要陆路交通初探》和史念海《战国时期的交通道路》是两篇研究战国交通总论性质的文章，有助于把握当时的总体交通概况。赵国灭中山后，中山国境内的交通道路自然也就成为赵国交通，也就在研究之列。路洪昌《战国时期中山国的交通》是比较早的研究战国中山国交通的文章，该文不仅探讨了中山国的三条陆路交通，还对水路交通作了推测。太行八陉是太行山脉的八条自然通道，由北到南依次是军都陉、蒲阴陉、飞狐陉、井陉、滏口陉、白陉、太行陉、轵关陉，其中的飞狐陉、井陉和滏口陉是赵国境内连接太行山东西的重要的交通通道。对此，王尚义《刍议太行八陉及其历史变迁》一文分述了八陉的地理位置和历史变迁。此外，相关研究还有孟繁峰《曼葭及井陉的开通》、王文楚《飞狐道的历史变迁》、罗新《话说飞狐道》等。

赵国关塞。严耕望《唐代交通图考》对唐代各地关隘进行了详尽的源流考证与地理定位，资料翔实，论证严谨，其中的涉赵关隘可资借鉴。缪文远《战国制度通考》有关于赵国关塞的专门介绍，列出的关塞有：挺关、句注塞、高阙塞、井陉、羊肠塞、九限和五径、无穷之门、遗遗之门、长城、飞狐和孟门、鹿门。[4]174-176《赵国史稿》指出赵国所设的关塞主要有：无穷之门、句注塞、鸿上塞、高阙塞、井陉塞、飞狐、羊肠、雁门。[5]362-363记述都比较简略。除此之外，还有一些赵国个别关塞的研究：如靳生禾、谢鸿喜《关于雁门关年龄、遗址的考证和考察》，史念海《论雁门关》，何清谷《高阙地望考》，夏子言《古高阙地望及赵北长城西部走向》，鲍桐《高阙地望新探》，何清谷《关于高阙位置的反思——兼答鲍桐同志》，苏沧洲《郦道元与其〈水经注〉中所记的高阙》，李逸友《高阙考辨》，张新斌《高阙、鸡鹿塞及相关问题的再考察》，辛德勇《阴山高阙与阳山高阙辨析——并论秦始皇万里长城西段走向以及长城之起源诸问题》，王治国《高阙塞考辨》，赵建朝等《赵国北长城考察》（涉及高阙塞）等。

七、长城

赵国长城研究也一直是个热点。张维华《赵长城考》一文旁征博引,对赵肃侯和赵武灵王所修筑的长城进行了较为详细的考证。建国后,历史学家和文物工作者经过长期调查研究,基本廓清了赵国南北长城的位置所在、具体走向和遗址现存情况,发表了一系列颇有价值的论文、论著,为我们窥探赵长城的全貌提供了可靠的依据。如唐晓峰的《内蒙古西北部秦汉长城调查记》,郑绍宗的《战国秦汉时期的古长城的发现与研究》,盖山林、陆思贤的《内蒙古境内战国秦汉长城遗迹》详细说明了内蒙古境内战国时秦、赵、燕长城遗迹的走向;沈长云《赵北长城西段与秦始皇长城》一文对呼和浩特至包头段的赵长城进行了实地踏勘,阐述了赵长城修筑的详细情况。此外,还有王兴《赵国的南北长城》、杨英法等《赵长城古今考辨》、赵建朝等《赵国北长城考察》等相关文章。

另外,一些学术著作也对赵长城进行了讨论。如张维华《中国长城建置考》、杨宽《战国史》、拉铁摩尔(唐晓峰译)《中国的亚洲内陆边疆》、沈长云等《赵国史稿》等。

八、会盟

较之其他问题的研究,赵国会盟研究显得有些"冷清"。杨宽、吴浩坤《战国会要》将战国会盟系于《礼十一·宾礼·会盟》题下,其中包括赵国会盟条目,是关于赵国会盟的集中整理;杨宽《战国史》和沈长云《赵国史稿》也间或提及会盟。但这些内容多注重史实、会盟礼制的研究,较少关注历史地理问题。

以上就是对有关赵国历史地理研究成果的回顾、梳理。囿于篇幅,本文仅仅罗列介绍了其中比较有代表性的成果,择取不当、挂一漏万的情况在所难免,敬请方家不吝赐教,予以指正、补充。

参考文献

[1] 刘向.战国策[M].上海:上海古籍出版社,1985.

[2] 吕思勉.先秦史[M].上海:上海古籍出版社,1982.

[3] 杨宽.战国史:增订本[M].上海:上海人民出版社,1998.

[4] 缪文远.战国制度通考[M].成都:巴蜀书社,1998.

[5] 沈长云,魏建震,白国红,等.赵国史稿[M].北京:中华书局,2000.

[6] 李小杰. 中国行政区划通史·先秦卷[M]. 上海: 复旦大学出版社, 2009.
[7] 后晓荣. 战国政区地理[M]. 北京: 文物出版社, 2013.
[8] 潘明娟. 先秦多都并存制度研究[D]. 西安: 陕西师范大学, 2009.

原载《邯郸学院学报》2015 年第 4 期

赵都邯郸故城考古新发现与探索

乔登云

邯郸是战国时期赵国的国都,也是两汉时期赵郡国的政治、经济、文化中心,并保留下了众多的文化古迹和丰富的历史文化遗存。此前,笔者曾对新中国成立以来邯郸古城的主要考古发现进行过梳理,并以《赵都邯郸故城考古发现与研究》及《试论邯郸古城的历史变迁》为题,阐述了自己对所发现考古材料的基本观点和初步认识。[①]近年来,随着城市建设规模的扩大及考古工作的广泛开展,又有不少新的考古发现及材料面世,既向过去某些传统认识提出了挑战,也为赵都邯郸故城考古及历史研究提出了新的研究课题。故本文拟主要对近年来部分新的考古资料予以必要叙述,并就某些相关问题予以初步分析和探讨。以期抛砖引玉,就教于方家。

一、赵都大北城与大汉城问题

众所周知,战国时期赵都邯郸故城由相对独立的王城和居民城两部分组成。王城即宫城,俗称为赵王城;居民城,也有的称为廓城,今按相对位置则多称为"大北城"。至于两汉时期的赵都邯郸,一般认为是以战国时期赵都之居民城也即"大北城"为基础,经维修利用而形成。而且,笔者还曾提出在西汉吴楚七国之乱后,因赵都邯郸城曾遭到严重破坏,又兴建了范围较小的新城,且以"大汉城"和"小汉城"为名以示区别,并认为大、小两汉城最初很可能同时使用,直到东汉以后大汉城才逐步被小汉城取代而废弃。[②]那么,战国时期的"大北城"与两汉时期的"大汉城"

[作者简介] 乔登云(1956—),男,河北武安人,邯郸市文物保护研究所原所长、研究员,邯郸学院兼职教授。

① 乔登云,乐庆森:《赵都邯郸故城考古发现与研究》,载孙继民,郝良真,等:《先秦两汉赵文化研究》,北京:方志出版社,2003年。乔登云:《试论邯郸古城的历史变迁》,《邯郸学院学报》2010年2期。

② 同注①。

究竟是如何演变的,或者说二者的具体范围是否完全重合,是否存在变化呢? 按照以往的观点,答案似乎是否定的,或者至少截至目前尚无人提及其间有何大的变化。

究其原因,除了文献资料匮乏或失载等因素外,与考古资料较少或有限也不无关系。因此,有必要将近年来部分新的考古发现及所获资料予以简要梳理并叙述如下。

自2009年5月开始,为配合邯郸市区旧城改造,市文物保护研究所分阶段对大北城南垣进行了详细勘探调查,进一步确定了地下城垣的位置和范围,并发现了新的东南城角。其中5—6月间,除对今中华大街以东地下墙址作了探查,并在距中华大街250米处的贺庄村中部发现一条宽10余米与南垣相接并转向北去的地下城墙,也即过去所称的东南城角外,还发现南垣在此并未中断,而是呈丁字形继续向东延伸。9月,对中华大街以西至107国道(邯磁公路)间的五仓区所涉城垣作了探查,在渚河路中心线以南,西端相距约360米、东端相距约210米处东西一线,均发现有保存状况不一的大北城南垣地下墙址。10月,对贺庄村以东至维多利亚港湾(原市啤酒厂)段进行了勘探;次年3月,又对该段东端进行了复查和定位,发现大北城南垣由原贺庄城角继续向东延伸约400米,于今渚河路中心线南侧120米、光明大街以西75米处原邯郸啤酒厂院内北转,过渚河路北去。地下城墙宽25—30米,距现地表深8—9米,残高约1米。墙体为花土,内含陶器碎片、砖块、红烧土粒等,由人工夯筑而成,夯迹明显。从新发现墙体来看,东延部分与南垣连为一体,北转部分恰与今曙光街方向原发现的"大北城"东垣处于南北同一条线上,且墙体规模大体相同。并由此判定,"原啤酒厂院内才是'大北城'真正的东南城角,而南垣的长度也应由原3090米修正为近3500米",城址面积也由原来的1380多万平方米修正为约1390万平方米。①

2011年12月至2012年1月间,在对陵西大街与水厂路东北角的上都名苑深约5米的建筑基础实施勘探时,于地槽北壁发现了横贯东西的城墙基址及墓葬等遗迹。槽内城墙长约342米,顶部距现地表约2.2米,残存最大高度为4.3米。经解剖发现:西段墙体坐落在细黄淤土及其下的灰褐土上,皆为不含文化遗物的自然堆积;断面呈梯形,上宽6米、下宽7米、残高1.2米;墙土呈灰褐色,内含部分料姜石和细黄土,偶见陶片或兽骨,夯打坚实,夯窝密集,夯层清晰,层厚6—18厘米;夯

---

① 乔登云,王永军:《赵邯郸故城大北城东南城角考古新发现》,《邯郸文物简讯》(内部资料)2009年第84期。

土墙南北两侧基部有垫筑的护坡或塌落形成的坡状堆积。东段墙体分内、外两重，北侧即内侧墙体纵剖面呈梯形，现可见残高1.8米，上宽6.5米，基底宽7.1米，层厚6—16厘米，墙土及堆积情况与西段类似，应属同一墙体；南侧即外侧墙体叠压在内侧墙体护坡之上，经探查槽内东西长约90米，南北宽约30米，本次未能解剖至南边，现残存高度1.8米，经探查宽约30米，墙土呈黑褐或深灰褐色，质坚，夯层清晰，层厚5—16厘米，内含烧土块、草木灰，并夹杂有较多的碎瓦片或陶片等，其修筑年代或时间要晚于北侧墙体，夯筑质量也略逊于北侧墙体。此外，在西段城墙外侧还发现一组南北向排水管道，方向约3°，计3道，呈品字形上下排列，分别由圆筒形陶管套接而成，北高南低，高差约0.3米，残存长度11.4米。单节陶管一端略粗，直径约0.3米，长0.42米，两端接头处饰横向瓦棱纹，管身饰纵向绳纹，管道内填满淤土或淤沙，显然属于排水设施。因其北端距城墙基部宽约24米已被施工破坏，与城墙间交接关系已不得而知，但从断面看似叠压在城墙塌落土层之上，铺设年代应与城墙同时或略晚。另在夯土墙上或紧靠城墙内侧发现东汉墓葬5座、唐墓2座。[1]

2012年3月间，在对渚河路与滏河大街交叉口东北角的新东方购物广场已开挖的基槽实施勘探时，于地槽东部发现一道南北向夯土墙遗迹，并对残存夯土墙南、北两端作了解剖断面，采集了部分陶片标本，还在地槽内夯土墙中上部偏东处清理宋代残墓一座。北侧墙体基底宽约20米，距地表深10—10.4米，分内外三重，似分阶段或经补筑形成，现顶面距地表约8米，残高1—2米，夯层一般厚5—15厘米，少数厚30厘米。主墙体位于最外侧（东侧），底宽约14米，顶宽约8.4米，残存厚度1.5米，为红褐与黄褐色混合土，夯层下部较薄，上部较厚，夯窝清晰，内含少量陶片；中部墙体打破或叠压在外侧墙体之上，基地宽约6米，残存厚度0.8米，为黑色土，夯层明显，夯窝清晰，夯打坚实，其内基本不含文化遗物；内侧墙体向下开挖有基槽，打破并斜倚在中部墙体之上，底宽4.5米，厚存1米，为黄褐色土，夯层清晰，夯打不甚坚实，内含少量陶片和瓦片。南侧断面为地槽南壁，上部已喷浆加固，槽内暴露部分基底宽约13米，底面距现地表约11米，夯层厚5—15厘米，以5—10厘米居多，内含少量陶豆、瓦片等遗物。墙体分三次夯筑，但先后次序及土质土色与北侧不同。西侧墙体最早，底宽约4.5米，为黑褐色土，中部黑色土墙体打破西侧墙体，东侧黄褐土墙体又打破中部墙体，夯筑以中部墙体最为坚实。根据夯层中出土的陶片、瓦片等，初步判定夯筑墙体的年代为战汉时期。此外，为了搞

---

[1] 本文凡考古勘探发掘资料未注明出处者，均援引自邯郸市文物保护研究所内部档案资料。

清本墙体的走向及范围,2015年5—6月间又进行了追踪勘探,发现墙体由此向南跨越渚河路延伸至邯郸大学西侧的宝恒汽车配件维修城内,因该处地面硬化而未能勘探,其南亦无墙址发现,似已中断,现查明部分南北长350余米;由此向西横跨滏河大街也勘探发现一条东西向地下墙体,现已追溯至滏阳河罗城头闸附近,其显然属于由宝恒汽配城转角向西的连续墙体,查明部分东西长670余米,故本墙体应属与过去所发现墙体关系尚不明确的一段新的城墙基址。

2012年4月,在配合渚河路以南、浴新大街以西、邯磁公路以东、水厂路以北城区改造时,于赵都新城三号(S3)地块15号住宅楼基槽东南部,发现并解剖发掘了一段东西向城墙基址。据观察分析,该城墙应与其东侧上都名苑所发现夯土墙为同一道墙体。从城墙横断面来看,暴露部分底部总宽约27米,残高4.7—5.1米,墙体由主体墙和内、外五重经夯筑的附加墙(有的或为护坡)组成。其中主体墙及内侧附加墙或护坡,基本以地势较高的生土底经修整并铺垫一层厚0.1—0.25米的红土为基础,南北宽12.45米;外侧数重附加墙体及护坡则多直接叠压在战汉文化层之上。主体墙及内外附加墙体,不仅夯层厚度及土质土色不同,主体墙夯层厚仅4—14厘米,附加墙夯层则厚薄不等,薄者10厘米左右,厚者40—60厘米,甚至厚达1米以上;而且包含物品种多寡不一,主体墙仅见部分红土块和料姜等,内外第一或第二重附加墙包含物也很少,外侧第三重附加墙夯层中则夹杂有少量绳纹灰陶片、瓦片、空心砖块等。尤其主体墙上半部局部叠压在外侧第一道附加墙下半部之上,外侧第一、二附加墙之间和内侧附加墙北侧底部,还分别叠压有一条口宽1.4—1.8米、底宽0.8—0.9米、深0.9—1.1米断面呈斗形且与城墙平行的沟槽,外侧附加墙上半部也发现一条口宽4.25米、深3.7米,与城墙平行且打破第二、三重附加墙的漏斗形壕沟;外侧墙体下沟槽经夯打填实,内侧墙体下沟槽填以较疏松的黄褐土,外侧壕沟底部则填有鹅卵石、绳纹灰陶片、瓦片等。本段城墙与过去探明的由庞村转角沿渚河路以南向东延伸的"大北城"南垣处在同一条线上,且走向、宽度基本一致,说明该墙体即大北城南垣之一段,但复杂的多重墙体和交错的叠压层次,以及宽窄不一的沟槽、壕沟和不同的包含物等,又说明本墙体曾经多次拓宽、加固或补修,其中的沟槽或壕沟还很可能与不同阶段墙体的排水系统或防御设施有关。

根据上述新的考古发现,至少可以说明以下几点:一是近年考古勘探或发掘所发现的墙体主要集中在战国大北城或两汉"大汉城"南垣一线,从而证明今邯郸城区之下确实还保存有较为完整或断续相连的战汉时期大城南垣基址。二是所发现的南垣墙址并不是东西一条直线,而是弯弯曲曲、左右摆动和充满变化,但总体上均位于今渚河路以南200—360米范围之内,这很可能与当时的自然地势和地貌环境有关。三是所发现墙体多数并列数重,且夯土层次结构、厚度密度、土质土色、叠压关系和包含物等也存在明显变化,这除了在修筑过程中采取错列叠筑工序及夯筑先后次序或人工作业等原因形成的差别外,最主要的应属后期拓宽、加固或补修等原因所致,说明城垣年代跨度较大,延续使用时间较长。四是南城垣由贺庄又向东延长了约400米,并在维多利亚港湾即原市啤酒厂内又发现了新的城角,说明原大北城或大汉城至少出现过今贺庄和啤酒厂两个东南城角,城区范围也有所变化。五是在原大北城东侧又发现了新的城墙及城角基址,其虽然与大北城或大汉城尚不连接,但从位置上却与前者的南垣处在同一直线上,说明期间很可能也存在着某种联系。

既然如此,可以说又向我们提出了以下几个问题:一是大北城或大汉城究竟有几个东南城角,其说明了什么或意义何在?二是大北城或大汉城本身是否存在过变化,其城区范围究竟有多大?三是大汉城与大北城是否完全重合,两者间是否存在过变化?对此,可以说目前我们确实还难于作出圆满的解答。原因是所发现城址多为地表勘探所获,即使进行过发掘解剖,发掘面积也非常有限,只能作为局部现象或个例,更主要的是战汉两类遗存因经过当时及其后长期的翻扰,致使两种遗物相互混杂而难于准确区分,从而对墙址年代的判定造成了困扰。即使如此,笔者仍然认为无论大北城与大汉城本身或两者之间还是应当存在有变化的。从两者本身而言,每处或历次墙体发掘都可发现,墙体多有加固、拓宽或补筑现象,当然也不排除因国力盛衰、人口变化、墙体本身或环境因素等重筑墙体,以及拓宽或缩小城区使用面积的可能。如两汉时期即存在过大汉城与小汉城的区别和变化,那么在战国至西汉前期长达200多年的都城历史中,大北城或大汉城东南城角由今贺庄村向市啤酒厂或相反方向位移,城区面积也在1380万—1390万平方米之间转换是完全可能的;而且,新发现的邯郸大学西侧的城角,也不排除属于大北城或大汉城又一东南城角的可能,如此则城区范围会更大。从战汉两座大城而言,鉴于现有资料尤其是城垣确切年代尚难准确判定,我们还不敢妄下结论,但既然同朝同代或同一时期的城垣及城区范围都可多次发生变化,那么我们自然相信经改朝换代两个时期的城址绝不可能毫无变化,有可能的只是时间早晚或何时变化我们尚未识别而已。

二、赵王城南的防御系统问题

赵王城是战国时期赵国的宫城,有着较为完备的排水及防御系统,根据以往的考古发现,笔者曾提出"赵王城外围当普遍有护城壕存在",并认为借以"提高城墙的相对高度"和"加大攻城的难度"应是其最主要的功能。对此,不仅得到了新的考古资料的证实,而且又取得了新的收获,进一步加深了我们对赵国宫城"赵王城"防御系统的了解。

其中,2005年省文物研究所对赵王城西小城南垣外侧进行发掘解剖,再次证实了城壕确实存在。"西城南垣外侧的城壕,北距城垣基约17米至19米。断面大致呈倒梯形,口部宽10米,底宽2.4米,深3.8米。"[1]这既与1997年5月市文物研究所在配合邯钢化肥厂住宅楼建设时,于西小城西城垣中心线以西24米处发现的宽7—8米、深约5米的西城壕相似,也使2001年在西小城南墙外勘探发现的护城壕遗址得到了明确证实。[2]

2007年,为了配合南水北调工程建设,省文物研究所在郑岗村西勘探发掘时,于赵王城南垣以南约1000米处,发现了人工开挖的东西向的外围壕沟系统。壕沟与赵王城南垣基本平行,依形制结构,大体可分为东西两部分。其中"西段部分主要为三条平行壕沟,长1100余米,间距10米,均开掘在生土层中,被战国晚期文化层叠压。横断面呈倒梯形,北壕沟(G1)口部宽4—4.6米,底部宽0.4—0.7米,深2.25—2.6米;中间壕沟(G2)口部宽4.3—4.9米,底部宽0.55—0.6米,深2—2.6米;南侧壕沟(G3)口部宽3—3.8米,底部宽0.6米,深2.5—2.6米。沟内填土分多层,多呈垂弧状堆积。包含物有战国时期的灰陶罐、盆、豆及板瓦、筒瓦残片等。根据地层及出土遗物分析,壕沟的年代在战国晚期到末期,其中北面两条壕沟的年代相近,最南面第三条沟的年代较之略晚"。东段部分主要发现于郑家岗村东,已经探明长约1200米,为东西向单条壕沟,口部宽约10米,深约3米,东端情况尚未探明。[3] 发掘者认为,"根据目前的考古勘察资料判断,赵王城南郊的这条外围壕沟,向西连接渚河,向东的情况尚不清楚,推测应与东面不远处的滏阳河相连。如此人工开挖的壕沟与天然河道有机联系起来,构成了赵王城东、南、西面近郊的壕沟防御体系,并且它们与城垣外侧附近的城壕一起,共同构成了赵王城规模宏大而

---

[1] 段宏振等:《邯郸赵王城遗址勘察和发掘取得新成果》,《中国文物报》2008年10月22日第二版。
[2] 同注①。
[3] 段宏振:《赵都邯郸城研究》,北京:文物出版社,2009年。

完整的壕沟防御系统。"①

2013年9—11月间，市文物研究所在对位于赵王城南侧、机场路西侧的华北钢铁物流园区实施文物勘探时，也对所探明的数条壕沟作了局部解剖发掘。其中3条壕沟（G1—G3）年代相对较晚，约在汉代乃至唐宋以后，均叠压或打破其下的壕沟（G4），且范围尚不明确，不排除某些或属于其下所叠压壕沟不同堆积层次的可能；另2条壕沟年代相对较早，形制结构及范围也相对较明确。后两条壕沟中一条（G4）恰位于园区南围墙之下，呈东西向，北距赵王城南垣约1000米，现已探明园区内东西长560米，向西可延伸至郑家岗村东，向东过机场路业已中断或已遭破坏，未见明显踪迹，东西全长约1100米。为搞清壕沟的结构及年代，在园区内东段和中段开挖探沟4条，对壕沟作了纵向解剖发掘，但因受征地范围等条件限制，多数只清理了壕沟的北半部即园区围墙内部分。从发掘情况看，壕沟开口于汉代层下，打破战国地层，有的并被晚期地层或扰沟破坏。横断面呈敞口锅底形，坑壁上半部坡度较缓，下半部相对较陡，底部较平缓；口部多未清至南边，以底部中线测算，口宽8—9米，底部宽1.5—2米，残深1.2—2.55米。坑内堆积均包括黄褐色黏土、红色胶黏土和黑褐色黏土3层，内含细沙粒、料姜石、草木灰、红烧土粒和碎陶片等，沟底局部有较纯净的料姜石层；其中上层堆积为平底，内出3枚五铢钱币，年代为西汉中期，中、下层为弧形堆积，据所出陶片初步判定属战国至西汉早期阶段。另一条壕沟（G5）位于园区东部原"高级渠"以东，呈西北东南走向，方向为33°，探明部分长243米，园区外西北方向未予追踪勘探，东南方向已伸入园区东南角围墙之外，似与前述壕沟（G4）存在衔接或叠压、打破关系。经解剖发掘获知，壕沟叠压在宋代层下，直接开凿在含料姜石的黄色生土层内；横断面呈斗形，斜壁平底，口宽3—3.5米，底宽0.5—1.2米，深1.5—2米。沟内填土为一次性堆积，均为黑褐色黏土，含有细沙粒、料姜石、红烧土粒、灰屑及陶片等，沟底局部有较纯净的料姜石层。根据出土的泥质灰陶罐、盆、碗等残片，初步判断为战国时期堆积，甚或早至战国中前期。

从上述材料可以看出，赵王城南垣外从西到东确实存有数条大型壕沟，尽管目前尚未完全搞清其关系，但大体上可划分为两组：一组位于赵王城南垣外约1000米处，为东西走向，全长2600—2700米。其中，西段由南北并列的3条平行壕沟组成，长约1100米，间距10米，口部宽3—4.6米，深2—2.6米；东段仅见1条壕沟，

---

① 段宏振：《赵都邯郸城研究》，北京：文物出版社，2009年。

2007年省文物研究所探明长度约1200米，2013年市文物研究所探明长度约1100米，机场路及以东或许已遭施工破坏，但两者实为同一壕沟当毫无疑问，解剖地段口部宽约8—9米，残深1.2—2.55米；中间长约400米叠压在郑岗村之下，其衔接关系或如何由3条壕沟汇为1条壕沟，目前尚难于判定。据沟内堆积及包含物，壕沟的年代虽然判定为战国晚期至西汉初期，但其开凿年代至少应在战国晚期。另一组壕沟大体上位于赵王城西小城10号门阙以东，为西北东南走向，现仅在机场路以西的华北钢铁物流园区内发现一段，长约243米，口部宽3—3.5米，深1.5—2米，两端尚未追踪探查，其来龙去脉及总长度不详。据沟内堆积判定，壕沟的年代约战国时期，而实际开凿年代应更早，或可至战国中前期。

  关于两条壕沟的用途或性质，段宏振先生即对前述东西向壕沟提出过应属赵王城外围"防御系统"的看法，并认为该壕沟"向西连接港（渚）河"，向东可能"应与东面不远处的滏阳河相连"，使"人工开挖的壕沟与天然河道有机联系起来，构成了赵王城东、南、西面近郊的壕沟防御体系"。但也有的发掘者认为两条壕沟应均属"由西向东引水"之灌渠。笔者虽未参加过两条壕沟的实际发掘，尤其对沟内的堆积及沟底情况并不十分了解，但通过对发掘材料及壕沟所处位置与环境等因素分析，认为前述两条壕沟不仅所处位置、走向和规模不同，而且开凿年代也可能存在着差别，所以对于其用途或性质并不能一概而论。

  对于前者即东西向壕沟，笔者基本上赞同属于城市"防御"系统的认识，但也不排其兼具引水或排水功能的可能。首先，从地理环境来看，赵王城大体上位于太行山余脉堵山西南部丘陵的边缘，属倾斜平原地带，虽然微观上城区较四周地势相对高，但宏观上西部为低山丘陵区，且沟壑纵横，相对易守难攻；东部地势较低洼，且多有积水，也有利于防守；南北两侧地势较平缓，但北侧古有牛首水（即今渚河、沁河）之险相阻隔，而唯南侧无险可依，无障可据。因此，于赵王城外围尤其南侧人工构筑防御工事既是地理环境所迫，也是当时战争环境及军事防御所必需。其次，从壕沟形式、规模及所处位置来看，不仅东西与赵王城南垣平行，长度达2600米以上，基本上可将南垣一线屏蔽或阻隔，而且从距离上于赵王城南垣外约1000米处构筑防御工事，也正好可起到增强多重防御能力、有效阻击外敌进攻和提高王城安全保障的作用。至于壕沟与周围自然河流的关系，自然不能不提到由赵王城北小城穿城而过的渚河。据新修《邯郸县志》称："旧志载：渚河上游有二源，皆出于堵山。一是自县西南25公里处东北流称蔺家河，二是自县西南30公里处东北流称阎家河，二河合流而东流称渚河。渚河往东又分为南北两支，南支经本县的羊井、大隐豹、小隐豹向东北,流至邯郸市的西大屯村;北支自贾沟、经乔沟、蔺家河、中庄、霍北、酒务楼等村,然后到西大屯村与南支汇合。"①似乎是说渚河上源二流汇合后向东又分为南北两支,并于赵王城北的西大屯村再次汇流,这实际上是借以命名的阎家河村因早已湮没而为人淡忘所致。笔者认为旧志所谓"蔺家河"和"阎家河"均因该河流经其地而命名,且两河很可能就是新志所称的"南北两支"。所谓北支即原称的蔺家河,而南支即原称的阎家河,其汇流处或许就在今西大屯村附近,由此向东始称为渚河。从现存河道来看,因受自然地势限制,赵王城以西渚河上游其实至今并无太大变化,而且笔者怀疑战国时期渚河很可能由赵王城之北折而向南,并由大北城南垣外继而东流,现渚河由西大屯向东南穿赵王城北小城而过,或许是赵王城废弃后因某种需要逐渐导流所致。如清光绪年间渚河由今渚河路一线向东由罗城头闸北侧入滏阳河,20世纪50年代渚河北支由酒务楼向东南改道,60年代再由西大屯向南改道,绕过邯郸市,经南十里铺南至张庄桥村南入滏阳河就是最直接的证明。换言之,笔者认为最初的渚河及其上源很可能并未穿越赵王城,而是由城北东流,并由赵王城与大北城之间折而向南,再由大北城南垣外或附近东流而过。之所以如此推测,不仅因为河流穿城而过必然会给城垣的封闭带来较大的构筑难度,而且敞开的河流通道也必然会为军事防御及洪涝治理埋下巨大的安全隐患。相反,如渚河由城外绕行,不仅可以使赵王城之西、北及东北角,以及大北城之南及西南角构成一道天然屏障,而且,也为城市用水及排水提供了较为便利的条件。或许这也正是赵王城与大北城选址及两城曲折的城垣和现存布局形式的原因所在。如此则壕沟西端与相距仅数百米的大隐豹村旁的渚河南支,也即渚河南源阎家河相接,东端或由赵王城东城外折而向北,并再次与渚河下流交汇,从而可形成赵王城外围一条更大范围的环壕或护城河防御系统。当然,上述认识仅是笔者目前的一种推测,尚有待将来新的考古发现予以证实或否定。此外,东段壕沟底部局部发现有较纯净的料姜石,且下层堆积为黑褐色黏土,似乎与沟内曾经过水流冲刷及泥沙沉淀等有关,或许这就是某些发掘者认为壕沟属于"由西向东引水"之灌渠的依据,也是笔者认为并不排除其兼具引水或排水功能之可能的原因之一。

对于后者西北东南向壕沟,因目前尚缺乏具有说服力的证据,自然还很难对其作出较为合理的判断,但根据现有资料及某些迹象分析,笔者认为最大的可能应属因某种特殊需要而构筑的临时性排水系统。因为从壕沟所处位置来看,大体上位

---

① 邯郸县地方志编纂委员会:《邯郸县志》,北京:中国人事出版社,1993年。

于赵王城东、西小城南垣中部之南,两端虽未追踪勘探,但其向西北恰与赵王城西小城5号门阙位于同一直线上,两者间距仅约840米,向北与南垣直线距离更近,且壕沟宽仅3—3.5米,深1.5—2米,显然并不能为赵王城的军事防御提供防护作用或安全保障,反而还会为军事进攻并逼近城垣提供掩护或通道,从而对赵王宫城的防御构成较大的威胁。然而,推测其属于临时性排水系统,一是基于壕沟西北端恰与西小城5号门阙相对,或许两者并非偶然巧合,而是存在某种必然的联系及相互连接之可能。二是从地势上西小城所处位置最高,5号门阙处海拔高度在90米以上,而壕沟东南端高仅80米左右,高差达10余米,具有向东南排水的自然条件。三是壕沟规模特别是宽度及深度有限,且沟内为一次性堆积,似为临时性设施,延用时间较短;沟底局部还有较纯净的料姜石层,似为流水冲刷所形成,或许这也是某些发掘者将其判定为"由西向东引水"之灌渠沟的依据。四是壕沟的开凿年代应较早,发掘者判定为战国早中期,或许在赵王城建城初期,当时可能因城区的排水系统尚不太完善,鉴于某种特殊需要,特别是将赵王城龙台以南的暴雨洪水由5号门阙排出,并通过开挖的临时性壕沟,将城区内外的积水排泄至东南部较低洼区域是非常必要的,也是完全可能的。当然,这同样需要将来新的考古资料予以验证和确定。

三、赵都城郊的祭祀遗迹问题

近年来,在邯郸城区西北部即赵都西北城郊附近还发现一种较为特殊的遗迹。该遗迹现象不仅在赵都邯郸周围此前的考古遗存中从未发现,而且在国内其他同时期遗存中也非常少见,因此有必要对所获材料予以简单梳理和介绍,并对其用途及性质予以初步分析和探索。

2009年11—12月间,市文物研究所在建设大街以西、八一路以南的绿树林枫住宅小区实施文物勘探发掘时,发现并清理了两组坑穴遗迹。第1组坑穴发现于小区中部地下车库的西段,地表向下深约1.5米已被建筑施工清除,坑穴上部也已遭破坏,共计6座,编号H1—H6。从整体布局来看,大体分东西两列、南北三排,排列整齐,间距约1米,方向较一致,均呈西南—东北向,约在30°—40°之间。坑穴平面多呈长方形,口大底小,有的坑底不平整或呈坡状;现存坑口长在1.05—1.71米、宽在0.32—0.63米、底部长在0.6—1.66米、宽在0.2—0.44米之间,残存深度多1米左右,少数深达2—2.3米,若上部未经破坏,口部及深度还应略大,实际深度均应在2—3米及以上。坑内填土多分灰绿土和褐色土两层,但叠压次序或上或下,层次或厚或薄,不尽一致;灰绿土多为较疏松的粉末状,分绿、黄、灰白等多种颜色,含土成分较小,质量较轻,似腐烂的有机物形成,其内多有碎骨和文化遗物发现;褐色土多为混合土,既含有灰绿土,又含有少量木炭、烧土颗粒或碎块,且含土成分较大,质地较密,而文化遗物发现相对较少。遗物包括铜箭头、铁箭铤、铁钉和铜钱等,另有部分陶片、石块和兽骨等。其中以箭头和箭铤所见数量最多,如H1内共发现带铁铤铜箭头68枚,除11枚散置于上部外,另57枚集中出土于现坑口下深0.3—0.45米处,基本为平置,箭头朝南,铁铤居北,为一次弃置或埋藏;H5在距现坑口深1.65米处东北角的灰绿土中出土一捆铁箭铤,但却无一箭头发现;在H6中也发现少量铁铤残段及铤长18厘米的三棱形铜箭头1枚。另以动物碎骨发现较普遍,在H1—H5等坑穴内均有出土,如H2、H4各出2块,H5共出5段;而陶片和石块则多为零星发现,仅少量残片器形可辨,显然属填土时无意中扰入;铜钱仅见半枚,圆廓方穿,似为"半两",可能也非有意埋藏,但却说明坑穴的年代应不早于西汉前期。第2组坑穴位于小区东北部13号楼基槽内西段,与第1组呈西南向遥望,相距约118米,坑穴发现于深2米的基槽表面,上部已遭施工破坏,共7座,编号为H7—H13。从整体布局来看,大体可分为南北两部分、东西三列,3座居北,呈南北向左(西)2右1排列;4座居南,其中3座亦呈左2右1南北向排列,且左列与北右列相对应,唯1座横排于两列之左侧;相邻坑穴间距约1米,最大间距约3米,仅1座为东西向,余均为南北向,且5座为35°,仅1座为32°。坑穴平面亦呈长方形,多数四壁较直且规整,有的底部不平;现口长1.5—2米、宽0.45—0.85米、残深0.3—1.5米不等,另加上部破坏部分,实际深度也应在2—3米。填土较杂,除灰黑土、黑花土和黄花土外,下部也常见较松软的绿色或灰白色腐殖土,内含陶片、箭头、铁钉、兽骨及石块、烧土块和木炭等颗粒。因坑穴上部至少1.5米已被清理破坏,残存部分多不足1米,故所见遗物相对较少,在H11下部灰绿土中出土铜箭头5枚,在H12内也发现铜箭头22枚及少量铁箭铤、铁刀残段,而铜箭头半数尖部残缺;在H7、H10和H12中还分别发现有兽骨;另在H9内底部发现1件残为两半的陶鼎,似为残破后置入。据出土遗物分析,坑穴年代为战国时期。

2011年6月,在对今百花大街以西、丛台西路(原岭南路)北侧的邯郸市社会福利院实施考古勘探发掘时,发现并清理一组坑穴遗迹。坑穴位于综合楼西部偏北侧东西宽8米、南北长9.5米的范围内,均开口于深约0.5米的表土层下,多直接打入生土,且多数被西汉中前期墓葬打破,计10座,编号K1—K10。从整体布局来看,大体上由西南向东北依1、2、3、4座为次分作4排,略呈等腰三角或扇面形分布排列，排间距 0.5—1.3 米；各坑穴均呈西南—东北向，且依所居位置北端向外倾斜，南端向内聚合，方向在 25—45°之间，坑间距 1.2—1.5 米。坑口平面呈长方形，多口大底小；口长 1.3—1.85 米、宽 0.64—1.1 米，底长 1.3—1.7 米、宽 0.6—0.9 米，深 1.8—3 米不等。填土有的分两层，上层为夹杂白色颗粒的黄色土，土质较硬，下层均为较松软的含腐殖物成分的灰绿色粉末土。其中 7 座坑穴内出土有铜箭头、铁箭铤等遗物。如 K2 在距坑口深约 2.1 米处发现铁质箭铤和木杆朽痕，在深 2.6 米时发现铜箭头 67 枚，在近底部也发现有铁质箭铤和木杆痕，另有少量铜箭铤、铜质兵器及铁臿 1 件；K8 在深 0.7 米处偏北侧发现箭铤一堆，在深 0.75 米处偏南侧也发现有箭铤一堆；K3 内出有大量朽烂的铁质箭铤；K1 填土中有散乱的箭头和箭铤；K5、K10 等坑穴中也均有零星铜箭头发现。其他自然遗物可能相对较少或未予记录，已不得而知。据开口层位、打破关系及出土遗物判定，坑穴的年代应属战国时期。

2013 年 3—4 月，在对今联纺路南侧、铁西大街西侧的锦玉中学建筑工地实施考古勘探发掘时，发现并清理一组坑穴遗迹。坑穴发现于距地表深 1.6 米的扰土层下，上部已被破坏，个别被西汉早期墓打破，共 12 座，编号 K1—K12。整体布局可分为几部分，K1—K4 在最南侧，呈西南东北向直线分布，坑间距 0.8—1 米；K5—K10 居中，略呈侧丁字形排列，坑间距 0.8—2.7 米，与南排间距 6 米；K11、K12 居东北两侧，与中部坑穴间距 5—7.5 米；坑穴方向分三类，包括南北向 3 座，东西向 3 座，西南东北向 6 座。坑口平面多呈长方形，立面为梯形，口大底小，四壁或两长壁均存在向内挤压现象；现口长 1.16—1.9 米、宽 0.46—0.8 米，底部长 0.88—1.76 米、宽 0.25—0.8 米，残深 0.7—2.2 米不等，若上部未经破坏，口部应稍大，实际深度应在 2—3.5 米左右。坑内填土上部多为花土、下部多为红黏土及由腐殖物形成的灰绿土等，后者一般分布范围不均、厚薄不一，多见于坑壁四周，或仅见于底部或底部一端，厚 0.2—0.3 米，中部则渐少渐薄，而多为红黏土；包含物有箭头、箭铤及残碎陶片、瓦片、兽骨等，并以箭头、箭铤和兽骨所见数量较多。其中 11 座坑穴内发现有铜箭头、铁箭铤等，一般 1—3 枚（枝），K7 内箭头则多达 15 枚，K2 坑底西南侧还出土铜矛头 1 个。此外，K3、K11 填土内还见有个别铜带钩、铁臿等。另在 K1、K5、K6、K11 等坑穴内还发现有猪骨和鸡骨等遗骸。据地层关系及出土遗物判定，坑穴年代为战国时期。

从上述 3 个地点 4 组坑穴遗迹可以看出以下特点：一是上述坑穴遗迹主要发现于地势较高的邯郸城区西北部，也即原赵都大北城或大汉城西北部城郊附近的岗坡地带,与城垣直线距离仅500—1000米,如绿树林枫小区所见两组坑穴距建设大街"王郎城"段680—700米,距插箭岭城垣段约1100米,而福利院和锦玉中学所见两组坑穴距铁西大街插箭岭段城垣均不足500米。二是坑穴多成组出现,少者每组6—7座,多者每组10—12座,以西南东北向或南北向为主,有的甚至很少差别,似经事先规划及同时开挖而成,且成排或成列分布,具有一定的布局形式,坑或排间距约1米左右,最大不超过3米。三是坑穴多呈长方形,一般口大底小,底部狭窄不平;除个别坑穴较大或较深外,一般坑口长在1—2米,宽在0.5—1米,深2—3米不等。四是坑内堆积层次及土质土色虽不尽统一,但却普遍发现有似腐殖物形成的质地疏松的灰绿色粉末土堆积,并成为区别与其他遗迹的显著标志和基本特征。五是填土中除含有多寡不一经扰入的陶片、瓦片或石块等杂物外,遗物以铜箭头、铁箭铤、带杆或带铤箭镞及铜矛头等兵器最常见,且数量最多,表现也最突出;而且动物骨骼遗骸也是部分坑穴较常见的实物遗存之一,其他遗物则相对发现较少。

关于上述坑穴及其用途或性质,因笔者的学识水平及所掌握资料有限,目前尚未查阅到同类遗存发现情况的报道,对其用途或性质更是一无所知;但根据上述坑穴所呈现出的种种特点,笔者怀疑其很可能与某种军旅或战事祭祀活动有关,或者说应属某种与军旅或战事相关的祭祀遗迹。

首先,从坑穴的形制结构及布局来看,均为长方形,且成排成列分布,方向基本一致,甚至很少差别,显然是经过事先规划专门开挖出来的。那么其是否为灰坑或窖穴等生活遗迹呢?所谓灰坑和窖穴,前者考古上是指人们在日常生活中用来倾倒垃圾的坑穴,并非专门挖制,一般为废弃坑穴利用所形成,且多发现于村落或生活区内。后者与现代意义上的窖穴相同,是指为储藏某种物品而专门开挖的坑穴。上述坑穴虽然为专门挖制,但窖穴一般无须苛求统一的方向和布局,也不会为储藏些许箭头等而特意挖制,显然上述坑穴不属于此类遗迹。那么其是否为墓葬或陪葬坑呢?如单从形制上来看,似乎与战汉时期的墓葬非常相似,且周围常有不同时期的墓葬发现。与常规墓葬所不同的是,上述坑穴多数规模较小,下部较窄及底部不平,明显不便于人体埋葬,更主要的是所有坑穴内均不具有棺木葬具及人骨遗骸等墓葬的必备条件。可能有人还会考虑到虚冢,即为某次因战争或其他特殊原因客死在外的人建立的衣冠冢等,虽然坑穴内常有箭头等兵器发现,但在邯郸周围乃至国内所发现的成千上万座战汉时期墓葬中尚未见有关同类现象的报道,而即使确需建立虚冢,也不可能仅仅集中发现于邯郸西北城郊区区几个地点;何况在以往所见战汉墓葬中以兵器随葬的中小型墓葬并不多见,即使为死者建立虚冢,也不可能仅以数件兵器予以随葬而不见生活用具等。作为墓葬的陪葬坑,虽然战汉时期大型王侯墓常有车马坑或其他陪葬坑发现,但仅存几枚或数十枚箭头的陪葬坑却很少,而中小型墓葬不仅没有设置陪葬坑的可能,而且在已发现墓葬中也未曾发现过有关先例,更何况有的坑穴周围并无可陪墓葬之发现,即使有墓葬发现,也因所处年代不同而与坑穴并不相干。

其次,从坑穴内的堆积和包含物来看,填土内均发现有灰绿土堆积,除含有木炭颗粒、烧土块、碎陶片、瓦片和石块等杂物外,还常见猪骨、鸡骨等动物骨骼遗骸;出土遗物则以箭头、箭铤或铜矛头等兵器为主,而生活类器物很少。所谓灰绿土,虽未经科学化验,还不敢确定其究竟属于什么成分,但其属于植物等有机物腐烂而形成则毫无疑问。因在距今8000多年前的磁山文化遗址中,即发现有成百上千座含有此类灰绿土的坑穴,经相关部门检测确定其内含有粟和黍的成分,上述坑穴显然与之相似,所见灰绿土也很可能属于谷类食物腐烂后所形成,而坑穴内所发现的猪骨、鸡骨等动物遗骸也属于肉类食物,如此众多的植物和动物食品集中发现于同一区域成组的坑穴内,如非专门用于储藏供人们食用,其指向自然只能是祭祀的供物或牺牲。因为,古人认为"国之大事,在祀与戎"。所以,祭祀先祖或神灵是当时最重要的活动之一,而谷物或动物则是供先祖或神灵享用的最主要食品,古代所谓"葛伯仇饷"的故事及商周以来所流行的杀牲血祭就是最好的说明。此外,出土遗物中以箭头等为主,则说明上述祭祀活动很可能与军旅或征伐战事有关。

再次,从坑穴分布范围及所处位置来看,主要发现于邯郸城区西北部地势较高的鸡毛山周围,也即赵都邯郸西北部城郊附近的岗坡地带,尤其与插箭岭城垣段相距较近,仅500—1000米。众所周知,邯郸城区的自然地势为西高东低,今京广铁路沿线以西海拔高度在65米以上,西北部的鸡毛山丘陵地带则可达70—90米,城区东部的高度却只有60米左右;而且,战汉时期东部城区的地势更低,据考古发现证实至少较现地表低8—10米。因此,城区西北部插箭岭一带实属赵都军事进攻和防御的战略要地,也是传说赵武灵王实行胡服骑射改革的练兵场所。所谓插箭岭是一座长数百米、最宽处达140米、残高约8米的土丘,经考古工作者证实,其实际上是战国时期大北城西北部城垣的一部分。据清代《邯郸县志》载:"插箭岭,在灵山南,弯环高数丈,多卵石,夏日雨后耕牧时,常获金镞(即铜镞),赤质青斑,非近今物,岭得名于此。"而且,2002年为配合岭南路污水管线埋设,曾对插箭岭南侧地下墙址进行过发掘,除发现夯土墙体或壕沟外,还出土铁铤铜箭头上千枚,说明这里可能确实举行过练兵活动或发生过激烈的战事。按照古代对"祀与戎"的重视程度及传统习惯,在插箭岭以西城郊附近500—1000米的范围内,举行与军旅或战事有关的祭祀活动是毫不奇怪的,也是完全可能的。

最后,关于坑穴的祭祀属性或对象问题,目前尚缺乏较确凿的证据,但笔者推测很可能属于祃祭遗迹。所谓"祃祭",有关学者曾进行过专题研究,现摘引如下:"《礼记·王制》曰:'天子将出征,类乎上帝,宜乎社,造乎祢,祃于所征之地。'郑玄注云:'祃,师祭也,为兵祷,其礼亦亡。'孔颖达疏认为,祃祭是指到了作战地点以后,祭'造军法者'即黄帝或蚩尤,以壮军威。《春秋公羊传·庄公八年》云:'甲午,祠兵。祠兵者何?出曰祠兵,入曰振旅,何言乎祠兵?'何休注:'礼,兵不徒使,故将出兵必祠於近郊,陈兵习战,杀牲飨士卒。'徐彦疏:'何氏之意,以为祠兵有二义也:一则祠其兵器,二则杀牲享士卒,故曰祠兵矣。'郝懿行《尔雅义疏》曰:'按《公羊传·庄公八年》:出曰祠兵,何休注:将出兵必祠于近郊,是祠兵即祃祭,古礼犹未亡也。'"并总结说"先秦时期,祃祭的内容比较宽泛,大致与军事活动有关,分三种情况:一是四时田猎时立表而祭,也就是田猎中的献获之礼;二是在军队出征之前,祭祀兵器和初造兵器之人,造兵器之人被称为'战神'或'军神',一般认为是蚩尤和黄帝;三是到了征战之地举行的祭祀活动,主要是为了严军法、壮军威,祭祀的对象是战神黄帝与蚩尤。祃祭的方式有:杀牲,以牲血涂军旗和战鼓等。"①据此可以看出,根据上述坑穴所处位置、年代及所呈现出的特征,无论属于祃祭中的何种情况都是有可能的。因插箭岭一带曾传为赵武灵王的练兵场所,当然也包括田猎活动,不时举行献获之祃祭自然是顺理成章的。同时,插箭岭一带也应是战国时期赵国的军事基地,军队出师前于近郊祠兵或祃祭,祀其兵器及兵器的创始者,并杀牲犒劳士卒,不仅既有文献可征与史实可据,还是兵礼祀法和激励将士之必需,而且与上述坑穴以动植物等食物及兵器为显著特征完全一致。而作为到达征战之地举行祭祀活动,虽与赵都近郊发现的坑穴遗迹似乎不符,但也并非毫无可能。如前所述,绿树林枫第1组坑穴的年代约当西汉前期,而且因受各种条件限制,上述坑穴材料实际均未系统整理,所以各组坑穴的年代尚未完全确定,但可以肯定的是其下限当不晚于西汉早期或前期。据文献记载,前154年,赵王刘遂曾参与吴楚"七国之乱",与郦寄等平叛汉军对峙邯郸达七月之久,后遭到汉军引水灌城攻击,以至城破而自杀(《水经注》卷十)。郦寄等平叛汉军所引之水自然为城西地势较高的沁河等,其军队驻扎之地自然也应在城西一带,而插箭岭附近众多箭镞的发现当不排

---

① 艾红玲:《古代祃祭流变考》,《社会科学论坛》2009年第6期,第95页。

除属于两军对垒激战时所遗留的可能,当然也不排除郦寄等平叛汉军到达征战之地后举行祃祭,并杀牲衅旗鼓以壮军威的可能。如果上述推断不误或可以成立的话,那么邯郸城郊附近的祭祀遗迹则很可能是先秦时期祃祭遗存的首次发现,其重要意义及学术价值是不言而喻的。

四、结语

上述内容是目前赵都邯郸故城考古所取得的最新成果,也是笔者对某些相关问题所获得的最新认识。尽管某些材料或证据还很不充分,我们的看法也很不成熟,还有待新的考古资料予以证实或修正,但起码为今后赵都邯郸故城考古工作提出了亟待解决的问题或任务,也为邯郸历史和考古研究提出了新的课题。若能借此引起考古及历史研究工作者对上述问题的重视,并促进相关问题的及早解决,便达到了拙文撰写的初衷和目的。

原载《邯郸学院学报》2017 年第 1 期

从赵长城的修筑看战国秦汉长城的双重功能

王绍东

提到长城,多数学者把它的功能与作用界定为防御北方民族南下的军事工事,强调防御是它的唯一功能。如著名长城史研究专家景爱先生认为:"长城是不可移动的军事设施,是为保卫国土、防御敌人的侵略而建,属于典型的防御性军事设施。从实际情况看,历史上的长城多半是实力弱小的国家或采取守势的国家所建。正在扩张领土的强国或企图掠夺别人财富的国家、民族,是不需要修建长城的,因为有了长城反而束缚住了自己的手脚,不利于扩大自己的领土和势力。这个道理是很清楚的,但是,未必所有的人都明白。"[1]29 罗哲文先生也指出:"它所起的作用只是保卫和防御。"[2]5 实际上,在不同时期、不同条件下,长城的作用和功能也不尽相同。以战国时期赵长城的修筑为例,它的功能与作用既有防御的一面,也有开拓进攻的一面。

一、赵国南长城的修筑与防御功能的体现

赵国位于战国七雄中的北方,它的东方是强大的齐国,西方是强大的秦国,南面是传统的强国韩国和魏国。作为一个中原大国,赵国必然把争夺的焦点放在更适宜农业开发与利用的中原地区。战国时期,在黄河中下游地区的赵、魏、卫、齐等国接壤地带,有一大片待开发的土地成为各国争夺的一块肥肉。为了参与对这一地区的争夺,赵国开始把开拓疆土的战略目标转移到东南方向。为此,在前423年,赵献侯即位后,便把都城从晋阳迁到了中牟(今河南鹤壁)。中牟位于太行山东麓,黄河以西的古淇水的北面,从南北方向上处于邯郸与河内地区之间,东面与

[作者简介] 王绍东(1964—),男,内蒙古宁城人,内蒙古大学历史与旅游文化学院副院长、教授,中国秦汉史研究会理事,中国民族学会昭君文化研究会常务理事。主要研究秦汉史,出版专著《秦朝兴亡的文化探讨》《碰撞与交融:战国秦汉时期的农耕文化与游牧文化》,发表论文60余篇。

卫国相邻,同时与战国初期魏国的领土接壤,处于交通中心与战略要地的地位。迁都中牟,是赵国向南发展、参与中原各国竞争的一个重要步骤。随着赵国实力的进一步增强,到前386年赵敬候即位时,又将都城由中牟迁到邯郸。邯郸"背靠太行山,南临漳河水,地理位置重要,交通发达,且靠近中原,邻接齐、魏,是'四战之地',更是赵国积极进取中原,争霸天下,威胁齐魏的理想出发点和后勤供应基地,具有重要的军事意义和战略地位"[3]141。迁都邯郸,适应了赵国战略方针转变的需要。

赵国向中原地区扩张,其竞争对手主要有南方的魏国、卫国和东方的齐国。齐国从西周开始就是一个强大的国家。魏国在魏文侯统治时期,吸纳重用人才,任用李悝进行变法,其发展势头极猛,在战国初年已经走在了三晋之国的前列。赵国与这两个大国竞争,并不占有多少优势。赵敬候很明智地把争夺的重点指向相对比较弱小的卫国。赵国修筑刚平(今河南内黄、清丰之间),入侵卫国,逐步开始向中原地区渗透。由于力量相差悬殊,赵国进攻卫国的战斗很快取得了巨大的胜利,不仅占领了卫国的东野之地,而且包围了其首都。卫国难以独撑危局,只好向魏国求救。赵国向中原地区的扩张,直接威胁到魏国和齐国的利益。魏王接到卫国的求救后,联合齐国组成同盟军,并亲自率领大军向赵国挑战,助卫攻赵。在卫国、魏国与齐国军队的联合攻击下,赵国国内大乱,卫国乘机攻陷了刚平,攻破了赵国的重要城邑中牟的外城城墙。赵军在节节败退之际,转而向楚国求救。在楚军的协助下,赵国进行反攻,袭取了魏国黄河以北地区,攻取焚毁了魏国棘浦(今河北魏县东南)和黄城(今河南内黄西)。夺取了魏国一部分土地,但并未从根本上削弱魏国,也没有改变魏、赵势均力敌的格局。这次战役说明,赵国靠自身的力量尚难以在对中原地区的争夺中大有作为。

与中原各大国竞争难以争胜,赵成侯晚年,再次把扩张的重点指向了相对弱小的卫国。赵成侯二十一年(前354年),赵国出兵卫国,攻取了漆(今汉南长垣西北)、富丘(未详所在)。魏国自然不能坐视赵国如愿以偿,出兵救援卫国,先在三梁(河北永年)打败了赵国的十万大军,接着又包围了赵国的首都邯郸城。赵国面临生死存亡之际,立即向楚国、齐国两个大国求救。楚王接受了大臣景舍的建议:"不如少发兵,以为赵援。赵恃楚劲,必与魏战。魏怒于赵之劲,而见楚之救之不足畏也,必不释赵。赵、魏相敝,而齐、秦应楚,则魏可破也。"[4]117 只增派少量的军队援救赵国,希望魏、赵两国两败俱伤,从中渔利。邯郸城在坚守了一年之后被魏军攻克。这时齐国出兵救赵,齐军统帅田忌采纳军师孙膑的建议,采用"围魏救赵"

的战术在桂陵打败魏军,使赵国的局势得到缓解。

邯郸失守之后,赵国君臣迁到外地继续抵抗,齐军、楚军、卫军、宋军也加入进攻魏国的行列。逐渐兴起的秦国则乘机攻取了魏国的重镇安邑(今山西夏县西北)和固阳(今地不详),对魏国形成了极大地威胁。赵魏两国自赵成侯二十一年到二十三年。在邯郸相持达三年之久,赵国受到严重打击,魏国的国力也受到极大消耗,"围邯郸三年,而弗能取。士民疲潞,国家空虚,天下之兵四至,罪庶诽谤,诸侯不誉"[5]229-230。魏国陷入了内外交困的境地。桂陵之战,魏国军队损失了十万人,再加上秦国、楚国的乘机蚕食,魏国处于两面作战的困境之中,这时的邯郸已经成了一块烫手山芋,魏国已经没有力量有效地占领和控制它了。前351年,赵魏双方在漳河之上订立盟约,魏国把邯郸正式归还给赵国。长达数年,令赵、魏两败俱伤的赵魏邯郸之战至此结束。

邯郸被围事件,证明赵国向南方扩张的战略是一条死路,难以实现。赵肃侯即位后,继续参与了齐、秦等国对魏国的战争。赵肃侯十五年(前335年),赵再次出兵包围了魏国黄邑,但没有攻克。黄邑战役失败使赵肃侯重新审视和思考赵国的发展战略,认识到一味在中原用兵,很难达到有效地扩张领土而使赵国走向强盛的目标。当时中原各国的局势十分复杂,各国为了自己的利益纵横捭阖。一个国家强大了,就会受到其他几个国家的联合攻击;一个小国危险了,也会得到大国的救援。因为各国深深知道,无论哪一个国家坐大,下一个受到威胁的都很可能是自己;无论哪一个小国被吞并,都可能打破力量的平衡。这是各国所不愿看到的。因此,要想在中原地区扩张领土和势力确实困难重重。

赵肃侯十七年,"围魏黄,不克。筑长城"[6]1802。赵武灵王也曾言:"我先王因世之变,以长南藩之地,属阻漳、滏之险,立长城。"[6]1806赵国的政治中心邯郸位于赵国疆域的东南部,东距齐国的聊城,西距韩国的上党都不过百余里,南距魏国的邺城只有几十里,与黄邑也是隔漳水而对。邯郸所处的华北平原,平坦辽阔,无险可守,在当时各诸侯国间频繁的政治斗争与军事进攻的背景下,如果没有强大的国力作为后盾,邯郸城难免随时受到来自敌国的威胁。赵国攻打黄邑,也是为了解除它对邯郸的威胁。既然不能凭借邯郸城四战而攻,就只能在它的南面修筑长城变攻为守了。对于赵国南长城的走向,张维华在《赵长城考》中指出:"其西首当起武安故城南太行山下,缘漳而东南行,约至番吾之西南,逾滏而东,经武城梁期之南,复缘漳水东北行,约经裴氏故城之南,而东抵于漳。"[7]43-52赵国南长城位于赵国南境,它是由漳水、滏水堤防扩建而成,故又称漳滏长城。它西起太行山东麓,"沿着古漳水北岸东行,漳水由西折向东北流,长城也折向东北流,止于肥乡县南界漳水西岸"[8]51-55。南长城的修筑,在邯郸城的南面筑起了一道防线,充分体现了长城的军事防御作用,有效地抑制了魏国北侵的势头,也对防卫秦国从西南方向进攻赵国发挥了一定的作用。正是有了这道长城的防护,才使后来的赵国君主能够腾出手来把发展的重心转向北方。

二、赵武灵王胡服骑射与赵北长城的开拓功能

居于四战之地的赵国,在魏、齐、秦等大国的压力下,如果继续在南方争夺,几乎毫无优势可言。而赵国在南方的不断挫败,也给了北方的林胡、楼烦、东胡趁火打劫的机会,它们不断以骑兵袭击赵国。中山国则利用自己的地理优势,在齐国的支持下,不断侵略骚扰赵国。甚至曾一度"引水围鄗"[6]1809。赵武灵王十二年(前314年),中山国趁燕国内乱出兵攻燕,赵武灵王出兵救燕。中山"南战于长子,败赵氏;北战于中山,克燕军,杀其将"[4]104,成为赵国安全的重大威胁。这时赵国面临的形势极为严峻,诚如赵武灵王所分析的:"今中山在我腹心,北有燕,东有胡,西有林胡、楼烦、秦、韩之边,而无强兵之救,是亡社稷,奈何?"[6]1806经过反复的思考和实践,赵武灵王果断决定进行战略调整,把南进战略改为北上发展,以开拓胡地作为复兴赵国的基本国策,攻击北部的白狄之国中山和北狄之国代,西北的楼烦和林胡两大部落,以拓展赵国的领土。

赵武灵王时期,东胡、楼烦、林胡等少数民族,已经发展到了专业化的游牧阶段,畜牧业已经成为其最主要的生产方式了。游牧民族惯于马上生活,精于骑射,他们平时随畜群"逐水草而迁徙",把射猎禽兽作为生活来源的重要补充,战则士力能弯弓,尽为甲骑,上下山阪,出入溪涧,如履平地,至如飙风,去如收电,具有极强的机动性。而中原的战法是以车战为主,适宜于平原作战,多采取攻城略地的形式,难以适应运动战的方式。正如顾炎武在《日知录》中所言:"戎翟之杂居中夏者,大抵皆在山谷之间,兵车之所不至,齐桓、晋文仅攘之而已,不能深入其地者,用车故也。"要想攻击三胡,就要借鉴游牧民族骑兵作战的方式,建立骑兵部队。

赵武灵王抱着学胡制胡,以胡制胡,将西北少数民族领地纳入赵国版图的决心,冲破守旧势力的阻拦,毅然于十九年发布了"胡服骑射"的政令。赵武灵王胡服骑射的改革包括胡服骑射、招募胡人军队、建立骑兵训练基地几个步骤。经过胡服骑射的改革,赵国的军事实力大大增强。胡服骑射的第二年,赵武灵王就率兵向中山国和胡地进攻,攻下林胡的原阳(今内蒙古呼和浩特市东南)后,继而南渡黄

河,在榆中(今内蒙古伊金霍洛旗一带)与林胡王主力相遇,一举大败林胡军,迫使"林胡王献马"[6]1811。接着,赵国集中精力攻灭了中山国,并在赵惠文王三年(前296年)灭掉了号称千乘之国的中山。"中山之地,方五百里,赵独擅之,功成、名立、利附,则天下莫能害。"[4]43一时间,赵国成为雄视诸侯的强国。又从代郡出发,征服了楼烦人并组建了由楼烦人组成的军队。经过几年的征战,"王遂胡服,率骑入胡,出于遗遗之门(又叫挺关,在今内蒙古毛乌素沙漠东南),逾九限之固,绝五径之险,至榆中,辟地千里"[4]173。自此,"赵国北境便具有山西北部、内蒙古界,并直达塞外,而西北至云中、九原,即今陕西榆林以北,内包河套,西北抵甘肃北境。此外,赵国还在代地到阴山下一带建筑高阙为塞,筑长城抵御匈奴……这样,逐步统一了今河北省太行山东麓及相邻的广大平原和晋中、晋北、晋东的广大地区,最北达到今内蒙古河套及阴山以南的广大地区"[9]78-84。显然,赵北长城的修筑是赵国向北开拓扩张的产物,具有明显的开拓扩张功能。

从赵国北方长城的建筑情况也可以看出这一点。李逸友先生考证,赵北长城东端起点在内蒙古兴和县二十七号村北鸳鸯河北岸。[10]1-51从鸳鸯河北岸起,沿着阴山南麓,经阴山山脉的灰腾梁、大青山、乌拉山等山系南麓的平缓地带延伸,直至高阙(对于高阙塞的位置,目前学术界尚有争论)。值得注意的是,在阴山山脉修筑的赵长城,与秦汉长城相比具有明显的不同。赵国长城基本修筑在阴山的南坡脚下,大多用泥土夯筑,普遍比较低矮,烽火台、障塞、城堡遗址较少,出土文物遗存很少,说明赵国长城实际使用的时间较短。将长城建立在阴山脚下,难以达到以高御低的军事防御要求,在"草木茂盛"的阴山脚下,也无法建立通畅的军事预警体系,可以说,赵北长城的军事防御功能是十分薄弱的。

那么,赵长城的修筑显然不是为了防御,从当时的力量对比来看,赵国对北方尚处于专业化游牧生产方式初始阶段的林胡、楼烦来说,也具有绝对的军事优势。可以说,赵北长城的修筑,是赵国向北方地区开拓扩张的产物,是为了巩固扩张成果而修筑的,并不是简单的防御。实际上,赵国此举是把它当时势力范围所及的领土全部屏障于长城之内。白音查干先生认为,赵国北方长城的修筑,就是为了把农耕民族和畜牧民族加以隔离,"阴山赵长城成为天然农牧分界线上的人为农牧分界线"[11]81-86。

三、如何认识战国秦汉长城的开拓功能

不仅战国时期赵国长城具有向北方游牧民族地区的开拓扩张的功能,整个战

国秦汉时期的北方长城都具有这种功能。说到长城的开拓扩张功能,可能很多学者并不认同。但在战国秦汉时期,长城具有这一功能是毋庸置疑的。形成这种局面的原因是多方面的,下面,我们试对此加以探讨。

(一)农耕生产技术的革命性提高是长城开拓功能的生产力基础

早期农业生产的工具,主要是石器、骨器、木器、蚌器等,完全靠人工劳动。耕地器具是带柄的耒耜。农夫用耒耜耕地,要手握耜柄、足踏耜冠,将耜冠刺入土中,再拉动耜柄,运用杠杆原理,翻起一块土块,然后退一步,重复前面的动作,依次而耕,类似于今天的用锹挖地。这种生产方式劳动强度大,效率低。以犁代替耒耜,以牛耕代替人力,把人从笨重的耕作劳动中解放出来,并且大幅度地提高了农业劳动生产率,是农业史上划时代的大事。对于牛耕的起源,学术界有不同的争议,但比较一致的意见是,春秋时期已经出现了铁制工具与牛耕,到战国时期,这项技术进一步得到推广和普及。从考古发现的实际情况看,战国时期出土的铁器,尤其是铁制农具,更是大大超过了春秋时期。不仅出土地点覆盖了战国七雄及越、中山等国统治的区域,甚至北方东胡居住的吉林、辽宁地区和南方百越居住的两广地区,也都有铁器出土。战国时期铁制农具的广泛应用、推广及大量出现,对当时的农业社会产生着直接的、根本性的影响。

铁器及牛耕的使用,大大提高了农民的生产效率。依靠以木器、骨器制造的耒耜耕种,"一人蹠耒而耕,不过十亩"[5]146。到了战国时期,"今一夫挟五口,治田百亩"[12]1125,生产力已经有了质的飞跃。《孟子·万章下》记载当时一个男劳力,"耕者之所获,一夫百亩。百亩之粪,上农夫食九人,上次食八人,中食七人,中次食六人,下食五人"。这说明一夫一妻的家庭收获的粮食,除了养活一家人之外,还可以养活更多的非农业人口。《吕氏春秋·上农》也提到当时"上田夫食九人,下田夫食五人",还说"一人治之,十人食之,六畜皆在其中矣"。从农夫所经营的土地数量和所供养的人口来看,战国时期的劳动生产力已经达到了一个相当的高度。

铁器和牛耕的广泛使用,使农业生产具有更高的效率,促使农耕人口的增长和土地开发能力的飞速提高,这是战国秦汉时期农耕文明不断开拓扩张的生产力基础。

(二)中原地区君主集权政治体制的建立使农耕民族具有集团优势

农业的发展,从不同方面为专制主义中央集权政治体制的形成与建立创造了条件。第一,农业与水利的关系至关密切。要发展农业,防止水旱灾害和兴修水利就成为当务之急。而兴修和维护管理一些大型的水利工程,不仅需要投入大量的人力物力,还要协调不同地区、不同社会群体的物质与经济利益,在当时的条件下,除了专制主义中央集权国家具有这样的能力外,没有任何其他社会力量能够做到这一点。为了维护农业生产的正常循环,由专制主义国家履行一定的经济干预功能是必要的。第二,生产力的提高,使农业生产逐渐摆脱了家长制大家族下集体劳作的方式,转变为以个体劳动为基础的小家庭的生产方式。这样的家庭不仅作为一个生育单位,还作为一个财产单位或经济单位,成为社会的基本细胞。这为专制主义国家打破原来的血缘亲属关系对居民的控制,发展为按地区对自己的国民进行划分和管理创造了条件。第三,农业生产力的提高,个体小农经济生产方式的确立,使封建国家可以通过征收赋税等方式对农民进行超经济剥削,而这些赋税也恰好可以满足专制主义集权国家的财政开支与消费需要。第四,农业的快速发展与急剧扩张,必然使农耕民族与周边过着混合经济生活或游牧经济生活的民族发生对土地和资源的争夺。刚刚兴起的专业化的游牧民族由于其经济结构的单一性和脆弱性,对农耕经济具有一定的依赖性,当他们不能通过正常的贸易途径获得粮食、手工业品及其他物资的必要补充时,往往会通过战争的手段强行获取他们所需要的物资和钱财。游牧民族以骑兵为作战主体,机动性强、来去倏忽。农业经济的生产条件具有很强的季节性特点,需要在一定时期保持社会的稳定,否则,就会打乱生产的节奏。如果某一个季节的农业生产活动不能顺利进行,就会影响一个周期内的粮食收成。这样,就需要一个强有力的政权来组织、领导农耕民族对抗游牧民族的侵扰和掠夺。农业生产方式的变化与人口的快速增长之间有着必然的因果联系,人口的大量增加,一定会导致人地矛盾的不断加剧。为了缓解这种矛盾,农业民族往往会在力量强大时向农牧交错带和混合经济带进行开拓与扩张,从而加剧了农耕民族与游牧民族的矛盾,这也从某种程度上促成了农耕民族的联合与专制国家政权的形成。战国时期,各国纷纷变法改革,建立专制主义中央集权的政治体制,从而使农耕民族具有集团优势,向北方开拓的能力与进攻的态势则更加明显。

战国时期,北方地区有义渠、大荔、乌氏、朐衍、林胡、楼烦、东胡、山戎等部落。他们"各分散居溪谷,自有君长,往往而聚者百有余戎,然莫能相一",力量分散,彼此独立。春秋战国之际,农耕生产方式处于扩张态势中,与北方游牧民族相比,总体实力上占尽优势。以匈奴为例,其在战国时期,"自淳维以致于头曼千有余岁,时大时小,别散分离",仍处于一个时大时小、聚合离散的部落联盟发展阶段,没有形成完善的国家政权体系。整个北方草原尚处于部落林立,彼此制约的发展阶段,没有形成整体的、能够与中原政权相抗衡的力量。

(三)赵武灵王的雄才大略与开拓进取加速了赵国向北方发展

春秋战国时期,是中国历史上的大发展、大变革、大开放的时期,而战国时期向北方开拓成为"边胡"各国的共同选择。秦、赵、燕三国向北方发展,驱逐北方民族,发展新经济区,建立郡县,修筑长城的三个君主在历史上都赫赫有名。自商鞅变法以来,对外扩张成为秦国的传统,这种扩张既包括向中原各国的扩张,也包括向北方戎狄地区的扩张,而秦昭王延续和加速了这一过程。他不仅不断蚕食中原各国的土地,而且大败义渠王,在原来义渠的土地上设置陇西、北地、上郡,并修筑了秦昭王长城。燕国紧邻东胡,凭借着秦开的特殊经历和杰出的军事才能,大败东胡后向北拓地千余里,建立上谷、渔阳、右北平、辽西、辽东五郡,进行农业开发,并修筑长城以巩固开拓成果。秦昭王、燕昭王都是有为之君,但最值得称道的是赵武灵王。

相对于燕、秦两国,赵国向北开拓的历程更艰辛,面临的情况更复杂,取得的成效也更为显著。第一,赵国是一个中原大国,相比于秦燕两国,赵国的农耕传统更悠久、更深厚,影响力更大,向北方开拓所面临的阻力也更大。第二,赵武灵王之前,赵国的几位君主都致力于向南发展,与魏、卫等国争夺土地。尽管这种争夺付出了极大代价,但取得的成效却极为有限。为了改变被动局面,赵武灵王把发展的视角转向北方,这就要求转变整个国家的战略重心,需要极大的决心和变革的勇气。第三,长期以来,赵国的经济与军事重心都集中在南方,向北方发展,沿袭秦、燕等国的方式,采用大军出击与北方诸部一次决战而胜的方式难以奏效。这是因为,对于赵国来说,向北方进攻的区域更广阔,路途更遥远。林胡、楼烦等部已经发展到专业化的游牧生产方式阶段,他们马上骑射,机动灵活,来去迅捷。赵国如果从首都等地调集车兵和步兵,不仅行动迟缓,而且后勤线过长,会严重影响军队的战斗力。赵武灵王以极大的智慧和勇气提出了"胡服骑射"的改革主张,通过学习北方游牧民族的方便服饰与骑射技术,完成向北方扩展疆土的重任。第四,赵国向北方开拓的成效最大。通过"胡服骑射",赵武灵王征服了游牧民族楼烦、林胡二部,在那里设置了云中、雁门两个边郡,扩地千里。接着,北上灭掉中山国,把其土地和人民据为己有,又灭掉代国建立了代郡。"赵国向北夺得大片领土和人民之后,从前300年开始修筑东起代郡,中经阴山,西至高阙的长城,并在长城沿线设置三郡,至此赵国的疆域几乎扩大一倍。"[11]51-55 正如苏秦所言:"当今之时,山东之建国,莫如赵强,赵地方二千里,带甲数十万,车千乘,骑万骑,粟支十年。……且秦之所畏害于天下者,莫如赵。"[4]163 赵国一度成为中原地区最强大,并可与强秦争锋的国家。在整个战国时期,赵武灵王无疑是具有大视野、大智慧,既充满务实精神,又具有改革创新能力的君主之一。

(四)战国秦汉长城的开拓功能与民族精神

学者们强调长城的防御功能,并往往把其与中华民族爱好和平的民族精神联系起来,如季羡林先生就指出:"中华民族爱好和平成性,才能在极长的历史时期,一个朝代接一个朝代,在北方修筑了万里长城,成为世界上的奇迹。长城充分体现了中华民族爱好和平的本性。"[13]8 强调战国秦汉长城的开拓功能,是否不利于对我们民族精神的传播与弘扬。对于这个问题,应该辩证地加以看待。我们说中华民族爱好和平,没有侵略基因,是从长期的历史发展中总结出来的。但是,爱好和平也不意味着一味地防御退守,因为几乎所有的民族和国家在形成、发展的过程中,都有积极进取、开拓扩张、兼并融合的发展阶段,中国古代的历史发展也充分说明了这一点。从原始社会的氏族发展到部落,到部落联盟,到酋邦方国,到夏商周以黄河中下游地区为中心的政权,再到秦汉统一帝国。中华民族正是在这样的开拓进取过程中交汇融合、成长壮大的。

历史上的战国秦汉时期,是中华民族大发展、大变革、大飞跃的时期。这个时期的中华民族站在了世界的前列,开创出一个充满活力和创造精神的时代。战国秦汉时期产生和发展起来的长城,特别是针对北方游牧民族所建的长城,把开拓扩张与积极防御结合起来,通过长城建筑完善的攻防体系,削减游牧民族的骑兵快速迁徙移动的优势,变攻为防,以静制动,使长城成为一个"集预警体系、驻军体系、屯田体系、后勤保障体系、邮传体系为一体的综合性防御体系"[14]118-124。这是一项富有创造力,防范北方游牧民族袭扰成效显著的工程,是农耕民族在蓬勃发展的上升时期,变攻为守,攻守结合,稳扎稳打,步步为营,将农耕文明不断扩进的力量体现。对此,张金光先生指出:"总而言之,游牧民族入侵农业区域,乃是大踏步的、急骤的前进与后退。农业民族仅靠单纯的军事行动并不能真正战胜游牧者。农民的前进,更多的则是以守为攻,步步为营,稳扎稳打。他们最终的利器并不是攻占之具,而是锄头犁耙。每前进一步便在那里发展农业,让农业吃掉牧业,以屋室代替毡帐,只要那里长出了庄稼,就是对游牧者的彻底胜利,也便是中华农民的天下。"[15]55 长城的修筑既体现了中华民族爱好和平、守护文明的民族特点,也体现了积极进取、奋发有为的民族精神。这两个方面,对于中华民族的发展具有同等重要的价值。

参考文献

[1] 景爱. 中国长城史[M]. 上海:上海人民出版社,2006.

[2] 罗哲文. 长城[M]. 北京:清华大学出版社,2008.

[3] 沈长云. 赵国史稿[M]. 北京:中华书局,2000.

[4] 刘向. 战国策[M]. 济南:岳麓书社,1988.

[5] 王先谦. 诸子集成[M]. 石家庄:河北人民出版社,1992.

[6] 司马迁. 史记[M]. 北京:中华书局,1982.

[7] 张维华. 赵长城考[J]. 禹贡,1937(7/8/9):43-52.

[8] 白音查干. 战国时期燕、赵、秦长城新论[J]. 内蒙古社会科学,1999(5):51-55.

[9] 曾文芳. 战国民族思想与民族统一[J]. 管子学刊,2008(1):78-84.

[10] 李逸友. 中国北长城考述[J]. 内蒙古文物考古,2001(1):1-51.

[11] 白音查干. 最初人为农牧分界线的确立[J]. 中国历史地理论丛,2000(1):81-86.

[12] 班固. 汉书[M]. 北京:中华书局,1962.

[13] 季羡林. 长城与中华民族的民族性[C]//中国长城学会. 长城国际学术研讨会论文集. 长春:吉林人民出版社,1995.

[14] 特日格乐. 汉长城预警体系研究[J]. 内蒙古大学学报,2010(5):118-124.

[15] 张金光. 秦制研究[M]. 上海:上海古籍出版社,2011.

原载《邯郸学院学报》2014年第4期

赵国武城戈及其地望辨析

张润泽,范文华,黄楠

一

仅以出土铭文戈而言,有两件赵"武城戈"存世。一为《殷周金文集成》17.11377,内刻铭文为"十四年武城命(令)□□茝早、[庫]啬夫事(吏)猷、冶章执(撻)齊(劑)"[1]171;另一件为赵惠文王时期的武城相邦戈,①内铸铭文为"七年武城相邦畋□□工师啬夫□□冶妾执剂"。黄盛璋先生指出"执剂",应该释读为"挞剂",赵国铸造"挞剂""库造",是赵国兵器的特别标志。但他认为由于字为锈掩,尚不能确定。②裘锡圭先生指出赵国有东西两个武城,一在今内蒙古清水河附近,《汉书·地理志》属定襄郡;另一在今山东省武城县,即《史记》谓平原君封地"东武城",《汉书·地理志》隶清河郡。东武城曾先封与孟尝君田文,后封平原君赵胜。裘先生认为:"(2号戈)戈铭之武城,其长官不称令而称相邦,疑是为孟尝君或平原君封邑时之东武城。"今以其说为是,1号戈"武城"后有"令",似为赵之西武城。③

程恩泽《国策地名考》卷九:"东武城,本策秦攻赵章,君无覆军杀将之功而封

[作者简介] 张润泽(1967—),男,河北永年人,邯郸学院继续教育学院副院长,教授,主要从事先秦史、赵文化研究。范文华(1984—),男,河北邯郸人,邯郸学院学报编辑部讲师,主要从事赵文化研究。黄楠(1980—),女,河北蔚县人,邯郸学院科研处讲师。

① 台北古越阁编印:《古越阁商周青铜兵器》,1993年。裘锡圭序指出:戈铭之武城,其长官不称令而称相邦,疑是为孟尝君或平原君封邑时之东武城。封邑之长官称相邦,与汉代侯国之长官称相同例。

② 黄盛璋:《试论三晋兵器的国别和年代及其相关问题》《考古》,1974年第1期。也见单利勤《〈殷周金文集成〉兵器铭文校释》,安徽大学硕士论文,2012年。

③ 朱力伟:《东周与秦兵器铭文中所见的地名》,吉林大学硕士论文,2004年。文章根据裘锡圭先生认为此戈年代有属惠文王或孝成王两种可能,又根据董珊先生《战国题铭与工官制度》第一章第48页,倾向于惠文王而从董说。

以东武城。恩泽案:《地理志》清河郡郡国志作清河国,有东武城县。《正义》贝州武城县外城。七国时赵邑。《寰宇记》:盖以定赵,襄有武城同属故此加'东'也。钱坫曰:东海郡南成郎南武城也。故此云'东',按此说非是。鲁自有东武城,在今费县,与赵无涉。晋太康年去'东'字。今地志俱云后魏去'东'字。今山东临清州武城县西十里有东武城故城,即平原君封邑也。《方舆纪要》谓在直隶清河县,盖地相接也。"

笔者认为这两件兵器,都是赵国兵器无疑。结合程恩泽先生的分析,同意"武城相邦"戈的武城应该是东武城,因为做过相邦的平原君封地即东武城。但武城令的"武城"是不是裘锡圭先生及上文唐代以来所提的西武城,即今内蒙古清水河附近,《汉书·地理志》属定襄郡的武城?① 赵国东武城是针对哪个武城命名为"东"的? 前贤学者对此问题并未取得一致意见,笔者兹作续貂之论。

二

"武城相邦"戈的"武城"是相邦戈,因为封孟尝君的封邑记载不详,故"武城相邦"戈应与赵平原君作相邦及其封邑有关。《史记》卷76《平原君虞卿列传》记载:"平原君相赵惠文王及孝成王,三去相,三复位,封于东武城。"[2]2365 "虞卿欲以信陵君之存邯郸为平原君请封。……割东武城而封君者……"可见,平原君的封地是实封,是有具体封地的。又《战国策》赵策也有相关记载,公孙龙说平原君:"君无覆军杀将之功而封以东武城。"这个东武城具体地望在何处?《史记集解》有徐广曰:"属清河。"《汉书》的《地理志》中清河郡,辖县十四,其中有东武城[3]1577。同书的汉平原郡无东武城[3]1579。《后汉书》的"郡国二"在清河国有属县东武城。《史记正义》认为东武城在"今贝州武城县也"[2]2365。这是针对唐代而言的。同样是唐代的历史地理著作《元和郡县图志·河北道一》:贝州,管县有"清河、清阳、历亭、东武城"[4]461 等。可见,此与《史记正义》解释一致。李吉甫的《元和郡县图志》:"东武城县,本七国时赵邑也,史记曰赵平原君赵胜封东武城,即此地也。盖以定襄有武城,同属赵,故此加'东'字以辨之,属清河郡。隋开皇三年属贝州,皇朝因之。"[4]464 顾祖禹《读史方舆纪要》卷三十四高唐州属县三有武城县,"本汉东武城县地,属清河郡。后魏为武城县地。隋开皇初改武城为清河县,别置武城县于此,仍属贝州。唐因之。宋属恩州。元属高唐州"。并指出,"东武城故城,县西四十里"[5]1609。平

---

① 上文程恩泽所举,《太平寰宇记》:盖以定襄有武城同属赵。

原君东武城封地地望所在为历代传世文献记载确定,所以"七年武城相邦"戈的武城即指东武城。对此,学者没有争议。古文字资料也有东武城的记载,传世战国齐官印有"东武城攻师玺"①。从古玺印看,赵东武城曾一度属齐,齐国设置过东武城县。

此外,河北易县燕下都出土战国赵国兵器有"十四年武城令戈"[1]171,说明赵国除了有一个赵"东武城",还存在一个赵"武城",或曰西武城,即赵国应该分置武城和东武城两邑。史籍记载,赵惠文王把武城封给孟尝君;赵孝成王封东武城给平原君。但是学者多认为东武城即赵武城,如缪文远[6]170和钱穆[7]377就没有分清楚。即言赵国存在两个武城,一个谓东武城,一个谓武城。东武城之所以加"东"字,说明赵国还存在另一个武城。我们知道,东武城地望在今山东德州武城县西北。那么,赵国的另一个武城地望位于何处?《水经》白沟水注"清河又东北,迳东武城县故城西。《史记》《平原君传》赵公子胜号平原君,以解邯郸之功,受封于此。定襄有武城,故加东矣"。宋代《太平寰宇记》载:"盖以定襄有武城,同属赵,故此加'东'也。"综上,唐李吉甫《元和郡县图志》、唐张守节《史记正义》、郦道元的《水经注》和清代程恩泽《国策地名考》多倾向于平原君东武城是参照定襄武城而言的。

这个定襄郡武城县是否为赵国的另一个武城?定襄郡始建于汉代,有武城县隶属于定襄郡。《汉志》记载:"定襄郡有武城。"此武城是"汉武城故地",并非战国赵国所设置的武城。此定襄武城为汉朝所建,而东武城则为战国时赵国所建,定襄郡治所在成乐县,治今内蒙古自治区和林格尔西北。下辖武城,治今内蒙古自治区清水河县北。笔者认为,战国赵国东武城之名的"东",并非针对汉代定襄的武城而命名的。战国时城邑的取名怎么会参照汉代所建城邑呢?笔者承认战国赵国东武城之外还存在一个武城,即兵器武城令的武城,但未必是汉代定襄郡所辖"武城县"。

曹凤《西汉云中郡与定襄郡》一文,在定襄郡所辖"武城县"条:

> 武城县。莽曰桓就。王先谦《汉书补注》记载:"后汉因,《续志》作武成;《一统志》,故城在今平鲁县西北塞外归化城西南。"《绥远通志稿·清水河县》认为此说不确,认为定襄郡属县不可能位于诸云中辖境。它认为如《山西通志》所说,武成位于清水河县北境而稍跨和林格尔县之南端。徐继畬在《两汉志沿边十郡考略》中论证为"后汉志作武城"(很明显此处所记颠倒)。在今归

---

① 高明:《中国古文字通论》,北京:北京大学出版社,1996年,第472页。

化城西南。十三州志武城县在善无县西五十里。北俗谓之太罗城。以地势推之。当在今朔平府右玉县边外。清水河之东。周振鹤认为治今内蒙古清水河县北。《中国历史地图集·西汉并州图》将其标注于紧接清水河县治西北角。今世学者们根据考古资料推定其县治在今和林格尔县新店子古城。李逸友、周清澎等持此种观点。

从上文可知,定襄郡武城城址是汉代的,并非从战国延续;此地武城之名很难说在战国时期就存在。鲁鑫在南开大学的博士论文《东周郡县制度研究》中有"赵国置郡考",赵国设郡只有上党郡、雁门郡、代郡、九原郡、云中郡五个郡,并没有定襄郡。因此,汉代以后学者把定襄郡所辖武城县说成是战国赵国武城,还缺乏依据。李逸友认为西汉定襄郡武城县治所古城遗址和林格尔县新店子乡榆林城为武城县城①。该遗址平面呈长方形,东西长 900 米,南北长 300 米,周长约 2 400 米。城墙为夯筑,墙基宽 6 米,残高 3.7 米,夯层厚 9—12 厘米,地表散布大量残砖、瓦。城西的城麻沟有汉代墓群。此为汉代定襄郡武城县②。赵虹波在中央民族大学硕士论文《汉代北方边城研究》中认为:"定襄郡武城县故城在今平鲁县西北塞外归化城西南,治今内蒙古清水河县北。"此地遗存都呈现汉代城址的特征,并不说明战国此地存在一个名为"武城"的城邑。尽管先秦赵国的疆域延伸到这个区域,但是,唐代以来前贤所谓的东武城参照的西武城,并不可能在此地。

三

那么,战国赵国东武城之外的另一武城在何处?查阅谭其骧的《中国历史地图集》"诸侯称雄形势图"(前 350 年)和"赵国、中山国"地图,可以看到,在赵国境域中有两个武城,一个在赵国东部边境和齐国接界,标为武城,括号注明是"东武城";另一个在邯郸以南,长城以北,漳水之畔,标为"武城"。笔者认为东武城之名的"东"就是针对邯郸之南的武城而言的,并非汉代定襄郡所辖之武城县。邯郸之南这个武城其地望在今河北磁县讲武城村。据《史记·秦始皇本纪》记载,公元前 233 年,即赵幽缪王三年,秦定平阳、武城,此武城位于今河北磁县南[8]。《史记·赵世家》"秦攻武城,扈辄率师救之,军败,死焉。"《水经·漳水注》:"《史记》秦破赵

---

① 内蒙古文物工作队编著:《和林格尔汉墓壁画》,北京:文物出版社,1978 年。另据,李逸友:《内蒙古历史考古学的发现与研究综述》,《内蒙古社会科学》1992 年第 2 期。
② 李逸友:《论内蒙古文物考古》,载内蒙古文物考古研究所:《内蒙古文物考古文集》第一辑,北京:中国大百科全书出版社,1994 年。转引自李放:《内蒙古地区秦汉边城研究》,内蒙古大学的硕士论文,2014 年。

将扈辄于武遂斩首十万,即于此处也。"①此武遂即武城,位于河北磁县南[9]。王洪瑞先生发表一文,对武城定襄郡说提出疑问:"赵地所名武城者有二:一为东武城,即赵平原君封邑。《平原君虞卿传》:'平原君……转于东武城。'《正义》:'今贝州武城县也。'在今山东武城西。一为武城邑,司马彪《郡国志》云:'邺县有武城',在今河北磁县西南。两相去甚远,必有一误。"[9]根据《史记·秦始皇本纪》条:秦王政十四年"桓齮定平阳、武城"。《史记·六国年表》条:"定平阳、武城、宜安。"对此,王洪瑞先生分析道:"平阳据《正义》引《括地志》云故城在相州临漳县西二十五里,即现在河北临漳附近。距山东武城四百余里,似不应有如此差误。而河北武城为平阳附近一小城邑,相距仅数里。它北依赵南长城,南据漳水,易守难攻,实为赵边塞重镇。武城陷落,邯郸不保,地理位置非常重要。从双方不惜投入数十万兵力相争夺看,《赵世家》所言武城很可能即为此地。且考《秦始皇本纪》和《赵世家》知,秦军的进攻路线为平阳—武城—赤丽—宜安,而武城恰处在秦进军路线的咽喉上。"[9]这样的分析甚是。晋司马彪《续汉书》郡国志记载,魏郡邺县有武城就是指此地。1959年《河北磁县讲武城调查简报》一文认为:讲武城战国属于赵地,"武城在北魏时属邺县(见《魏书·地形志》上)。关于武城的地理位置,《水经注·浊漳水条》有如下的记载'漳水又东,迳武城南,世谓之梁期城。梁期在邺北,俗亦谓之两期城,皆为非也。司马彪《郡国志》曰:邺县有武城,武城即斯城矣。漳水又东北,迳西门豹祠前'"。磁县讲武城的位置与《水经注》记载的武城位置符合。城内唐墓所出尚登宝墓志有"合葬于故武城内",证明唐代此城已废。因为曹操据邺,此城被传为曹操所筑习武之城,在宋代讹传为讲武城了。[10]据原邯郸市政协文史委主任刘心长见告,此武城,是战国赵国的南大门,与赵国南长城相连,类似中国古代北部长城之山海关的位置,具有非常重要的战略地位。因此,前有赵国大将扈辄被秦所败,斩首10万;后有李牧在此拒秦,在宜安大败秦军。这一负一胜,说明赵国武城邑有赵国南部边境的军事城邑性质。

因此,赵武城相邦戈的"武城"为东武城,平原君的封地东武城地望位于今山东德州武城县西北。可以信从,之所以叫东武城,是针对赵国邺城南部的战国赵国武城,即今磁县南部的讲武城而言的,非针对汉代设置的定襄郡的武城而言。赵武城令戈的武城,当为今河北磁县之讲武城,并非西汉的定襄郡武城县。

---

① 郦道元撰,郭守敬疏,熊会贞参疏:《水经注疏》,南京:江苏古籍出版社,1989年,第989页。这里郭守敬引梁玉绳《史记志疑》:"考《赵世家》,秦攻武城,扈辄率师救之,军败,死焉。据此则《牧传》言武遂城,乃误衍一'遂'字。""武遂"应为"武城"。

四

先秦时期,武城在赵国以外也有多处,或者方位命名之间是以汉代为依据的。尽管程恩泽说:"鲁自有东武城,在今费县,与赵无涉。"但是,我们仍可以梳理一下汉代以来学者关于武城地名的看法。司马迁《史记·仲尼弟子列传》载:"曾参,南武城人,字子舆。少孔子四十六岁。""澹台灭明,武城人,字子羽。少孔子三十九岁。"张守节《正义》引《括地志》云:"南武城在兖州,子游为宰者。"又引《地理志》云:"定襄有武城,清河有武城,故此云南武城。"[2]2205 孔子弟子曾子、澹台灭明本皆武城人,为什么单在曾子里籍前加一"南"字呢?顾炎武《日知录》卷三十一《曾子南武城人》云:"宋程大昌《澹台祠友教堂记》曰:'武城有四:左冯翊、泰山、清河、定襄,皆以县名。'清河特曰东武城者,以其与定襄皆隶赵,且定襄在西故也。若子游之所宰,其实鲁邑,而东武城者,鲁之北也,故汉儒又加南以别之。史迁之传曾参曰南武城人者,创加也,子羽传次曾子,省文,但曰武城。"[11]1735 再者,清代学者阎若璩《四书释地》"武城"条:"曾子居武城,即(仲尼弟子列传)之南武城,鲁边邑也。在今费县西南八十里石门山下。吴未灭与吴邻,吴既灭与越邻。……(史记)加'南'于武城上者,别于鲁之北有东武城也,明曾子之为费邑人也。"曾子故里在春秋鲁国的武城,汉代为南武城,唐代到明清的费县南武城,今天山东平邑县南武城①。还有学者认为曾子为山东嘉祥南武城人,我们这里不作讨论。这里,我们知道,东武城、南武城之名,在汉代被汉儒以当时行政区划方位区别之,并非以战国时期地名作参照而称之。定襄郡之武城,前文已经证明非战国赵国时期的武城是显然的。上文"武城有四:左冯翊、泰山、清河、定襄,皆以县名",这都是针对汉代而言的。清河即战国东武城所在地,所谓"东"是汉代人所加。泰山,是指曾子所居南武城山东嘉祥的说法。至于左冯翊的"武城","也叫武平城,是春秋战国时期秦晋边界上的一个重城。秦汉时武城置县,属左冯栩,东汉时县废"。《史记·秦本纪》引《括地志》:"故武城,一名武平城,在华州郑县东北十三里。"《水经注·渭水》:"渭水又东与东石桥水会,故沈水也,水南出马岭山,北流迳武平城东。"学者考证,这个武城,又叫武平城,在今华县县城东孙家庄村北[12]。这些是汉代之后到清朝前贤们对武城地望的看法,但学者并没有意识到他们以西汉之后论及战国的谬误。

---

① 参阎若璩:《四书释地》,转引自李洪廷:《曾子故里武城考略》,《烟台师范学院学报》2011年第2期。

结论

汉代以来,赵国东武城,即平原君封地的武城,或称清河武城,学者多没有异议,此地应该为武城相邦戈的铸造地,或者指平原君赵胜作相邦时之地。但赵国另外一个武城,经常为汉代以来的学者所忽略,或者把赵国东武城与武城①混为一谈。《资治通鉴·卷六》:"桓齮伐赵,取宜安、平阳、武城。桓齮定平阳、武城。""平阳、武城"并称,说明相距不远,还有宜安,皆在今天河北南部地区。所以,东武城之外的赵国武城,绝非与平阳距离遥远的定襄郡所属的汉代武城县。

关于武城令戈的地望,后晓荣《战国政区地理》"赵国政区地理"有"武城"条:

> 传世战国赵兵器"十四年武城令"戈(《集成》17-11377 戈),铭文"十四年武城命(令)□□首□,啬□□□,治章执齐"。该戈为易县燕下都出土,铭文"执齐"为赵国兵器之特征。武城为赵地,一度为孟尝君之封地。《战国策·赵策》:"赵王封孟尝君以武城,孟尝君择舍人以为武城吏。"《史记·赵世家》:"幽缪二年,秦攻赵武城。"其事又见《史记·秦始皇本纪》云:"十四年,攻赵,定平阳、武城。"《正义》云:"即贝州武城县外城也,七国时赵邑。"钱穆考之:"平阳近邺,今河北临漳县西。"又《图集》第一册的"战国赵国"中,平阳西有城邑"武城"。今从该戈铭文可推之赵置武城县,其地在今河南省安阳北与河北交界之地。[13]121

后晓荣所谓的"赵置武城县",其地在今河南省安阳北与河北交界之地,可谓一语中的。"武城令"戈的武城,即我们考证出的今河北磁县讲武城。需要指出的是后晓荣先生把平原君封地东武城与赵国另一武城混为一谈了,但他没有赞同汉代定襄郡武城县的说法是值得肯定的。因此,"七年武城相邦"戈的武城地望即平原君封地东武城,"十四年武城令"戈的武城地望是赵国的另一武城,即今天河北磁县讲武城村。这正是谭其骧先生《中国历史地图集》"赵、中山"所标出的赵国两个武城,而未标出汉代定襄郡武城县为赵国武城,看似无意为之,实乃真知灼见,这使得先秦赵国武城地望问题得以廓清。

---

① 《史记·秦始皇本纪》:秦王政十四年"桓齮定平阳、武城"。《史记·六国年表》:"定平阳、武城、宜安。"笔者认为,平阳在今河北临漳附近,武城在今河北磁县讲武城,宜安在今河北石家庄藁城,皆相距甚近。所以,此武城不会位于汉代定襄郡武城县,即今内蒙古清水河附近。

参考文献

[1] 张亚初.殷周金文集成引得[M].北京:中华书局,2001.

[2] 司马迁.史记[M].北京:中华书局,1959.

[3] 班固.汉书[M].北京:中华书局,1962.

[4] 李吉甫.元和郡县图志[M].北京:中华书局,1983.

[5] 顾祖禹.读史方舆纪要[M].北京:中华书局,2005.

[6] 缪文远.战国制度通考[M].成都:巴蜀书社,1998.

[7] 钱穆.史记地名考[M].北京:中华书局,2001.

[8] 赵雁侠.先秦赵国疆域变化[J].郑州大学学报,1991(1):77-90.

[9] 王洪瑞.赵将扈辄死地武城考[J].中国历史地理论丛,1998(4):226.

[10] 河北省文物管理委员会.河北磁县讲武城调查简报[J].考古,1959(7):354-357.

[11] 黄汝成.日知录集释:下[M].上海:上海古籍出版社,2006.

[12] 呼林贵.踏察春秋战国时秦晋武城遗址[J].陕西师范大学学报(哲学社会科学版),1985(3):110.

[13] 后晓荣.战国政区地理[M].北京:文物出版社,2013.

原载《邯郸学院学报》2018年第1期

清华简《赵简子》拾零
——兼论其文献学价值

谢耀亭

清华简《赵简子》,收录在2017年4月出版的《清华大学藏战国竹简》(柒)中,整理者对其信息及内容作了说明:"《赵简子》由十一支简组成,简长约四十一·六厘米,宽〇·六厘米。除第四、十一简有残缺外,其他基本完整。原简无序号,目前次第依内容和简背信息编排。全篇由两部分组成。前为范献子对赵简子的进谏,后系赵简子和成鱄(鱄)的问答。范献子和赵简子都是晋国历史上著名的人物。成鱄也是晋国大夫,见于《左传》和《说苑》。前一部分反映了范献子和赵简子这对政坛冤家之间的微妙关系。后一部分通过赵简子和成鱄的问答,阐述了俭、奢与礼以及国家治理之间的辩证关系。简文对于研究春秋晚期的历史和思想有一定的参考价值。"[1]106 相对于清华简公布的其他篇目,《赵简子》的研究并不算多,除了一些相关文字的考释文章之外,较系统的研究,只有赵平安、石小力先生的《成鱄及其与赵简子的问对——清华简〈赵简子〉初探》和子居先生的《清华简七〈赵简子〉解析》。此应与《赵简子》篇幅小,又无突破性内容有关。近读《赵简子》,略述一些不成熟的看法,以就教于方家。

一

清华简《赵简子》所载范献子"进谏"赵简子的内容如下:

赵简子既受霖将军,在朝,范献子进谏曰:"昔吾子之将方少,如有过,则非子之咎,师保之罪也。就吾子之将长,如有过,则非子之咎,傅母之罪也。今吾子既为霖将军已,如有过,则非人之罪,将子之咎。子始造于善,则善人至,不善人退。子始造于不善,则不善人至,善人退。用由今以往,吾子将不可以不

[作者简介] 谢耀亭(1980—),男,山西右玉人,山西师范大学历史与旅游文化学院副教授,博士。

戒已！"（简1—4）

范献子在朝堂上对赵简子所说的话，就内容而言，是先秦较为常见的"教政"之语，"方少""将长"时，师保、傅母负其责；为将军后，自己就要承担责任。核心思想是近善人，远佞人。这样的思想在传世文献中也较多见。《国语·楚语上》载："庄王使士亹傅大子葴，辞曰：'臣不才，无能益焉。'王曰：'赖子之善善也。'对曰：'夫善在大子，大子欲善，善人将至，若不欲善，善则不用。'"士亹对楚庄王所言之语，与范献子所言意思一致。《左传·宣公十六年》："晋侯请于王，戊申，以黻冕命士会将中军，且为大傅。于是晋国之盗逃奔于秦。羊舌职曰：'吾闻之，"禹称善人，不善人远"，此之谓也夫。《诗》曰："战战兢兢，如临深渊，如履薄冰"，善人在上也。善人在上，则国无幸民。谚曰："民之多幸，国之不幸也"，是无善人之谓也。'"羊舌职所闻之言"禹称善人，不善人远"与范献子所言"造于善，则善人至，不善人退"表达的意思基本相同，而由羊舌职所言"吾闻之"可知，这样的内容，流传已久，应属周代贵族教育中《语》类的内容。① 这样的教育理念与内容，成为儒家"教政"的重要内容。郭店简《缁衣》："夫子曰：好美如好缁衣，恶恶如恶巷伯，则民咸力而型不顿。《诗》云：仪型文王，万邦作孚。"（简1—2）引《诗经》之语来说明为上者应好恶分明，为民表率，如是，则民归服且刑不用。郭店简《缁衣》："故君民者，章好以视民欲，谨恶以御民淫，则民不惑。"（简6）为上者的表率作用极为重要，通过彰显自己的喜好，来引导民之所欲；通过谨防邪恶，来抑制民之贪欲。如此，民不会困惑，治民有道。郭店简《缁衣》以"上好仁，则下之为仁也争先"（简10—11）、"禹立三年，百姓以仁道，岂必尽仁"（简12—13）为例，说明"彰好彰恶"在为政中的重要性。《礼记·表记》："故君命顺，则臣有顺命；君命逆，则臣有逆命。"其教政思想，一脉相承。

范献子对赵简子所言之语，是先秦较常见的"教政"内容。《赵简子》整理报告也指出，此时范献子应是中军将，赵简子应是上军将，范献子是赵简子的上级。这是否意味着范献子对赵简子所说，是上下级间的"教政"？先秦有不少上下级间"教政"的例子，如《国语·周语下》载："襄公有疾，召顷公而告之，曰：'必善晋周，周将得晋国。其行也文，能文则得天地，天地所祚，小而后国。夫敬，文之恭也。

---

① 《国语·楚语上》载士亹为太子傅后，问于申叔时，叔时曰："教之《春秋》，而为之耸善而抑恶焉，以戒劝其心；教之《世》，而为之昭明德而废幽昏焉，以休惧其动；教之《诗》，而为之导广显德，以耀明其志；教之礼，使知上下之则；教之乐，以疏其秽而镇其浮；教之《令》，使访物官；教之《语》，使明其德，而知先王之务，用明德于民也；教之《故志》，使知废兴者而戒惧焉；教之《训典》，使知族类，行比义焉。"申叔时所论，应是周代贵族教育的主要内容。

忠,文之实也。信,文之孚也。仁,文之爱也。义,文之制也。智,文之舆也。勇,文之帅也。教,文之施也。孝,文之本也。惠,文之慈也。让,文之材也。象天能敬,帅意能忠,思身能信,爱人能仁,利制能义,事建能智,帅义能勇,施辩能教,昭神能孝,慈和能惠,推敌能让:此十一者,夫子皆有焉。'……顷公许诺。及厉公之乱,召周子而立之,是为悼公。"单襄公临终前对其子单顷公的教育,虽是让其善待晋周,而其所讲理由,皆是"教政"内容。《左传·襄公十年》:"子孔当国,为载书,以位序、听政辟。大夫、诸司、门子弗顺,将诛之。子产止之,请为之焚书。子孔不可,曰:'为书以定国,众怒而焚之,是众为政也,国不亦难乎?'子产曰:'众怒难犯,专欲难成,合二难以安国,危之道也。不如焚书以安众,子得所欲,众亦得安,不亦可乎?专欲无成,犯众兴祸,子必从之!'乃焚书于仓门之外,众而后定。"子产所言"众怒难犯,专欲难成"也是治国应循之道。应该说,上下级的教导或进谏,是良性政治应有的内容,也是治世局面形成的重要原因,这是周代贵族政治中常见的情况。但范献子对赵简子的"教政",结合当时晋国实际政治情况,可能另有情况。

晋国自晋平公时起,六卿之位由之前的世族贤臣担任,固定于韩、赵、魏、知氏、中行、范氏六家。《左传·襄公二十四年》:"晋侯嬖程郑,使佐下军。"鲁襄公二十四年,即晋平公九年(前549年)程郑为下军佐,第二年,程郑卒。晋国自前548年,六卿皆出韩、赵等六家,晋政为六家把持。六卿之位的固定化,也使的晋卿把精力主要放到了国内的力量斗争上,而没有投入晋国霸业之中,这也是晋悼公复霸后,霸业渐趋衰落的重要原因之一。

晋国六卿之中,韩、赵关系较为亲近,数代结为同盟,相互关照、提携,以至于在赵氏"下宫之难"中,韩氏都抗命未出兵。《左传·成公十七年》:"公游于匠丽氏,栾书、中行偃遂执公焉。召士匄,士匄辞。召韩厥,韩厥辞,曰:'昔吾畜于赵氏,孟姬之谗,吾能违兵。'"赵武的复立,韩氏出力最著。中行氏、知氏同源于荀氏,在晋国"范、中行之乱"前,两家关系较为紧密。从晋国"栾盈之乱"中魏氏的表现来看,其一直以较为中立的态度处世。范氏与中行氏关系较好,《左传·襄公十三年》载,晋国荀罃、士鲂去世,晋悼公搜于绵上,使范宣子(士匄)将中军,范宣子让于中行偃。《左传·襄公十九年》:"荀偃瘅疽,生疡于头。济河,及著雍,病,目出。大夫先归者皆反。士匄请见,弗内。请后,曰:'郑甥可。'二月甲寅,卒,而视,不可含。宣子盥而抚之,曰:'事吴敢不如事主!'犹视。栾怀子曰:'其为未卒事于齐故也乎?'乃复抚之曰:'主苟终,所不嗣事于齐者,有如河!'乃瞑,受含。宣子出,曰:'吾浅之为丈夫也。'"前554年,中行偃去世,从范宣子之言可以看出范、中行二家关系亲密。中行偃之孙中行文子(荀寅)的儿子,娶了范宣子之孙范昭子(士吉射)的女儿,两家又以姻亲关系巩固了同盟。

晋国后期,卿族斗争相当激烈,从强宗大族,如郤氏、栾氏的骤灭,可以体会到卿族的斗争已非春秋早年的权利之争,而是到了生死存亡的关键时期。即使是姻亲关系,在利益面前也会反目相伐。栾盈为范宣子外甥,栾氏仍灭于范氏之手,从中不难体会到卿族斗争的激烈。《左传·昭公二十八年》载,魏献子(魏舒)执政时,晋国祁氏、羊舌氏被灭,韩、赵、魏、知氏皆有所获,六卿中独范氏、中行氏没有获得利益。范献子执政后,便进行了报复。《左传·定公元年》:"元年春王正月辛巳,晋魏舒合诸侯之大夫于狄泉,将以城成周。魏子莅政。……是行也,魏献子属役于韩简子及原寿过,而田于大陆,焚焉,还,卒于宁。范献子去其柏椁,以其未复命而田也。"范氏与魏氏的矛盾,已然形成。

一方面,范献子努力维护着范、中行的同盟关系。蔡昭侯朝拜楚昭王时,因没有满足令尹子常的索贿,被进谗言拘困于楚。蔡昭侯辱离楚后,请求晋国攻打楚国,范献子发起召陵之盟,联合伐楚。《左传·定公四年》:"四年春三月,刘文公合诸侯于召陵,谋伐楚也。晋荀寅求货于蔡侯,弗得,言于范献子曰:'国家方危,诸侯方贰,将以袭敌,不亦难乎!水潦方降,疾虐方起,中山不服,弃盟取怨,无损于楚,而失中山,不如辞蔡侯。吾自方城以来,楚未可以得志,祇取勤焉。'乃辞蔡侯。"荀寅(中行寅)的索贿,没有得逞,便言于范献子,使辞蔡侯,伐楚之事不了了之,同盟诸侯对晋国大失所望,霸主的威信受到了相当大的损害。范献子之所以宁肯让晋国失信于诸侯,也不愿意违背中行氏之意,无非是权衡考虑之后,不想在国内失掉中行氏这个盟友。另一方面,赵简子因父亲赵景子早亡而年纪尚轻便位列六卿之一,赵氏成为范氏拉拢的对象。

刘向在《古列女传》卷三《仁智传》"晋范氏母"条中记载了一件事:

> 晋范氏母者,范献子之妻也。其三子游于赵氏。赵简子乘马园中,园中多株,问三子曰:"奈何?"长者曰:"明君不问不为,乱君不问而为。"中者曰:"爱马足则无爱民力,爱民力则无爱马足。"少者曰:"可以三德使民。设令伐株于山将有马为也,已而开围示之株。夫山远而围近,是民一悦矣。去险阻之山而伐平地之株,民二悦矣。既毕而贱卖民,三悦矣。"简子从之,民果三悦。少子伐其谋,归以告母。母喟然叹曰:"终灭范氏者,必是子也。夫伐功施劳,鲜能布仁。乘伪行诈,莫能久长。"其后智伯灭范氏。君子谓范氏母为知难本。诗曰:"无忝尔祖,式谷尔讹。"此之谓也。[2]83-84

从范献子三子游于赵氏的记载来看,这应是范、赵没有彻底决裂之前,尤其是赵简子虽位列六卿,实力并未崛起时,范氏示好赵氏,并有意拉拢时发生之事。范氏三子游于赵氏,培养两家关系。《左传·昭公二十九年》载晋铸刑鼎之事,蔡史墨评价道:"范氏、中行氏其亡乎!中行寅为下卿,而干上令,擅作刑器,以为国法,是法奸也。又加范氏焉,易之,亡也。其及赵氏,赵孟与焉。然不得已,若德,可以免。"其中"不得已"之论,说明赵氏力量在此时仍无法摆脱范氏的牵制。范氏意图拉拢赵氏的行为,从《左传·定公十三年》:"邯郸午,荀寅之甥也;荀寅,范吉射之姻也,而相与睦,故不与围邯郸,将作乱。"荀寅子娶范吉射之女,邯郸午,又是荀寅外甥。虽然邯郸午为赵氏小宗,但范氏仍算与赵氏建立了一定的联系。这也表明,在赵简子未崛起时,范氏一直想拉拢赵氏。清华简《赵简子》中所载范献子对赵简子所说的话,虽然是在朝廷上公开所言,但仍应理解为范氏暗示、拉拢赵氏的言论,不应理解为正常的政治提携与教导。

《左传·定公六年》载宋国乐祁出使晋国,"赵简子逆,而饮之酒于绵上,献杨楯六十于简子。陈寅曰:'昔吾主范氏,今子主赵氏,又有纳焉,以杨楯贾祸,弗可为也已。然子死晋国,子孙必得志于宋。'范献子言于晋侯曰:'以君命越疆而使,未致使而私饮酒,不敬二君,不可不讨也。'乃执乐祁"。此时赵简子的政治能力已突显出来,以致使乐祁不再追随范氏,转主赵氏。这也导致范氏不满,拘禁乐祁。后赵简子进谏晋定公,说明其中利益,被拘近三年的乐祁得以归国,却不幸卒于归途。乐祁被拘至最后的归国,可以看到赵简子政治能力的卓越。赵氏实力崛起,同时范、赵二家的矛盾也表面化。《左传·哀公三年》:"十一月,赵鞅杀士皋夷,恶范氏也。"可见,范、赵二家积怨颇深。

从以上范氏与赵氏关系的分析来看,清华简《赵简子》所载范献子对赵简子所说的话,便不应理解成上下级间的"教政",而是范氏拉拢赵氏,让其选择站队的暗示。子居先生也认为:"'在朝'说明了范献子的言论是朝堂上的公开言论,而由于此时范献子为执政卿,因此范献子所称'善'或'不善'实际上是让赵简子选择立场、阵营,即追随范献子即是'善',不追随即'不善'。"[3]这是值得肯定的意见。

二

清华简《赵简子》所载成鱄与赵简子的对话内容如下:

赵简子问于成鱄曰:"齐君失政,陈氏得之,敢问齐君失之奚由?陈氏得之奚由?"成鱄答曰:"齐君失政,臣不得闻其所由,陈氏得之,臣亦不得闻其所由。抑昔之得之与失之,皆有由也。"赵简子曰:"其所由礼可闻也?"成鱄答曰:"昔吾先君献公是居,掌有二宅之室,以好士庶子,车甲外,六府盈,宫中六灶并六祀,然则得辅相周室,亦知诸侯之谋。就吾先君襄公,亲冒甲胄,以治河济之间之乱。冬不裘,夏不帐箑,不食濡肉,宫中六灶并六祀,然则得辅相周室,兼霸诸侯。就吾先君平公,宫中三十里,驰马四百驷,美其衣裳,饱其饮食,宫中三台,是乃侈矣,然则失霸诸侯,不知周室之……俭之侈……侈之俭乎?"(简 5—11)

《赵简子》第二部分是赵简子与成鱄的对话,按其性质,也属于"教政"内容。其核心思想是俭侈与存亡之关系。先秦政治思想中,俭侈与为政之道,常被提及,如《左传·庄公二十四年》载鲁庄公对桓公庙进行的雕镂装饰,皆不合礼,御孙谏曰:"臣闻之:'俭,德之共也;侈,恶之大也。'先君有共德,而君纳诸大恶,无乃不可乎?"《国语·鲁语上》对此事也有记载,匠师庆言于鲁庄公曰:"今先君俭而君侈,令德替矣。"为政者的"俭"与"侈"属于为政者的政治品德内容,对国家治理产生重要的影响。

《左传·僖公二十三年》载楚成王没有听取子玉杀掉重耳的建议,而是善待重耳一行,其理由是:"晋公子广而俭,文而有礼。其从者肃而宽,忠而能力。晋侯无亲,外内恶之。吾闻姬姓唐叔之后,其后衰者也,其将由晋公子乎!天将兴之,谁能废之?违天,必有大咎。"俭,是其中重要的原因。《左传·成公十八年》载晋悼公使"荀家、荀会、栾黡、韩无忌为公族大夫,使训卿之子弟共俭孝弟"。俭,是贵族子弟教育的重要内容。《左传·襄公二十六年》载叔向曰:"郑七穆,罕氏其后亡者也,子展俭而壹。"俭与存亡关系莫大,叔向对郑国七穆中,罕氏后亡的判断,便是由于子展的"俭而壹"。

与"俭"相反的"侈",则被看作是导致丧亡的重要原因。《左传·襄公二十七年》载赵文子告叔向曰:"伯有将为戮矣。诗以言志,志诬其上而公怨之,以为宾荣,其能久乎?幸而后亡。"叔向回答道:"然,已侈,所谓不及五稔者,夫子之谓矣。"叔向认为郑国的伯有将为戮,其理由便是"侈"。《左传·襄公二十九年》载:"齐高子容与宋司徒见知伯,女齐相礼。宾出,司马侯言于知伯曰:'二子皆将不免。子容专,司徒侈,皆亡家之主也。'知伯曰:'何如?'对曰:'专则速及,侈将以其力毙,专则人实毙之,将及矣。'"女齐对智伯说宋司徒不免于祸的理由便是"侈将以其力毙"。《左传·昭公五年》载大叔谓叔向曰:"楚王汰侈已甚,子其戒之!"叔向回答道:"汰侈已甚,身之灾也,焉能及人?""侈"是导致灾祸的原因。《左传·成公十七年》："晋范文子反自鄢陵，使其祝宗祈死，曰：'君骄侈而克敌，是天益其疾也，难将作矣。爱我者惟祝我，使我速死，无及于难，范氏之福也。'"难由"侈"起，范文子唯恐避之不及。俭与侈，成为为政成功失败的重要原因，是以《史记·晋世家》载："赵盾素贵，得民和；灵公少，侈，民不附，故为弑易。"此后儒家典籍里也一再论说"俭"的重要性，如《论语》载孔子言："奢则不孙，俭则固。与其不孙也，宁固。"《礼记·表记》载孔子言："恭近礼，俭近仁，信近情。敬让以行，此虽有过，其不甚矣。"《孟子·滕文公上》："是故贤君必恭俭礼下，取于民有制。""俭"对于修身、治国，皆为重要内容。清华简《赵简子》中成鱄以"俭"与"侈"的关系，来回答赵简子的"齐君失政，陈氏得之"的原因，正是这一时代思想潮流的反映。

赵简子在赵氏宗室发展过程中，起到了非常重要的作用，与其子赵襄子建立的丰功伟绩，被后世称为"简襄功烈"。从赵简子年纪尚轻位列卿位，在错综复杂的政治斗争中逐渐摆脱范氏、中行氏的牵制，使赵氏崛起强大，便可见其政治能力不凡。这与赵简子本人的善于纳谏，善于"问政"不无关系。《史记·赵世家》："赵简子有臣曰周舍，好直谏。周舍死，简子每听朝，常不悦，大夫请罪。简子曰：'大夫无罪。吾闻千羊之皮不如一狐之腋。诸大夫朝，徒闻唯唯，不闻周舍之鄂鄂，是以忧也。'简子由此能附赵邑而怀晋人。"赵简子不爱听阿谀奉承之词，表明其一直都能以清醒的态度面对政事。《左传》中所记赵简子内容，也多以"懂礼""守礼"形象示人。《左传·昭公二十五年》载黄父之会："子大叔见赵简子，简子问揖让、周旋之礼焉。对曰：'是仪也，非礼也。'简子曰：'敢问，何谓礼？'对曰：'吉也闻诸先大夫子产曰："夫礼，天之经也，地之义也，民之行也。"……，简子曰：'甚哉，礼之大也！'对曰：'礼，上下之纪、天地之经纬也，民之所以生也，是以先王尚之。故人之能自曲直以赴礼者，谓之成人。大，不亦宜乎！'简子曰：'鞅也，请终身守此言也。'"赵简子对子大叔所讲之礼，大为赞赏，而且表示终身行守。

《左传·昭公三十二年》载赵简子就"季氏出其君，而民服焉，诸侯与之"的问题询问于史墨。卿大夫问政事于贤良，这在春秋屡见不鲜，如《左传·昭公十一年》所载韩宣子问于叔向，楚国能否战胜蔡国的问题，叔向由楚蔡问题而谈及治国之道。《左传·昭公二十八年》载魏献子（魏舒）对自己任命儿子为梗阳大夫之事，询问成鱄。清华简《赵简子》的出土，再次让我们看到了赵简子礼贤的形象，对俭侈与修身、齐家、治国的关系有了进一步的认识。

三

清华简《赵简子》所载二部分内容，从思想史的角度来看，所论述的皆为当时修身、治家、为政的核心内容,就赵简子与成鱄对话内容来看,也与晋国献公、襄公、厉公的史实基本相符。但整体说来,《赵简子》所载史实,无论是从思想史,还是历史学角度而言,提供的材料皆为量的增加,而非质的突破。基于此,整理者认为"简文对于研究春秋晚期的历史和思想有一定的参考价值"这样的判断,应该是公允的。

清华简《赵简子》除了增加了关于赵简子、成鱄的史料之外,还有其文献学价值。首先,在古文字与具体内容的考释方面,如🈳字的释读,"六灶""六祀"的具体含义等,存在着不同的看法,有助于进一步推进相关研究。其次,因清华简《赵简子》的发表,成鱄其人受到了人们更多的关注与了解。传世文献中,成鱄的记载并不多见,仅在《左传·昭公二十八年》和《说苑·善说》中有载。《说苑·善说》所载也是赵简子问成鱄的内容,其文曰:"赵简子问于成抟曰:'吾闻夫羊殖者贤大夫也,是行奚然?'对曰:'臣抟不知也。'简子曰:'吾闻之,子与友亲。子而不知,何也?'抟曰:'其为人也数变:其十五年也,廉以不匿其过,其二十也,仁以喜义;其三十也,为晋中军尉,勇以喜仁;其年五十也,为边城将,远者复亲。今臣不见五年矣,恐其变,是以不敢知。'简子曰:'果贤大夫也,每变益上矣。'"[4]291 从成鱄与魏献子与赵简子的对话来看,他是当时晋国行事低调的贤大夫,赵平安、石小力先生也指出"这个谋臣不简单"[5]。再次,清华简《赵简子》所载赵简子与成鱄的对话,在传世文献《说苑》中也有二人的对话,这也让我们重新思考《说苑》以及刘向所著《新序》《列女传》的史学价值。刘向、歆父子领校群书,为中国文化史上的一件大事,正如余嘉锡先生所言:"使后人得见周、秦诸子学说之全者,向之力也。"[6]104《说苑》《列女传》的成书背景《汉书·楚元王传》有载,其文曰:"向睹俗弥奢淫,而赵、卫之属起微贱,逾礼制。向以为王教由内及外,自近者始。故采取《诗》《书》所载贤妃贞妇,兴国显家可法则,及孽嬖乱亡者,序次为《列女传》,凡八篇,以戒天子。及采传记行事,著《新序》《说苑》凡五十篇奏之。数上疏言得失,陈法戒。书数十上,以助观览,补遗阙。上虽不能尽用,然内嘉其言,常嗟叹之。"[7]1957-1958 刘向所著之书,材料皆采撷先秦旧典,只是有其选取的标准。宋人高似孙在其《子略》中言道:"先秦古书,甫脱烬劫,一入向笔,采撷不遗,至其正纲纪、迪教化、辨邪正、黜异端,以为汉规监者,尽在此书。兹《说苑》《新序》之旨也。"[8]94 现代有许多学者将《说苑》《列女传》归入小说类,但从史学价值来看,其与稗官野史的"小说家"是不同的,且在《汉书·艺文志》《隋书·经籍志》《宋史·艺文志》《四库全书总目》中,皆入子部或史部类。清华简《赵简子》所载赵简子与成鱄的对话,可与《说苑》相印证。简文中成鱄提及晋平公时的情形,可与《说苑·辨物》所载平公事亦相印证。《说苑·辨物》:"平公不悦。异日置酒虒祁之台,使郎中马章布蒺藜于阶上,令人召师旷。"清华简《赵简子》:"宫中三十里,驰马四百驷,美其衣裳,饱其饮食,宫中三台,是乃侈矣。"两篇文献所言内容,与《左传》所载晋平公情况相符。清华简《赵简子》成鱄在论述晋襄公时,言道:"就吾先君襄公,亲冒甲胄,以治河济之间之乱。冬不裘,夏不帐簟,不食濡肉,宫中六灶并六祀,然则得辅相周室,兼霸诸侯。"子居先生在《清华简七〈赵简子〉解析》一文中认为:"清华简《赵简子》此节所称'冬不裘,夏不张簟,不食濡肉',显然不合春秋礼制,晋襄公也并非以俭名著称,因此这里所说,当也是套用战国末期较流行套语的一种夸饰之辞,而与史实无关。"窃疑"冬不裘,夏不帐簟,不食濡肉"应与"宫中六灶并六祀"以句号断开,前后分属两事。所言并不一定是夸饰之辞,也非实际生活写真,而是军礼中之将礼。《黄石公三略·上略》:"《军谶》曰:军井未达,将不言渴;军幕未办,将不言倦;军灶未炊,将不言饥。冬不服裘,夏不操扇,雨不张盖。是谓将礼。"[9]316 此应是成鱄言晋襄公依将礼而行之事。况晋襄公之事,赵简子并非一无所知,如成鱄用不符事实的夸饰之辞,只会降低其谈话内容的可信度,与成鱄本人以及整篇谈话文意明显不符。将礼有如此的规定,是以用将礼来理解,可能更为合适。

整体而言,清华简《赵简子》的出土,虽然篇幅有限,也无突破性的内容,但仍为我们了解赵简子其人,以及范、赵关系提供、补充了材料,有其文献学价值,尤其是对我们思考刘向所著《说苑》《新序》《列女传》等书的史学价值,提供了新的契机。简文中有的内容,仍值得我们进一步探讨,如成鱄举例来说俭侈,举了晋献公、襄公、平公,并未举著名的晋文公。《左传·襄三十一年》载郑国子产在晋平公时来晋,尽坏晋国使馆之垣,面对士文伯的责让,子产回答道:"侨闻文公之为盟主也,宫室卑庳,无观台榭,以崇大诸侯之馆,……今铜鞮之宫数里,而诸侯舍于隶人,门不容车,而不可逾越;盗贼公行,而天厉不戒。"文献中正是将晋平公与晋文公作对比,但清华简《赵简子》中成鱄未举晋文公,是何原因,仍值得进一步思考。

参考文献

[1] 清华大学出土文献研究与保护中心.清华大学藏战国竹简:柒[M].上海:中西书局,2017.

[2] 刘向.古列女传[M].北京:中华书局,1985.

[3] 子居.清华简七《赵简子》解析[EB/OL].(2017-05-29)[2017-11-15].http://www.360doc.com/content/17/0529/17/34614342_658254888.shtml.

[4] 刘向.说苑校正[M].向宗鲁,校正.北京:中华书局,1987.

[5] 赵平安,石小力. 成鱄及其与赵简子的问对:清华简《赵简子》初探[J]. 文物,2017,(3):85-89.
[6] 余嘉锡. 古书通例·叙刘向之校雠编次[M]. 上海:上海古籍出版社,1985.
[7] 班固. 汉书[M]. 北京:中华书局,1962.
[8] 高似孙. 子略[M]. 北京:朴社,1928.
[9] 骈宇骞,李解民,盛冬铃,等. 武经七书[M]. 北京:中华书局,2007.

原载《邯郸学院学报》2018年第2期

从清华简《赵简子》论春秋贵族家族中的"师保傅母"

雷鹄宇

清华简《赵简子》原无篇题,由两部分彼此独立但都与春秋末期晋国重臣赵简子有关的内容组成。简文的前半部分记述的是春秋末年另一位晋国重臣范献子对赵简子的劝谏,其中提到了在赵简子成长过程中起非常重要作用的家臣"师保傅母"。杨宽先生在研究西周政权结构时就指出,"师""保"是贵族家族中由兼有教养监护人员与族中长老双份身份的人员发展形成的官职,因其从贵族家内幼儿保育和监护礼制发展起来,故而具有长老监护的性质[1]337。从清华简《赵简子》中我们可以看到春秋时期"师保傅母"在贵族家族中仍扮演较为重要的角色。而春秋时期作为社会大变革时期,"师保傅母"也难免会有一些新的时代特征。本文从清华简《赵简子》与相关传世文献出发,重新审视春秋时期贵族家族中"师保傅母"的地位与作用,也有助于理解春秋战国时期贵族政治向官僚政治的变迁。

一、《赵简子》中的"师保"与"傅母"

为了下文讨论方便,我们现将《赵简子》的前半部分用宽式释文摘录于下:

赵简子既受霝将军,在朝,范献子进谏曰:"昔吾子之将方少,如有过,则非子之咎,师保之罪也。就吾子之将长,如有过,则非子之咎,傅母之罪也。今吾子既为霝将军已,如有过,则非人之罪,将子之咎。子始造于善,则善人至,不善人退。子始造于不善,则不善人至,善人退。用由今以往,吾子将不可以不戒已!"[2]107

这段简文中范献子对赵简子之言虽被简文称为"进谏",范献子也尊称赵简子

[作者简介] 雷鹄宇(1984—),男,山西朔州人,山西师范大学历史与旅游文化学院讲师,主要研究方向为先秦史。

为"吾子",但参考二人的实际地位,范献子实际上是以长辈身份告诫赵简子。范献子将赵简子到目前的人生大体上分为两个阶段,一个阶段为"昔吾子之将方少"与"就吾子之将长"时,另一个阶段是"今吾子既为将军"以后。对于后一个阶段的标志性事件是赵鞅担任"寘将军"。对于将军前的"寘"字,笔者认为杨蒙生先生读为"命"字更加通达[3]6。"命将军"即《左传》成公二年中的"命卿"。所谓赵简子"受命将军"或"为命将军",就是指赵简子刚刚担任晋卿之时。范献子对他提出告诫是元老对新任卿职者的口吻。范献子认为赵简子在"既为寘将军"之前犯有过错是无须承担责任的,而是由"师保"和"傅母"负责,体现出"师保""傅母"在赵氏家族中的重要性。

简文中提到赵简子的"师保"在传世文献中也有记述,《国语·晋语九》载赵氏家臣邮无正之语曰:

> 昔先主文子少鲜于难,从姬氏于公宫,有孝德以出在公族,有恭德以升在位,有武德以羞为正卿,有温德以成其名誉,失赵氏之典刑,而去其师保,基于其身,以克复其所。及景子长于公宫,未及教训而嗣立矣,亦能纂修其身以受先业,无谤于国,顺德以学子,择言以教子,择师保以相子。

邮无正追述赵氏家族历史时强调,赵文子、赵景子到赵简子三代,只有简子从小受到师保的教训,原因是"下宫之难"造成的特殊情况——文子和景子都是在国君之宫内长大,所以家族内部没有设立师保。从这个角度推测,师保主要是教导未成年贵族子弟的。所以直到赵景子为了教育自己的儿子即后来的赵简子时,才为之"择师保"。简文中提到赵简子除"师保"之外还有"傅母",但传世文献中并无记载。本简中"傅"字写作"嫥",传世文献中多写作"傅母"或"傅姆"。严格地说"师""保""傅""母"各司其职,身份有所区别。按杨宽先生的说法,"师"原为军官,同时又为教导子弟的教官;"保"原指保姆,原为教养监护的官[1]338。傅之义,《说文解字·人部》释为:"相也。"即相助之义。杜预注《左传》襄公三十年中"待姆也"一句时说:"姆,女师。"可见四者职掌与分工最初有所分别,但到了春秋战国时期因其相似性也经常被人们混用。《国语·晋语四》:"文王在母不忧,在傅弗勤,处师弗烦",徐元诰释为"谓不劳烦师傅,敏而好学"[4]361。这显然是将职责相同的师、傅归为同类。《国语·晋语八》讲范武子"及为成师,居太傅",说范武子因为是晋成公的老师而担任晋国太傅之职。但考究晋国太傅一职,大多由国君即位前的"傅"担任。也就是说《晋语八》中的"成师"其实就是成公之傅。另外文献中也常有"师傅""保傅"的说法。《战国策·赵二》载赵王之言曰:"先王之时,奉阳君相,专权擅势,蔽晦先王,独制官事。寡人宫居,属于师傅,不能与国谋。"也是说自己为太子之时,是由师傅负责的。《战国策·秦五》载秦公子异人之言曰:"少弃捐在外,尝无师傅所教学,不习于诵。"这里的"师傅"其实就是"师""保""傅""姆"的统称。《战国策·秦三》载范雎之言曰:"居深宫之中,不离保傅之手。"其中的"保傅"同于"师傅",亦是"师""保""傅""姆"的统称。所以我们认为,范献子对赵简子说:"昔吾子之将方少,如有过,则非子之咎,师保之罪也。就吾子之将长,如有过,则非子之咎,傅母之罪也。"从修辞上讲是互文,"将方少"之时,不止有师保,同时也有傅母;同样"将长"之时,不止有傅母,同样也有师保。重复只是为了加强语气。

　　清华简《赵简子》中范献子只笼统地说赵简子受师保傅母的监护是在"将方少"与"将长"之时,但并未确指年龄。《左传》襄公十三年载,楚共王自称:"生十年而丧先君,未及习师保之教训。"因楚共王十岁丧父即位,所以没有得到师保的教诲。也就是说十岁之前楚庄王并没有给时为太子的楚共王安排"师保",而假如楚庄王再多在世若干年,也会为太子配上师保。《礼记·内则》:"(男子)十年,出就外傅,居宿于外……女子十年不出,姆教婉娩听从。"按《内则》的说法,男子十岁以后受外傅教育监护,而女子则十岁以后受姆教导。但参考其他文献,贵族男女幼年时皆有傅母。《春秋公羊传》襄公三十年:"宋灾,伯姬存焉。有司复曰:'火至矣,请出。'伯姬曰:'不可。吾闻之也,妇人夜出,不见傅母不下堂。傅至矣,母未至也。'逮乎火而死。"这是贵族女子有傅母监护,即便成年出嫁后依然,但男子受傅母监护则多在未成年时。中山王𰀁鼎曰:"昔者,吾先考成王,早弃群臣。寡人幼童,未通智,唯俌(傅)伋(姆)是从。"(《集成》02840)幼童之时唯傅母是从,也就是说成年后则不然。比较有意思的是,中山王自称幼童之时即位"唯傅母是从",而楚共王十岁即位却自称"未及习师保之教训",可能是中山王𰀁虽自称"幼童"之时即位但实际上已经超过十岁,所以有傅母的监护,也可能是楚国与中山国制度不同。过去典籍中记载的两周时期儿童受教育年龄分歧很大,陈槃先生曾作很详细地梳理,并推测这些说法所根据的资料来源不同,不同地区不同家族可能也没有一个统一的标准。[5]301

　　不过我们可以肯定的是,在赵简子出任卿职前,范献子所说对其负责的"师保""傅母",就是赵简子未成年时的教养监护人员。

二、春秋贵族家族中"师保""傅母"的地位与作用

　　因史料的限制,我们看到春秋时期贵族家族中的"师保""傅母"大都出现在公

室。文献中记载了不少国君子弟之傅，也偶有记载卿大夫家族子弟之"傅"的，如《左传》昭公十二年载周王朝的甘氏家族之太子也有"傅"。清华简《赵简子》与《国语·晋语》不但让我们看到卿大夫家族也有"师保""傅母"，还让我们看到春秋贵族家族中"师保""傅母"地位的变迁。当然，公室作为一种特殊的贵族家族，其与其他贵族家族本质上并无不同。所以我们可以参考公室情形来看春秋时期一般贵族家族中"师保""傅母"的状况。

春秋贵族家族中的"师保""傅母"依然发挥着很重要的作用。这可以从以下几个方面看出。

首先，几乎所有贵族家族内部都设置教育子弟的"师保""傅母"，人选一般由宗子任命。公室作为特殊的贵族家族，其对贵族子弟的教育也大体相同，只不过一般是国君安排。如《国语·晋语四》载晋文公想让阳处父做太子讙即后来晋襄公的"傅"时，说"吾欲使阳处父傅讙也而教诲之"。其中"教诲"是阳处父作为太子之傅主要的职责。《国语·晋语七》载晋悼公任命叔向为太子彪即后来晋平公的"傅"，是由于"羊舌肸（即叔向）习于春秋"，也是因为叔向拥有教诲年轻子弟的素质。受"师保"教诲的基本是年少的贵族子弟。而《左传》襄公十三年载楚共王自称"生十年而丧先君，未及习师保之教训"，楚共王以没有受到师保教训为撼，可见师保对贵族子弟教育的重要性。赵氏家族因下宫之难连续两代没有受到师保教训，家族一稳定赵景子就马上给赵简子安排师保也是同样的原因。

其次，"师保"对贵族子弟起政治辅佐作用。《国语·晋语九》载赵景子对赵简子"择师保以相子"。《左传》成公九年载楚人钟仪讲述楚共王年少时："其为大子也，师保奉之。"无论是"相"还是"奉"，都是起辅佐的作用。《左传》僖公九年载晋献公早些年就命荀息为太子奚齐之傅，等晋献公病危之时托孤于荀息，荀息向献公保证："臣竭其股肱之力，加之以忠贞。其济，君之灵也；不济，则以死继之。"这已经超出一般意义上的辅佐，而是受托孤之任。《左传》文公元年载楚穆王商臣为太子之时，疑嫡位不保，便与其师潘崇合谋弑其父成王。因为"师""傅"特殊的地位，所以这些贵族子弟政治上失势之后，"师""傅"便首先罹祸。《左传》僖公四年载晋献公时太子申生失宠且被疑谋逆之时，晋献公首先做的就是"杀其傅杜原款"。《左传》昭公十二年载周王朝的甘氏家族之太子政治斗争失败后，也"杀献太子之傅"。《左传》昭公十九年载楚平王即位后对太子建的安排是，"使伍奢为之师，费无极为少师"。后费无极无谮太子建于楚平王，因其少师身份，故所进谗言更易为平王相信。太子失宠后，伍奢与其子伍尚也皆被平王所杀。另外贵族子弟的某些人生大事也多由"师保""傅母"受命处理。《左传》昭公十九年载当平王为太子建娶妻之时,也是少师费无极前去迎亲。

最后,这些"师保""傅母"在贵族子弟成年后依然具有很高地位。文献中记载较多的例子是,一国太子的"师保""傅母"在太子即位后,不止受到新君的尊重,并在国内会拥有较高的地位。如阳处父是晋襄公为太子之时的"傅",在襄公继位后出任为晋国的"太傅",地位超然,甚至能否决晋襄公已经定好的三军将佐人选。《国语·晋语八》称范武子"及为成师,居太傅",也就是说范武子是因身为晋成公之师,才出任晋国太傅。范武子是以中军将兼任太傅,故而权力更大。叔向是晋平公为太子之时的"傅",在平公继位后出任为晋国的"太傅"。叔向之时六卿已基本把持晋国政权,但叔向仍然位居大夫之首。前文已经说过,楚穆王商臣为太子时之师潘崇,在穆王即位后也是"为大师,且掌环列之尹",地位尊崇,在《国语·楚语》中被尊称为"师崇"。以此来推断公室以外的其他贵族家族,情形也当类似。

虽然春秋时期的"师保""傅母"还拥有相当重要的地位,但与西周时期相比,其重要性呈逐渐衰落的趋势。西周初年的师保为周公、召公、齐太公,西周后期的师龢父,都是王室重臣。《左传》襄公十四年曰:"有君而为之贰,使师保之,勿使过度。"杜预注:"贰,卿佐。"这是描述传统贵族政治的格局。也就是说,天子或诸侯的师保天然的就是执政之卿。但到了春秋时期,这种政治格局发生了变化。晋献公去世时以荀息为新君之傅还是有元老辅政的意味,但荀息却并不掌握晋国实际权力,两任幼主先后被弑后自己也没有保全。晋襄公之傅阳处父虽然有能力影响襄公所定的六卿人选,但权力与地位却在六卿之下,最后也没有善终。到了晋平公之傅叔向,虽然其才华为晋国内外公认,但对晋国的影响力非常有限,徒有君傅之名,实际身份却只是执政卿的高级参谋,甚至动辄陷于囹圄之灾。这一方面与晋国君权日渐削弱有关,更主要的原因是"师保""傅母"地位下降导致的。所以我们看到,春秋时期除了保留传统更多的宋国有左师与右师执政外,其他各诸侯国几乎没有"师保""傅母"执政的例子。另一方面,某些情况下贵族子弟有过错时,会由其"师""傅"担责。清华简《赵简子》中范献子讲的就很明确——"昔吾子之将方少,如有过,则非子之咎,师保之罪也。就吾子之将长,如有过,则非子之咎,傅母之罪也。"究其原因,大概是古人认为这个年龄段属于"好弄戏"之时,容易犯错,故可原谅;另外"师保"的教导没有显现出成效,故需要让"师保""傅母"领罪。到了战国时期仍有这种事件,《史记·秦本纪》记载秦国商鞅变法时,太子犯禁,商鞅就说:"君必欲行法,先于太子。太子不可黥,黥其傅师。"因为权力的大幅度削弱而责任并无减轻,导致了"师保""傅母"实际地位不可避免的下降。

正是缘于以上情势,赵简子出任卿职之后,也并未对"师""保"给予太高的重视。《国语·晋语九》载赵氏家臣邮无正称赵简子"今吾子嗣位,有文之典刑,有景之教训,重之以师保,加之以父兄,子皆疏之,以及此难"。所谓"以及此难",是指中行氏、范氏对赵氏的发难。按照邮无正的说法,赵简子对"师保"的疏远也是导致"以及此难"的一个原因。这从侧面反映出,传统的价值观认为贵族子弟即便执掌政事后仍要对其"师保""傅母"给以亲近与尊崇,但实际情况却是"师保""傅母"的重要性日渐衰落。贵族子弟成年后对"师保""傅母"逐渐疏远的结果就是,"师保""傅母"逐渐失去了实际执掌的权力而变成了尊荣的虚职。权力由身份尊崇的贵族长老身上逐渐转移到君主更易控制的职业官僚手中,这也正是贵族政治向官僚政治过渡的过程。

总而言之,"师保""傅母"是春秋贵族家族中地位特殊的家臣。因传统的长老监护制度的遗风,贵族子弟师长的身份使其享有普通家臣难以企及的尊宠,但其重要性却日渐衰落,并且可能随时要为贵族子弟所犯过错承担严重的后果。虽然当时传统的价值观仍然认为,贵族子弟即便成年执掌政事后亦不可对其"师保""傅母"疏远,否则祸难将及于身,但这正反映出传统力量对"师保""傅母"地位普遍下降的担忧。我们从中也可以看出春秋时期贵族政治日渐衰落的一个侧面。

参考文献

[1] 杨宽. 西周史[M]. 上海:上海人民出版社,2016.
[2] 清华大学出土文献研究与保护中心. 清华大学藏战国竹简:柒[M]. 上海:中西书局,2017.
[3] 杨蒙生. 赵氏人物史迹考辨二题:以清华简为中心[J]. 邯郸学院学报,2018(2):5-7.
[4] 徐元诰. 国语集解:修订本[M]. 北京:中华书局,2002.
[5] 陈槃. 旧学旧史说丛[M]. 上海:上海古籍出版社,2010.

原载《邯郸学院学报》2018年第2期

由清华简《系年》所见赵襄子至赵献侯世系新说

冯小红

清华简《系年》所载赵桓子与赵献侯的活动,不仅《史记》和其他传世文献阙载,且其中显示的赵襄子至赵献侯的纪年又与《史记》所载纪年不符。本文以清华简《系年》为主要依据,结合《史记》、"侯马盟书"以及前人有关赵襄子至赵献侯纪年的研究,对春秋末年晋国赵氏世系重新予以梳理,以就教于方家。

一、赵襄子至赵献侯世系旧说

以往,赵襄子至赵献侯的世系首先主要依据《史记》的《六国年表》和《赵世家》来厘定,即赵襄子从前456年至前425年,赵桓子为前424年,赵献侯从前423年至前408年。

《史记·赵世家》对赵简子卒年和赵襄子元年有两条记载。《赵世家》先说:"晋出公十七年,简子卒,太子毋卹代立,是为襄子。"据此可知赵简子卒年为前457年,赵襄子元年当为前456年;《赵世家》紧接着又说:"赵襄子元年,越围吴。襄子降丧食,使楚隆问吴王。"[1]1793 越围吴之年为前476年,据此可知赵襄子元年为前476年。根据《史记·赵世家》前后两条记载分别推断出的赵襄子元年不一致。

另据《左传·哀公二十年》记载:

> 十一月,越围吴,赵孟降于丧食。楚隆曰:"三年之丧,亲昵之极也,主又降之,无乃有故乎?"赵孟曰:"黄池之役,先主与吴王有质,曰:好恶同之。今越围吴,嗣子不废旧业而敌之,非晋之所能及也,吾是以为降。"楚隆曰:"若使吴王知之,若何?"赵孟曰:"可乎?"隆曰:"请尝之。"乃往……告于吴王曰:"寡君之老无恤使陪臣隆,敢展谢其不共,黄池之役,君之先臣志父得承齐盟,曰"好

[作者简介] 冯小红(1970—),男,河北高阳人,邯郸学院地方文化研究院副院长、教授,复旦大学历史学博士。

恶同之"。今君在难,无恤不敢惮劳,非晋国之所能及也,使陪臣敢展布之。"[2]1716

《左传》的记载可与《史记·赵世家》的后条记载相互佐证。以此为基础,学界对赵襄子元年究系何年进行了长期讨论,结果形成前475年、前474年、前476年等说①,并推翻《史记·赵世家》所载"襄子立三十三年卒"的说法,把襄子的执政时间延长到50年。

除此之外,杨宽还考订了赵桓子和赵献侯的纪年,他认为:"桓子逐献侯而自立,当未逾年改元,桓子元年仍当周威烈王元年。桓子一年卒,献侯又在杀桓子之子后而迎立,亦当未逾年改元。献侯元年当周威烈王二年。"[3]56 根据杨宽的考订,赵桓子元年为前425年,赵献侯元年为前424年。

二、清华简《系年》对世系旧说的挑战

清华简《系年》分别记载了赵桓子和赵献侯的活动,这些活动的发生时间对赵襄子至赵献侯的世系旧说提出了重大挑战。

《系年》记赵桓子的活动曰:

> 晋敬公立十又一年,赵桓子会诸侯之大夫,以与越令尹宋盟于邢,遂以伐齐,齐人焉始为长城于济,自南山属之北海。[4]186

与诸侯之大夫会盟和征伐都是国之大事。根据《史记·赵世家》的记述,从赵简子至赵献侯,凡是发生会盟及征伐等大事,一般都是由赵卿本人亲自出面,只有在智伯伐郑之时,赵简子有疾,乃派太子毋恤代为统军。[1]1793 这说明,在这一时段,晋国赵氏主持会盟和征伐之人一般为赵卿本人,赵卿有特殊情况,方以赵氏宗族中地位仅次于赵卿的重要角色替代。据此可知,至迟在晋敬公十一年,即前441年,赵桓子已经正式成为晋国赵卿或赵氏宗族中地位仅次于赵卿的重要人物。也就是说根据《系年》所记,赵桓子的执政时间至少比旧说早17年。若如是,则赵襄子卒于前425年的旧说也不再成立。

---

① 前475年之说最为流行,该说源于唐张守节的《史记正义》,后为今人方诗铭的《中国历史纪年表》(上海辞书出版社1980年版)、冯君实主编的《中国历史大事年表》(辽宁人民出版社1984年版)等工具书广泛采用;作为先秦赵国历史研究的标志性著作——沈长云等著的《赵国史稿》(中华书局2000年版)亦采此说;杨宽的《战国史》(上海人民出版社1955年版)定为前474年,后在《战国史料编年辑证》(上海人民出版社2001年版)中改为前475年;晁福林的《试论赵襄子卒年及相关历史问题》(《河北学刊》2001年第1期)定为前476年。

《系年》记赵献侯的活动曰：

> 楚简大王立七年……晋魏斯、赵浣、韩启章率师围黄池……二年，王命莫敖昜为率师侵晋，夺宜阳，围赤谦，以复黄池之师。魏斯、赵浣、韩启章率师救赤谦，楚人舍围而还，与晋师战于长城。[4]189

赵浣即赵献侯。前文说过，这一时段赵氏主持征伐之人是赵卿本人或赵氏宗族中仅次于赵卿的重要人物。楚简王七年为前425年，则根据《系年》所记，至迟在前425年，赵献侯即已正式成为赵卿或赵氏宗族中地位仅次于赵卿的重要人物。简文整理组将《系年》中之"二年"释为"第二年"，即楚简王八年，则据《系年》，前424年赵浣仍作为赵卿或赵氏宗族中仅次于赵卿的重要人物。这与世系旧说之前425年襄子卒、前424年桓子逐献侯而自立、前423年献侯复辟不一致，与杨宽考订之前425年为桓子元年、前424年为献侯元年也不完全相符。

三、清华简《系年》与《史记》、"侯马盟书"会考

《史记·赵世家》记载襄子至献侯之史事曰：

> 襄子立三十三年卒，浣立，是为献侯。献侯少即位，治中牟。襄子弟桓子逐献侯，自立于代，一年卒。国人曰桓子立非襄子意，乃共杀其子而复迎立献侯。[1]1796-1797

太史公在此处的记述颇为简略，不少地方存有疑问。孙继民在《赵桓子都代考》一文中就指出"桓子逐献侯"一句语义含糊，有两处未交代清楚：其一为桓子逐献侯于何地，其二是献侯复辟后建都于何处。[5]但是在这里太史公对赵襄子的执政时间却言之凿凿，即"襄子立三十三年卒"。如果以后人考证之前475年作为赵襄子元年，并将赵襄子的执政时间仍依《史记》计为33年的话，则赵襄子当卒于前442年。结合清华简《系年》关于前441年赵桓子会诸侯之大夫和率师伐齐的记载，可以推知赵襄子去世当年，赵桓子即驱逐赵献侯而自立于代地，则赵桓子元年当为前441年。再根据《史记·赵世家》关于赵桓子"一年卒"的记载，可知赵桓子在前440年即已去世，其子当于该年继立为赵卿。

太史公后文只是说"国人曰桓子立非襄子意，乃共杀其子而复迎立献侯"，而未指明其事发生于何年。清华简《系年》还记有：

> 晋幽公立四年，赵狗率师与越公朱句伐齐，晋师阖长城句俞之门。[4]186

赵狗其人历史典籍无所记，但在出土的"侯马盟书"的宗盟类盟书中有一篇署名为"狗"的誓词，可证明在赵氏宗族中确有其人。[6]210 笔者根据《侯马盟书（增订

本)》的类例释注,将这篇誓词整理如下:

狗,敢不半其腹心以事其宗,而敢不尽从嘉之明,定宫平時之命,敢或皷改助及为,卑不守二宫,敢又志复赵尼及其子孙于晋邦之地者,及羣虖明者,虘君其明亟覾之,麻墨非是。

"侯马盟书"的研究者对誓词中主盟人"嘉"的身份存在不同认识。张颔认为"嘉"是对"子赵孟"的懿美称谓和讳称;唐兰、高明、李学勤、余闻荣等认为"嘉"指赵桓子。① 清华简《系年》对赵桓子和赵狗活动的记载不仅能够为唐兰、李学勤等人的观点提供有力的旁证,同时为我们判断赵狗的身份提供了重要依据。根据前文提出的标准,赵狗能够率赵氏之师伐齐,必身为赵卿或为赵氏宗族中仅次于赵卿之重要人物。据此推断,赵狗当为赵桓子之子,为赵桓子册立之太子。他当于前440年继赵桓子立为赵卿,因此才有晋幽公四年(前430年)他率师伐齐之事。进一步推断,国人共杀桓子之子(赵狗)而复迎立献侯之事至早应发生在赵狗统军出征之年,即前430年;至迟当发生于《系年》所记赵浣统军征伐之楚简王七年(前425年)。也就是说,赵献侯元年至早为前430年,至迟为前425年。

四、结语

综上所述,本文以清华简《系年》为依据,结合《史记·赵世家》和"侯马盟书"的记载,给赵襄子至赵献侯的世系提出了一种新说,即赵襄子为前475年至前442年,赵桓子为前442年至前441年,赵狗为前440年至前430年与前425年之间,赵献侯元年位于前430年至前425年之间。但清华简《系年》所记赵桓子、赵狗与赵浣的活动均不见于任何传世文献,乃为孤证,因而上述观点仅可作为旧说之外的异说,尚不能成为定论。

参考文献

[1] 司马迁.史记[M].北京:中华书局,1959.

[2] 杨伯峻.春秋左传注:修订本[M].北京:中华书局,1990.

[3] 杨宽.战国史料编年辑证[M].上海:上海人民出版社,2001.

---

① 分别参长甘:《"侯马盟书"丛考》,《文物》1975年第5期("长甘"是当时张颔所用笔名);唐兰:《侯马出土晋国赵嘉之盟载书新释》,《文物》1972年第8期;高明:《侯马载书盟书考》,载中国古文字研究会、吉林大学古文字研究室编:《古文字研究》第一辑,中华书局1979年版,第103页;李学勤:《东周与秦代文明》,文物出版社1984年版,第43页;余闻荣:《论赵孟——侯马载书盟主称谓再讨论》,《东南学术》2001年第5期。

[4] 清华大学出土文献研究与保护中心.清华大学藏战国竹简:贰[M].上海:中西书局,2011.
[5] 孙继民.赵桓子都代考[J].河北学刊,1999(1):80-84.
[6] 张颌,陶正刚,张守中.侯马盟书:增订本[M].太原:山西古籍出版社,2006.

原载《邯郸学院学报》2014 年第 4 期

由清华简载梦谈先秦赵氏梦文化渊源问题

吕庙军

梦文化研究逐渐受到中国思想文化研究学者的重视。先秦时期是中国梦文化的一个重要的发轫时期。在先秦梦文化研究中,赵人的梦文化现象尤其值得关注,它不但典型,而且详细完整①。为什么在史籍记载的梦现象中会出现如此之多的关于赵氏的梦例呢?这个问题实际上即是要回答先秦赵氏梦文化的渊源的问题。赵人梦文化现象的形成受到了多重因素的影响,以下就从殷商、周两代及晋国的神秘文化、赵人本身的历史发展进程以及赵氏政治集团等方面进行简要的探讨。

一、殷周及晋国的神秘梦文化

梦文化属于古代中国神秘文化现象之一,渊源甚早,早在商代的甲骨卜辞中就出现了许多关于占梦、解梦的文字记录。"商朝晚期贵族统治者的梦景梦象,或为雨晴气候变化,或为行止,或为来使,或为征伐战争,或为器物,或为祭品,或为宗庙秉物,或为祭祀仪式,或为狩猎,或为野兽飞禽,或为梦得病,或为在世亲属及重臣,或为祖先或已故者等等,常常直接将梦与鬼魂信仰相联系,视梦为鬼魂者对做梦者忧咎祸孽的示兆,有时将梦因归至先王先妣所致。殷人出于梦兆的迷信,每每通过占梦以预测人事祸忧,占梦的方式主要有甲骨占卜和结合梦象进行占梦释梦两种。当时已萌生了吉梦与凶梦的观念,释梦则采用比较简明的直解法。王梦有时徇询臣下,但还没有专门的占梦官。又有御祭册告杀牲郁邑的攘除恶梦忧的行事。"[1]71可见,在殷商时期,古人对梦的预示作用达到非常依赖和迷信的程度,当时已存在

[作者简介] 吕庙军(1970—),男,河北永年人,天津师范大学历史文化学院博士后流动站研究人员,邯郸学院文史学院副教授,历史学博士。

① 请参考拙文《先秦赵人梦文化解析》(《邯郸学院学报》2012年第2期)关于赵人之诸多梦例之论述。

对梦进行占卜吉凶以及化凶为吉的诸多祭祀仪式。因此,殷商时期是一个盛行占梦释梦的重要历史阶段。

除了甲骨卜辞中多见梦与占梦的记录之外,在传世文献中也不乏对梦以及占梦主题的载录,如《尚书·说命上》曰:"(高宗武丁)梦帝赉予良弼,其代予言。乃审厥象,俾以形旁求于天下。说筑傅岩之野,惟肖,爰立作相。"[2]246《史记·殷本纪》亦曰:"武丁夜梦得圣人,名曰说,以梦见视百臣群吏,皆非也。于是乃使百工营求之野,得说于傅岩中。……见于武丁,武丁曰是也。……举以为相,殷国大治。"[3]102 中国古史殷王梦得贤相傅说的传说屡见于传世文献的记载,学者多认为荒诞不经,但却获得了近年发现的清华简《尚书·说命》的证明。

清华简《尚书·说命上》所载"殷王赐说于天"[4]122 大概是说傅说是天帝所赐,并且是通过托梦的形式赐予,这与传世文献所记殷王高宗"梦得傅说"正相吻合。清华简《说命中》又云:"说来自傅岩……王原比厥梦,曰:'汝来,惟帝命'"[4]125 正是殷王高宗武丁梦得傅说,用其为相的重要证据。出土文献关于傅说发迹的相关记载,证明传世文献习以常见的殷王梦得傅说并按照梦中形象寻找傅说的记载不虚。

中国古代典籍中记载梦现象的文字可以说屡见不鲜,其中号称为儒家重要经典的"五经"均有关于古人之梦及相关问题的记录。《尚书》中关于梦的记述已见上文据引。同样在孔子删百篇之余的另类书类性质的《逸周书》里有关梦的载录亦不乏见之于《程寤解》《文儆解》《武儆解》等篇什。殷周鼎革交替之际,政局异常紧张,文王、武王、周公都曾经谈论过"梦"的问题,《逸周书》存有不少"述梦"的篇章。《逸周书》之梦记载,其详不妨具引如下:

> 文王去商,在鄷。正月既生魄,太姒梦见商之庭产棘,小子发取周庭之梓树于阙间,化为松柏棫柞。寤惊,以告文王。文王召太子发,占之于明堂。王及太子发并拜吉梦,受商之大命于皇天上帝。①

《程寤》全篇文字在今本《逸周书》中皆亡佚,但其部分佚文散见于《太平御览》《艺文类聚》等类书之中。今日吾人有幸得见近年发现的清华简《程寤》,其完整保留了传世文献中亡佚的《程寤》篇什原貌。据之研究先秦梦文化尤其周人的梦文化现象无疑又增添新证,史料实属可贵。故亦将其文移之如下:

> 隹(惟)王元祀贞(正)月既生魄,大(太)姒梦见商廷隹(惟)棘,乃小子发取周

---

① 今《逸周书·程寤》篇佚,上引文据《太平御览》卷三百九十七、五百三十三及《艺文类聚》所引补75字。

廷梓树于厥间,化为松柏棫柞,寤惊,告王。王弗敢占,诏太子发,卑(俾)灵名凶,祓。祝忻祓王,巫率祓大(太)姒,宗丁祓大(太)子发。敞(币)告宗方(祊)社稷,祈于六末山川,攻于商神,望、承(烝),占于明堂。王及大(太)子发并拜吉梦,受商命于皇上帝。兴,曰:"发!汝敬听吉梦。朋棘仇梓松,梓松柏副,棫包柞,柞化为朕。於(呜)呼!可(何)敬(警)非朋?可(何)戒非商?可(何)用非树?树因欲,不违材。女(如)天降疾,旨味既用,不可药,时不远。隹(惟)商戚在周,周戚在商,择用周,果拜不忍,绥用多福。隹(惟)梓敞不义,苋于商,卑(俾)行量亡乏,明明在向(上),隹(惟)容内(纳)棘,意(抑)欲隹(惟)柏,梦徒庶言妄,引(矧)又勿亡秋明武威,女(如)棫柞亡根。於(呜)呼!敬哉!朕闻周长不贰,务亡勿用,不忌,思(使)卑柔和顺,眚(生)民不灾,怀允。於(呜)呼!可(何)监非时?可(何)务非和?可(何)畏非文?可(何)保非道?可(何)爱非身?可(何)力非人?人谋强,不可以藏。后戒后戒,人用女(汝)谋,爱日不足。"①[5]135

清华简《程寤》的发现使我们得见传世本《逸周书·程寤》全貌,简文主要记载了太姒之梦的梦象,文王对其进行除凶化吉的仪式及详细过程,之后文武共同接受天命。文王作为此篇的中心人物通过占梦和解梦的形式,既向人们揭示了太姒之梦的象征内涵,又说明了天命由商转移到周的政治合理性。最后文王以告诫的形式对武王进行了语重心长的为政劝勉。清华简《程寤》以梦为主题的叙事风格似乎应该引起学术界对梦文化的研究的更加关注。对中国政治文化的深入研究,离开或忽视梦文化的历史考察是不全面的。

清华简《程寤》所载为太姒之梦,而在《逸周书·文儆》中亦记录了文王之梦:"维文王告梦,惧后嗣之无保,庚辰诏太子发曰……"[6]117 文王告梦,是文王梦中忧惧周之后继无人,以保周政权长治久安,故以梦的象征意义来告诫太子发治民理政秘诀,要他时刻警惕,保持清醒的政治头脑。《逸周书》中不仅记载了文王、太姒之梦,而且对武王之梦也有记载:"惟十有二祀四月,王告梦,丙辰,出金枝《郊宝》,《开和》细书,命诏周公旦立后嗣,属小子诵,文及宝典。王曰:'呜呼,敬之哉!汝勤之无盖。□周未知,所周不知商□无也。朕不敢望。敬守勿失!'以诏宾小子曰:'允哉!汝夙夜勤,心之无穷也。'"[6]239 此处记录了武王告梦周公及训诫太子诵之

---

① 此处清华简《程寤》引文主要根据清华大学出土文献整理小组以及复旦大学出土文献与古文字研究中心研究生读书会的《清华简〈程寤〉简序调整一则》(见复旦大学出土文献与古文字研究中心网站2011年1月5日刊文)。

事,仿效文王告梦训诫武王故事,如出一辙。梦在古代历史文化中主题意义与政治作用由此可窥一斑。

同样《寤儆解》也载有武王梦中惊醒召周公求戒言:"呜呼,谋泄哉!今朕寤,有商惊予。"[6]159 另武王伐商之前,《国语》引《泰誓》曰:"朕梦协朕卜,袭于休祥,戎商必克。"[7]76 以上诸梦均与周初统治者的为政方针或军事谋略紧密相关。而导致这类梦的原因也可能多有统治者对现实政治和军事情况的过度关注及忧惧有关。

除了以上《逸周书》所记梦例之外,在《周礼》《礼记》《诗经》中都有关于梦等问题的记载。《周礼》记载周代春官宗伯有"占梦中士二人,史二人,徒四人"[8]269,说明当时已有了一整套关于占梦的职官系统。其中还提到六梦说,即将梦大致分成正梦、噩梦、思梦、寤梦、喜梦、惧梦六种,[8]357 说明时人已对梦的种类及性质进行了初步研究。《礼记·文王世子》则有文王、武王父子谈梦的记载:"文王谓武王曰:'女何梦矣?'武王对曰:'梦帝与我九龄。'文王曰:'女以为何也?'武王曰:'西方有九国焉,君王其终抚诸?'文王曰:'非也。古者谓年龄,齿亦龄也。我百,尔九十,吾与尔三焉。'文王九十七乃终,武王九十三而终。"[9]248 文王、武王父子关于梦的对话今日看来较为荒诞,但其中不排除古人对此类事件的好奇和神化,以达到神道设教的政治目的。《诗经》之《鸡鸣》《斯干》《无羊》《正月》等均有梦或占梦的叙述。其中,《诗经·斯干》记录了贵族占梦关于生男生女的情况:"下莞上簟,乃安斯寝。乃寝乃兴,乃占我梦。吉梦维何?维熊维罴,维虺维蛇。大人占之:维熊维罴,男子之祥;维虺维蛇,女子之祥。"[10]353-354 古人根据梦境中的动物来预断生男生女的问题。而这种梦卜的影响在今日民间还存有孑遗。文献关于梦之记载诸如此类,不一而足,蔚为可观,因而形成了具有神秘特色的古代中国梦文化。

二、晋国赵氏梦文化的渊源

殷周的梦文化源流有自,它绝不是一个孤立的短暂的文化现象,作为具有顽固意识、观念形态的梦文化不仅具有虚幻性的一面,而且有些梦的产生如果从人类的思维和观念形成特点而言,也具有科学性的成分。

春秋历史上晋国多梦,而从属于晋国赵氏的梦例尤为典型。据学者研究,我国古代历史重要文献《左传》记梦最多,达 29 例,其中晋国梦例就占到 14 例,近乎所有梦例数量的一半,而有关晋国赵氏的梦例涉及 2 例。[11]39 汉代史学家司马迁《史记·赵世家》中不惜笔墨,广征博引,大谈赵氏四个典型梦例,其中用意可谓深长。

这些梦包括赵盾之梦、赵孝成王之梦、赵简子之梦、赵武灵王之梦、赵婴之梦，等等。其实，我们探讨赵氏梦文化的渊源，与晋国历史的思想信仰等观念发生与发展特点是分不开的。晋国立国之初据说除成王桐叶分封弟叔虞于唐（史称"桐叶封弟"）之外，还有一种以托梦的方式，《左传》昭公元年记子产之言曰："当武王邑姜方震大叔，梦帝谓己：'余命而子曰虞，将与之唐，数诸参，而蕃育其子孙。'及生，有文在其首曰'虞'，遂以命之。"[12]1228 类似记载还见于司马迁《史记》之《晋世家》《郑世家》，此不具引。要言之，晋国之建立与武王邑姜之梦紧密相连，可见晋国以后历史典籍记载多梦以及叔带如晋后亦多梦，实际上存在着相当大的梦文化和思想信仰观念的流承渊源关系。或者说晋国赵人的梦文化受到了晋国文化的明显影响，这是很自然的事情。晋国建立的梦文化故事色彩奠定了其文化的神秘色调，这不能不对晋国的统治者和贵族产生深刻的烙印。生活其中的赵氏自然免不了受到这种文化基调的影响，这就容易为我们解释为什么赵氏之梦如此之多、如此典型的疑问。

赵国的建立与赵氏力量的兴起、发展、壮大紧密相关。自夏、商以来，史籍明载赵氏先人善御为王室重要辅助，尤其周王朝的建立，是中国历史上一次重要的转折，给赵氏祖先的发展提供了很好的机遇。赵氏的建立是在西周时期实现的，这是先赵势力集团发展史上的一次重要转折。尤其在周穆王时期，造父为穆王御西行平乱立下大功，从而获得穆王的嘉奖，被赐以赵城，此后造父的氏族均称赵氏。周宣王时，千亩之战标志着周族与姜氏集团政治结盟关系的破裂，周王室处于内外交困、日暮途穷的形势，赵氏集团迫切需要另谋别途。由于赵氏距离晋国很近，因而"叔带之时，周幽王无道，去周如晋，始建赵氏于晋国"[3]1780。叔带就成为赵氏的祖先，开始了在晋国的艰难政治跋涉之旅。赵衰为赵氏在晋国的发展奠定了良好的人际关系基础，至赵盾时，赵氏势力在晋国达到鼎盛时期。从赵氏在晋国的发展历史轨迹中可以看出，赵氏政治集团的首脑人物如赵夙、赵衰、赵盾等亲身感受了晋国政治文化气氛，并受到春秋时期以占梦活动作为一种政治气氛的影响。春秋时期包括晋国在内的统治阶层，"已不仅是将占梦视为'受命于天'的符瑞，而是将占梦当作一种施展政治目的的手腕，作为权位竞逐的精神利器"[13]180。现对春秋晋国最高统治者的主要梦卜活动进行简析，以揭示对赵氏梦文化形成的影响。

晋国先有丽姬编造假梦例残害太子申生。丽姬原是丽戎国君的女儿，在晋献公讨伐丽戎国时被俘，因受到献公宠幸而纳为夫人。《左传》和《国语·晋语》都记载，丽姬立为夫人后，担心自己与儿子奚齐的政治地位随着献公的老迈与死亡而消失,于是勾结群臣,计划消灭政治障碍,以利奚齐继承君位。正是在这样的政治阴谋和背景下,丽姬编造假梦构陷太子申生,离间献公与申生父子之间的关系。最终丽姬阴谋得逞,尽逐群公子,立了奚齐为太子。丽姬之梦发生在晋献公时期,重耳也深受其害,并且此梦不能不对他也产生一定影响。

城濮之战前夕,晋文公与楚成王肉搏之梦。在晋、楚城濮之战前夕,晋文公在梦中被楚成王伏在身上并被吸食脑髓。晋文公从梦中惊醒后,对此梦兆十分恐惧。然而解梦者子犯却将此噩梦占为吉兆,并且这个吉梦在随后的城濮之战中以晋军大败楚军获胜得到应验。晋文公之梦境与现实正好相反,因此,此梦属于反梦的一个典型代表。

晋军司马韩厥之梦则是亡父托梦预示吉凶的故事。它记载鲁成公二年(前589年),晋国和齐国在鞌之战前,晋军司马韩厥梦到亡父子舆梦中告诫他在战斗中要避开戎车的左右,以免受害。韩厥遵照父亲的警示,果然躲避了这场灾难,并立下了战功。其父托梦韩厥的预示作用得到现实验证。诸如晋国国君、妃姬或贵族的梦例,于史籍屡见。晋国的其他典型梦例还有韩宣子梦晋文公携荀吴而授之陆浑、晋侯有疾梦黄熊入于寝门、与晋景公关涉三梦、中行献子梦与厉公讼,等等。

从以上梦例可以看出,梦者的主体均为晋国国君、贵族等统治者上层,不论是编造之梦或为真实托梦抑或它类,都反映了晋国的历史和政治文化特点。晋国从立国之初就以梦的主题形式加以呈现,这深刻地影响了晋国的文化基调,或者准确地说,它属于梦文化的范畴。而这种梦文化的特点又深刻地影响了生活在晋国领域中的赵氏集团的政治和文化思维模式。当然,晋国历史记梦较多的原因,也是晋国面临严峻的政治和军事斗争情况的外在反映。不过,晋国或赵氏应对纷繁复杂的政治情势,倾向以梦的主题加以呈现或解决,这可以说是生活在晋国母体中的赵氏集团的一种实际和明智的选择。

参考文献

[1] 宋镇豪. 甲骨文中的梦与占梦[J]. 文物,2006(6):61-71.

[2] 李学勤. 尚书正义:标点本[M]. 北京:北京大学出版社,1999.

[3] 司马迁. 史记[M]. 北京:中华书局,1982.

[4] 清华大学出土文献研究与保护中心. 清华大学所藏战国竹简:叁[M]. 上海:中西书局,2012.

[5] 清华大学出土文献研究与保护中心. 清华大学藏战国竹简:壹[M]. 上海:中西书局,2010.

[6] 黄怀信. 逸周书校补注译[M]. 西安:西北大学出版社,1996.

[7] 邬国义. 国语译注[M]. 上海:上海古籍出版社,1994.

[8] 杨天宇. 周礼译注[M]. 上海：上海古籍出版社,2004.

[9] 杨天宇. 礼记译注[M]. 上海：上海古籍出版社,2004.

[10] 程俊英. 诗经译注[M]. 上海：上海古籍出版社,1985.

[11] 吕庙军. 先秦赵人梦文化解析[J]. 邯郸学院学报,2012(2):39-43.

[12] 杨伯峻. 春秋左传注[M]. 北京：中华书局,1981.

[13] 熊道麟. 先秦梦文化探微[M]. 台北：学海出版社,2004.

原载《邯郸学院学报》2014 年第 1 期

【赵国思想家研究】

"无君子则天地不理"
——荀子思想中作为政治之理想人格的君子①

东方朔

    大凡研究荀子之君子观念的学者,似大都把注意力放在作为道德之理想人格的层面上,而对于作为政治之理想人格的君子观念则措意不足,或稍带言之。②造成此一现象的原因或亦由来有自,盖言儒家之君子观念,其重心多落在个人的德性修为上,③作为先秦儒学的最后一位大师,修德以成圣在荀子的思想系统中无疑占有核心的地位。《荀子》一书之编次,虽出自后人刘向之整理,然其起始四篇之"劝学""修身""不苟"和"荣辱"皆围绕智明行修、进德涵养之事展开,由此亦可见一斑。不过,荀子虽承孔孟之大体,推崇作为道德之理想人格的君子观念,但是,在荀子的思想系统中,作为政治之理想人格的君子观念亦同样具有十分重要的地位,今本荀书 32 篇中,"儒效""王制""富国""王霸""君道""臣道""致士""议兵""强国""正论""礼论"等诸篇皆或多或少地言及作为政治之理想人格的君子观念,如若联系荀子所欲实现的"正理平治"的公道世界而观,则荀子之此一意义上的君子

[作者简介] 东方朔(1963—),男,原名林宏星,江西寻乌人,复旦大学哲学系教授、博士生导师。

① 该文被人大复印报刊资料《中国哲学》2016 第 5 期全文转载。

② 韩德民强调了君子在荀子思想中所具有的政治实践的特殊意义,参韩德民:《荀子与儒家的社会理想》,济南:齐鲁书社 2001 年。此外,张奇伟曾著有《荀子的政治人格》一文,对荀书中所涉的相关概念作了相应的整理,作者强调,突出君子的政治人格品质这是荀子君子理想人格思想的一个显著特点,读者可参阅。文载《管子学刊》2002 年第 3 期。

③ 余英时先生认为:"无论是修己还是治人,儒学都以'君子的理想'为其枢纽的观念:修己即所以成为'君子';治人则必须先成为'君子'。"参余英:《中国思想传统的现代诠释》,南京:江苏人民出版社 1989 年,第 160 页。

不仅是其理想的社会秩序的设计者、承担者,同时,此君子之所思所想、所言所行,亦将儒家的贤人政治或精英观念发展到了极致的水平。

一、君子的定义

《荀子》一书言及"君子"之次数虽学者有各种不同的统计,但远较孔孟为多则是一个事实。① 正如学者所指出的那样,在孔子之前,"君子"一词所表达的意义较窄,如《诗》《书》所见,其义殆悉指社会地位而不指个人之品性而言,即或间指品性,亦兼指其社会地位言之,离地位而专指品性者绝未之见,至"孔子言君子,就《论语》所记观之,则有纯指地位者,有纯指品性者,有兼指地位与品性者"②。事实上,从整体的意义上看,孔子之君子概念至少有两个突出的特点,即君子既是道德修养的楷模,亦是政治治人的主体和承担者,《论语》记子路问君子,孔子即以"修己以敬""修己以安人""修己以安百姓"作答(《论语·宪问》)。敬以修己是个人成德之事,安人、安百姓乃政治治人之事,但在孔子看来,君子之所以为君子应当了解为修己和治人的统一体。殆至《荀子》一书言及"君子"或"士君子",其含义大体亦承孔子而来,换言之,在荀子之思想中,"君子"一词亦有指地位、指品性和兼指地位与品性二者的三种含义,如"君子能贵己,而不能使人必贵己"(《非十二子》)、"君子贫穷而志广"(《修身》),乃指德性而言;"君子不近,庶人不服"(《劝学》)、"君子以为文,百姓以为神"(《天论》),是指地位而言;"君子位尊而志恭"(《不苟》)、"君子为治而不为乱,为修而不为污"(《不苟》),是兼指地位和德性而言。③ 对于专言品性或德性意义上的君子,学者已以不同方式做了许多论述;而对于专言地位意义上的君子,《荀子》一书原本论述不多。本文所讨论的重点,是兼指地位和德性意义上的君子,亦即作为政治之理想人格的君子。

必须指出,作为政治之理想人格的君子,在荀子之思想中表现出强烈的精英治

---

① 由于学者的统计方法不同,所以,荀书中"君子"一词出现的次数也各不相同,如据林建邦先生的统计,《荀子》一书,"君子"出现的次数约为 230 次,参林建邦:《荀子理想人格类型的三种境界及其意义——以士、君子、圣人为论述中心》台湾政治大学硕士论文,2004 年(指导教授:林启屏先生),另据侯岫的统计,荀书中"君子"一词出现的次数为 299 次,参侯岫《荀学凸显"君子人格"的思考——兼谈荀子和〈易传〉的关系》,载《邯郸学院学报》,2011 年第 1 期;又据彭岁枫的统计,荀书中"君子"一词出现约 304 次,参彭岁枫《荀子的礼法君子思想及其现实启示》,首都师范大学博士论文,2008 年(指导教授:邓球柏先生)。

② 萧公权:《中国政治思想史》(一),沈阳:辽宁教育出版社,1998 年,第 65 页。学者亦可参鲍国顺:《荀子学说析论》,台北:华正书局,1993 年修订 3 版,第 48 页;翁惠美:《荀子论人研究》,台北:中正书局,1988 年,第 34 页。

③ 相关例证引文,请参阅上引鲍国顺、翁惠美所著书。

国或贤人政治的特色。我们甚至不妨认为,继孔孟之后,儒家的精英意识在荀子的君子观念中已获得了全而尽之的表现。① 孔子曾云"民可使由之,不可使知之"(《论语·泰伯》);"天下有道,则庶人不议"(《论语·阳货》)。又云:"子为政,焉用杀,子欲善而民善矣。君子之德,风;小人之德,草。草上之风必偃。"(《论语·颜渊》)孟子则谓:"有大人之事,有小人之事……劳心者治人,劳力者治于人。治于人者食人,治人者食于人,天下之通义也。"(《滕文公上》)故云:"无君子,莫治野人;无野人,莫养君子。"(《滕文公上》)孔孟之此一观念发展至荀子,则直谓"天地生君子,君子理天地","无君子,则天地不理,礼义无统,上无君师,下无父子,夫是之谓至乱"(《王制》)。在荀子看来,君子智而敦慕,百姓愚而难晓,庶民百姓若要避免成为"方外之民",唯待君子之开示与照拂,此亦犹如大海航行靠舵手,万物生长靠太阳。否则,若无君子,百姓固不免散逸乱理,下自沉埋,而"群居和一"之社会秩序则无由达成。②

当然,若作更为细致的分析,则《荀子》一书对"君子"一词的用法,依学者之研究,大体有五种不同的形式,亦即当"专称"使用的君子、当"圣人"使用的君子、当"在位者"使用的君子、当"有德者"使用的君子和当"德位兼备者"使用的君子。③ 本文虽意在讨论作为政治之理想人格的君子,然而在材料之取舍上却不免纠结,盖从概念上看,荀子之此一意义上的君子既非纯德性亦非纯地位意义上的君子,而是兼指德性与地位双重意义上的君子,即此而言,荀子之所重、所尊者乃在君之德、君之道、君之智和君之能上。④ 然而,道理上虽可如此说,而一旦进入荀子之文本脉络,此间便不免有许多夹杂和缠绕。盖荀书中专指"有位者"所使用的君子一词出现的情况固不多见,但一方面荀书论君之言说极多,另一方面,在相当多的情况下,荀子之论君又皆具德位兼备的特征,同时,荀子论作为政治之理想人格的君或君子

---

① 罗哲海认为,"荀子无疑是早期儒家中最极力鼓吹精英统治的人物。"参罗哲海《轴心时期的儒家伦理》,陈咏明等译,郑州:大象出版社,2009年,第290页。日本学者渡边秀芳氏著亦认为,在荀子那里,"得贤以治国的思想,溢满了他的遗著"。参渡边秀芳《中国哲学史概论》,刘侃元译,台北:台湾商务印书馆,1979年五版,第98页。而黄俊杰(《春秋战国时代尚贤政治的理论与实际》台北:问学出版社,1977年,第108页)、鲍国顺(《荀子学说析论》第113页)亦持有相同看法。
② 学者可参拙文《"可以而不可使"——以荀子〈性恶〉篇为中心的诠释》,原载《邯郸学院学报》2012年第4期,又见人大复印资料《中国哲学史》2013年第3期。该文从另一条叙述线索涉及荀子的相关思考。
③ 参林建邦:《荀子理想人格类型的三种境界及其意义——以士、君子、圣人为论述中心》,台湾政治大学硕士论文,2004年。
④ 荀子尊君有的与孔子相同,也有的与孟子的轻君相似,有的则表现出重权、重势的专制特色。不过,在很多情况下,荀子之尊君乃尊君之所以为君之"理"上,如言"君者,国之隆也"(《致士》),"道者,何也?曰:君之所道也。君者,何也?曰:能群也……道存则国存,道亡则国亡"(《君道》)。

还有各种不同的说法,如称君、人君、君者、君人者、人主、天子、明君、明主,或谓君子、仁人、仁主、王者、圣王,等等。此中,直谓"君子"者当然构成我们论述的主要对象,但在上述的各种不同说法中,有许多称谓是与君子之义相通的,如《王制》篇云:"马骇舆,则君子不安舆;庶人骇政,则君子不安位……故君人者,欲安、则莫若平政爱民矣;欲荣、则莫若隆礼敬士矣;欲立功名、则莫若尚贤使能矣——是人君之大节也。"此处出现"君子""君人者"和"人君"三种不同的说法,但其义却大体相通;又如,《致士》篇云"君子也者,道法之总要也",此句若联系《儒效》篇"圣人也者,道之管也",君子与圣人之间,其意思也约略相似;①又如《王制》篇云"君子者,礼义之始也",又云"先王恶其乱也,故制礼义以分之"。今揆之《性恶》篇,荀子谓"古者圣王以人性恶,以为偏险而不正,悖乱而不治,是以为之起礼义,制法度",又云"礼义者,圣人之所生也",则此处"君子""先王""圣王""圣人"四者异名而同实。至于其他如君者、明君、仁人、明主、天子等不同的称谓,由于荀子在行文中每每赋予其道德品质的含义,故理论上亦多可以在作为政治之理想人格的脉络下加以叙述。不过,势位在上的明主、人主、天子等与君子之间并不相等,因而我们在论述上必须格外的小心。为慎重起见,本文所论,在考虑各不同说法之相通、相似的情况下,将首先选择荀书中直言作为德位(能)兼备者之君子的文字作为分析之依据,其次将根据荀子的文本脉络适当顾及其他相关的不同说法。

二、"君子理天地"

治与乱的问题,或者说如何克乱成治,安顿社会秩序的问题,似乎始终支配着先秦诸子的思考,②另外,建立何种秩序本身也成为他们论辩的一个中心主题。③对荀子而言,在"诸侯异政,百家异说"(《解蔽》),王纲失坠,列国纷争的时代现实面前,寻求何种途径与方法,以便建立一个"正理平治"的有序社会,无疑成了他念兹在兹的目标。庄锦章教授就曾指出:"荀子反复强调社会秩序之必须,即便其并未明显提及此一点,然而,建立一个美好的(proper)社会秩序的目标却渗透在他的

---

① 此处所当注意者,从人格等第上看,荀子又特别注意分别君子与圣人之不同,荀书相关论述所见多有,如《儒效》篇云:"彼学者,行之,曰士也;敦慕焉,君子也;知之,圣人也。"《修身》篇云:"好法而行,士也;笃志而体,君子也;齐明而不竭,圣人也。"又如《解蔽》篇云:"向是而务,士也;类是而几,君子也;知之,圣人也。"
② 张舜徽曾云:"周秦诸子之言,起于救时之急,百家异趣,皆务为治。"参张舜徽《周秦道论发微》,北京:中华书局1982年,"前言"。
③ 道家、法家自有他们各自心仪的理想社会目标,而作为"显学"的儒、墨之间对于社会秩序和公道世界,同样有他们不同的理解,或相互辩难,或相互借鉴,不一而足。

整个讨论之中。"①

然而,一个可欲的、"群居和一"的和谐社会又是如何可能的?

如欲回答此一问题,在理论上可以有不同的方向和方式,如知识的进路或规范的进路等,此处我们暂且搁下不论。[1]285-292 就着本文而言,荀子似乎必须首先在理论与实践中究明社会何以会陷入"浊世之政,亡国乱君相属"的混乱之境,然后寻求治乱之主体和方法。顺此思路,我们发现,在荀子那里,造成社会秩序混乱的根源除了前面所说的现实因素外,还有更深层次的根源于人性本身的问题。荀子云:"人生而有欲,欲而不得,则不能无求。求而无度量分界,则不能不争;争则乱,乱则穷。"(《礼论》)显然,与现实的因素相比,荀子此处所描述的根于人性自然欲望的逻辑更具有形上学的意味,而此一观念在《富国》篇中获得了更为简洁和明了的表达:"欲恶同物,欲多而物寡,寡则必争矣。"意谓人之所欲所恶相同,人之所欲无穷,而物品有限,若恣其所欲不受裁制,则有限的物品便不能满足无穷的欲望,其结果必出于争夺而陷入混乱。

其实,在荀子看来,社会秩序混乱的根源,除了人性具有好利恶害及其带来的"欲多而物寡"的紧张外,在荀子看来,"能群"的人的特征若无相应的措施加以管理也是其中的乱源之一。荀子认为,人虽"力不若牛,走不若马",但却可以以"牛马为用",何也?"曰:人能群,彼不能群也。"(《王制》)学者普遍注意到荀子言"群"此一概念所表达的社会组织对人的重要性,不过,若单独把"群"这一概念当作社会性或社会组织来了解,则社会组织此一概念本身仍不免笼统,盖在荀子看来,"'群'并非必然意味着秩序。如若只是'群'而无秩序,亦可为群龙无首,则如此之(人)'群'必'力不若牛,走不若马',而难于牛马为用"[1]40。故荀子云:"人生不能无群,群而无分则争,争则乱,乱则离,离则弱,弱则不能胜物。"(《王制》)

果如所言,荀子所面临的问题显然在于,在一个"欲多物寡""群而无分"的人性和历史事实面前,由何种人、寻求何种方法、建立何种类型的社会秩序,才能达到"正理平治"的理想社会而不会陷入"争、乱、穷"的境地?从某种意义上说,这的确是一种类似于"霍布斯式"的有关秩序问题的追问。② 对此,荀子无疑有其自己的特殊的思考。简言之,即由君子制作礼义,借此礼义在社会群体中设立分位原则,

---

① Kim-chong Chong, Early Confucian Ethics: Concepts and Arguments. Open Court, Chicago and La Salle, Illinois 2007, p87.
② T. 帕森斯在《社会行动的结构》(张明德等译,南京:译林出版社,2003 年)一书中,于第 3 章第 1 节专设"霍布斯与秩序问题",请参阅该书第 100—106 页。有关霍布斯与荀子之间的比较研究,学者已做了大量的工作,此处不赘。

使人群中职业、才能、伦常、分配等皆得其分等,得其落实,人人各守其分,各尽其职。如是,则"群而有序"的社会乃所以可能,所谓"有夫分义,则容天下而治;无分义,则一妻一妾而乱"(《大略》)。但若问"分"何以能实行?此则尚需寻求其动力机制和价值正当性,对此,荀子认为:"分可以能行?曰:义。故义以分则和,和则一,一则多力,多力则强,强则胜物,故宫室可得而居也。"(《王制》)此处,"义"一方面是指人有理性,能对事物作出合理的裁断;另一方面,"义"本身即是礼,礼是明分的客观标准。在一个"欲多而物寡",人的能力、职务乃至机遇等皆各不相同的情况下,正是此礼、此义承担着公平、公正的标准和原则。换言之,虽然人的地位有差等、利益有差别,但却体现着公平公正的精神。如是,则人人皆能各尽其业,"农以力尽田,贾以察尽财,百工以巧尽械器,士大夫以上至于公侯,莫不以仁厚知能尽官职。夫是之谓至平"(《荣辱》)。

不过,此处我们想指出,当言及"社会秩序何以可能"的问题时,如前所言,我们一般会给出知识的进路和规范的进路两种不同的形式。① 然而,哈耶克却从区分外部秩序和内部秩序出发,认为"我们没有能力把深嵌于社会秩序之中的所有资料或数据都收集起来,并把它们拼凑成一个可探知的整体"[2]12。因此,哈氏主张社会内部的自生自发的秩序,哈耶克认为:"当社会的秩序是通过允许人们根据他们自发的意图进行互动的方式——仅受制于平等一致适用于人人的法律——而实现的时候,我们便拥有了一种自生自发的社会秩序系统。"[3]200 哈氏此一理论强调的是社会整体秩序的产生方式源于社会内部个人的自我组织和自我协调,对此一主张,我们愿意把它理解为有关秩序的非根源性的看法。然而,即便如此,我们的问题是,个人行为的自我组织和自我协调是否能够自动自发地形成社会的整体秩序?此一追问本身已经将我们对"社会秩序"问题的思考带入了对"政治秩序"问题的思考,并已然构成了政治哲学反思的前提。换言之,哈氏之主张似乎忽略了"社会秩序"与"政治秩序"之间的根本性区别。有鉴于此,当学者把荀子当作"第一个社会学家"来分析时,毋宁说,这似乎是一种只见其一、不见其二的主张。② 盖若就着"秩序何以可能"的问题加以追问,则荀子完全排除了哈氏的"自发秩序"的回答方

---

① 参张德胜:《儒家伦理与秩序情结》,台北:巨流图书公司,1989 年,第 62 页。从社会学的角度看,霍布斯具有明显的知识进路的特色,而马尔科姆·特沃斯的说法则有规范的意味,其云:"秩序问题在于,个体单位是如何被安排在非随机的社会模式中的,而不论这些单位出于何种动机。"参马尔科姆·特沃斯《现代社会学理论》,杨善华等译,北京:华夏出版社,2000 年,第 164 页。

② 参鲍国顺引卫惠林、谢康的说法,见鲍国顺:《荀子学说评析》第 73 页;同时亦可参廖名春:《荀子新探》,台北:文津出版社,1994 年,第 137 页,引郭沫若的说法。

式,而是将此一问题转向政治哲学的反省和思考。翻检荀子的《性恶》《富国》《王制》《礼论》等篇章,人之自利、物与欲之间的矛盾以及人群之间的紧张,其激烈和差异程度是如此的深刻,且根植于人的内在本性之中。在这种情况下,若舍贤人君子以治国,乃至于奢望通过个人的自我组织和协调,自动自发地产生和谐秩序,几乎就是一种"不知是非治乱",甚至是"足以欺惑愚众"的主张。依荀子,在一个人人怀揣求利之欲而物品又有限的境况中,在一个虽有人群,却没有分、义原则加以指导和管理的状况下,要想实现从冲突到秩序的转变,只能通过对政治权威的诉求才有可能,①而此一政治权威,在荀子看来,即是君子。

荀子在此处的致思逻辑其实非常清晰:一方面,由乱致治(秩序)的根本大法和根本出路在礼义。故荀子认为:"国之命在礼。"(《天论》)"国无礼则不正。礼之所以正国也。"(《王霸》)"隆礼贵义者其国治,简礼贱义者其国乱。"(《议兵》)又云:"人无礼则不生,事无礼则不成,国家无礼则不宁。"(《修身》)明乎此,我们可以说:"礼者、治辨之极也,强固之本也,威行之道也,功名之总也,王公由之所以得天下也,不由所以陨社稷也。故坚甲利兵不足以为胜,高城深池不足以为固,严令繁刑不足以为威。由其道则行,不由其道则废。"(《议兵》)依荀子,在这样一个以声色货利和争战所搅动的世界中,安顿社会秩序的最有效的手段和方法莫过于隆礼义,道礼宪,盖"礼义之谓治,非礼义之谓乱也"(《不苟》)。但另一方面,礼义的制作者、实现者和完成者即是君子,故荀子认为:

君子者,治礼义者也。(《不苟》)

天地者,生之始也;礼义者,治之始也;君子者,礼义之始也。为之,贯之,积重之,致好之者,君子之始也。故天地生君子,君子理天地;君子者,天地之参也,万物之揔也,民之父母也。无君子则天地不理,礼义无统,上无君师,下无父子,夫是之谓至乱。(《王制》)

荀子之上述言说已不啻于将君子之作为社会政治秩序的设计者、承担者的角色作了最根源、最全尽的阐发。依杨倞:"始,犹本也。言礼义本于君子。"以"本"释"始"为多数注家所采,而此"本"之实义似当以"产生""从之出"释之较为清晰。王天海引杨树达释"君子者,礼义之始也"云"孟子所谓'礼义由贤者出'也"[4]378,颇合荀子此义;而 J. Knoblock 和 B. Watson 则直接将"始"翻译成"beginning",倒有

---

① 我们此处所说的"政治权威",在荀子,同时也是道德权威。

"开端""源头"或"根源"的意味。① 然而,王天海在注此段时附加一按语云:"此君子专指君主,非指贤者。由下文'君子理天地'以下数句可知。"[4]378 按王氏之意,荀子此段所言之君子乃纯指"在位者"之君王或君主,而非有德有位之君子(贤者)。此一主张表现出王氏未能通达荀子言君子一词之多重含义,不足为据。② 依荀子,天地是万物赖于产生的根本,礼义是万物得以治理的源头,而君子则是礼义得以产生的根源。君子不仅是礼义的生产者、制作者("为之"),而且也是贯彻礼义、积累礼义,并使礼义获得最完满之表现的典范,故"天地生君子,君子生礼义,以礼义治天地万物,天地万物才有了条理。所以君子是与天地相参共成化育的(《天论》篇云:'天有其时,地有其财,人有其治,夫是之谓能参。'——引者注),是万物之总领,人民之父母。没有君子,自然世界(天地)失掉秩序,人文世界(礼义)失掉统领,于是社会家庭形成一片混乱,此之谓至乱"[5]179。

在荀子,君子所制之礼,其义恢恢广广,庄严凝重而又充实饱满,故散开而言礼并非本文的任务,[1]285-338 但对于造成社会秩序混乱之根源,荀子则悉以君子所制作的礼义化解之。对于人之性恶,荀子认为可以"得礼义然后治"(《性恶》);对于"欲多而物寡"的矛盾,荀子认为,礼在节欲、养欲的基础上,借由其"别"的功能可以决定社会各阶层在德、位、禄、用方面的分配方式,从而保证在资源有限而欲望无穷的情况下,礼所具有的有效的约束功能,使欲和物两者相持而长,故云"礼者,贵贱有等;长幼有差,贫富轻重皆有称者也。故天子袾裷衣冕,诸侯玄裷衣冕,大夫裨冕,士皮弁服。德必称位,位必称禄,禄必称用,由士以上则必以礼乐节之,众庶百姓则必以法数制之"(《富国》);而对于"群而无分"所造成的离乱,荀子则盛言"分义"之功效,举凡贫富之差、贵贱之等、隆杀之宜、繁省之节,以及内外先后、亲疏厚薄,乃至分工上的士农工商、伦常上的父子夫妇兄弟等,皆借由"分义"以定其名位(权利)、义务。"故无分者,人之大害也;有分者,天下之本利也;而人君者,所以管分之枢要也。"(《富国》)此处"人君者"可释为兼德位而言的君子,意谓君子是管"分"的关键和动力所在,而"分义"在此处充当了构造社会人群的法式,可使散漫而趋向离乱的人群得以稳固而贞定,[6]200 荀子云:

> 从人之欲则势不能容,物不能赡也。故先王案为之制礼义以分之,使有贵

---

① John Knoblock, Xunzi: A Translation and Study of the Complete Works, Vol Ⅱ. Stanford: Stanford University Press1994, p103. 又见 B. Watson, Hsun Tzu: Basic Writings. New York: Columbia University Press1963, p44.
② 荀子此处所言之君子乃礼义之始,致治之源,是德位智能兼备之人。王氏剥离德与位,而将此君子专视为位,殊不合荀子之意,仅有位而无德能之君子不为荀子所尊。

贱之等,长幼之差,知愚、能不能之分,皆使人载其事而各得其宜。然后使谷禄多少厚薄之称,是夫群居和一之道也。故仁人在上,则农以力尽田,贾以察尽财,百工以巧尽械器,士大夫以上至于公侯,莫不以仁厚知能尽官职,夫是之谓至平。(《荣辱》)①

此段所谓制礼义的"先王",若按《王制》的相关说法,其义大体等同于"君子";而"仁人"一词,若依文脉分析,乃承"先王"一说而来,故亦可释为有德有位的君子;而所谓"各得其宜""群居和一"和"至平"云云,表达的正是君子借由其制作之礼义,推展、落实于社会后所可能产生的理想秩序的效果。② 故若君子在位,社会各阶层虽有名位和收入的不同,但皆能各安其位,各习其业,各得其宜,农人以其劳力尽心耕田,商人以其精察尽心生财,工匠以其技巧尽心制造器械,各级官吏莫不以其仁厚之德、智能之具尽心供职服务,从而实现社会最大的公平。

尚需指出的是,荀子此处所推尊的德位兼备的君子,虽然在形式上类似于韦伯所说的"理想型分析"(ideal type analysis)类型,但其所以持此一主张亦有历史与现实方面的原因。一方面,就历史而言,荀子之时,国强君威之势渐成,风气趋于贵君而贱民,荀子乃就时势而主尊君,此固环境使然。③ 另一方面,如前所言,政治存在上的君子小民之分以及"以先觉觉后觉"的观念原本便是儒家固有的传统,荀子自然也不例外,尽管荀子强调"人虽有性质美而心辩知",然又"必将求贤师而事之,择良友而友之"。何故?盖"以为王天下,治万变,材万物,养万民,兼制天下者,为莫若仁人之善也夫。"在荀子看来,仁人君子"其知虑足以治之,其仁厚足以安之,其德音足以化之,得之则治,失之则乱。百姓诚赖其知也,故相率而为之劳苦以务佚之,以养其知也;诚美其厚也,故为之出死断亡以覆救之,以养其厚也;诚美其德也,故为之雕琢、刻镂、黼黻、文章以藩饰之,以养其德也。故仁人在上,百姓贵之如帝,亲之如父母,为之出死断亡而愉者,无它故焉,其所是焉诚美,其所得焉诚大,其所利焉诚多"(《富国》)④。相反,庶民百姓则困而不学以至愚而难晓,故荀子云:

---

① 荀子类似言说甚多,如《王霸》篇云:"君臣上下,贵贱长幼,至于庶人,莫不以是为隆正;然后皆内自省,以谨于分。是百王之所同也,而礼法之枢要也。然后农分田而耕,贾分货而贩,百工分事而劝,士大夫分职而听,建国诸侯之君分土而守,三公总方而议,则天子共己而止矣。出若入若,天下莫不均平,莫不治辨。是百王之所同,而礼法之大分也。"

② 在荀子,言"分"之基础在礼,故云:"分莫大于礼。"(《非相》)此意前有分说,今再指出以突显其义。

③ 我们一再强调,荀子虽有主独裁专制之观念,但其尊君在很大程度上指的是尊君之理、尊君之道,即此而言,此一意义上的君,当指政治之理想人格,故专制与尊君两者的微妙差别必须把握得住。

④ 在荀子那里,德位相兼的君子有一个突出的特点,即德行与知能的并重,此一点与专言德化的君子颇有不同,学者需细察之。

"夫民易一以道,而不可与共故。"(《正名》)杨倞注曰:"故,事也。言圣人谨守名器,以道一民,不与之共事,共则民以他事乱之。故老子曰'国之利器,不可以示人'也。"此段原在说制名乃圣王明君之事,不可与生民共。杨倞就文本脉络出此解,可供一说,但对何以不可以示人未作详释。郝懿行则云:"故,谓所以然也。夫民愚而难晓,故但可偕之大道,而不可与共明其所以然,所谓'民可使由之,不可使知之'。"郝氏此释由制名而延伸出去,合于荀子思想之整体,故具有正当性。实则在荀子一书中,所谓庶民百姓愚而难晓之意在《天论》篇言"君子以为文,而百姓以为神"和《礼论》篇言"其在君子,以为人道也;其在百姓,以为事鬼也"中凿凿可寻,而秦家懿则结合《天论》篇百姓占卜求神的现象分析道:"荀子认为受过教育的君子与普通的人的分别,在于前者能运用道德理性,而后者则只笃信命运吉凶。在商代宗教背景中,包括在王室宗庙中的占卜、舞蹈求雨等活动的对照下,我们在荀子的学说中发现一个分化过程的开始:上层阶级日渐遗弃这些宗教活动,而一般平民百姓却仍然相信天人感应与吉凶等事,这是成为精英分子的传统的儒学与基层的民间宗教分离的开始。"[7]761 我们暂时撇开君子是否已经遗弃了宗教活动不论,平实地说,荀子所处之时,庶民百姓尚处于蒙昧或半蒙昧状态是一个事实。[1]65-133 但既然百姓笃信命运,愚而难晓,那么道理上便只能等待智而敦慕之君子的开示与启导。故在荀子看来,在此乱世乱俗中,君子才是拨乱反正的真正主体,君子董理天地,生民百姓只有接受君子之"董理",才可避免做"方外之民",荀子云:

> 君子以德,小人以力。力者,德之役也。百姓之力,待之("之",谓君子也。引者注)而后功;百姓之群,待之而后和;百姓之财,待之而后聚;百姓之势,待之而后安;百姓之寿,待之而后长……故曰:"天地生之,圣人成之。"此之谓也。(《富国》)

从文本的语脉上分析,此处"君子""圣人"同义,皆谓德位兼备的理想人格无疑。依荀子,君子以德抚下,百姓以力事上,用力者受有德者之役使,故百姓之劳力,待君子而后有功;百姓之群体,待君子而后和谐;百姓之财富,待君子而后积聚;百姓之生活环境,待君子而后安定;百姓之生命,因君子之德治,无穷乱争杀且厚生而得以长寿。[5]206 在荀子看来,圣人和君子都是先觉者,都负有觉后觉的莫大责任,从这个意义上看,君子不仅可以是世俗权力意义上的领导者,同时也是哲学意义上的王。他们的地位既合天地之理,所谓"天地生君子";他们的责任便是为天下立法,为生民立命,为万世开太平,所谓"君子理天地"。

三、"君子壹于道"

如前所言,在荀子看来,一个社会或治或乱,其关键在于有无德行与知能并重的君子来董理天下。得此君子,天下即治;失此君子,天下即乱。"无君子即天地不理"之言说,一方面将安顿社会秩序之政治主体作了明白无误的表述,另一方面,也强化了君子在整顿世道方面所必具的能力和承担的责任。顾炎武曾云:"士君子处衰季之朝,常以负一世之名,而转移天下之风气。"① 此处所谓"转移天下之风气"实多表现为士君子誓志于道、修身立于世而风偃天下之民之倾向,其道德的意味重,似无疑义。然而,秩序之安顿却非仅仅借道德之榜样所能竟其功者。荀子推尊德位兼备之君子,其义固可为孔孟之所涵,却不必如荀子之所宣。此君子,于德言,自当"见善,修然必以自存也;见不善,愀然必以自省也"(《修身》);于位言,即必及于秩序之建立、原则之制定以和谐社会的构造,而此二者皆一于礼,荀子云:

> 水行者表深,使人无陷;治民者表乱,使人无失。礼者,其表也。(《大略》)

> 礼之于正国家也,如权衡之于轻重也,如绳墨之于曲直也。(《大略》)

> 故绳墨诚陈矣,则不可欺以曲直;衡诚县矣,则不可欺以轻重;规矩诚设矣,则不可欺以方圆;君子审于礼,则不可欺以诈伪。故绳者,直之至;衡者,平之至;规矩者,方圆之至;礼者,人道之极也。然而不法礼,不足礼,谓之无方之民;法礼足礼,谓之有方之士。(《礼论》)

此处"君子审于礼"之"君子"即是为政之君子,亦可说是德位兼备的君子。君子制礼,复又精审于礼,但此礼已不仅仅是道德修身的规范,亦是政事之规则、制度之标准和组织人群的法式。一句话,此礼亦可言之为"礼宪"②,故我们亦可以说,此礼乃是社会政治秩序所以可能之基础和保证。但我们从何处可以看出此礼具有秩序之"基础和保证"的功能? 简言之,即此礼不仅具有规范的正确性,而且具有规则和设施的公正性、客观性;平情而论,礼具有规范的正确性,乃向为儒者所雅

---

① 顾炎武:《日知录·两汉风俗》。
② 礼之作为构造人群、政制之法式,乃表现为"礼宪",故荀子云:"不道礼宪,以诗书为之,譬之犹以指测河也。"(《劝学》)。然则,何谓"宪"? 依《管子·立政》所云:"正月之朔,百吏在朝,君乃出令布宪于国。五乡之师,五属大夫,皆受宪于太史。大朝之日,五乡之师,五属大夫,皆身习宪于君前。太史既布宪,入籍于太府,宪籍分于君前,五乡之师出朝,遂于乡官致于乡属,及于游宗,皆受宪。宪既布,乃反致气焉,然后敢就舍。宪未布,令未致,不敢就舍。"又云:"宪之所及,俗之所被,如百体之从心,政之所期也。"由此可见,"宪"是君王所颁布的治国准则或法册。荀子言"礼宪"表达正是礼作为治国的准则或法册之义。牟先生在《荀学大略》中颇识此义,但许多学者似未及注意此一关节,故顺释如上。

言,而礼具有规则和设施的公正性和客观性,则为荀子开阐而出,故《致士》篇云:"礼者,节之准也。"《大略》篇则谓:"礼者,政之輓也。为政不以礼,政不行矣。"盖政治秩序若要为人所守而不乱,则客观、公正之规则、设施必为第一悬设,而上引所谓"绳者""衡者""规矩者",在指向礼之作为标准、规则或法册的客观公正性,故人一于礼,则为有方之士;社会国家一于礼,则井然而不乱,如百体之从心者。

然则,君子之于治乱既具有如此之枢纽与核心的地位,而为人群中最为优异的人物,则君子是否即全能之士?对此,荀子有非常清楚的认识,荀子云:

> 君子之所谓贤者,非能遍能人之所能之谓也;君子之所谓知者,非能遍知人之所知之谓也;君子之所谓辩者,非能遍辩人之所辩之谓也;君子之所谓察者,非能遍察人之所察之谓也:有所止矣。相高下,视墝肥,序五种,君子不如农人;通货财,相美恶,辩贵贱,君子不如贾人;设规矩,陈绳墨,便备用,君子不如工人;不恤是非然不然之情,以相荐樽,以相耻怍,君子不若惠施、邓析。若夫谲德而定次,量能而授官,使贤不肖皆得其位,能不能皆得其官,万物得其宜,事变得其应,慎、墨不得进其谈,惠施、邓析不敢窜其察,言必当理,事必当务,是然后君子之所长也。(《儒效》)

依荀子,君子并不是全能,而有其所"止"。"止"者,专也,故君子不能遍能、遍知、遍辩、遍察。君子之所专者为治术,即社会秩序(官人)之管理,所谓"谲德而定次,量能而授官,使贤不肖皆得其位,能不能皆得其官,万物得其宜,事变得其应"云云,究其实,即如何在社会政治生活中推行"尚贤使能"的政策,使士农工商、父子兄弟等皆能各得其位,各尽其能,从而达到安国安民安天下的目的。君子有所专止之观念在《解蔽》篇有另一种说法:

> 农精于田,而不可以为田师,贾精于市而不可以为市师,工精于器而不可以为器师。有人也,不能此三技而可使治三官。曰:精于道者也,精于物者也。精于物者以物物,精于道者兼物物。故君子壹于道,而以赞稽物。壹于道则正,以赞稽物则察,以正志行察论,则万物官矣。

此处所谓"精于物者以物物,精于道者兼物物",意即精于治物之技者以治物,精于治人之道者兼治各治其一物之人,而君子则是精于道的人。精于道则思想正确,以道观物则认识清明,以正确的思想执行清明的计划,则天地万物各当其任而没有混乱。[5]491 依荀子,君子精于道,此道即是礼义之道,《儒效》篇云:"先王之道,仁之隆也,比中而行之。曷谓中?曰:礼义是也。道者,非天之道,非地之道,人之所以道也,君子之所道也。"然而,此处为君子所道之道,其重心明显地表现为作为外王之政治事业的治道,《君道》篇云:"道者何也?曰君道也。"《正名》篇则谓:"道也者,治之经理也。"君子以"道"理天下,即万物得其宜,人群得其和。

从最一般的意义上来理解,所谓各得其宜的政治秩序,乃意味着社会各阶层在结构安排上的和谐。但若秩序是一种"安排",即其当下所蕴含的便是一种人为的自觉的对价值愿景的设计和表达。不过,此处尚需指出,有些学者认为,在荀子之思想系统中,社会政治秩序之和谐其实只是宇宙自然秩序之和谐的反映,此类观念初看似有其道理,但却颇易流入法天主义之旧观念而不侔于荀子思想之宗旨。荀子在《天论》篇中云:"列星随旋,日月递炤,四时代御,阴阳大化,风雨博施,万物各得其和以生,各得其养以成。"有学者认为,自然世界之运行有其和谐的秩序,宇宙各系统和谐共生,而君子制作礼义,即以天地自然之和为法则,所谓礼以法天。日本学者板野长八对荀子的天人关系有许多精彩的看法,不过,在他看来,荀子之礼的功能实质上是"天地之理法"的反映,所以他不认同胡适所谓荀子思想中包含"戡天主义"的科学精神的看法,认为"荀子的'礼'是根据'天命'或'天的理法'来构想的概念"①。据此,君子制礼义以治万物乃表现出某种"法天主义"的意味;持此相似主张的学者还有约翰·诺布洛克(J. Knoblock)。《王制》篇有"以类行杂,以一行万。始则终,终则始,若环之无端也"一段,Knoblock在该篇的"序论"中认为:"自然之理必本质上即属于(inhere in)社会组织,此即社会为何必须有礼则,而礼与义则为人类行为提供了条理化的原则和界线,它们分享着天地变化的循环和样式,并以同样的形式持续贯穿始终。"②依Knoblock,君子所制之礼义只是依自然之理而来,并分享其循环与样式;而金鹏程(P. Rakita Goldin)在梳理荀子《天论》之天人关系时,即资用18世纪自然神者马修·廷得尔(Matthew Tindal)的观念,上帝赐予我们理性的目的在于让我们发现其意志。依P. R. Goldin,尽管Tindal的相关主张对荀子的思考而言完全是陌生的,我们却依然可以发现两种世界观之间具有"隐秘的"(intriguing)接触点,只不过荀子采取了更为复杂的进路而已。③ 此处,我们姑且不论把荀子的思想解释成类似西方式的自然法观念在学界原本就充满了争论,但当金氏把荀子看作是古典中国的自然神论者的一种类型时——尽管其认识

---

① 板野长八"荀子の思想:特にその天人の分について",《史学杂志》1946年,第56卷第8号;"荀子'天人の分'とその後",《广岛大学文学部纪要》1968年第28辑,第1号。本文转引自佐藤将之《二十世纪日本荀子研究之回顾》,台北《政治大学哲学学报》2003年第11期,第52—58页。板野不认同胡适的主张应有其一定的根据。

② John Knoblock, Xunzi: A Translation and Study of the Complete Works, Vol II. Stanford: Stanford University Press 1994, p92.

③ Paul Rakita Goldin, Rituals of the Way: The Philosophy of Xunzi, Chicago: Open Court 1999, pp53-54.

到荀子之天还有其他的面相——我们却无法接受他的主张;而将荀子明确地看作法天主义的学者当是王念孙,在解释《天论》篇"所志于阴阳者,已其见知(和)之可以治者矣"一段时,王念孙注云:"(知)作'和'者是也。上文云'阴阳大化','万物各得其和以生'是其证。阴阳见其和而圣人法之以为治,故曰'所志于阴阳者,以其见和之可以治者矣'。"此处,王氏似已直接将此句解释成法天主义的范本。笔者以为,将荀子之主张解释成科学的"戡天主义"固然有一间未达之病,但矫枉过正,以"法天主义"视之,则如此解释既不符合荀子作《天论》的根本宗旨,①也不符合荀子"天地生君子,君子理天地"的论义。依荀子,天地自然无可取法,能取法者,在人。故曰:"君子敬其在己者,而不慕其在天者;小人错其在己者,而慕其在天者。"亦只有从此一意义上,我们方能真正理解荀子"无君子,则天地不理"之深义与密义。盖在荀子,天人各有其分,人在没有"天佑"的情况下,只能寄望于自己的努力,所谓"自知者不怨人,知命者不怨天。怨人者穷,怨天者无志"(《荣辱》)。同理,社会政治秩序之建立,差等而又合乎公道之世界的开出,亦并非仅仅只是简单的循天、法天的结果,恰恰相反,它表达的正是人(君子)自己为自己确立目标、制定规范和准则,是人(君子)自身的理性自觉活动的表征。

　　盖如所云,依荀子,君子之所以为君子,乃由于其有所专、止,此即君子以"道"理天下,"君子壹于道"。但"道"有二说,一为凝聚地说,一为散开地说。此"道"凝聚而言,可以为先王之道、礼义之道等等;但此"道"散开而言,即就此道作为社会秩序之基础和保证而言,乃必表现为具体的实际措施,此措施即荀子所言的"四统"②。如前所言,在荀子看来,人与动物之异的一个方面在于人"能群",而君子所以异于众人者则在于其"善群"。《君道》篇谓:"君者,何也?曰:能群也。"③此处"能群"之实意当为"善群",与人能群而牛马不能群的"能群",意思并不完全相同。故《王制》篇云:"君者,善群也。""善群"的前提需要有德,但"善群"本身却是知与能的体现。能"群"是人类进于动物的特长,而作为一位理想的德位兼备的君人者

---

① 《天论》篇包含复杂的含义,具体疏解请参阅拙著《合理性之寻求》第69—133页。李涤生《荀子集释》第370页将此句译为:"对于阴阳所要知道的,只限于它所显现的寒暑调和变化,这样就可以据以修治人事了。观象授时,以利民生,是古代有国者的要政。"李氏以"观象授时,以利民生"释此句,得其实义;北大注释组《荀子新注》则将此句译为:"对阴阳变化的认识,是要根据已看到的阴阳和谐的现象进行调理。"(中华书局1979年,第273页)两种注本,意思相似,但均强调了阴阳之作为自然现象所呈现的规则,并据此善加利用,至于现象背后的道理,依荀子,乃是人所无从得知的。

② 需要说明的是,在荀子,道或礼义之道乃是一切规范和准则的总称,社会政治秩序及其原理只是礼义之道的一部分而已。

③ 《君道》篇所言之君、人君、人主等,就其合于"君道"而言,有修己、爱民、任贤诸特点,故亦可谓是德位相兼的君子。

(此处所言的"君"可以解释为此一意义上的君子)"要能善于发挥此一特长,以达到'群居和一'的境地"[8]161。此所谓"善群之道",荀子亦谓之"群道":"群道当,则万物皆得其宜,六畜皆得其长,群生皆得其命。"(《王制》)"群道"亦凝聚地说,散开而言,荀子即以"四统"加以说明,荀子云:

> 能群也者何也?曰:善生养人者也,善班治人者也,善显设人者也,善藩饰人者也。善生养人者人亲之,善班治人者人安之,善显设人者人乐之,善藩饰人者人荣之。四统者俱而天下归之,夫是之谓能群。(《君道》)

依荀子,"四统"的内容包括生养、班治、显设、藩饰,具体地说:"省工贾,众农夫,禁盗贼,除奸邪,是所以生养之也。天子三公,诸侯一相,大夫擅官,士保职,莫不法度而公,是所以班治之也。论德而定次,量能而授官,皆使人载其事而各得其所宜,上贤使之为三公,次贤使之为诸侯,下贤使之为士大夫,是所以显设之也。修冠弁、衣裳、黼黻、文章、雕琢、刻镂,皆有等差,是所以藩饰之也。"(《君道》)简言之,所谓"生养"即是君人者为国当兴利除害,使民丰衣足食;所谓"班治"即设官分职,奉公守法,以治万民;所谓"显设"即量才授职,使贤能各当其位;而所谓"藩饰"即使各级官吏,车服器物各有差等,以别贵贱。① 依荀子,君之为国倘能依是施政,即由天子至于庶人,皆莫不骋其能,得其志,安乐其事,而天下归之,此即是君道之极致,亦是外王之极致。"故天子诸侯无靡费之用,士大夫无流淫之行,百吏官人无怠慢之事,众庶百姓无奸怪之俗,无盗贼之罪,其能以称义遍矣。故曰:治则衍及百姓,乱则不足及王公。此之谓也"(《君道》)。

需要说明的是,荀子之"四统"虽然构成其有序之政治秩序的有机整体,但其间之第次安排或当有其讲求。人或问何以荀子将"生养"作为"四统"之首?此间原因或隐约指向君子治理天下的正当性问题。理论上,所有正当性问题本质上都是对支配关系所作的某种道德证成,但由于此间问题牵涉繁且广,我们暂时撇开权力之来源及其正当性问题以及是什么使君子治理天下在道德上是对的等问题不论,在荀子"天地生君子,君子理天地"的言说中,君子以其德、(知)能获得对权力的支配地位,而在一个已然混乱的社会中,安顿秩序的责任则落在君子身上,故云"无君子则天地不理"。然而,天下国家乃由人民组成,人民是国家的主体。君子

---

① 必须加以说明的是,虽我们说"四统"是建立社会政治秩序的具体措施,但每一措施在荀子一书中又皆有大量的说明,故此处所说仍只是综论。考虑到具体阐述非本文之宗旨,故略为之说。陈大齐先生对此有较为详细的说明,学者可参阅其书《荀子学说》第161—170页。同时,《王制》篇亦设有"序官"一节,专门论及王者序列官吏之法,与《礼记·王制》篇相似。

治理天下，除了自修德性和教化民众外，①最重要的莫过于养民富民、利民爱民，否则，其治理天下的正当性基础亦将不复以存，故荀子云：

> 天之生民，非为君也；天之立君，以为民也。（《大略》）
>
> 君者，舟也；庶人者，水也。水则载舟，水则覆舟。故君人者欲安则莫若平政爱民矣。（《王制》）
>
> 故君人者，爱民而安。（《君道》）
>
> 马骇舆则君子不安舆，庶人骇政则君子不安位。马骇舆则莫若静之；庶人骇政则莫若惠之。选贤良，举笃敬，兴孝弟，收孤寡，补贫穷，如是，则庶人安政矣。庶人安政，然后君子安位。（《王制》）
>
> 用国者，得百姓之力者富，得百姓之死者强，得百姓之誉者荣。三得者具而天下归之。（《王霸》）
>
> 不富无以养民。（《大略》）
>
> 王者之等赋政事，财万物，所以养民也。（《王制》）

此处，"君""君人者""君子""用国者""王者"等，若执之于荀子对理想君王之认识，基本上可以被看作是有德有位的君子。《荀子》一书类似言说所在多有。在"群道"之"四统"中，"生养"是根本。理论上，若"生养"要得其自身、是其自身，必涵及"班治""显设""藩饰"诸目。今撇开荀子究竟是"君本论"还是"民本论"问题不论②，依荀子，君子治理天下虽出于客观之应然，但如何得民、爱民、养民却涉及其治理的正当性问题，因为君子之治若不能惠民、服民，为人民谋求最大的福祉，则人民不安政；人民不安政，则国家之安存亦无从可言；国家无安存，则君子理天下更无从谈起。故君子为政唯有爱民、惠民，百姓才会"贵之如帝，亲之如父母，为之出死断亡而愉"。（《富国》，又见《王霸》）只不过这种"惠""爱"与"养"更多的乃出于在位者对其自身利益之考虑。也因此，此处的"正当性"严格地说并非现代政治学意义上所说的正当性，③其表达的更多的是如何借"得民"而"得天下""稳天下"的政治功利意识，此从其"载""覆""安"等字眼中似乎可以隐约看出，类似观念正

---

① 如《富国》篇云："国君长民者……必先修正其在我者，然后徐责其在人者。"又如《议兵》篇云："故厚德音以先之，明礼义以道之，致忠信以爱之，尚贤使能以次之，爵服庆赏以申之。时其事，轻其任，以调齐之，长养之，如保赤子。政令以定，风俗以一。"

② 荀子究竟是"君本论"还是"民本论"，学界到目前为止仍在不断争论，盖由于人们分析的方法、视角不同所致。学者可参考廖名春《荀子新探》第156—165页，台北：文津出版社，1994年。

③ 古代政治学强调治理正当性的客观面向，而现代政治学则更强调被治理者的主观的意志和意愿的表达。M. Walzer 的一句话很能说明问题：不是因为政府是正义的，所以公民应当服从；而是因为公民认可，政府才是正义的。相关观念请参考周濂《现代政治的正当性基础》，北京：三联书店，2008年。

如学者所言乃是传统儒家治理天下之通义。虽长治久安为君子理天下所追求的目标,但如何脱出现实利益的思考,转入对政治本身的理性自觉,则始终为历代儒者所缺。荀子虽致力于对此一论题的探讨,却也不能例外。

四、"有君子而乱者,自古及今未尝闻也"

依荀子,一个公平至当的社会秩序之建立和维持,诚赖以君子所制作的礼(或曰礼义)。如前所云,礼乃总持地说,是一切原则规范、规则设施的总称,除了特别说明的狭义的法律条文外,礼常常包含法,故亦常谓之礼法。① 此前我们就一般意义上论及君子与礼,今我们转而讨论君子与法。

笔者曾经为文认为,与孔孟一样,荀子之理想社会乃首重礼义教化,以为教化既行,便无法律刑罚之必要。荀子云:"上好礼义,尚贤使能,无贪利之心,则下亦将綦辞让,致忠信,而谨于臣子矣。如是则虽在小民,不待合符节,别契券而信,不待探筹投钩而公,不待冲石称县而平,不待斗斛敦概而啧。故赏不用而民劝,罚不用而民服,有司不劳而事治,政令不烦而俗美。百姓莫敢不顺上之法,象上之志,而劝上之事,而安乐之矣。"(《君道》)不过,面对此一"风吹草偃"的理想蓝图,身处乱世乱俗的荀子却以更为现实和严峻的目光来打量世界,以为社会秩序之建立若仅执君上之势、礼义之化,而"去法正之治,无刑罚之禁",其结果必将导致"强者害弱而夺之,众者暴寡而哗之,天下悖乱而相亡,不待顷矣"(《性恶》)。"故而,在先秦儒家乃至后世儒家中,荀子之有进于孔孟者之一,即是将'礼'与'刑'同样看作是治国之经,所谓'治之经,礼与刑,君子以修百姓宁'。"(《成相》)② 一个安宁而有序的社会,道德与法律缺一不可,犹车之两轮,鸟之两翼。礼义教化固然重要,但亦有其限度,尤其面对屡教不改的"嵬琐"之徒时,则应绳之以法,所谓"教而不诛,则奸民不惩"(《富国》)。故荀子在重视礼义教化的同时,对法的作用也给予了特别的肯定,荀子云:"故土之与人也,道之与法也者,国家之本作也。"(《致士》)依杨倞:"本作,犹本务也。"王念孙则谓:"作者,始也。始,亦本也。""本作",犹言根本之意,亦即土地、人民、道与法乃是国家之根本。

不过,荀子重法与其重礼一样,具有相同的理论特征,此即君子不仅是法的创

---

① 依荀子,礼高于法,是法的纲领与准则,故云:"礼者,法之大分也,类之纲纪也。"(《劝学》)讨论荀子的礼与法的关系并非本文主题,学者可参考拙著《合理性之寻求——荀子思想研究论集》第320—328页。

② 参阅拙文《"报应论"抑或"功利论"?——荀子刑罚观的哲学根据》,《台湾东亚文明研究学刊》第10卷第1期,2013年6月,第183—217页。

始者、制作者,而且也是法的真正的执行者和落实者。究极地看,即便有良法,亦需配之于"有原"之人(君子)方能得其功效,竟其功化。故而,在君子与法的关系中,荀子采取的不仅仅是功能论与作用论的立场,更重要的是采取了根源论与究竟论的立场,荀子云:

> 无土则人不安居,无人则土不守,无道法则人不至,无君子则道不举。故土之与人也,道之与法也者,国家之本作也,君子也者,道法之总要也,不可少顷旷也。得之则治,失之则乱;得之则安,失之则危;得之则存,失之则亡。故有良法而乱者有之矣,有君子而乱者,自古及今,未尝闻也。传曰:"治生乎君子,乱生于小人。"此之谓也。(《致士》)

"总要",依久保爱,"犹言纲纪也"意即无土地则人民不能安居,无人民则土地不能保守,无礼法则社会混乱,人皆不至,无君子则礼法不能自行。故国家待道法而治,道法待君子而举。有君子,则国家得而为治、为安、为存;无君子,则国家得而为乱、为危、为亡。不难看到,在荀子的上述言说中,国家之治乱似乎并不系于良法,而全系于君子身上。① 这样一种观念,与前此所谓荀子重法的印象形成了明显的对比。我们或问,何以有良法而乱者有之?何以有君子而乱者,自古及今未尝闻?类似的表述易于让人觉得荀子怀疑乃至否认法度的功能与作用,实则荀子乃是从根源上彰显作为法之制作者和真正的贯彻者君子的角色,绝非否认法度在国家治理和秩序规整方面的作用。荀子又云:"有乱君,无乱国;有治人,无治法。"(《君道》)王天海引梁启超语云:"本篇论'人治'与'法治'之得失,有精语。"又引吕思勉语谓:"此篇言人治,辟权谋。"[4]527 此处,梁氏与吕氏将"治人""治法"翻转而为"人治"与"法治",对于这种了解的得失,学者已有辨证,不待言;[9]491-497 陈大齐先生则释云:"荀子于此,把治人看得很重,把治法看得很轻。'无治法'竟把治法一笔抹杀,与其以治法为国安条件之一的主张,不免自相抵触。'无治法'说在'有治人'之后,殆只是与治人比较上的一种说法,非欲根本推翻治法的价值。荀子之所以重治人而轻治法,依其所说,盖有两大理由,一为治人始能制作治法,二为治法必待治人维持推行。"[8]110 依陈氏之说,荀子重治人之两大理由,实质上是在君子与法之间的关系上采取了根源论和究竟论的立场。但对荀子持此主张在现实层面上原因,陈氏则并未论及。俞荣根教授则认为,荀子"有治人,无治法","是针对法家的重势尚法不重人而言的"[9]494,495,则俞氏之说或有醒目之功,可作为补充。

---

① "有良法而乱者,有之矣"一句,在荀书中至少出现过两次,分别见《王制》《致士》,可见荀子强调此一观念必当有其用意和实际所指。

在《非十二子》篇中,荀子对法家之祖慎到批评云:"尚法而无法,下修而好作,上则取听于上,下则取从于俗,终日言成文典,反紃察之,则倜然无所归宿,不可以经国定分;然而其持之有故,其言之成理,足以欺惑愚众:是慎到田骈也。"此段文字之核心在于荀子为何认为慎到是"尚法而无法,下修而好作"。学者对此多持异说。杨倞注:"尚,上也。言所著书,虽以法为上而自无法,以修立为下,而好作为。言自相矛盾也。"杨注对为何"以法为上而自无法"释之不清;王念孙则通过改字为训的方式,谓"'下修'当作'不循',谓不循旧法也"。李涤生从王说,并自荀子言法必以礼义为据出发,认为"慎到崇尚法治而不以礼为据,实无法也……'不循而好作'言不遵循先王之道,而好制作新法"[5]97。李注以"不以礼为据"而言慎到尚法而无法,并以"下修"为"不循先王之道",释意显得迂回悬远而有先入为主之嫌。北大注释本谓:"下修:轻视贤智。"[10]66 王天海则引章诗同注:"下修,以贤智为下。修,贤智。作,制作。"又引熊公哲注:"修,谓修正、修为。下修,与尚法对文,谓以修正为下,即尚法不尚贤之意。"[4]206-207 今统合诸家释文以观,北大注释本、章氏与熊氏之注或更得荀子之实,盖所谓"贤"者,在荀子,即指君子也。依荀子,慎到尚法却不注重君子之究竟作用,即终致尚法而无法。然则,如此主张之根据何在?再观《解蔽》篇,荀子有云:"慎子蔽于法而不知贤……由法谓之道,尽数矣。"慎子即慎到。杨倞注云:"慎子本黄、老,归刑名,多明不尚贤、不使能之道,故其说曰'多贤不可以多君,无贤不可以无君'。其意但明得其法,虽无贤亦可为治,而不知法待贤而后举也……由法而不由贤,则天下之道尽于术数也。"杨注清晰而明确,所谓"尽数"之"数"即《君道》篇"不知法之义,而正法之数"之"数",即具体的法律条文。依荀子,法家主以法治国,眼中只有治法,而不知法度之制作和贯彻皆离不开君子,故若以法(法之条文)为道,即治道仅成为僵死的机械的条款,循此为论,则法终不能竟其实功,而国之治亦必将成为泡影。此所以荀子言"有治人,无治法"而批难法家也。

荀子既从根源论上讨论君子与法的关系,又在现实上对法家重法不重人表达不满,故有"有治人,无治法"的说法,而其实意却非否认治法之作用。但不得不承认,在论及君子与法的关系上,荀子皆多在究竟根源上用心,尽力彰显君子在天下致治上的作用。首先,荀子认为君子是"有原"之人,社会秩序之治理端赖于君子,荀子云:

  法者,治之端也;君子者,法之原也。(《君道》)

  君子者,治之原也。(《君道》)

"端",谓端始;"原",各注本皆谓通"源",谓源泉、根本,或本源、根源等。[5]264,[10]66,[4]531 法度源自礼义,礼义出于君子,法度是君子所制作和发明的,故云"君子者,法之原也";而法度又是实现社会国家治理的手段之一,法度出于君子,故又云"君子者,治之原也"。"原"作源泉、根源解,所得为字面义;荀子复有"有原"一说,将君子作为"法之原""治之原"之实义在理上得以申说。荀子云:"王者之人:饰动以礼义,听断以类,明振毫末,举措应变而不穷,夫是之谓有原。是王者之人也。"(《王制》)依杨倞,王者之人即"王者之佐",亦即辅佐王者经国定分、实现王道的人;王者之人是"有原"之人,而前面所说君子是法之原、治之原,又谓"君子养原"(《君道》),故可知王者之人即是君子。此处,"有原"是一种比喻的说法,如源泉之混混,长流而不竭。但君子在修身和外王事业中何以能至源泉混混乃至盈科放海?此即君子之一举一动必以礼义自饬("饰",饬也,依王念孙说),听断政事必以礼法之统类为准则,对法之所不及者能借类推以弥补法律之不足。如是,即能明察秋毫,应变万端。就此意义而言,荀子所说的这种君子本质上是能知通统类的大儒①,其所以能王天下、治万变、材万物、养万民、兼制天下,乃由于其"知虑"足于治理天下,"仁厚"足于安定天下,"德望"足于化成天下(《富国》),故云:"人无法,则伥伥然;有法而无志其义,则渠渠然;依乎法,而又深其类,然后温温然。"(《修身》)意即人无法则伥然不知所措;但拘守法之条文,不明其伦类之理,则渠渠然无法应付;唯谨守礼法而又深明法之统类的君子,方能温温然而应肆从容。

  其次,荀子所以力主君子之治,与他对法度的特点的理解有关,荀子云:

    羿之法非亡也,而羿不世中;禹之法犹存,而夏不世王。故法不能独立,类不能自行;得其人则存,失其人则亡。(《君道》)

  其意是说,羿的射箭方法虽未亡,然则如羿那样善射的人并非代代都有。同样,虽禹的法度依然存在,但至桀而亡国,禹之后并不世世王天下。其间的根本原因在于,法并不能自己发挥作用,而"以类行杂"的"统类"也不能自动实行,必待人的维护推行,才能发挥作用,故云:"得其人则存,失其人则亡。"虽然,荀子此处所言法之存亡非谓法本身的存亡,而只是指法之效用的存亡[8]177,但在人(君子)与法的关系上,荀子取究竟论的立场至为明显,其隐含的意思乃谓,法总是人为之法、为人之法,不论其制作还是实行皆离不开人。而且问题的关键还在于,即便同样是良法善法,若无壹于礼义的君子作为施治的主体,亦不能发挥其作用。故荀子所谓

---

  ① 《儒效》篇云:"法先王,统礼义,一制度;以浅持博,以古持今,以一持万;苟仁义之类也,虽在鸟兽之中,若别白黑;倚物怪变,所未尝闻也,所未尝见也,卒然起一方,则举统类而应之,无所儗作;张法而度之,则晻然若合符节:是大儒者也。"

"得其人则存,失其人则亡",语意虽落在法之效用的存亡上,毋宁说,其在彰著的是君子的枢纽和核心作用。荀子又云:

> 合符节,别契券者,所以为信也;上好权谋,则臣下百吏诞诈之人乘是而后欺。探筹、投钩者,所以为公也;上好曲私,则臣下百吏乘是而后偏。衡石、称县者,所以为平也;上好覆倾,则臣下百吏乘是而后险。斗、斛、敦、概者,所以为啧也;上好贪利,则臣下百吏乘是而后丰取刻与,以无度取于民。故械数者,治之流也,非治之原也;君子者,治之原也。官人守数,君子养原;原清则流清,原浊则流浊。(《君道》)

此处"械数者",谓斗斛、法规等。依荀子,符节、契券,探筹、投钩,衡石称悬、斗斛敦概等,原本是为实现诚信、公正、公平和齐一的目的,不失为善好的治法。然而,无君子施治作用其中,这些良好的治法反而被用于为欺、为偏、为险、为多取少给。而君子不好权谋与曲私,不好倾覆与贪利,故面对治法能一皆以法本身为准,竟其公平公正之实功,此所以荀子言"有良法而乱者有之矣,有君子而乱者,自古及今,未尝闻也"(《王制》)之究竟原因。①

又次,荀子力主治人之不可或缺,还与其对君子的"品格构造"(structure of character)的认定紧密相连。如前所言,荀子对君子之描述林林总总,如谓君子知明敦慕、君子"善群"、"君子壹于道"、君子"言必当理,事必当务"等等。但在所有这些品格特征中,君子所以异于士人和庶民之处的一个突出的特点是君子能够"类是而几"(《解蔽》),所谓君子能"依乎法而又深其类"(《修身》)、君子"知则明通而类"(《不苟》)、"王者之人(君子),饰动以礼义,听断以类"(《王制》)等等。在荀子,规范中所潜藏的义理谓"类",所谓"深其类""明其类"是指能从各类具体的规

---

① 参陈大齐《荀子学说》。此处需注意,所谓君子不好权谋与曲私等,此君子已不是作为一个现实的人来理解,而是作为"理"或"格"来理解,故能使治法得以落实。但此处留下许多问题有待解决,如如何在制度层面上有效保证君子是君子其人等等。

范中推求其潜藏的抽象义理的能力。[①] 按理,"知通统类"是圣人的品格特征,但荀子亦常常将之加附在君子身上,以彰显其在面对新事态、新问题时的灵活应变、曲得其宜的能力。在荀子看来,正是这种特殊的能力,使得在理论和事实上已经成形但却并不可能周全的法度(即便是良法也不可能周全)能够发挥其最大的功效,以补"法教之所不及,闻见之所未至"(《儒效》)的不足。荀子云:

> 不知法之义,而正法之数者,虽博,临事必乱。(《君道》)

> 故法而不议,则法之所不至者必废,职而不通,则职之所不及者必队。故法而议,职而通,无隐谋,无遗善,而百事无过,非君子莫能。故公平者,听之衡也;中和者,听之绳也。其有法者以法行,无法者以类举,听之尽也;偏党而不经,听之辟也。故有良法而乱者有之矣,有君子而乱者,自古及今,未尝闻也。传曰:"治生乎君子,乱生乎小人。"此之谓也。(《王制》)

荀子言法,分"法之义"与"法之数"。"义"谓礼法所蕴含的抽象义理;"数"指法的具体条文。意即若不明法之抽象义理(并借此加以类推)而拘执法的具体条文,即便所知渊博,临事也不免迷乱。我们要问,为什么会出现此种状况?原因在于不论法之条文如何周详密备,面对新问题、新情况的丰富性和复杂性,总会有所遗漏和不足,故若不能以义(类)相推,触类而长,从时而权,其结果即是法而无法。荀子又有"法而不议""职而不通"之说,属对文。"议"谓讲论,引申为通晓法理,能执法理以推类,便可得有法者以法行,无法者以类举之效,否则,法之条文所不至者必无所适从;[②] "职"谓职权、职责,职权各有所主,若不能"联事通识",互佐互助,则事为各单位职掌所不及者,亦必然坠堕。而在荀子看来,能够弥补此一缺憾,能类

[①] 有关对"类"的解释,李涤生先生言之甚详且浃洽,今不嫌其烦,抄录如下:"规范中所潜藏的义理荀子名之曰:'类';从各类具体规范中,去推求其潜藏的抽象义理,是谓'明类'。明类之后,对同类事物的处理,就有客观的原则了。为什么不谓之'理'(有时谓之'义'),而称之'类'呢?亦有其原因:(一)'类'作为名词,表明它是同类事物的共同原则原理(亦可称谓条理或条贯)。(二)作为动词,则为推类(推理),所谓'触类而长'也。推类要根据同类事物的共理。基于以上两种原因,所以称'类'而不称'理'。物类是由共理所形成的,共理也是由类才显出来,所以有类就有共理。共理有统领贯通同类一切事物的作用,所以又名曰'统类'、'道贯'(见天论篇末),或简称'统'、'贯'。统贯于历代因革损益之典章法度中永远不变的共理,荀子谓之'礼义之统'。类有时又称作'伦类'。'伦'即解藏篇'圣者尽伦'之'伦',谓物理也。'伦'与'类'连用,是一个两字同义的复合词,没有特殊的意义。读礼的人,从各类事物的具体规范中,去体察其潜在抽象义理,就可以慢慢会通而成就大智慧,荀子称谓'通伦类',通类也就知道的意思。学至于此,就可以济'法教之所不及,闻见之所未至'(儒效篇)(触类而长),既可以处常,又可以应变了。所以荀子以知类的为大儒为圣人。这番为学的过程,很像朱子所称的'格物',又和孔子'下学而上达'之义相通。"参阅李涤生《荀子集释》第12—13页。

[②] 王天海引安积信注:"法而不议,谓徒守一定之法度,而不论辨法度之未载者,以通其类也。"王天海《荀子校释》(上),第346页。

是而几,联事通识,理万事而无差过的人,只有君子。故云:"法而议,职而通,无隐谋,无遗善,而百事无过,非君子莫能。"也正是在这个意义上,荀子说:"有君子,则法虽省,足以遍矣;无君子,则法虽具,失先后之施,不能应事之变,足以乱矣。"(《君道》)盖君子所以能致治,乃由于其能"以其本知其末,以其左知其右,凡百事异理而相守也。庆赏刑罚,通类而后应;政教习俗,相顺而后行"(《大略》)。

荀子对君子与法的关系的认识取根源论与究竟论的立场,故其重"治人"甚于"治法",而君子则成了荀子心目中至关重要的人。所谓"君子者,道法之摠要也""君子者,法之原""君子者,治之原""治生乎君子""有君子而乱者,自古及今,未尝闻也"等言说,在指向君子在安顿社会秩序方面的核心作用,故其结论落在"无君子,则天地不理,礼义无统,上无君师,下无父子,夫是之谓至乱",亦理有固然,而势所必至者。荀子诚非忽视治法之作用,但在其致思过程中,仅仅把治法当作实现其王道政治的手段和工具,故转而在根源和究竟意义上注重使用工具的君子,其中之失,若站在现代的立场以观,实沉疴百积,令人典额。盖治法虽由君子所制作和施行而谓"不能独立"①,但治法一旦形成,则当在理上赋予其独立性和神圣性。黑格尔曾这样认为:"在形式法中,人们不考虑到特殊利益、我的好处或我的幸福,同时也不考虑到我的意志的特殊动机、见解和意图。"[11]46-47罗尔斯对此诠释道,黑格尔这一说法的言下之意,乃谓"一个法的体系将不是通过达成人们的需要或欲望,或满足了他们的福祉才证明其为合法的"[12]459。意即合法性问题并不能从外在于法的功利或好处中获得证明,即便这种功利和好处符合外王事业之理,而只能从作为治法的规范本身为对象来加以证明。唯其如此,法的神圣性才能真正建立。尽管相比而言,荀子对规范、法则之重视有过于其他儒者,但如何彰著法的神圣性,如何培养人们对法的敬畏感,仍然不在其用心之列。就此而言,荀子之失已非特其个人之失,而实乃整个儒学传统之失。若不意识到此一点,所谓建立现代的法治社会,其路亦遥遥而无尽期矣。

结束语

如何安排人间的政治秩序,创造和实现一个至平的公道社会,是儒者的共同愿望,也是荀子汲汲为之的事业。在《王制》篇中,荀子对此理想社会有一简要的描述:"王者之论:无德不贵,无能不官,无功不赏,无罪不罚。朝无幸位,民无幸生。

---

① "法不能独立"实乃儒者的一个共识,孟子亦谓"徒善不足于为政,徒法不能以自行"(《离娄·上》),然而,这种根源论式的共识恰恰是造成人们对法缺乏神圣感和敬畏感的一个重要原因。

尚贤使能,而等位不遗;析愿禁悍,而刑罚不过。百姓晓然皆知夫为善于家,而取赏于朝也;为不善于幽,而蒙刑于显也。夫是之谓定论。"而在荀子思想中,作为政治之理想人格的君子既是道德的楷模,也是这种理想的社会秩序和公道世界的设计者、承担者和完成者。荀子对这种君子寄予厚望,即其对君子所扮演的角色、功能和作用亦从多个方面进行了说明。① 限于篇幅,本文并不能对此进行全面的阐发,而主要从君子的定义、君子理天地、君子壹于道以及君子者法之原等几个方面作了论述。简言之,在荀子,得贤而治,则政行而国安;凭智而敦慕的君子,则一个"公道达而私门塞矣,公义明而私事息矣"(《君道》)的公正社会便指日可待。

然而,站在现代的立场,如何来了解和分析由"智而敦慕"的君子所制作和创造的社会秩序和公道世界,这是一个颇为烦难却又是切身紧要的问题,人们或可从各种不同角度来进行思考。在《自然权利与历史》一书中,为了说明正义与善的关系,列奥·施特劳斯首先假定:"正义就是善,以及正义就在于给予每个人他应得之物。"然而,一个人的应得之物是由城邦法律来规定的,但法律却有可能是愚蠢的,所以它给予每个人所应得之物的正义就有可能极端糟糕,而不可能是善。施氏话锋一转,认为如果要求正义就是善,我们就必须把正义本质上视作独立于法律的。如是,所谓正义就是给予每个人依据自然他所应得之物。② 为了说明此间道理,施氏举了一个例子:一个大孩子有一件小外套,一个小孩子有一件大外套。大孩子是小外套的合法拥有者,因为他或者他的父亲买了这件外套。可是,这件外套对他来说并不好,不适合他。明智的统治者会从小孩子那儿把大外套拿走,给了大孩子,而丝毫不考虑什么合法所有权的问题。我们至少得说,公正的所有权与合法的所有权是完全不同的两回事。施氏的这一故事隐含了巨大的解释空间,或许,对我们来说,首先要问的是,"明智的统治者"凭什么把那件本来就属于小孩子的大外套从小孩子那里拿走? 依施氏,"明智的统治者"所以如此做,是因为他考虑的是合适不合适的问题,合适即是合乎自然的秩序,合乎正义和善;或依施氏,即是"依据

---

① 如君子具有"在本朝则美政,在下位则美俗"(《儒效》)的教化功能;又如君子还具有"其待上也,忠顺而不懈;其使下也,均遍而不偏"(《君道》)的政治调节功能等,不待一一列举。

② 此处最为核心的概念就是"给予"(谁来给予?)以及"依据自然"的"自然"。盖 Leo Strauss 思想的核心窍门乃基于古代对自然不平等的理解,因此,Strauss 对 Plato 所谓"自然在根本上是分等级"的观念颇为赞赏,认为现代社会之所以堕落的原因在于人们忘记了古代社会的教义,亦即自然在本质上是不平等的。荀子思想与其有某些相似。荀子一方面认为人习礼义积文学则可以为君子,使得等级秩序处于流动的平衡状态;另一方面,荀子高扬君子的作用正基于自然的不平等,认为小人愚而难晓,君子智而敦慕。他认为一个社会"分均则不偏,势齐则不壹,众齐则不使"(《王制》)。故一个社会必须有贫富贵贱之等级差异,因为"两贵之不能相事,两贱之不能相使,是天数也"(《王制》),若逆"天数",则社会将至乱不堪,而"正理平治"之善果亦不复可得。可见,在荀子,正义与善也是一体的,君子则依据此自然原则来分配名位地位和财物。

自然对他而言是善的东西",亦即"他能够很好利用的东西",而对于一个人不能很好利用的东西,由于它不合乎自然秩序、正义和善,所以,即便这一东西是他的合法所有物,"明智的统治者"也可以不顾当事人是否情愿,通过各种方法,包括暴力,把这一东西从当事人那里拿走。如是,让施氏心仪的古代合乎自然的(公正)秩序,便与现代人所强调的合乎权利的秩序之间形成了冲突。

我们无意窥探施氏秘密写作的原因,但施氏所精心勾画的"明智的统治者"却很容易让我们想起荀子所塑造的"君子"的角色。君子所设计的社会无疑在荀子看来是一个合乎"天数"(《王制》)的"正理平治"的社会,所不同的是,在荀子那里并没有合法的所有权观念,当然也就谈不上建立所谓的合乎权利的秩序,而这恰恰构成了荀子的公道世界与现代社会之间的一道坎壈。① 或许,对于荀子而言,这种没有权利观念的至平社会的确是善美的、合乎自然的秩序,只不过为了维护这样一种秩序,不免要以恐怖和绞刑架为后盾,[1]249 而且这种基于不平等而平等的等级制度毕竟如何合乎公道和正义,又合乎何种公道和正义,显然还有待于接受现代意识的质询、批判和检讨。②

参考文献

[1] 东方朔. 合理性之寻求:荀子思想研究论集[M]. 台北:台大出版中心,2011.

[2] 哈耶克. 法律、立法与自由:第 1 卷[M]. 邓正来,译. 北京:中国大百科全书出版社,2000.

[3] 哈耶克. 自由秩序原理:上[M]. 邓正来,译. 北京:三联书店,1997.

[4] 王天海. 荀子校释[M]. 上海:上海古籍出版社,2005.

[5] 李涤生. 荀子集释[M]. 台北:台湾学生书局,1979.

---

① 荀子没有现代意义上的权利观念和平等观念,其性分平等的观念通向的是等级制的不平等,认为:"少事长,贱事贵,不肖事贤,是天下之通义也。"(《仲尼》)故其重等级观念,所谓"礼者,贵贱有等,长幼有差,贫富轻重皆有称者也"(《富国》),而基于"欲多物寡"的公理,荀子认为这种自然的不平等即是天数,因而他是"第一个不要求改善财富分配不均现象的思想家"(胡寄窗《中国经济思想史简编》北京:中国社会科学出版社,1981 年,第 100 页)。荀子云:"分均则不偏,势齐则不壹,众齐则不使。有天有地,而上下有差;明王始立,而处国有制。夫两贵之不能相事,两贱之不能相使,是天数也。势位齐,而欲恶同,物不能澹则必争;争则必乱,乱则穷矣。先王恶其乱也,故制礼义以分之,使有贫富贵贱之等,足以相兼临者,是养天下之本也。书曰:'维齐非齐。'此之谓也。"当然,就建立社会制度而言,实质意义上的齐一平等似乎永远都是一个不可能的事实。大略言之,差等,然而公正的社会依然是人类追求的理想。

② 罗尔斯这样认为:"自然资质的分配无所谓正义不正义,人降生于社会的某一特殊地位也说不上不正义。这些只是自然的事实。正义或不正义是制度处理这些事实的方式。贵族制等级社会不正义,是因为它们使出身这类偶然因素成为判断是否属于多少是封闭的和有特权的社会阶层的标准。这类社会的基本结构体现了自然中发现的各种任性因素。"参罗尔斯:《正义论》,何怀宏等译,北京:中国社会科学出版社,1988 年,第 97 页。

[6] 牟宗三. 名家与荀子[M]. 台北:台湾学生书局,1979.
[7] 秦家懿,孔汉思. 中国宗教与基督教[M]. 吴华,译. 北京:生活·读书·新知三联书店,1990.
[8] 陈大齐. 荀子学说[M]. 台北:中华文化出版事业社,1954.
[9] 俞荣根. 儒家法思想通论[M]. 南宁:广西人民出版社,1998.
[10] 北京大学《荀子》注释组. 荀子新注[M]. 北京:中华书局,1979.
[11] 黑格尔. 法哲学原理[M]. 范扬,等译. 北京:商务印书馆,1982.
[12] 罗尔斯. 道德哲学史讲义[M]. 张国清,译. 上海:上海三联书店,2003.

原载《邯郸学院学报》2015年第4期

礼教的信念机制:《荀子·礼论》生存分析[①]

邹晓东

"礼教"与"学礼"密不可分,《荀子》隆礼势必重学,《劝学》位居《荀子》首篇可谓理所当然。关于《荀子》之"学","北京大学《荀子》注释组"曾这样解说:"他认为,人的知识才能并不是天生的,而是'善假于物'的结果,是通过后天的学习、教育和环境影响而取得的,从而驳斥了'生而知之'的谬论,强调了教育和学习的重要性。"[②] 总的来说,学的基本特征在于其外向性。[③] 然而,面对五彩纷呈的教学资源,外向之学不免遭遇如下问题:学什么?怎么学?

有学者曾将礼教过程划分为三个层次:执礼、知礼、行礼。[④] 在平稳时期,这三个层次似乎不难按部就班依次推进。[⑤] 但在礼坏乐崩时代,传统式微百家争鸣,外向之"学"往往并不看好传统之"礼"。实际上,百家争鸣者中不乏挑战传统礼制的声音。甚至,许多学派的为学方式本身,就与"崇礼—学礼"精神背道而驰。在这种情况下,礼教提倡者必须对"学什么"(或"为什么要学这礼")、"怎么学"问题,

---

[作者简介] 邹晓东(1982—),男,山东莱西人,哲学博士,北京大学哲学系博士后,研究方向:宗教哲学与先秦儒学。

① 该文被人大复印报刊资料《中国哲学》2015年第4期全文转载。

② 北京大学《荀子》注释组:《荀子新注》,北京:中华书局,1979年,第1页。此书"原文以清代王先谦《荀子集解》为底本,并吸收了前人和现代人的研究成果,作了校勘"(后记,第567页)。本文引用《礼论》将以此书为准。

③ 王博教授辨析先秦儒家"学""思"二概念,指出:"在荀子看来,学习的本质是借助于自我以外的事物来扩展、延伸或者提升自己","思却只是局限于自我的内部"。(王博:《中国儒学史·先秦卷》,北京:北京大学出版社,2011年,第535页)

④ [韩]张静互:《从荀子礼论看"礼教"的三个层次——试论"执礼"、"知礼"、"行礼"的教育内涵》,《孔子研究》,2001年第1期,第74—84页。

⑤ 在进入"知礼"年龄段前,强大的传统会借家教等方式,在社会成员身上建立"执礼"能力。同样的传统与社会压力,进而也是年轻成员谋求"知礼"的重要动力。"执礼"与"知礼"相辅而行,最终蓄积起有德的生命境界,这种境界被称为"行礼"。

作出专门回应。

学界目前在研究《荀子》的"学"概念时,《礼论》文本总体处于缺场状态。然在我看来,贯穿《礼论》前三分之一的,恰恰是"学什么"与"怎么学"问题。对此,荀子提出了一种基于崇礼情感或崇礼信念的学礼模式。学界则一般侧重强调《荀子》的"经验""理性""功利"特征,①而对其思想中的"情感""信念"维度过分轻忽。然而,一切外向之"学",最开始都是以"情感认定—信念固执"的方式,指向并锁定其学习对象的。无此指向与锁定,外向之学根本无从启动。② 在这方面,《荀子·礼论》是个值得认真对待的标本。本着这点认识,本文尝试对它进行生存分析。③ 在呈现该文本的问题意识与处理方案的基础上,笔者最后将对这种"礼教的信念机制"发表自己的评论性意见。

---

① 一般来说,读者的这种感觉由《天论》"明天人之分"观念而起,复因《礼论》"功能论"视角而加强。可参徐复观:《中国人性论史》,上海:华东师范大学出版社,2005 年,第 137—140 页;陈来:《回向传统——儒学的哲思》,北京:北京师范大学出版社,2011 年,第 300—318 页。

② 当然,对于《荀子》书中的"情感—信念"因素,学界并非毫无意识。比如,王中江先生指出:"在此,荀子实际上是把儒家经典看成学术和知识既完整又统一的体系,相信天地之间的真理都包含在其中('在天地之间者毕矣'),相信依据和推行经典的真理和原则,天下之事则无不臻于完善。这显然就是'经典权威主义'。"(王中江:《传经与弘道:荀子儒学的重新定位》,中国学网,http://www.confucianism.cn/html/A00030013/15738617.html,录于 2013-01-18)又如,陈文洁特别强调:"尽管荀子对孟子有不少批评,但对传统生活方式,很大程度上采取了一种信念认同的态度";"但正如对一个真正有信仰的人来说,其所有关于信仰的论证都不是出于自我说服的动机,而是服务于传播信仰的目的;对荀子来说,对传统生活方式的信念不但毋需任何理由,而且是给予他论证和论辩动力的重要源泉";"坚持传统的方式,这本身无法用功利主义解释,相反,倒暗示了他固有的价值立场";"荀子类似'传统主义'的立场构成了他展开论辩乃至写作的价值前提和信念基础,在此背景下,他表现出的功利主义倾向,只是他的一种论辩策略";"正因此,不应将《荀子》一书理解为纯粹意义上的思想著作。这部著作具有劝说的性质"。(陈文洁:《荀子的辩说》,北京:华夏出版社,2008 年,第 5—6,15 页)

③ 近年来,谢文郁教授不断在汉语学界倡导"生存分析方法",读者可参考其《自由与生存:西方思想史上的自由观追踪》,上海:世纪出版集团 上海人民出版社,2007 年,导言;《基督论:一种生存分析》,许志伟主编:《基督教思想评论》总第九辑,上海:世纪出版集团 上海人民出版社,2009 年;等。——作为一种文本研究方法,"生存分析"与一般所谓"文本分析"或"辨名析理"的区别在于:它力求在与"文本"互动过程中面向文本所触及的"生存问题",并在"问题意识"中梳理概念、呈现方案,进而在概念界定、论证技巧、方案设计,乃至问题提法上与"文本"进行切磋。此外,为充分尊重文本的实在性(可理解性),这种方法不预设"文本本义",而是要求在持续不断的"文本—研究者自己—所有其他读者"的三方互动中,让文本的实在性(可理解性)自行展现。——总的说来,这种方法尚处于"在应用中发展"阶段。拙作《〈大学〉、〈中庸〉研究:七家批判与方法反思》(《社会科学》2013 年第 7 期)中的相关思考,亦可参考。

一、开篇：功能概论与学礼信念

《荀子·礼论》开篇第一段文字，通常被称为"礼的起源论"，①但这个提法需要仔细辨析。我们且看文本：

> 礼起于何也？曰：人生而有欲，欲而不得，则不能无求，求而无度量分界，则不能不争。争则乱，乱则穷。先王恶其乱也，故制礼义以分之，以养人之欲，给人之求。使欲必不穷于物，物必不屈于欲，两者相持而长，是礼之所起也。

这里，作者确实使用了带有发生意味的"起"字，且以"先王制礼义"作为礼的历史性起源。但是，关于先王如何"制礼义"，文中却一字未提。文本从"先王恶其乱也"，直接过渡到"故制礼义以分之"，接下来便提出与"乱"相对的"相持而长"态势。欲、求、争→度量分界/礼义→养欲、给求、使物欲相持而长：看似在讲述一个历史发生过程，重点实则是概述礼的卓越功能。王博教授认为，这段起源论文字，本质上是在讲"礼为什么是必须的"。陈来先生也认为："荀子论证的重点其实是在于'人为什么需要礼制'的逻辑论证，而并不是'礼制是如何起源的'历史论证。"②两位先生上述看法，我认为是贴近《礼论》作者用心的。——在此基础上，略作推演（非严格推论）：礼若是必需的，则学礼就会是必要的。

进言之，所谓"礼制是如何起源的历史论证"，严格来说是破坏"学礼"意识的。我们注意到，在《礼论》倒数约三分之一处，作者明言："凡礼……是百王之所同，古今之所一也，未有知其所由来者也。"这里，"知其所由来"相当于所谓"历史论证"。作者为什么直截了当地说"未有知其由来者也"呢？我们可以这么来看。首先，"知其所由来"，不等于简单记叙历史细节。它要求在详细记叙史实的同时，条分缕析其中的应然道理（这才成其为"论证"）。没有充分的道理支撑的叙事，会被认为充满偶然，不足以说明礼之所由来（不成其为"论证"）。其次，谁能充分说明礼之"所由来"，谁实际上就具备了"制礼"能力。如果历史上曾经有人对此作过充分说明，而荀子又确实知道其中详情，则荀子也就具备了制礼能力。这样一位《礼论》作者，严格来说不是一个学礼者（而至少是一位与制礼者同在的指手画脚者）。

---

① 如夏甄陶：《论荀子的哲学思想》，上海：上海人民出版社1979年，第99页；陈来：《回向传统——儒学的哲思》，北京：北京师范大学出版社，2011年，第311页；王博：《中国儒学史·先秦卷》，北京：北京大学出版社，2011年，第549页。

② 参王博：《中国儒学史·先秦卷》，北京：北京大学出版社，2011年，第549—550页；陈来：《回向传统——儒学的哲思》，北京：北京师范大学出版社，2011年，第320页。

这种"非学者"身份透过文本传递开来,势必对"礼教—学礼"意识构成深层次挑战:引诱读者存心越过学礼环节,直接谋求先王般的制礼能力。

但作为礼教经典文本,《礼论》的"劝学"意识是非常明显的。比如,文本中有这样的段落:"故学者,固学为圣人也,非特学为无方之民也";"故厚者,礼之积也;大者,礼之广也;高者,礼之隆也;明者,礼之尽也"。——鉴于此,我们必须特别强调,所谓《礼论》开篇的"礼起源论",根本上乃"礼之功能概论"。此论的一个基本目的就是,激发读者的学礼热情(或者,至少初步建立对礼的好感)。

当然,作为《礼论》作者,荀子在一定程度上自认为学(礼)有所成。这是他敢于论礼的底气所在。就此而言,他是一位教师。但是,我们不应单方面夸张这种教师角色。特别地,我们不能把这种"论礼"的教师,与"制礼"的先王相混淆。荀子本人并不以制礼者自居。相反,他尊崇先王。在《礼论》开篇,我们看到,他明确承认,礼的发明权在先王。我们知道,在先秦儒家,"先王"是一种备受尊崇的权威角色。在荀子这里,先王受尊崇的地位,与礼的卓越功能直接挂钩。《礼论》开篇的功能概论,不是诉诸历史考察或理论论证,而是直接依附于"先王制礼义"这一饱含感情的准历史命题。就此而言,这更多的是在情感上认定了礼有卓越的功能,因而属于"信念"范畴。对先王的尊崇情感①与对礼之卓越功能的笃信,在"先王制礼义"命题中交融为一。就作者的"尊崇"情感而言,他属于先王礼义的学习者,而非妄议(批判性考察)者。

至此,如下说法应该可接受:《礼论》作者以身作则,在全文开篇即传递了一种"崇礼—学礼"意识。尽管作者学有所成,且拥有某种教师职分,但他毫无僭越制礼者地位之意思。他规规矩矩把礼的发明权归于先王。而在尊崇先王的情感中,"先王制礼义"自然蕴含"礼值得学、应该学、必须学"的信念。这种"崇礼—学礼"意识,我们称之为《礼论》的"学礼信念"。当然,离开这种"尊崇"感,也可以有某种"学"。但那将是另外一种"学"法,《礼论》对之持强烈批评态度。

---

① "先王"一词附带深刻的情感因素。关于这一点,陆建华在《荀子礼学研究》(合肥:安徽大学出版社,2004年)中有所涉及,可参考第28—29,56—59页。此外,还可参考陈文洁:《荀子的辩说》,北京:华夏出版社,2008年,第79—83页;以及陈文洁在文中征引的张舜徽:《周秦道论发微·叙录》,北京:中华书局,1982年,第18页。相反,陈来先生认为:"荀子对于礼义……更重视圣王的作用,这实际上是重视将这里的人类政治经验和政治理性在历史实践中的发现。"此外,他还采用了"圣王所代表的人的理性和能力"这一提法。(陈来:《回向传统——儒学的哲思》,北京:北京师范大学出版社,2011年,第311—312页)但笔者认为,《礼论》中的"先王/圣王"意识,恐怕不能归入上述"历史理性"意识。一件物事如果是"历史的+理性的",那么它的"由来"至少对某些人一定是完全可知的。但关于礼,《礼论》后文明确说"未有知其由来者也"。这种说不清由来的权威性(绝对正确、绝对可靠),正与"先王/圣王"一词的情感色彩相应。所以,至少在《礼论》语境中,笔者认为,我们应该承认这种情感因素的独立性。(关于这一点,还可参考本文第三节前两自然段)

二、情感奠基:直观解说—榜样诱导—攻乎异端

上一节指出,"先王"一词的情感色彩乃"功能概论—学礼信念"进驻人心的重要推手。然而,读者未必像荀子那样尊崇先王。而且,即便尊崇,也未必会像荀子那样相信先王制礼义。比如,在荀子之前,墨学已曾大行于世;墨家激烈批评儒家礼义,并不把"周监于二代,郁郁乎文哉"这等儒家的"先王制礼义"论当一回事。①而与此相关,《礼论》马上就会提及"儒墨之分"问题。——总之,在百家争鸣的大背景下,读者在读完《礼论》开篇概论之后,许多人恐怕只能是将信将疑。作为礼教提倡者,荀子因而有必要进一步巩固(树立)读者的学礼信念。这需要对前述功能概论做一些维护或辩护。

我们来看全篇第二段:

> 故礼者,养也。刍豢稻粱,五味调香,所以养口也;椒兰芬苾,所以养鼻也;雕琢刻镂黼黻文章,所以养目也;钟鼓管磬琴瑟竽笙,所以养耳也;疏房檖貌越席床笫几筵,所以养体也。故礼者,养也。

第一处"故礼者,养也",是对"功能概论"的精辟总结。略去"先王"一环,表明荀子打算直接面对读者心中的疑团——礼的功能真的是"养",而不是别的什么(比如"限制束缚")吗?本段中的文字试图以最直观的方式作出说明:看看吧,礼所涉及并负责安排的刍豢稻粱等物事,哪一件不和口、鼻、目、耳、身之欲息息相关?仅凭这一点,我们还不该相信"礼者,养也"?!

当然,就论证力度或分析深度而言,上述提法只能算点到为止。甚至,儒学内部若有人持"义、利二分"思维②与之较真儿,作者仅凭这段文字也无法招架。但凡事总有个展开过程。在尚未立起学礼信念之前,作者即便摆出再多论证或分析,读者也未必有热情跟着往下走。点到为止的说明虽然粗浅,但不见得一定唤不起读者的兴趣与好感。换个角度看,激发兴趣与好感的理由越是粗浅(直观),被激发起来的兴趣与好感就越近乎无条件的信念。这是直观解说的一个优点。

---

① 《淮南子·要略》:"墨子学儒者之业,受孔子之术,以为其礼烦扰而不说,厚葬靡财而贫民,(久)服伤生而害事,故背周道而用夏政。"还可参考陆建华:《荀子礼学研究》,合肥:安徽大学出版社,2004年,第18页。

② 比如,《孟子·梁惠王上》"王何必曰利,亦有仁义而已矣"的提法会给人造成这种"二分"印象(并且,这似乎是孔孟给时人留下的重要印象之一),尽管接下来的"上下交征利而国危矣"等提法实际内含"义利不二"之意。(陈文洁对"王何必曰利,亦有仁义而已矣"的解读,很能代表这种"义利二分"印象,可参陈文洁:《荀子的辩说》,北京:华夏出版社,2008年,第48页)

实际上,辩护思路越具体,挑战就可以做得越尖锐。现有的提法已经足以招致这类挑战了。例如,在上述直观解说中,"养"字给人的直观感觉首先就是"满足欲求"。然而综观礼义内容,对欲求的限制随处可见。欲求的本性是贪得无厌(参考《礼论》开篇),但礼义的"度量分界"既不允许"僭越"(超规格享受),也不鼓励过分"瘠薄"(为节省资源而降低规格)。打眼一看,礼义的度量分界,乃是在剥夺对欲之"养"。考虑到"礼义"的本质特征就是"度量分界"(参考《礼论》开篇),如此,怎么谈得上"养"呢?粗浅的直观解说,就此遇上了最直观的挑战。

《礼论》对此是有备而来,第三段专门予以回应:

> 君子既得其养,又好其别。曷谓别?曰:贵贱有等,长幼有差,贫富轻重皆有称者也。故天子大路越席,所以养体也;侧载睪芷,所以养鼻也;前有错衡,所以养目也;和鸾之声,步中武、象,趋中韶、护,所以养耳也;龙旗九斿,所以养信也;寝兕、持虎、蛟韅、丝末、弥龙,所以养威也;故大路之马必信至教顺然后乘之,所以养安也。孰知夫出死要节之所以养生也!孰知夫出费用之所以养财也!孰知夫恭敬辞让之所以养安也!孰知夫礼义文理之所以养情也!故人苟生之为见,若者必死;苟利之为见,若者必害;苟怠惰偷懦之为安,若者必危;苟情悦之为乐,若者必灭。故人一之于礼义,则两得之矣;一之于情性,则两丧之矣。故儒者将使人两得之者也,墨者将使人两丧之者也,是儒墨之分也。

我们从"榜样诱导""攻乎异端"一正一反两方面解析这段文字。《礼论》的这两种做法,皆意在进一步树立"崇礼—学礼"信念。

首先我们注意到:继"先王"之后,这里又搬出了"君子"头衔。"君子既得其养,又好其别"——"别",即"度量分界"。作为人,欲求得以满足,总是快乐之事。在这一点上,君子与普通人(包括境界低下之民)无异。与此同时,这里强调"君子"还有另外一个基本特征,那就是"好其别":对度量分界抱有喜好之情。——在儒学语境中,"君子如何如何"语式,具有特殊感染力。实际上,孔子曾大量使用这种语式(案之《论语》),比如:"君子食无求饱,居无求安……"(《学而》);"君子不器"(《为政》);"君子欲讷于言,而敏于行"(《里仁》);"君子耻其言而过其行"(《宪问》);等等。在语境中,"君子"代表令人肃然起敬、心向往之的人格榜样,[①]而"如何如何"则是特定的人格规范。通过调动听众的敬重情感,"君子如何如何"

---

① 参考朱熹《论语集注》:"人不知而不愠,不亦君子乎"条下:"君子,成德之名。"(朱熹:《四书章句集注》,北京:中华书局,1983年,第47页。关于"君子",还可参王博:《中国儒学史·先秦卷》,北京:北京大学出版社,2011年,第555页)

往往能潜移默化,将"应该如何如何"的理念植入听众心间。《礼论》所谓"君子既得其养,又好其别",同样追求这种表达效果。在这个表达式中,作者的权威性(作为学有所成的教师)与君子(作为人格榜样)一词的感人色彩,形成合力,共同诱导读者树立"好其别"这一礼义理想。这个理想实乃学礼的高阶目标。

稍事解释何谓"别"之后,作者专门叙述了一下"天子之养"。直观地看,这其中当然有"养"的成分。但进一步考察却会发现:第一,这种"养"似乎只是"天子专利",如此供养天子对其他社会成员毋宁是一种"剥削";①第二,天子本人则反而可能觉得,其中礼数过于烦琐,处处充满限制("度量分界"),因而并不痛快(某些欲求得不到满足)。就此而言,"礼者,养也",似乎是个虚伪的命题。对读者可能持这种反应,荀子其实了如指掌。笔者认为,他在这里多少有点引蛇出洞的意思。紧接着我们看到,荀子斩钉截铁地抛出一系列"孰知夫……"与"苟……必……"句,大棒挥舞,硬生生地把那甚至尚未出口的挑战思路砸得如鸟兽散。从实际"教学"(荀子《礼论》可视为教案)效果看,这种硬碰硬姿态很有意义。底气十足的行文暗示着:底下有货,千万别轻视小觑!受此感染,读者或将油然而生"受教—拜读"心态,后面的长篇大论将相对易于进入读者心田。这种"受教—拜读"心态,乃"教学"活动的情感基础。

八个"孰知夫"与"苟"字句,本质上是在复述开篇基本思路:在社会生活中,"养"与"别"相辅相成不可分割。不过,这里有了更具体的内容,涉及贵贱等差这类儒家礼义的基本原则。《礼论》所谓的"度量分界"所指非常明确,那就是儒家所传承的传统礼义。本段对墨家全盘否定,更加显明了这一点。本来,墨家刻苦己身,看起来显然不属于"一之于情性"之辈,但是《礼论》全以"儒家礼义"作为划分"礼义"还是"情性"的唯一标准。墨家因为主张在儒家传统礼义之外另外谋求自以为合理的度量分界方案,《礼论》作者便毫不留情地将其定为"一之于情性"的典型。从中,我们看到一种"唯独这礼义"的强烈信念。② 这是最激烈的"攻乎异端"之举。他的做法不是以事实和逻辑进行论证,而是直斥唱反调者"无知"("孰知

---

① 比如,墨家站在"利"的立场,认为礼乐是"亏夺民衣食之财"(《墨子·非乐上》)。参王博:《中国儒学史·先秦卷》,北京:北京大学出版社,2011年,第555页。

② 陈文洁评论说:"不过,当荀子说'墨者将使人两丧之'时,其实在暗示,他不止站在现实功用的立场上反对墨家,礼乐的超功利价值也构成了他'距墨'的重要动机。"(陈文洁:《荀子的辩说》,北京:华夏出版社,2008年,第47—48页)——陈文洁一再二分"实用(功利)"和"礼义(文)",试图以此强调"礼乐超功利价值"(还可参考《荀子的辩说》第6页)。这虽然有助于凸显荀子的"情感—信念"因素,但同时却低估了"功能论"思路的统摄力(至少《礼论》如此)。再次强调:《礼论》在"情感—信念"中认定,唯独这礼具有完满的养的功能。"情感—信念"性,就表现在这"唯独"意识中。

夫……！"），末了再贴上一个极难听的"一之于性情"标签。——笔者暂时不打算批评荀子的"独断"倾向，而是希望读者充分注意"情感"在这种论述中的浓烈程度。这是一种旨在维护"崇礼—学礼"信念的情感表达式。

到目前为止，"情感—信念"表达一直是《礼论》行文的基本特征，荀子特别注重激发读者的"崇礼—学礼"与"受教""拜读"心态。此或可命名为"礼教的情感奠基环节"。有所不足的是，这里的"榜样诱导——攻乎异端"皆在"直观解说"层次上展开，未能从根本上说明"礼者，养也"。接下来的"礼有三本"说，便旨在深入到这种根本性层次。

三、"礼有三本"：依托宗教感立论

陈来先生曾拿荀子礼论与霍布斯社会契约相提并论，并相应地指出了荀子政治哲学的两条线索："情性说"代表自然欲望原理，"礼义说"代表自然理性原理。① 这一比较不乏精彩之处，但我想指出：荀子（《礼论》）与霍布斯，在思维模式上存在一个根本差异。社会契约论作为一套独立的理性运思方式，原则上完全允许推出反传统的政治方案（只要逻辑上讲得通）。而在荀子（《礼论》开篇）的自然欲望和自然理性之间，则横亘着"未有知其所由来"的制礼者"先王"。这个备受尊崇（受到绝对尊崇）的"先王"，事先已完全决定"唯独某种礼义"可取。这样，作为自然理性的"心知"，从一开始便被剥夺了自行制礼或自行评议"那唯独之礼"的权利。

陈来先生似乎有意淡化"先王"的特指性，而泛泛地说荀子"惧怕失去礼制"。这"礼制"似乎可以是任何"合理秩序"，既可以是过去已有的旧制度，也可以是将要生成的新秩序。② 但考虑到"先王"只是"特定的先王"（而非仅仅视之为"人类理性的代言者"），荀子所惧怕失去者显然就是"那唯独的礼制"。——与此相关，荀子的"法后王"提法未必有"以后薄先"（后王在历史中继续运用其"自然理性"，后王之礼较之先王因而"更进步"）之意。再次引用《礼论》倒数约三分之一处："凡礼……是百王之所同，古今之所一也，未有知其所由来者也。"这是个信念表达式：古今百王一脉相承，后王之礼本质上就是先王之礼。两者的区别仅在于，后王之礼粲然可见，先王久远，其迹模糊难以征引。鉴于这种模糊难征，欲学先王之礼，只能

---

① 参陈来：《回向传统——儒学的哲思》，北京：北京师范大学出版社，2011年，第318—319页。
② 参陈来：《回向传统——儒学的哲思》，北京：北京师范大学出版社，2011年，第312，319—320页。

从后王而学。①

　　再次强调,"情感—信念"乃"礼教—学礼"的基础。没有这个基础,"教—学"关系就无从确立。在此基础上,学者才有兴趣聆听对礼义的具体解说。——不过,具体解说有可能恰好予挑战者以把柄。为了不弄巧成拙,具体解说最好最大限度地顺承情感认定。怎么才能做到这一点呢?我们看到,"礼有三本说"试图本"礼的宗教性"以立论。宗教的情感性与宗教所涉问题的根本性,有助于进一步强化读者的"崇礼—学礼"信念。我们再次强调,这信念首先是一种情感认定。

　　我们来《礼论》第四、五两段:

　　　　礼有三本:天地者,生之本也;先祖者,类之本也;君师者,治之本也。无天地,恶生?无先祖,恶出?无君师,恶治?三者偏亡,焉无安人。故礼,上事天,下事地,尊先祖而隆君师,是礼之本也。

　　　　故王者天太祖,诸侯不敢坏,大夫士有常宗,所以别贵始。贵始,得之本也。郊止乎天子,而社止于诸侯,道及士大夫,所以别尊者事尊,卑者事卑,宜大者巨,宜小者小也。故有天下者事七世,有一国者事五世,有五乘之地者事三世,有三乘之地者事二世,持手而食者,不得立宗庙,所以别积厚者流泽广,积薄者流泽狭也。

　　我们注意到,第五段提出来的都是些宗教祭祀之礼。作为对比:《论语》论礼虽也涉及"禘""告朔""社"等祭礼(《八佾》),但总体上却主要是从日常政治和个人修身角度言"礼"。② 比如,关于至深至伟的禘礼,"或问禘之说",孔子曰:"不知也。知其说者之于天下也其如示诸斯(掌)乎!"(《八佾》)由于缺乏进一步解说,这句"知其说者之于天下也其如示诸斯乎",看起来更像是临场应变之周旋语。传统解释一般认为,此"不知也"乃针对鲁国习惯性僭越此礼而发(或曰"为鲁君讳"),③而并未进一步引申禘礼的宗教性议题。实际上,除了刚才所引之外,关于

---

① 参北京大学《荀子》注释组:《荀子新注》,北京:中华书局,1979年,第546页"后王""先王"词条索引。——不过,该书第524—525页认为"法后王"反映了荀子的"历史不断发展""厚今薄古"思想(参考"后王"名词解释),而"称颂先王"与"万世同久"思想则是一种"形而上学唯心史观"(参考"先王"名词解释)。在这个问题上,荀子果真自相矛盾以至于此?相形之下,该书第525页谓"但在《荀子》一书的若干旧注中,把荀况的'法后王'同孟轲的'法先王'说成是一回事"。——在我看来,这"旧说",反倒更近于《荀子》实情。与此相关,郭沫若先生的观察可参考《十批判书》,北京:东方出版社,1996年,第215—216页。此外,还可参黄海烈:《荀子"法王说"及其对战国诸子的攻驳》,《齐鲁学刊》,2010年第4期。

② 参王博:《中国儒学史·先秦卷》,北京:北京大学出版社,2011年,第二章第二节"礼:以为政和修身为中心"。

③ 参程树德:《论语集释》,北京:中华书局,1990年,第173—174页;朱熹:《四书章句集注》,北京:中华书局,1983年,第64页;杨伯峻:《论语译注》,北京:中华书局,1980年,第27页。

这至深至伟的禘礼，《论语》只剩下一句话(也是孔子语录)："禘自既灌而往者，吾不欲观之矣。"(《八佾》)看来，孔子或《论语》编者显然觉得，离开伟大的"禘之说"(或相应级别的礼之说)，礼可以照论不不误。读《论语》我们有这种感觉：政治与修身上的"人事人为"意识，大大削弱着孔子或《论语》编者深掘宗教性祭礼深意之兴趣。——荀子《礼论》之"礼有三本说"，至少在直观上与此形成了鲜明的反差。

按照逻辑，如果禘礼/禘之说(作为最高级别的"礼/说")真有那么伟大，那么，任何有深度的"礼论"都不能对它避而不谈。而且，越是重要的东西，越应该被突出起来，作为统领性要素。荀子《礼论》看起来就是这么做的。下面，我们具体分析之。

首先，礼之三本涉及三种对象：天地、先祖、君师。其中，天地与先祖属于典型的宗教对象，君师指现实政治中的领导阶层。天地、先祖对于人类生存具有原始重要性：离开它们，人的生存根本无从谈起。君师宗教性相对较弱。不过，作为社会秩序维护者，君师缺场意味着乱作一团，社会生活与个人生存同样无从谈起。① 上述"无从谈起"的感觉(作者用"恶生""恶出""恶治"表现之)，正是天地、先祖、君师的宗教性之所在。这种宗教感一旦被注意到，则如下问题自然提出：人将如何打理与这些宗教对象的关系？——《礼论》第四段结尾说："故礼，上事天，下事地，尊先祖而隆君师，是礼之本也。"这属于先声夺人，舍我其谁地将礼定位为沟通人与天地、先祖、君师之中介。这个论述在一定程度上能够收编或改编传统宗教情感，②这有助进一步夯实读者的崇礼—学礼信念。此可视为"礼者，养也"的宗教哲学解说。

其次，宗教性还通过敬畏或禁止的形式表现出来。比如，第五段开始与结尾分别提到："王者天太祖，诸侯不敢坏""持手而食者，不得立宗庙"。先看"不敢"。这句话的背景似乎是：现实中的诸侯尽管常以其势力冒犯王权，但在"王者天太祖"这件事上却轻易不敢造次。荀子在行文中暗示：这意味着，诸侯们深知(深信)"王

---

① 在名分上，"君师"与"先王"(作为制礼者，而礼又是"未有知其所由来者")一脉相承。我们还可从这个角度体会"君师"的宗教性。

② 我们不能因荀子主张"明天人之分"(《天论》)，便简单忽视或否认这里大量收编传统宗教情感这一事实。实际上，收编(而非绝口不提)本身就是一个值得关注的现象，而收编方案是否稳固、进一步又会引申出什么问题，同样值得深入研究。(郭沫若、杜国庠、梅珍生对此有所触及。郭提出"儒家的一项惰性的特征""人民的信仰"说，杜曾点出《礼论》部分文字与《天论》"严分天人的主张"不大调和，梅则强调"礼的宇宙之道的超越性"。可参郭沫若：《十批判书》，北京：东方出版社，1996年，第201页；杜国庠：《杜国庠文集》，北京：人民出版社，1962年，第200—201页；梅珍生：《晚周礼的文质论》，武汉：湖北人民出版社，2004年，第253—254页。)

者天太祖"确实有"事天"之功效。就此而言,诸侯们的"不敢"属于宗教性"敬畏",他们害怕在"王者天太祖"这礼上得罪天。——考虑到《论语》对宗教议题采取了冷处理姿态,儒家的宗教感至荀子时代并不火热。《礼论》提出"王者天太祖,诸侯不敢坏"这个现象,实际上是在引导读者捉摸宗教感的实在性。《礼论》作者信誓旦旦的气场,加上诸侯们"不敢"的事实,在一定程度上能达到令宗教感麻木者不好意思的效果。再次强调,这是在诱导、收编或改编传统宗教情感,而非冰冷严峻的刚性论证。相应地,文中雷厉风行的禁止之辞("止""不得"等),读者亦可以从这种"宗教感"的角度加以体会。

总之,《礼论》第四、五两段试图从宗教哲学角度解说"礼者,养也",与此同时亦实实在在尝试利用读者身上可能存在(或被激发出来)的宗教感。这样一来,"崇礼—学礼"信念在"宗教性"形式下继续发酵,而宗教性的"礼有三本"解说亦开启了一个具体论礼的大思路。这个大思路能否引导学者将"信念中认定的礼的绝对完善性"解析出来,这倒是个颇值得深思的问题。我们将在本文最后一节专门反思这个问题。下一节,我们先具体看看基于情感—信念的礼教学习机制。

四、"大一"意识与"有方"之学

我们快马加鞭看《礼论》第六、七两段:

> 大飨,尚玄尊,俎生鱼,先大羹,贵饮食之本也。飨,尚玄尊而用酒醴,先黍稷而饭稻粱;祭,齐大羹而饱庶馐,贵本而亲用也。贵本之谓文,亲用之谓理,两者合而成文,以归大一,夫是之谓大隆。故尊之尚玄酒也,俎之尚生鱼也,豆之先大羹也,一也。利爵之不醮也,成事之俎不尝也,三臭之不食也,一也。大昏之未发齐也,太庙之未入尸也,始卒之未小敛也,一也。大路之素末也,郊之麻絻也,丧服之先散麻也,一也。三年之丧,哭之不反也,清庙之歌,一唱而三叹也,县一钟,尚拊、膈,朱弦而通越也,一也。

> 凡礼,始乎棁,成乎文,终乎悦校。故至备,情文俱尽;其次,情文代胜;其下,复情以归大一也。天地以合,日月以明,四时以序,星辰以行,江河以流,万物以昌;好恶以节,喜怒以当,以为下则顺,以为上则明,万变不乱。贰之则丧也。礼岂不至矣哉!立隆以为极,而天下莫能损益。本末相顺,终始相应,至文以有别,至察以有说。天下从之则治,不从者乱,从之者安,不从者危,从之者存,不从者亡。小人不能测也。

关于"一"和"多",我们知道,孔子和子贡曾有如下对话:"子曰:'赐也,女以予为多学而识之者与?'对曰:'然,非与?'曰:'非也。予一以贯之。'"(《论语·卫灵公》。此外,《论语·里仁》亦有"吾道一以贯之"语录)——"多学而识之",本身就已经很了不起了。子贡在对话之初似乎正是这么看的。但孔子显然不希望学生只了解自己"多"的一面,他特别强调自己是"一以贯之"。孔子为学即已重视"一以贯之",上述《礼论》引文中之"大一""一也"则显然不能视为道家思想的简单渗透。我们可以这样追问:儒家或礼教之"学",为什么要强调"一"呢?

回到《礼论》文本,我们注意到,第七段不厌其烦地列举了"天地""日月""四时""星辰""江河""万物""上下""万变"。人作为需要"养"的生存者,必须恰当处置自己所遭遇的物事以获取"养"。"万"的意思是"无穷多",它意味着,人(人类社会)在生存中总会遇到陌生物事。"为学"如果永远只是见闻一件方记忆一桩("多学而识之"),那么,学者恐将永远无法凭其学力经营好生活。作为对照:"一以贯之"类似"举一反三",强调触类旁通的能力。一个学派或一种学问只要有这种通贯之"一",那么学成之人自然具备"万变不乱"的处事能力。《礼论》第六、七两段两次谈到的"大一",在我看来,正是指这种"通贯之一"。——我们注意到,《礼论》作者还独断地宣告:唯有礼(儒家所传承的传统礼制)具备这种通贯能力,"天下从之则治,不从者乱,从之者安,不从者危,从之者存,不从者亡"。

不过,就"论"而言,更重要的是切实说明:何为礼(那唯独之礼)之"大一"? 这"大一"如何与人的生存相干? 关于前一个问题,《礼论》第六段提出"两者(本、用)合而成文,以归大一",试图从"合"与"归"的角度提示礼的"一"性。接下来五个"一也",则列举不同礼节的相似之处,以佐证礼确实具有内在一贯性。至于后一个问题,我们可以这么看:外在礼节需要人本着恰当的理解来践行——若理解践行得当,则行礼者便可"以归大一";考虑到"礼者,养也",此"大一"之境自然蕴含"圆满之养"之义。"大一"因而是一种理想的生存境界。《礼论》第七段开始曰"凡礼,始乎梲,成乎文,终乎悦校",似乎正可理解为:践礼者被礼的进程所带动,最终进入礼的"大一"之境。①

但是,《礼论》关于"礼有大一"的论述,经得起推敲吗? 从概念辨析角度看,《礼论》第六段可谓漏洞多多。名辩派挑战者可以从太多角度发动攻击,比如(笔者代为揣测,读者请勿见笑):(1)"生鱼"是生的,"大羹"是熟的,何为"饮食之本"

---

① 传统注释一般将"终乎悦校"的"校"字解释为"当做'恔',快意,称心"(北京大学《荀子》注释组:《荀子新注》,北京:中华书局,1979年,第314页)。不过,受王博教授"先秦经学"课(讲解上博楚简《子羔》篇孔子诗论部分之"《关雎》之改"的"改"字)之启发,笔者倾向于认为:"终乎悦校"的"校"或正可依原字作"校改""校正"解。这种解释更富"进程带动—进入境界"意味。

似乎缺乏统一标准。(2)"黍稷"既与"玄尊""大羹"同为"本","大飨"为何舍之不用？礼数在设计上似乎偶然而又随意。(3)"不醮(不喝尽)"和"不尝"存在质上的区别,且"不醮""不尝"主语为"尸","三臭之不食"主语为"劝食者",这是不是"不一"？(4)"大昏未发齐(还没有去迎亲)"时毕竟还有新郎官这半个主角在,就主角在场而言,它与"太庙未入尸""始卒未小敛"不一。(5)"素末(丝织的车帘)"布置在车上,而"麻絻(麻布帽)""散麻(麻带)"则佩戴在行礼者身上,这能算是同类物事吗？(6)最后一个"一也"之所以一,是因它们都有某种"三——一"形式吗？这些"三——一"真有内在关联？(7)至于第七段"凡礼,始乎梲,成乎文,终乎悦校"——讲究"始—成—终"三部曲形式的"礼"可以杜撰出很多套,凭什么只有儒家这套才能"复情以归大一"？——荀子时代,名辩家咬文嚼字的劲头,比之以上揣摩绝对有过之而无不及。对此,荀子心中有数。① 第七段最后一句,"小人不能测也",可视为荀子面对这类挑战的自卫之举。而这,实际上又是在打"君子如何如何/小人如何如何"的感情牌了(参考本文第二节)。

为进一步对抗"小人"之学,《礼论》第八段,着手谈论"怎么学"这个问题。我们看文本：

> 礼之理诚深矣,"坚白""同异"之察入焉而溺;其理诚大矣,擅作典制辟陋之说入焉而丧;其理诚高矣,暴慢恣睢轻俗以为高之属入焉而队。故绳墨诚陈矣,则不可欺以曲直;衡诚县矣,则不可欺以轻重;规矩诚设矣,则不可欺以方圆;君子审于礼,则不可欺以诈伪。故绳者,直之至;衡者,平之至;规矩者,方圆之至;礼者人道之极也。然而不法礼,不足礼,谓之无方之民;法礼,足礼,谓之有方之士。礼之中焉能思索,谓之能虑;礼之中焉能勿易,谓之能固。能虑,能固,加好之者焉,斯圣人矣。故天者,高之极也;地者,下之极也;无穷者,广之极也;圣人者,道之极也。故学者,固学为圣人也,非特学为无方之民也。

"'坚白''同异'之察",正乃先秦"名家"的学问。他们以严苛的概念辨析,检讨一切现有学问。面对这种有板有眼的严苛挑战,荀子断然予以釜底抽薪式报复：直接贬斥他们的学法(概念辨析—咬文嚼字),宣布那根本无能通达"礼之理"。在礼教提倡者的"唯独那礼"意识中,挑战越是有板有眼,就越会被视为冥顽不化——在具体理解上尚未入门,在学习方法上南辕北辙。显然,这是情感支持下的

---

① 参郭沫若：《十批判书》,北京：东方出版社,1996年,《名辩思潮的批判》之"九 荀子"；王博：《中国儒学史·先秦卷》,北京：北京大学出版社,2011年,第八章"第一节辩者与儒者"；陈文洁：《荀子的辩说》,北京：华夏出版社,2008年,第2章"2.2.3 斥辩者"。

信念推演。——其次,相应于情感的是态度。礼教要求崇敬基础上的接受与理解,而挑战者则决定从自己出发检讨是非。前者存心尊礼,后者则自视更高。面对儒家或传统礼制,后者显然不是一种受教姿态。作为礼教倡导者,荀子这样评价他们:"擅作典制辟陋之说""暴慢恣睢轻俗以为高之属"。"擅作""暴慢恣睢"意味着某种"己意"被高高举起,他们因而缺乏从那唯独之礼受教的诚心。

《礼论》第三段曾提出一系列"孰知夫"与"苟"字句观察。这些观察意味着在学礼功成圆满之前,"情性"牵引无时不在。考虑到"情性"持续在起作用,缺少了崇礼与受教态度,再谨严的为学最终也一定走向反礼。换言之,学者若不能在态度和方法上切实高举礼("一于礼"),结果就只能在自己的判断中一次又一次地挑出礼的不是。从"礼教—唯独那礼"角度看,这种学者正在丧失从礼受教的机会。而反过来讲,只要态度合理、方法正确,学有所成将不过是时间早晚的问题。《礼论》第八段批评"坚白同异之察""擅作典制辟陋之说""暴慢恣睢轻俗以为高之属",其目的正是要警示错误态度与错误方法。那么,正确的态度与正确的学法,应该是什么样子呢?

态度问题其实就是"情感—信念"问题。《礼论》从开篇即在倡导"崇礼—学礼"信念,进而又以"直观解说—榜样诱导—攻乎异端"巩固这种"情感—信念"。现在,遇到"情感—信念"问题再次出现,作者便再一次为"崇礼—学礼"信念打气。第八段中间部分——"故绳墨诚陈矣……礼者人道之极也"——可从这个角度来看待。这里,篇幅虽然较长,但除了宣告就是类比。类比不是严格意义上的论证,而是一种修辞,它服务于信念表达。正确的学礼之法,必须以信念为基础。那么,"基于信念的学",是怎样一种"学"呢?

第八段接下来把"无方之民"和"有方之士"相对举,贬抑前者而褒扬后者。"法礼、足礼"是对"有方之士"的基本界定。据此,正确学法的第一步(条)就是:不管理解程度如何,先按礼数照做再说。"照做"属于行动范畴,然而它具有认识论意义。我们可以这么来看:某人一旦照做(不管他理解多少),他就在生存上进入了"礼"的世界。比如,他进而可能会被反礼者攻击,被礼教中人赞扬,在人际交往中运用礼节,等等。[①]——进而,第二步(条):在照做并承受相应经历(在礼的世界中)的同时,具体而微地体察礼的功能("礼者,养也")。这里,"礼之中焉能思索,

---

① 北京大学《荀子》注释组将"礼之中焉"释为"在礼的范围内",而非"礼进入学者之心中(认识理解)",这与本文上述解读是相合的。参北京大学《荀子》注释组:《荀子新注》,北京:中华书局,1979年,第315页。

谓之能虑"的言外之意是:其他态度、方法、模式看上去也是在"学—思索—虑",但就其无法通达"礼之大一/礼之理"(在崇礼—学礼信念中被认定为唯一的正道),反而是走上反礼历程而言,这些"学—思索—虑"本质上属于低能,根本不配称为"能虑"。这背后有个隐而未宣的逻辑:"学"的原始动机乃是要"学好儿、进入真理"①,达不到这个目的的"学法"根本算不得"学"。正确的学法要求先在行动上进入礼的世界,进而在经历中具体体察礼的"养欲"功能。——当然,学者的"能虑"(具体体察)未必尽善尽美。特别地,学者一般未臻圣境,某些经历难免给他造成诸如"此礼不切实际"的念头。但站在"礼教—唯独那礼"立场,出现这类念头,恰恰意味着该学者理解水平有待提高。然而,当事人在苦不堪言的经历中,难以自然想到"理解水平有待提高"问题。现在,他的直接感受是"受伤",而非"被养"。践礼行动就此面临危机。于是,正确学法的第三步(条)便是:"能勿易"。这是一种意志力的坚持,我们一般称为"毅力"。特别强调,"毅力坚持"不依赖"认识—理解"(此时,"认识—理解"正在打退堂鼓)。我们或可将其视为对"崇礼—学礼"这种"情感—信念"的人为帮补。

以上三条联合起来,便是一种"情感—信念在先,不断在践礼过程中,体察礼的功能与境界"的"礼教—学礼"模式。在这种模式中,"受伤"经历不是指摘礼的凭据,反而成为提升当事人认识—理解水平的契机。受伤者一旦体察到伤害经历的好处("养"),便会在相应方面走出意志努力之艰辛,进入心悦诚服之境界。所谓"加好之者",或许可作如是解。②"加好之"的完满结局就是,对一切因践礼而来的"受伤",都有了相应认识,都能心悦诚服地承受。"礼者,养也"在这样的"践礼—学礼"者那里,得到了具体而圆满的理解。"斯圣人也",指的正是这种功得圆满的学者。——现在的问题是:这种基于"情感—信念"的学法,真能使人不断走出"情性"束缚吗?

五、"情感—信念"机制与"宗教维度"的独立性问题

关于"学",我们曾在引言中提出"学什么""怎么学"这两个问题。本着这两个

---

① 我们对"进入真理"这个提法稍加解释。关于"养""好""善",我们无不可以提问"什么是真正的养/好/善"。就此而言,其中都蕴含真理问题。——《礼论》将"君子"与"小人","士"与"民","坚白同异之察"与"能虑","擅作典制僻陋之说、暴慢恣睢轻俗以为高"与"能虑,能固,加好之者"相对举,一言以蔽之,可以说成是"真理"与"谬妄"的对比。

② 北京大学《荀子》注释组的解释是:"在礼上能达到最完善的地步的。"(北京大学《荀子》注释组:《荀子新注》,北京:中华书局,1979年,第315页)——这个解释过于笼统。本文视"能虑""能固""加好之"为"学礼"的三个步骤或三条原则,认为每一步或每一条各自有其特定关注。

问题,我们详细解析了《礼论》前八段(约占《礼论》总篇幅三分之一)。在一个礼崩乐坏的时代,我们看到,荀子《礼论》试图通过一种"情感—信念"机制,回应以上两问。值得一提的是:现代中国较之传统时代虽已发生翻天覆地的变化,但基于"情感—信念"的"礼教—学礼"机制,仍在诸如中小学德育中发挥潜移默化的作用。就此而言,这种机制并未过时。既然如此,本文最后一节就打算越过"分析—呈现"的界限,尝试对这种"礼教—学礼"机制提出自己的批判性意见。

引言中,为解释"学什么",我们曾在括号中使用"为什么要学这礼"提法。——严格来讲,礼教并不鼓励,乃至并不允许这后一种问法。之所以这么说,理由如下。首先,礼教预设学者处于低下境界(受"情性"牵引),为此他们才需要学礼。其次,境界低下(受"情性"牵引)不止是个"知而不行"问题,"认识—理解水平低下"才是境界低下的真正病根儿。《礼论》第三段的四个"孰知夫……"、四个"苟……之为……,若者必……"表明,《荀子》确实注意到了"认识—理解"问题的根本性。向一个"知识—理解"水平低下,因而处于"将信将疑"或"反礼"立场的人论证"为什么要学这礼",不可能达到预期效果。站在"礼教"立场看,这样的人需要先去"学礼",具体而微地"认识—理解""这礼的完善性"。一旦有了这种"认识—理解","为什么要学这礼"自然就不再是个问题。在"学礼"功成之前,追问"为什么要学这礼",只会动摇"崇礼—学礼"信念。——"为什么要学这礼",实际上是百家争鸣中,异己门派的发问方式,这种提法暗含着"反礼"的意向。《礼论》第三段毫不客气地攻乎异端,第八段对异端学法全盘否定。就此而言,作者不可能对这种"反礼"追问容忍太久。纠缠于"为什么要学这礼",越是严肃就越难进入实质性的"学礼"环节。《礼论》不钻这个圈套。

《礼论》希望学者尽早确立其"崇礼—学礼"信念。孔孟的教导可能给人留下一种"义利二分—唯取德义"的印象(尽管实际上并非如此),《礼论》开篇则以"养欲"功能概述礼的完善性。这是一个颇令人心动的新视角。"养欲"的功利性,大大拉近了礼与人的日常生存经验的距离。虽然如此,在礼教之初,《礼论》并不取"证明"进路。相反,它单刀直入,试图以"先王制礼义"的提法直接树立读者的"崇礼—学礼"信念。我们指出,"先王制礼义"并非历史考证,因为《礼论》在倒数三分之一处明确说"未有知其(礼)所由来者也"。《礼论》并用这两个提法,意味着作者恰恰希望割断读者的"历史—经验—论证"思绪,而仅取"先王"令人崇敬的情感色彩,以建立、夯实"崇礼—学礼"的信念。相反,历史考证进路,严格来说是走不下去的。因为制礼的"先王"实质上是"圣王",考证者作为未臻圣境的初学者,哪有能力界定何为圣王、何不为圣王！就此而言，"先王—圣王"在初学者这里的恰当用法只能是：它只代表一种情感上的憧憬与崇敬，而与初学者的其他"知识—理解"迥然有别。

我们继续追踪"崇礼—学礼"信念的情感性。这种信念既然不是基于特定的"知识—理解"（比如，历史考证），它在初学者这里就不受"知识—理解"的具体限制。不受具体"知识—理解"限制的憧憬—憧憬情感，所指望的乃是一种"绝对而抽象的完善性"。"故礼者，养也"（《礼论》第二段末）：这个"养"字看起来属于经验范畴，但实际上却是作为抽象的"共名"在起作用。在此之前是最粗浅、最直观的举例，举例之后则是这斩钉截铁的总结。不管读者理解多少、认同多少，作者完全是心意已决。这"故"字是饱含情感的信念表达，而非基于充分的经验证据的严格推论。这种情感气势一直贯穿到《礼论》第三段末。——其中，"故儒者将使人两得之者也，墨者将使人两丧之者也"中的两个"将"字值得细细玩味。就眼前来看，墨家"节用""节葬""非乐"等主张，似乎离"使欲必不穷于物，物必不屈于欲"（《礼论》第一段）的境界更近。《礼论》使用两个"将"字，挑战这种眼界。"将"字指向"未来"，在"崇礼"情感中大有"走着瞧"的意味。这不禁使我们联想到"两者相持而长"（《礼论》第一段）的"长"字。"长"在时间中进行，同样涉及一个"未来"问题。未来尚未实现，到时究竟是"长"还是"穷"，现在只能在情感中期望。《礼论》"将使人两得之"，无非是要引导初学的读者，在情感中认定儒家之礼的绝对完善性。

现在的问题是：情感中认定的绝对完善性，如何落实到人的实际生存呢？在"礼教—学礼"语境中，这个问题转化为：怎么学，才能最终通达礼的绝对完善性呢？——围绕这个问题，我们将对《礼论》之"礼教的信念机制"提出一些严肃的批评意见。

我们先回到所谓"功能论视角"。较之"义利二分—唯取德义"，功能论视角显然有自己的特色。这种特色，会否造成某种先入为主的偏见或障蔽呢？——就"礼的完满功能"首先是一种"情感认定"而言，它不是一种偏见或障蔽。特别地，本文第四节曾指出：在这种情感认定中，当事人对随践礼而来的"伤害"，多了一份耐心体察的韧性。情感中认定的完善性，便是在这种耐心与韧性中，不断进入"践礼—学礼"者的认识—理解的。——作为对比，墨家也强调"养"，但其对"养"的界定，在根本上依赖特定的"养"的经验。基于这种经验性界定，墨家建构自认为合理的"养的方案"。一切有违这种经验—方案的因素，均被视为"养"的对立面而痛加贬斥。墨家反礼(儒家之礼)便遵循这个逻辑，他们在儒家之礼中看到了显而易见的"伤害"。《礼论》(第三段)批评墨者"一之于情性"，可以从墨家高举不完善的"认识—理解"(或特定的"养"的经验)这个角度来理解。

那么，《礼论》的"情感—体察"或"信念—体察"机制，真能避免这种不恰当的高举吗？——我们需进一步考察这种机制在"学礼"过程中的实际运用。本文第三节曾指出，礼的宗教维度，是"情感—信念"中的"绝对完善性"，是具体认识—理解落实的桥梁。在《礼论》第四段，作者列举了人类生存所不可或缺的三个根本性要素"天地、先祖、君师"，处理好与此三者的关系，人类之"养"就源源不断。"礼之三本"即"事天地、事先祖、隆君师"，这提法意味着礼无时无处不致力于打理与此三者的关系。礼的绝对完善性，在此宗教性语境中可翻译为：礼对这三组关系的打理是绝对恰当的。——但是，问题也就此产生了。这里，毕竟有三组关系。何者更为根本？抑或三者平起平坐？《礼论》的信念机制，在这个问题上，存在致命的软肋。

我们来看《礼论》第五段给出的"所以别尊者事尊，卑者事卑，宜大者巨，宜小者小"这一匹配原则。"尊者事尊"的最高表现是"王者天太祖""郊止乎天子"，指"王者以太祖配天进行祭祀"，"唯独天子有资格祭天"。这个匹配原则按身份地位依次降格，比如"社止乎诸侯"(诸侯及以上方有资格祭地)，"持手而食者不得立宗庙"(底层劳动者没有资格为先祖立宗庙)。① 关于这匹配原则之根据，《礼论》第五段有这样的解释："所以别积厚者流泽广，积薄者流泽狭也。"但问题在于：活人居高位者，其祖上必真的积厚？活人居下位者，其祖上必真的积薄？——显然，这是在按世俗权位分配宗教权利。考虑到现实政治的不完美性(居高位者不一定真有厚积)，这种匹配制度并非打理前述三组宗教性关系的最恰当方案。不管事实上是积厚还是积薄，只要活人占据了高位，上述匹配制度就必然会为其戴上一顶"积厚"的冠冕。宗教性对象沦为现实等级的附丽，这本质上是在否定宗教对象的宗教性，从而消解礼的宗教性。如此一来，宗教性的"礼有三本"说就成了虚晃一枪。② 这对于学者"学礼"有什么影响呢？

---

① 参梁启雄：《荀子简释》，北京：中华书局，1983 年，第 256—257 页。
② 杨太新明确指出："礼三本说是对祭祀天神、地示、先祖仪式和隆君尊师礼节的人文诠释。荀子重人事而轻鬼神，努力使历史遗留下来的神道仪节具有人道内容。"(杨太新：《荀子的人文精神及其影响》，《浙江社会科学》，1998 年第 5 期，第 100 页)此外，徐复观先生从《荀子·天论》"明于天人之分"的提法出发，认为"周初所孕育的人文精神，到了荀子而完全成熟"，"而超人文的精神则完全隐退了"。(徐复观：《中国人性论史》，上海：华东师范大学出版社，2005 年，第 140 页)——作为一种宏观考察，这些评论可接受。

荀子喜欢以"积"字论"学"。①《礼论》"礼有三本"说后紧接着"大一"论,"三本"的宗教性一旦消解,"三本—大一"就纯粹是个具体"认识—理解"的"大思路"问题。起初,大思路可以有不同走向,但这只是空洞的可能性。"积"字要求学者从所能想到的几种可能思路中,选取一条(在他看来,最令人心悦诚服者),将其落实为具体而微的"认识—理解"系统。基本上,这是在既定视角下,积累经验、理顺矛盾的过程。被选中的思路,内在地范导着这个过程。——然而,回到"情性牵引—境界低下"这个初始问题,为臻圣境的学者怎么可能踏上绝对正确范导性思路?这范导性思路中的任何缺陷,都将在接下来的"学"中不断造成错谬的"积累"。用荀子的话说,这是更隐蔽的"一之于情性"。

与此相关,我们来看看"君师"概念与"学有所成"意识。"君师"与"未有知其所由来"并"制礼义"的"先王—圣王"不同,前者有一个从较低境界开始学礼的过程。与此相应,"学有所成"自有别于"制礼者"意识(参考本文第一节末)。它实际上是学者的一种"自信"意识。关于这种意识,我们可以这么来看:"学"毕竟要由学者亲自承担。学者如果没有确信感,即便直面学习对象,也不会收获任何"认识—理解"。没有"确信感"就无法"为学",而"自信"恰恰是这种"确信感"的一个来源。"学有所成"就是最高程度的"自信"。《礼论》充满隐而未宣的学有所成意识,这是荀子的自信之所在。这种底气推动荀子作文,其基本目的就是把那些令他自信的大大小小思路,公之于众以教后学。在这种学有所成的自信感中,原本情感中认定的礼的绝对完善性,与这些或大或小的理解思路直接挂钩。现在的问题是:自信感真是通达礼的完善性的可靠标志?——关于这个问题,徐复观先生的一段论述值得我们重视。他说:"在荀子的立场,认为心可以决定向善,也可以决定不向善。这即是他说的'有中理','有不中理'。所以心的主宰性,对于行为的道德而言,并不是可以信赖的。心的主宰性是由其认识能力而来;心的主宰性之不可信赖,即是心的认知能力之不可信赖。"②就此而言,心中的自信感,并非通达礼的完善性的可靠标志。

一两页之后,徐先生又写道:"荀子对于知的过程,似乎是这样的:求道→心虚壹而静→心知道→微。心求道,是心求得一个标准(衡);心有了标准,然后能虚壹

---

① 比如《礼论》:"积厚者流泽广,积薄者流泽狭""高者,礼之积也";又如《劝学》:"积土成山,风雨兴焉……";等等。
② 徐复观:《中国人性论史》,上海:华东师范大学出版社,2005年,第148页。

而静。心能虚壹而静,才能知道。"①"求道"位于"虚壹而静"之先,这是怎样一种"求道",它属于"认识—理解"范畴吗?考虑到"认识—理解"("心知道")是"虚壹而静"之后的事,这"求道"恐怕只能是"情感认定"之属。问题在此浮现:介于"情感认定"("求道")、"认识—理解"("知道")之间的"虚壹而静",可谓"理想或恰当的认知姿态"——学者如何才能使自己进入并保持这种姿态?考虑到在进入这种恰当姿态之前,正确的"认识—理解"无从获得,当事人显然无法通过正确的"认识—理解"进入这种姿态。不然的话,他对"虚壹而静"姿态的而错误理解,将作为一种底色性缺陷,贯穿他的"认识—理解"全程。礼教语境下的学礼者,还有没有其他办法,使自己进入并保持"恰当的认知姿态(虚壹而静)"?那又会是怎样一种"恰当的认知姿态(虚壹而静)"?

"礼有三本"的宗教维度,或许是一步活棋。我们多次指出,这个宗教性维度,介于"崇礼—学礼"信念与具体的"认识—理解"之间。前面指出,这个维度在荀子《礼论》中,基本上已沦为名存实亡的附丽。这样,学礼者势必就只能在自己的自信感中,寻求对礼的完善性的具体"认识—理解"。"情性"因素在此过程中,以一种"学有所成"的面貌,从根本上牵制了学者"认识—理解"水平的升级。荀子《礼论》对此估计不足,是为其"礼教之学"的根本盲点。②——相反,礼的宗教性维度,如果首先就是对认知姿态的一种要求,那么礼教之学局面又将如何呢?这是一个复杂的问题,因为牵涉不同的宗教对象,所以需要专门而深入的分析。不过,笼统言之,我们倒可有这样的指望:独立自主(而非作为附丽)的宗教意识一旦成为"学"的结构性要素,学者就有可能在为学过程中实实在在接受宗教对象的帮助。这或许正是走出"情性"捆绑的一大契机。儒家之礼既然保留了对"天地、先祖、君师"的宗教性礼仪,在"礼教—学礼"设计中切实激活这种宗教维度,似乎并非断不可取的异想天开。然而这需更多、更扎实的宗教哲学分析。

结语

在一个礼崩乐坏、百家争鸣的时代,《礼论》对外向之学的"学什么""怎么学"

---

① 徐复观:《中国人性论史》,上海:华东师范大学出版社,2005 年,第 150 页。
② 谢文郁教授的评论值得重视:"容易指出,当荀子批评孟子忽略人的本性中的一己之私时,自己不知不觉也陷入了一己之私中。荀子的性恶论对孟子的批评是中肯而深刻的。但是,他没有认识到,'一己之私'是一条普遍原则,不仅适用于其他人,也适用于说话者自己。也就是说,荀子以及他的所有学生,和其他人一样,都不能摆脱这一原则的制约。不幸的是,荀子和他的学生都没有认识到这一点。"(谢文郁:《建构和解构:儒耶在张力中互动》,载罗秉祥、谢文郁主编:《耶儒对谈:问题在哪里?》(下),桂林:广西师范大学出版社,2010 年,第 540 页)

问题,显然是有感觉的。与义利二分思维不同,《礼论》言礼许以重利,所谓"礼者,养也"。学者因而应该"学这礼"。不过,作为对"学什么"的回答,上述功能论命题并非基于历史考证或经验证明。《礼论》先曰"先王制礼义",后曰"未有知其所由来者",这实际上是在情感认定的意义上提倡一种"崇礼—学礼"信念。这一提倡,特别依赖"先王"一词令人尊崇的情感色彩。稍后的"直观解说—榜样诱导—攻乎异端",亦首先旨在强化上述情感认定与信念。而与此同时,"怎么学"问题开始浮现。

在"情感—信念"中认定的"礼的功能",乃是一种"绝对而抽象的完善性",学礼者需要通过具体的"认识—理解"将其落实到自己的生存。"礼有三本"说带有明显的宗教性,在形式上充当着"情感—认定"与"认识—理解"的中介。"大一"意识与"有方之学"力求具体而微地通达礼的完善境界。但问题在于,在《礼论》解说下,"三本"的宗教性名存实亡,最终沦为现成权势与学者自信感的附丽。这样的宗教维度,无法肩负沟通情感认定与具体理解之重任,因为在现成权势及未臻圣境的学者的自信感中,"情性"牵引无处不在,具体认识与具体理解不可能不走向歧途。

(文中所引用原文均出自北京大学《荀子》注释组:《荀子新注》,北京:中华书局,1979 年)

原载《邯郸学院学报》2014 年第 3 期

"性朴"即是"性恶"

——儒家视域下的荀子人性论之衡定与重构

曾暐杰

一、前言

荀子人性论是历来最具争议性的论题之一,诚如路德斌所指出的,对于荀子"性恶"的误读,造就了其遭受贬抑千年的窘境。[1]尤其是宋代以降,学者便不断指谪荀子"性恶"——所谓"荀子偏驳,只一句性恶,大本已失"[2]262;"不须理会荀卿,且理会孟子性善"[3]3254。可以见得"性恶"对于荀子被视为"儒学之歧途"[4]316有着关键性意义。

然而,这样的荀学阴影(shadow)在近当代存有(being)本我(id)的觉醒下,[①]学者们多不再"照着"宋明儒者讲,借由"性恶"来批驳荀子;而是"接着"中古时期的

该文被《新华文摘》2020年第4期以《"性朴"即"性恶":儒家视域下的荀子人性论》为题转摘。

[**作者简介**] 曾暐杰(1986—),男,台湾台北人,台湾师范大学国文学系专任助理教授,台湾政治大学中国文学系博士,研究领域为荀子哲学、儒家思想、法家思想、先秦两汉诸子。

① 孟子的"性善说"是为中国思想史上的"大传统"(great tradition),且成为汉语哲学场域中的主流意识型态;其间的存有普遍自我认同为"性善的道德主体",是以对荀学的"性恶"论述产生排斥,进而将荀学潜抑(repression)至集体无意识(unconscious)之中,成为思想史中的忌讳。而此一情况随着中国学术现代性的体现,存有对于欲望与本能在长时间受到压抑后,"本我"逐渐对于性善的人格面具(persona)产生冲突,于是在时代的推波助澜下,便形成了当代荀学复兴的学术现象。参[奥]佛洛伊德(Sigmund Freud):《精神分析引论·精神分析新论》,叶颂寿译,台北:志文出版社,1991年,第262—273页;[加]莫瑞·史登(Murray Stein):《荣格心灵地图》,朱侃如译,新北:立绪文化出版社,2017年,第136—142页;[瑞士]卡尔·古斯塔夫·荣格(Carl G. Jung):《原型与集体无意识》,徐德林译,北京:国际文化出版公司,2011年,第5—59页;Robert Redfield, The little community and peasant society and culture. Chicago: The University Chicago Press, 1989, pp1-16。

荀学论述讲，①替荀子辩诬——孙卿的"性恶论"不是"性恶论"。这也正是佐藤将之（Masayuki Sato）所指出的，两岸荀子研究的开展所形成的"荀学产业"之重要内涵与架构。②

但在当代荀子性恶论的诠释与开展中，学者对于回归荀子在儒家中的地位与挺立荀学价值的途径，却多是透过否定"性恶论"是为"性恶论"作为方法与途径——既然宋明以降对于荀子的批判在于"性恶"所造成学理上的"无根论述"与价值上的"本原不足"[5]203；那么就赋予荀子人性论内在价值根源，亦即将"性恶"的学说"善端化"，而成为如刘又铭的"弱性善论"[6]50-77、傅佩荣的"人性向善论"[7]25-30等论述模式。且这样的诠释在当代荀学研究俨然成为一种主流意识型态——呈现一种"性善的荀子"图式（schema），是为曾暐杰所称述汉语哲学场域中"性善的诱惑"，亦是"性善自我"的复辟。③

当然，"性善的荀子图式"之建构在当代荀学研究的脉络中绝对有其开创性与不可抹灭的意义与价值；尤其是在"性恶论"的"蕴谓"与"当谓"④的开展上更是有其超越性意义，将荀学研究的中古性带向现代性。⑤ 然而就《荀子》文本自身，"性善"的表述是否能够成立，如同廖晓炜所指出：必须满足"为善乃人生而本有之某种'质具'的无须后天学习努力即具有的能力或作用"；但就荀子而言，这样的条件

---

① 冯友兰（1895—1990）指出，学术的论述可分为"照着讲"与"接着讲"，前者是为在固有学术脉络与范式（paradigm）中进行论述，后者则是强调以前人论述为基础，进行批判与反思，开展新的学术范式。而当代荀学研究者并非直接诠释荀子的"性恶论"，而是以宋明儒者对性恶论的批判为对象，进行学术的论述与建构，是以可说属于"接着讲"的进路。参冯友兰：《三松堂全集》第4卷，郑州：河南人民出版社，2001年，第4页。

② 虽然佐藤教授认为当代学者过多地关注性恶论的问题，而忽略了荀子思想的真正核心——礼学的论述；但正如佐藤教授所观察、所梳理，更凸显此一论题在当代荀学研究的评析与回顾中的不可忽视性。而这也正是本文的企图所在——不在于为荀子人性论锦上添花地回到《荀子》的原典去诠释，而是针对当代学者的性恶诠释进行诠释。参[日]佐藤将之：《荀学与荀子思想研究：评析·前景·构想》，台北：万卷楼出版社，2015年，第1—30页。

③ 除了前述刘教授与傅教授明确提出"善化"的荀子人性论主张外，大多学者虽未直接以"善"指"恶"，但其诠释的理路大多以承认荀子之"性"具有内在道德价值作为荀子学说正当性的关键；如路德斌、王楷、王庆光、王灵康皆对此有详细而精彩的论述。参曾暐杰：《打破性善的诱惑——重探荀子性恶论的意义与价值》，新北：花木兰文化出版社，2014年，第23—28页。

④ 傅伟勋将诠释区分为五个层次，除了根据原典的考据与梳理进行诠释外，更高层次的诠释是透过"蕴谓"是指出"原思想家可能要说什么？"而"当谓"则是揭示"原思想家（本来）应当说出什么？"然而各种诠释层次并无高下之分，而是具有不同目标与意义。参傅伟勋：《从创造的诠释学到大乘佛学》，台北：东大图书公司，1999年，第10—12页。

⑤ 刘又铭指出：西方学者一般将15—16世纪之交称为早期现代性（early modern），也就是在中国明清时期。此时汉语哲学场域中出现的一个学术支流——明清气本论，即揭示了一个从中古到现代的思路转向；可以说，当代学者的荀学复兴，则是真正将儒学研究开出现代性意义。参刘又铭：《儒家哲学的重建——当代新荀学的进路》，《邯郸学院学报》第22卷第1期，第28页。

并不具备——除非改易荀子"性"的定义而作出创造性的诠释。[8]166

可以说,整个当代荀学研究的人性论问题,即是围绕着"性善的荀子图式"如何建构？何以可能？鲜少溢出此一框架脉络之中。而对于此一善端式的提法是否可行及其可能面对的困境,历来也多有学者撰文检讨与琢磨。① 是以本文将集中处理与回应另一个当代荀子人性论的诠释现象——将荀子之"性"去道德化,以回避"性恶"之论述方式。

二、作为诱惑的"性善"——在"性恶"禁忌中思索"性善荀子"的大传统

在当代否定"性恶"是为"性恶"的脉络中,除了上述透过建构"性善的荀子图式"外,另一较普遍为学者采取的策略与进路,即将荀子之"性"去道德化,成为——"无善无恶"之性、"性朴"之性。如李哲贤即认为:"荀子人性论之归趋,应是人性无善无恶,即人性是中性才是。"[9]147 周炽成(1961—2017)则指出:"性仅仅是'朴'而已,它并不恶。"[10]22 明确地指出荀子的人性论并非"性恶",而是属于"无有善恶"之理路——《性恶》或为后人伪作,②或是荀子自身对于"性"的特殊定义与表述上不完备所招致的误读。③

其他如胡适(1891—1962)虽然并无直接强调荀子之"性恶论"应该正名或厘清,但他却也明确指出:"荀子虽说性恶,其实是说性可善可恶。"[11]342-343 无疑是认为荀子之"性"具有不确定性与可塑造的潜能,而非以"恶"为定向。惠吉星则是指

---

① 参陈林:《荀子的人性论是否隐含"性善"思想？——从冯耀明著〈荀子人性论新诠:附《荣辱》篇23字衍之纠缪〉说起》,《邯郸学院学报》2017年第3期,第36—51页;陈迎年:《"能定能应,夫是之谓成人"——〈荀子〉论道德之源》,《江淮论坛》2005年第6期,第98—103页;曾暐杰:《孟子之后——荀子"伦理经济学"的建构及其儒学回归》,台湾政治大学中国文学系博士论文,2017年,第124—140页;曾暐杰:《打破性善的诱惑——重探荀子性恶论的意义与价值》,台湾政治大学硕士论文,2012年,第18—22页。

② 周炽成即透过《性恶》与《荀子》其他诸篇的比较,而"斗胆推断:它(《性恶》)的作者很可能不是荀子本人"。其他如孟旦(Donald J. Munro)、陈汉生(Chad Hansen)与杨筠如等人也都持此意见,认为《性恶》为后人所添窜(interpolation)。参周炽成:《荀韩人性论与社会历史哲学》,广州:中山大学出版社,2009年,第29、184页;[美]孟旦:《早期中国"人"的观念》丁栋、张兴东译,北京:北京大学出版社,2009年,第85页;Hansen Chad,"Xunzi: Pragmatic Confucianism," in A Daoist Theory of Chinese Thought: A Philosophical Interpretation. Oxford: Oxford University Press, 1992, p336;罗根泽编著:《古史辨》第六册,台中:蓝灯文化事业股份有限公司,1987年,第131—137页。

③ 李哲贤便指荀子之"性"一般让人误解为"仅以动物性来规定人性",是以言其为"性恶";而项退结也认为,荀子给予"性"狭窄的定义,使其仅限于表述情与欲的本能,让人误以为人便是"恶"的。李哲贤:《荀子之性恶说析论:从文本谈起》,《哲学与文化》2013年第5期,第146—147页;项退结:《孟荀人性论之形上学背景》,载台大哲学系主编:《中国人性论》,台北:三民书局,1990年,第67页。

出荀子的人性有着"先天性、自然性和受动性的特征",但他特别强调,那仅是人的感性层面,未必即是所谓的"恶"。[12]108 廖名春也认为荀子并"没有肯定这种'本始材朴'之'性'就一定是恶的"[13]112。可以见得,在汉语哲学场域的研究中,将荀子之"性"去道德化有其一定的普遍性,是"性善的荀子图式"中较含蓄的表达。

"性善的荀子图式"与"去道德化的荀子图式"是汉语哲学场域中两道集体无意识的欲望出口变型。因为荀子的性恶论在汉唐以后已然形成一种禁忌,"性善的意识形态"使得"性恶阴影"被潜抑到集体无意识之下;是以有明儒罗钦顺(1465—1547)直斥:"荀卿得罪于圣门多矣……颠倒谬戾一至于此,尚何详略之足议耶?韩昌黎之待荀卿未免过于姑息!"[14]100 可见对于荀子性恶的同情与理解,便是一种人格上的缺陷,亦是荀学论者自我认同的阻碍。

是以在这样的脉络下,当学者虽有意突破孟学意识型态,却仍不免受到"性恶阴影"的拒斥效应,因而在不自觉中仍然朝向非性恶论的表述,反而建构了"性善的荀子图式"。① 这是在存有具有性、欲望与冲动的"本我"需求,然而性恶意识又成为阴影受到潜抑下的集体心理防卫机制(self-defense Mechanism)。[15]262-273 而当代荀子人性论建构的两个途径,便是心理防卫机制的两种变型。

"性善的荀子图式"——亦即弱性善论、潜在的性善论与人性向善论——是为"补偿作用"(compensation)的开展——在长期极端的性善意识形态宰制存有自我认同后,存有既需要荀学、渴望"性恶"作为自我建构的来源;又无法在个体化的过程(individuation process)中整合"性善的人格面具"成为完整的自我,[16]7,22,223-254 便将"性恶"往另一个极端,即"性善"的内涵去建构与理解,便形成了"性善的荀子图式"。

而"去道德化的荀学图式"——亦即无善无恶论、性朴论——则是"转移作用"(displacement)②的运作——对汉语哲学场域的存有而言,"性恶"的论述是种危险与炯赫,一旦认可"性恶"便会在自我认同上形成危机;是以学者便试图将"性恶"论述转移到相对安全的对象上将其释放出来。也就是说,将荀子的人性论释放到非道德场域来论述,将"性恶"的论述导向本能与自然欲望,而跳脱道德论述的脉

---

① 诚如佐藤将之所说,不应该透过主张荀子的"性论"与孟子的"性善"无冲突甚至并无根本上的差异来证成荀学的价值;如此便仍无法脱离中世纪的孟学意识形态,而真正转入当代的荀学视野。[日]佐藤将之:《荀子哲学研究之解构与建构:以中日学者之尝试与"诚"概念之探讨为线索》,《台湾大学哲学评论》2007年第34期,第104页。

② "转移"指在心理或意识上遇见的危险与危机转移至另一个相对较为安全的对象释放出来。参[美]Gerald Corey:《咨商与心理治疗:理论与实务》,修慧兰等译,台北:新加坡商圣智学习出版社,2016年,第234—241页;[奥]佛洛伊德(Sigmund Freud):《精神分析引论·精神分析新论》,叶颂寿译,第406—420页。

络,便能够避免"性恶"落入儒学大传统中的道德批判。

是以可以说,当代荀子人性论的研究多是孟学意识形态所产生的驱力(trieb),进而激化荀学诠释孟学化的现象。这样的驱力并非学者有意识建构的,而是在集体无意识的无形力量中,促使个体所采取的行为与思维模式。① 应该说,当前的荀子研究路向,无有真正承认"性恶"是为"性恶"的学者。李哲贤与刘振维曾在评析过往荀子人性论研究时,将多位学者皆列为将荀子的人性论诠释为"性本恶"者;然而其实这些学者皆在字里行间透显了"非性恶"的理解——如胡适、廖名春、惠吉星等人有着"性朴"的潜论述,而徐复观(1904—1982)与劳思光(1927—2012)等人有着"潜性善"的思维倾向。②

然而,"潜在的性善论"是不能说——这诚如廖晓炜与曾暐杰所指出的,那必须与孟子同等具有先天内在于人的价值取向才能成立,这在荀子的脉络中是无法证成的;③而"无善无恶论"却是不必说——一旦说了,建构了"无善无恶"的人性观,则荀子便沦入告子一系,反更证明了荀学作为儒学之歧出。如果说"性善的荀子图式"是在"补偿作用"中回归了孟学,那么"去道德化的荀子图式"便是于"转移作用"中转向了非儒的境地,使荀学离儒学更远。"性无善恶"的提法是将荀子与告子的"性无分于善不善"(《告子上》)[17]192联系起来,形成所谓"告荀一系"的人性论,与孟学"性善一系"区隔开来。而这也正是学者得以指谪荀子是为儒学之歧途的关键,在此一"转移意识"中的荀学诠释,正好落入了孟学意识形态的主张,将荀子排除在孔孟的正统之外。[18]12-13 当然,荀子研究不必以孟学典范为核心去考量,但"性朴"的提法便会造成荀子陷入"儒学失格"的状态中,使荀学不再是儒学。

三、作为定义的"性朴"——在"性善"批判中回复"生之谓性"的前理解

那么,是否"性朴"或"无善无恶"的提法,在荀子人性论研究的脉络中,是一种错误与误解呢? 其实,说荀子是"性朴"或"无善无恶"可以说是清楚地指出荀子所

---

① 关于"驱力"请参[瑞士]卡尔·荣格(Carl G. Jung):《荣格论心理类型》,庄仲黎译,台北:商周出版社,2017年,第535—536页。
② 参李哲贤:《荀子之性恶说析论:从文本谈起》,第145页;刘振维:《荀子"性恶"刍议》,《东华人文学报》第6期,第58页。
③ 参廖晓炜:《孟、荀人性论异同重探——由荀子对性善说的批评展开》,《哲学与文化》2014年第10期,第166页;曾暐杰:《打破性善的诱惑——重探荀子性恶论的意义与价值》,第95—128页。

掌握的"性"的定义,看出荀子之"性"与孟子具有"良知"与"良能"的"性"不同,①而类同于告子的性论;然而却讲得太快,错置荀学的关键所在,而误将荀子对"性"的定义直接地作为"性"的价值来论。

就荀子对于"性"的定义来说,的确可以说是"无善无恶"的自然之性,正如《荀子·正名》中所言:"散名之在人者:生之所以然者谓之性;性之和所生,精合感应,不事而自然谓之性。"[19]412 也就是说,荀子认为"性"就是人最原初的状态之总称,而此"性"是一种不待学、"不事而自然"的本能。这也就是项退结所说:是一种未经意识、反省、考虑与抉择的"人之行动"(actus hominis)——一种非关道德的行为。②

正因为荀子认为"性之好、恶、喜、怒、哀、乐谓之情"(《正名》)[19]412,"性"所生发的情绪与行为是一种感官欲望与身体的自然萌发,那是一种中性的情绪。这与孟子所说:"人之所不学而能者,其良能也;所不虑而知者,其良知也。"(《尽心上》)强调"性"本身所体现出的便是具有价值义的"良知"与"良能"是不同的。孟子所言是一种"属人行动"(actus humanus)——一种道德面向的表述行为。[20]5

就荀子而言,孟子称之为"性",具有价值义的"属人行动",荀子将之归诸"伪"——"情然而心为之择谓之虑。心虑而能为之动谓之伪",而此"人为"之"伪"是"虑积焉,能习焉,而后成"(《正名》)[19]412 的结果,而与"不学而能"的"性"不同。亦即《中庸》里所谓"喜怒哀乐之未发,谓之中;发而皆中节,谓之和"[21]879 皆非"性"分中事,而是后天人为成就"伪"的境界。是以,在荀学的脉络中,《中庸》所说的"率性之谓道"的"率"解释为"统帅、率领"是有其道理与合理性所在的。③

由此,暂且不论"性善""性恶"或"性朴",至此基本上可以将荀子与孟子区分为两种性论理路——"逆性的"与"顺性的"人性观。④ 这两种人性观正好由"率性之谓道"一句之解释体现出荀孟人性论的差异:或统帅以逆性,或遵从而顺性。荀子的逆性工夫意味着"性"原初并无内在价值所在,是以只能逆之;孟子的顺性工

---

① 如《孟子·尽心上》所言:"人之所不学而能者,其良能也;所不虑而知者,其良知也。"见[宋]孙奭疏:《孟子注疏》,第232页。
② 参项退结:《孟荀人性论之形上学背景》,第65页;James T. Bretzke, Consecrated Phrases: A Latin Theological Dictionary. Minnesota: The Liturgical Press, 1998, p5。
③ 参廖名春:《荆门郭店楚简与先秦儒学》,收入姜广辉主编:《中国哲学》第20辑,沈阳:辽宁教育出版社,1999年,第2—17页;刘又铭:《中庸思想:荀学进路的诠释》,《国学学刊》2012年第3期,第3—7页。
④ 杨儒宾称为"践形观"与"礼义观",前者因内在具有道德价值,故透过实践道德身体而成就为圣人与君子;后者则强调透过外在礼义去化导人性中的欲望。两种观点正凸显出顺性与逆性的原理与意义。参杨儒宾:《儒家身体观》。

夫则强调"性"本有"仁义礼智"四端,故而能顺之以行。就如同蔡锦昌所指出:荀子之"性"必须"在天性之外设想办法",而孟子的"性"则是"在天性之内就有办法"。[22]136

那么由此可以确立荀子所谓的"性"是没有价值根源之性,是以不能将之归诸"性善"一系。但在此须进一步了解的是:此一不具道德性的"性"为何?事实上,荀子的"生之所以然者谓之性"此一对"性"的定义即与告子所谓"生之谓性"的定义是一致的。事实上可以说,至少在先秦时期,以"生"训"性"是当时普遍的理解与共识,亦即认为"性"便是人或物生来所赋予的能力与倾向。[23]93 甚至可以说"生之谓性"才是汉语哲学场域中当时的前见(vorsicht)。① 亦即每个理论的讨论背后,都蕴含着一个潜在的预设,而唯有建立在此一共同预设的基础上,才可能进行论辩。② 此处先秦时期人性论的讨论,即建立在"生之谓性"的前见上;然孟子在讨论与建构人性论时,否认与质疑此一前见,欲从"性"的定义之根源处正本清源开展其论述。此即中国思想史中有名的孟告之辩:

> 告子曰:"生之谓性。"孟子曰:"生之谓性也,犹白之谓白与?"曰:"然。""白羽之白也,犹白雪之白;白雪之白,犹白玉之白与?"曰:"然。""然则犬之性,犹牛之性;牛之性,犹人之性与?"(《告子上》)[17]193

孟子此处借告子之口讲述当时对于人性论的"前见"——"生之谓性",并予以否认,认为这会导致"人之性"和"禽兽之性"无别的困境。[24]147 由此可以确立的是:孟子的"性善论"与"生之谓性"有着不同的"前见"而形成两个不同的系统。

而"生之谓性"这样的"前见",不仅为告子所接受,儒家的孔子与荀子也同样采取此一"前见"论性。孔子便说:"性相近也,习相远也。"(《阳货》)[25]154 此如邓公玄所指出这是一种自然之性的表达,与告子"食色,性也"的表述都是建立在"生之谓性"的脉络上的。亦即,孔子此处未明确道出"性"之善恶的概念,而仅仅是指出"性"作为人生而有的状态与特质。[26]16-17

至于荀子则是有意继承孔子的性论系统,回到"生之谓性"的"前见"之中去论述,是以他批评孟子:"案往旧造说,谓之五行,甚僻违而无类,幽隐而无说,闭约而

---

① 每个理论的讨论背后,都蕴含着一个潜在的预设,此一预设蕴含着"历史性"(historicality)和"语言性"(linguisticality)。而"生之谓性"便是先秦时期长时间累积下来而形成的"知识"。参洪汉鼎:《当代哲学诠释学导论》,台北:五南图书公司,2008年,第56页;[美]约翰·卡普托(John Caputo)、罗伊·马丁内兹(Roy Mratinez):《哲学研究基础:论激进诠释学的核心观念》,收入[美]罗伊·马丁内兹编:《激进诠释学经要》,汪海译,北京:中国人民大学出版社,2001年,第6—7页。

② 参洪汉鼎:《当代哲学诠释学导论》,第56页。

无解。案饰其辞,而祇敬之。"(《非十二子》)[17]94 亦即荀子认为孟子将"性"的定义任意改易,赋予"性"神圣的价值内涵而过分遵奉与文饰"性"的道德意义,将"性"作为人禽之辨的关键,视作"人之所以异于禽于兽者几希"之"几希"(《离娄上》)[17]145 处。

但如此赋予"性"道德内涵,将"良知"与"良能"归之于"性",却是一个过于冥契主义(mysticism)①的论述——既幽微又无从论证的提法。荀子认为:这相对于儒家的礼义典范,是一种形上的,太过形上的表述;对于"性"的自然义与人禽与共的普遍性而言,是一种"人性的,太人性的"②定位。正因为孟子的"四端之心"与荀子从现实社会建构的"经济人"好利恶害的"实然"不同,是以被认为是"无辨合符验"(《性恶》)[19]441 的"人性"论述。

关键即在于荀子的"性"是人禽与共的自然状态,而孟子的"性"是人禽之辨的道德价值;此正如王楷所指出:孟子的"四端之心"是一种"本质"(essence),而荀子的"生之所以然者"却是"生理本能"(appetency)。[27]55 关于这点并不难理解,在当前学术界也基本无争议。但此处的关键在于:当学界普遍认同荀子之"性"是作为一种生理的欲望与本能后,便以此表述荀子并非"性恶论"者——因为生存的本能与冲动岂可说善恶? 由此诉说荀子是为无善无恶论者或是性朴论者。

而学者用以证明荀子是为性朴论者的关键文献,即是引用《荀子·礼论》所谓的:"性者,本始材朴也。"[19]366 如唐端正便认为荀子所论之"性"非"性恶"的,是"性朴"的。[28]202 然而如探究荀子人性的论述,显然一再地是将孟子作为"批判的他者"而发,而非自发性地论述,③是以所谓的"本始材朴"是针对孟子将"性"赋予道德价值内涵,将仁义礼智信"五行"带入人性之中,④而"祇敬之",将"性"作为人之所以为人的关键所在。

---

① "冥契主义"作为一种身心状态,是强调无法以感官经验去界定与验证的心理直觉,亦即如孟子所谓的"良知"与"良能"。也正因为此是无法以经验论证的形上表述,故荀子斥之为"无辨合符验"。关于"冥契主义"请参[英]史泰司(Walter Terence Stace):《冥契主义与哲学》,杨儒宾译,台北:正中书局,1998 年,第 444—456 页。

② 如同尼采(Friedrich Wilhelm Nietzsche,1844—1900)所说:"'道德的人并不比肉身的人更接近理智世界——因为根本就没有什么理智世界……'这个句子在历史认识的锤击下变得坚硬而锋利了……可以充当斧头,把人类的'形而上学需要'连跟斩断。"对于荀子而言,孟子的"五行"之幽隐就是需要被斩断的形上想象。参[德]尼采:《瞧,这个人:人如何成其所是》,孙周兴译,香港:大家出版社,2018 年,第 137 页。

③ 法国哲学家列维纳斯(Emmanuel Lévinas,1906—1995)指出:人唯有在通过作为无限性的"他者"(l'autrui)才能理解自身的存在。

④ 关于思孟学派的"五行"论述请参陈丽桂:《先秦儒学的圣、智之德——从孔子到子思学派》,《汉学研究》第 30 卷第 1 期,第 11 页。

是以可以说,荀子所说的"本始材朴"并非价值论述,而是"定义"上的辩证。所谓"性者,本始材朴也"须与"伪者,文理隆盛也"(《礼论》)[19]366 对看:"材朴"是指就"性"的定义而言,所指涉的应该是其原始的状态,不应该将任何道德内涵加诸其中——就如孟子"四端"的论述那般——这也才符合"性""天之就也,不可学,不可事"(《性恶》)[19]435 的特质与定义。

正因为荀子认为"今人之性,固无礼义,故强学而求有之"(《性恶》)[19]439,"礼义"之"善"是透过后天的学习而来,这也正符合其在定义性伪之分时所作出的区别。所谓"伪者,文理隆盛",也就表示了"礼义"所成就的"文理隆盛"是透过"人为"而形成,这正与"性"的原始意义相对。① 一旦把任何后天道德的内涵与价值纳入"性"之中,便不符合荀子对于"性"——"不可学,不可事"的定义。是以由此可以确立,荀子之"性"是原始的质朴之"性",而不能具有道德内涵而将之建构为"性善的荀子"。

四、作为价值的"性恶"——在"性朴"定义中建构"人之性恶"的人性论

至此可以了解到,荀子在《礼论》中提出"本始材朴"有其必要性与合理性,也就可以说荀子的"性朴"论述是可以成立的。那么如同周炽成与唐端正等学者称荀子是"性朴论者",是强调"本始材朴"之论点是否也就能够成立呢?关于这点也是本文所要处理之要紧处——说荀子是"性朴论"是正确的,却也是错误的,应该说正因为确立了荀子的"性朴"立场,也就更证明了其"性恶论"的真实性与必要性;甚至可以说,荀子的人性论因为"性朴",所以"性恶"。

何以如此说呢?首先可以看到,周炽成指出:《礼论》中"本始材朴"的论述,与《性恶》中所谓的"人之性恶"相矛盾;而"性恶"一说也仅见于《性恶》一篇,是以荀子的人性论肯定是"性朴论",《性恶》必然不是荀子本人的作品。[10]184-187 但如果以彼之道,还之彼身,用同样的逻辑去探问:"性朴"这个概念也只出现在《礼论》,为何不是"性恶"为真、"性朴"是伪呢?这样的诠释或许也是汉语哲学场域中"性善的集体无意识"所形成"性善的诱惑"现象。②

此处必须厘清的是:虽然《荀子》诸篇中仅《性恶》一篇直言"人之性恶",但是

---

① 杨倞便指出:"凡非天性而人作为之者皆谓之'伪'。"见[清]王先谦:《荀子集解》,沈啸寰、王星贤点校,第 434 页。
② 曾暐杰:《打破性善的诱惑——重探荀子性恶论的意义与价值》,第 23—28 页。

"伪"的概念却贯穿了《性恶》《礼论》《正论》与《正名》等诸多篇章,此可看出《荀子》作为经典的一致性与完整性,在未有明确地上证据与地下证据证成前,实不宜骤然斥为伪作。且就哲学理路而论,"伪"确实是成就"性恶"的关键观念所在。

其实所谓的"朴"所表述的仅是"性"的定义,亦即凸显出"生之谓性"意义,以为"性"之定义正名,反驳孟子赋予"性"价值内涵的新定义,如此也才能达到荀子所谓"名定而实辨,道行而志通"(《正名》)[19]236 之目的。也就是说,"本始材朴"不能作为一种"人性论"去理解,而仅能作为一种人性论的"前理解"与"前见"。

如荀子在反驳孟子的性善论时,便明确地说:"所谓性善者,不离其朴而美之,不离其资而利之也。"(《性恶》)[19]436 荀子的意思是:"性善"如果要成立,那么就必须在"性"的原初状态下便呈现出道德价值,而非"生而离其朴,离其资,必失而丧之"(《性恶》)[19]436。如果孟子所为的"善"必然会脱离原初之"性",人人都必须"求其放心"(《告子上》)[17]202 而能寻回那"性善"之"性",如此又怎么能称为性善呢?①

由此可以看出,荀子在诘问孟子"性善论"时,也是以"朴"为概念去检视,而"朴"作为判准的用意即在于:固守"生之谓性"的定义,也就是人生而就有的倾向与状态才能称之为"性"。假使孟子所说的"四端之心"不是在"质朴之性"中本有,那么性善便不能成立。② 是以"性朴"不是一种"人性论",而是对"性"的一种定位与描述。

所以可以说,"性朴"在荀学的脉络中并不是一种道德体系的建构,而是作为一种"性"的界定与定义。其重点在于强调"性"作为"不可学,不可事,而在人者"(《性恶》)[19]435 的原始状态之指涉;此是相对于"伪"的后天人为修养与成就,造就"文理隆盛"的道德与伦理状态。也就是说,"性朴"是不具有道德内涵与指涉的。如《王制》与《王霸》中荀子所言"农夫朴力而寡能"[19]142,"朴"即带有保持原有单纯

---

① 关于荀子对孟子"性善"的理解可参何淑静:《比较孟子与荀子的"性善说"》,《鹅湖学志》第43期,第6—10页。
② 即便孟学思维者认为孟子所称之性善并非称人原初便有"仁义礼智"四端,而仅是有其萌发的根源与可能性,但对于荀子而言,"人情甚不美"(《性恶》),人性中也并非天生就有着朝向仁义礼智四端发展的动力与倾向;因为正如孟子自己所说:"人有鸡犬放,则知求之;有放心,而不知求。"(《告子上》)可见向善求道之心并非人的天性所在,而是后天之"伪"所成就。当然,学者会指出,孟子所谓的"性善"仅是点明人为善的"可能",但对于经验论者而言,这样的表述就是一种形上的想象与预设,并无可验证性与合理性。参曾暐杰:《打破性善的诱惑——重探荀子性恶论的意义与价值》,第57—65页;何淑静:《比较孟子与荀子的"性善说"》,第17—34页;[清]王先谦:《荀子集解》,沈啸寰,王星贤点校,第44页;[宋]孙奭疏:《孟子注疏》,第202页。

的状态与天生的气力之意,其中并无道德指涉,仅仅是一种中性的描述;①由此《荀子》书中以少数几处"朴"字用例来观其微,便可见其大,了解荀子"性朴"之真正意涵。

(一) 后设之"性":以"伪"为基准的"性朴"之"恶"

如此说来,荀子的"性朴"论述的确可以说是一个不具道德意涵的论述,可以说是"无善无恶"的人性观不是吗? 为何此处却又特别指出不能说荀子的人性论是为"性朴论"、是为"性无善恶论"呢? 关键即在于荀子对于"朴"的观念与看法。

荀子所认为人的原始状态,也就是"人之性"的内涵为何? 这点可从《性恶》中"生而有好利焉""生而有疾恶焉""生而有耳目之欲,有好声色焉"(《性恶》)[19]434 来看。一般都会由此来确认荀子所谓"性"即是人的本能欲望。学者认为:既然是生存的本能欲望,又有何善恶可言呢?② 的确,自然情欲本身是无有善恶的,但重点在以什么判准来衡量。大部分当代的学者皆认为:荀子的"性恶"并非指"性"本身是"恶",荀子的意思仅是自然情欲如不加以节制,便会导向"恶"的行为与结果。是以"好利之性"本身不是"恶",但"顺是,故争夺生而辞让亡"便成了"恶";"疾恶之性"本身不是"恶",但"顺是,故残贼生而忠信亡"便成了"恶";"好声色的耳目之欲"本身不是"恶",但"顺是,故淫乱生而礼义文理亡"便成了"恶"。③

但事实上,一方面如廖晓炜与曾暐杰所指出:对荀子而言,此一"顺是"并非一假定语句,而是一实然的论述;也就是人有着随顺人情性发展的倾向,为恶是一"必然"的结果④——在毫无礼法的情境下便是如此,也即是荀子所说:"去法正之治,无刑罚之禁,倚而观天下民人之相与也。"(《性恶》)[19]440 是以一种会自然而然向"恶"发展的"性",难道不能称其为"性恶论"吗?⑤

更重要的是另一方面,必须厘清荀子据以作为"人性"善恶的判准为何? 当然就自然欲望与生存本能而言,这的确是无善无恶的;荀子当然也了解这个道理,是

---

① 李涤生:《荀子集释》,台北:台湾学生书局,1979年,第260—261页;熊公哲:《荀子今注今译》,台北:台湾商务印书馆,1990年,第234—236页。
② 参李哲贤:《荀子之性恶说析论:从文本谈起》,第148页;周炽成:《荀韩人性论与社会历史哲学》,第9页;陈大齐:《荀子学说》,台北:华冈出版社,1971年,第58页;吴乃恭:《儒家思想研究》,长春:东北师范大学出版社,1988年,第155页。
③ 参徐宗良:《道德问题的思与辨》,上海:复旦大学出版社,2011年,第59页;陈大齐:《荀子学说》,第58页;曾暐杰:《打破性善的诱惑——重探荀子性恶论的意义与价值》,第76—78页。
④ 参廖晓炜:《孟、荀人性论异同重探——由荀子对性善说的批评展开》,第166页;曾暐杰:《孟子之后——荀子"伦理经济学"的建构及其儒学回归》,第129—133页。
⑤ 参曾暐杰:《孟子之后——荀子"伦理经济学"的建构及其儒学回归》,第129—133页。

以他仅以"朴"来表述这个原初的动物性倾向与状态,而并未直接赋予道德价值的评价。这也正是摩尔所意识到的:"任何想在自然界找出道德真理的企图,都犯了一种'自然主义的谬误(naturalistic fallacy)'。"①荀子很清楚地理解"人对于原始自然因素的渴望"。[29]66

但作为儒家,他没有也不能让存有(being)宣泄在酒神的歌队中,而必须且渴望建构日神的理性与秩序,这也是为何荀子特别强调"性伪之分"的关键所在——单纯就"性"的"本始才朴"而言,"性"可以且必须是无善无恶的;但当"性"与"文理隆盛"的"伪"对比而言,则"性"就不再是无善无恶的,因为此时已有了"伪"——亦即人为的礼义作为价值善恶的判准。

"本始材朴"之"性"为何可以说是"性恶"的呢?这就是在"伪"的概念成立后,所形成的价值判准。荀子对于"伪"的定义是相对于"本始材朴"的"文理隆盛",也就是礼义大备的成果;而荀子又认为:"礼岂不至矣哉!立隆以为极,而天下莫之能损益也。"(《性恶》)[19]355 可以见得"礼"作为价值判准的终极(ultimate)意义。也就是说,在"伪"概念成立后,价值系统便已然生成,便无所谓"无善无恶"的可能——因为在社会群体中,存有(being)永远无法作为"自然人"而存在,而必须且被要求作为一个"社会人"②。这也是为何荀子会以"所谓善者,正理平治也;所谓恶者,偏险悖乱也"(《性恶》)[19]439 的概念去检视"性"之"善恶"。此正如亚里士多德(Aristotélēs,公前384—前322)所说:"人是政治性的存在者,必定要过共同的生活。"[30]278 像告子那般脱离了现实礼法规范的脉络,纯粹做哲学上的思辨去思考"人性"无有善恶,对于透过道德体现"秩序至上主义"[31]414 的儒家而言,不能成立也无意义。

是以相对于"伪"而言,"性"就不再是个中性概念,而是一个相对而言具有负向价值的元素。如荀子所言:"无伪则性不能自美。"(《礼论》)[19]366 对照荀子在《性恶》中借舜之口所说的"人情甚不美,又何问焉!妻子具而孝衰于亲,嗜欲得而

---

① 显然荀子并未如项退结所说,将一切会造成社会混乱与"恶"的结果之物皆划归为"恶",荀子在自然秩序与人为礼法之间有一道"连续性的鸿沟"——亦即"性"与"伪"的辩证与互动。参 G. E. Moore, Principia ethica. NY: Dover Publications, 2004, pp2-9;项退结:《孟荀人性论之形上学背景》,第 66—67 页。

② 所谓的"社会人"依照时代与学派会有不同的理解,可能是"道德人""法律人"或"经济人"等不同的存有预设与判准,但就是不可能以"自然人"的状态生存,因为至少在轴心时代(Axial age)以降,社群团体已然形成,而如美国社会学家库利(Charles Horton Cooley, 1864—1929)所说:"人是与人类整体不可分割的,是其中的活生生的一份子。"无有秩序的"自然人"存有,无法建构与维系一个社会的秩序与发展,在现实中不可能出现。参[美]查尔斯·霍顿·库利:《人类本性与社会秩序》,包凡一等译,台北:桂冠图书有限公司,1993年,第 34—35 页。

信衰于友,爵禄盈而忠衰于君"(《性恶》)[19]444 来看,可以了解此处所谓的"美"不仅是感官上的论述,更是一种关切忠孝信义的道德价值评判;是以"性"是个在道德价值上处于负象限的原始状态,必须透过"伪"将之导向价值的正向层次。

(二)后设之"恶":以"礼"为判准的"自然"之"恶"

是以从"性"的"本始才朴"与"伪"的"文理隆盛"来看,应如杨国荣所说:"野与文相对,意指不文明、粗野。"[32]245 "性"在文明社会而言,便是道德价值阙如的负形态。这就如梁启超(1873—1929)所说:荀子之"性""专靠原来的样子,一定是恶的,要经过人为,才变得好"[33]189。周炽成认为梁任公此处以"恶"释"朴"实是极大的错误,因为从恶到善的轨迹是一百八十度的转向;但从朴到善却仅是部分转向,显然荀子并未将"性"全然抛弃。[10]22

但事实上,从《荀子》的文本来看,即便其并未完全抛弃性而是强调"性伪合"的完善状态,但又何尝能够借此否定"性"不能是"恶"的?不能是全然地反转呢?且"朴"在荀子的脉络中,也的确被赋予道德价值的意涵去比较,甚至在礼法的判准中带有"恶"的意义。如其在《臣道》中说:"事暴君之义也,若驭朴马。"[19]124 以"朴马"喻"暴君",这不就意味着"朴"具有"恶"的面相与层次吗?故而以"恶"说"朴"在《荀子》中绝对有其正当性与合理性。当然,并不是说荀子认为自然的本性欲望是"恶"的,而是在实然(to be)层次与应然(ought to be)层次会有不同的表述与判准。如此处所说的"朴马",在自然界的"实然"中是无善无恶的;但从人类社会的礼教的"应然"来看,那便是"恶"的——此处所说并非马本身是"恶",而是假使"人"与"朴马"处于同样的状态与行为,那么这样的"人"便是"恶"的。① 亦即重点在于荀子的人性论是建立在礼法系统中的"应然"去思考的,亦即强调人禽之辨的立场。

荀子就说:"学恶乎始?恶乎终?曰:其数则始乎诵经,终乎读礼;其义则始乎为士,终乎为圣人……为之 人也,舍之禽兽也。"(《劝学》)[19]11 可以见得"人禽之辨"的关键在于"学礼义"与否,亦即是否有后天人为之"伪"的形成,而非孟子所说生而有的"四端之心"。荀子在这里即是要强调:人虽然与禽兽的自然欲望与生存本能有其一致性;但生而为人难道可以以同样的判准去评价人的善恶吗?

如《非相》中所言:"夫禽兽有父子,而无父子之亲,有牝牡而无男女之别。故

---

① 是以荀子"性恶论"并无项退节所说恐有将世间万物皆视为"恶"的危险,荀子很明确地区分了实然与应然、自然与礼教的分别。参项退结:《孟荀人性论之形上学背景》,第66—67页。

人道莫不有辨。"[19]79 人与禽兽的自然欲望与情性基本上都是一样的:"饥而欲食,寒而欲暖,劳而欲息,好利而恶害。"(《荣辱》)[19]63 但是在人类社群中,礼法制度已然形成,有着"六礼""七教"与"八政",①而禽兽的场域中并无此等价值规范;是以同样的欲望与行为在禽兽场域是无善无恶,但于礼教系统中便是"恶"。

《荀子》此处所说"禽兽有父子,而无父子之亲,有牝牡而无男女之别"就是很好的例子。性欲是动物和人类(human being)共同拥有的"性","性"(sex)也是作为"动物"所共同拥有的能力与欲望。但同样是"性",在禽兽称之为"交配",是一个中性的概念;无论公狗与任何母狗有性行为,甚至是与其亲代发生性关系,都称为"交配"或"近亲繁殖",这无所谓善恶,可以说是"无善无恶"的。理论上人也可以与任何他者发生性行为,但实际上在应然层次,却不能随意与任何他者发生性关系。因为在人类社会,这样的行为被称为"性交"或"性关系"。这之间蕴含着道德价值的判准,不同的身份对象会形成不同的道德评价。如一个男人与自己的母亲或姐妹性交,那么这称之为"乱伦",这样的"性"已经是以"礼法"为判准去界定与衡量的道德行为了。是以,又怎么能够说荀子所说的生而有的欲望之"性"是"无善无恶"的呢?难道能够说人的欲望与犬牛的欲望可以用同样的判准去衡量吗?这也正是荀子所说:"我欲属之鸟鼠禽兽邪?则又不可,其形体又人,而好恶多同。人之有斗,何哉?我甚丑之。"(《荣辱》)[19]221 人与禽兽多有所同,但怎么可以生而为人却将自己与禽兽相类而以此来作为善恶的准则呢?

孟子诘问告子的问题:"然则犬之性,犹牛之性;牛之性,犹人之性与?"对荀子来说,他在"生之谓性"的概念中,绝对可以理直气壮地说:"然!"人与犬牛之"性"——亦即本能冲动与求生欲望的确是一致的。就"实然"而言,这是"性朴"之"性",无所谓善恶的;但正因为人禽之"性"是一致的,在人类的礼教社会中,这样的"性"就必会被称为"恶"——如乱伦、杂交等行为,在狗群中不会被批判,难道在人类社会这等行为也是"无善无恶"的吗?同样的欲望、同样的行为,在禽兽、于人类社会,其判准就是不一样的。

其实这就是判准的问题,董仲舒(前179—前104)便指出了其中的关键:"性有善端,动之爱父母,善于禽兽,则谓之善。此孟子之善……吾上质于圣人之所为,故谓性未善。善过性,圣人过善。"(《深察名号》)[34] 如果以"性"作为优于禽兽之关键,则"性"自然是善的;但如果以人类社会中善的极致为标准,则人就是"恶"

---

① 《礼记·王制》:"六礼:冠、昏、丧、祭、乡、相见。七教:父子、兄弟、夫妇、君臣、长幼、朋友、宾客。八政:饮食、衣服、事为、异别、度、量、数、制。"见[唐]孔颖达疏:《礼记注疏》,第269页。

的——或者保守地说:"不善的"①。

五、结论——在"自然"与"形上"之间

是以可以说,荀子的"性恶论"之所以成立,关键即在于其判准,如果学者脱离了荀子儒学本位的脉络而去诠释其人性论系统,便会在"性"中找善端,给"性"赋予无善无恶的自然情性评价。当然,在自然场域中,情性欲望绝对是无善无恶的,可以说"性朴"的;但荀子作为儒家,其强调"礼"的究极性,必然是以"礼义"为判准去思考人性,而不能脱离礼义的脉络去思索"性"的特质。这就如同英格兰演化心理学家道金斯(Clinton Richard Dawkins)所说的"自私的基因",是就人类社会的道德系统去陈述;但对于自然演化的"基因"本身,并无所谓"善恶",只能说有"利己"(self-interest)倾向——"利己"是中性的,"自私"就是具有道德价值的指涉。[35]212

儒家本位的立场,必然是以道德体系为判准并以追求善为终极价值,所以其论性不可能是空无的,必然是在善恶的框架之中讨论。是以应该要区分不同理论的价值判准为何,才能进一步讨论"人性论"之主张。基本上在先秦时期,孟告荀可说是三种人性形态的表述:

1. 性朴的告子:在"实然"视域下建构"实然"论述

告子所谓的"性犹湍水也,决诸东方则东流,决诸西方则西流。人性之无分于善不善也,犹水之无分于东西也"以及"生之谓性"的论述,基本上即是将"性"视为动物共同的欲望与本性。而对告子而言,"善恶"既然是人类社会后设的建构,自然不能说在自然界中有所谓的"善恶";如此也就不能说"性"有"善恶"。如告子所说:"彼长而我长之,非有长于我也;犹彼白而我白之,从其白于外也,故谓之外也。"(《告子上》)[17]193 道德价值系统是于外在关系中确立的,并非本有的,是以可知,告子是以"实然"的态度去追寻原始社会的人性——在还未有礼法制度的状态下,人性是什么样的?在这样的情况下,自然是客观地陈述人与禽兽的共同性,那是一种类似于亚里士多德的"物理学"或"自然学"的概念——在道德判准前去思考"人性"的原初状态。那么由此可说告子的人性论是"无善无恶"的、是"性朴"的并没有问题,因为告子没有已然建构的礼教社会作为价值判准;而是在"道德之前"作讨论。

---

① 如林桂榛便主张《荀子·性恶》之论述事实上是"性不善"的讹误。然而如跳脱"根本恶"的概念来说,在先秦语境脉络中,"不善"与"恶"之意义其实并没有根本上的差异;"不善"便具有负面意义,不能径自等同"性朴"。参林桂榛:《关于荀子"性朴"论的再证明》,《临沂大学学报》2018年第1期,第19—49页。

2. 性善的孟子:在"应然"视域下建构"应然"论述

至于孟子的"性善论",在根本上是一种形上学式的应然论述。他说:"人之有是四端也,犹其有四体也。"[17]65-66 这是"应然"与"实然"的混同。亦即孟子把对于"人"的期待带入"人"的实在本身,"性善"成为一种知识建构而非单纯的哲学思考——"无恻隐之心,非人也;无羞恶之心,非人也;无辞让之心,非人也;无是非之心,非人也"的表述,等于建构了一种新的物种:"道德人"(moral man),这种"人"是一种道德的理型(idea),与现实中的"人"(human being)并不相契——这也是为何荀子会批判孟子"无辨合符验"的原因。可以说,孟子的"性善论"就是以"应然"作为"实然"——当然其当下并不如此认为。但他的性善定义,确实也造成了"人"一出生便不是"人"的困境。①这正如赵炯所说:作为自然之后(μετα ταφνσικα')的学问,形上学便假定了不容置喙的天然本性(φύσις)[36]61;至于自然与实然则不是形而上的"性善论"所考虑的。

3. 性恶的荀子:在"应然"视域下建构"实然"论述

荀子的人性论大抵是在告子与孟子之间,他与告子对于"性"的定义有共同的前理解,亦即同意"生之谓性",将"性"作为人禽与共的欲望与本能。是以在"性"的"定义"上而论,可以说荀子是同意"性朴""性无善恶"的。但荀子并未停留在"实然"层次,他以"礼法"为判准去检视"实然"之性。由此,"好利之性""疾恶之性""好声色的耳目之欲"便不能说是"质朴"或"无善无恶的"。因为从儒家的道德系统与君子典范中来看,会有儒者承认具有"好利""疾恶"与"好色"人格之人是君子是圣人吗? 孔子便说"吾未见好德如好色者也"(《子罕》)[25]80。如果说"好色"与"好德"相对而言是负面的道德表述,为何在诠释荀子之"性"时会将之训为"无善无恶"或"性朴"呢?

如果能够不陷入西方基督宗教式的"根本恶"思维,而理解古代汉语中的"恶"仅是在礼教社会中相对于"善"的负面行为与德性,那么就不会忌讳"性恶"的提法,也不会极力欲屏除"性恶"的表述,而建构了"性善的荀子图式"或"去道德化的荀子图式"——前者是孟学式的形上学表述,后者则脱离了儒家道德哲学的判准。只能说"性朴"是荀子对于"性"的"定义"陈述与强调,而"性恶"则是其对于"性"的评价与建构。可以说,因为"性朴"所以才能陈述"性恶",甚至在儒学的脉络中可以说"性朴"即是"性恶"。

---

① 孔宪铎,王登峰:《基因与人性》,北京:北京大学出版社,2009 年,第 65 页;杨国荣:《伦理与存在——道德哲学研究》,第 6 页。

参考文献

[1] 路德斌.一言之误读与荀学千年之命运:论宋儒对荀子"性恶"说的误读[J].河北学刊,2012(5).
[2] 程颢,程颐.二程集[M].台北:汉京文化,1983.
[3] [宋]黎靖德.朱子语类[M].王星贤,点校.北京:中华书局,2007.
[4] 劳思光.新编中国哲学史:一[M].台北:三民书局,2006.
[5] 牟宗三.名家与荀子[M].台北:台湾学生书局,2006.
[6] 刘又铭.从"蕴谓"论荀子潜在的性善观[C]//"孔学与二十一世纪"国际学术研讨会论文集.台北:政治大学文学院,2004.
[7] 傅佩荣.人性向善论:对古典儒家的一种理解[J].哲学与文化,1985(6):25-30.
[8] 廖晓炜.孟、荀人性论异同重探:由荀子对性善说的批评展开[J].哲学与文化,2014(10):163-181.
[9] 李哲贤.荀子之性恶说析论:从文本谈起[J].哲学与文化,2013(5):137-152.
[10] 周炽成.荀韩人性论与社会历史哲学[M].广州:中山大学出版社,2009.
[11] 胡适.中国哲学史大纲·古代哲学史[M].台北:台湾商务印书馆,2008.
[12] 惠吉星.荀子与中国文化[M].贵阳:贵州人民出版社,1996.
[13] 廖名春.荀子新探[M].台北:文津出版社,1994.
[14] 罗钦顺.困知记[M].阎韬,点校.北京:中华书局,2013.
[15] 佛洛伊德.精神分析引论:精神分析新论[M].叶颂寿,译.台北:志文出版社,1985.
[16] Shlomit C.Schuster.哲学诊治:咨商和心理治疗的另类途径[M].张绍干,译.台北:五南图书出版公司,2006.
[17] 孙奭.孟子注疏[M]//阮元.十三经注疏.台北:艺文印书馆,2013.
[18] 牟宗三.才性与玄理[M].台北:台湾学生书局,1993.
[19] 王先谦.荀子集解[M].沈啸寰,王星贤,点校.北京:中华书局,2010.
[20] James T.Bretzke.Consecrated Phrases:A Latin Theological Dictionary[M].Minnesota:The Liturgical Press,1998.
[21] 孔颖达.礼记注疏[M]//阮元.校勘十三经注疏.台北:艺文印书馆,2013.
[22] 蔡锦昌.拿捏分寸的思考:荀子与古代思想新论[M].台北:唐山出版社,1996.
[23] 傅斯年.性命古训辨证[M].上海:上海古籍出版社,2012.
[24] 何淑静.孟荀道德实践理论之研究[M].台北:文津出版社,1988.
[25] 邢昺.论语注疏[M]//阮元.校勘十三经注疏.台北:艺文印书馆,2013.
[26] 邓公玄.人性论[M].台北:文化大学出版部,1981.
[27] 王楷.天然与修为:荀子道德哲学的精神[M].北京:北京大学出版社,2011.
[28] 唐端正.先秦诸子论丛[M].台北:东大图书公司,1981.
[29] 尼采(Nietzsche,F).悲剧的诞生[M].杨恒达,译.南京:译林出版社,2007.
[30] 亚里士多德.尼各马可伦理学[M].廖申白,译注.北京:商务印书馆,2003.
[31] 史华慈.古代中国的思想世界[M].程钢,译.南京:江苏人民出版社,2004.

[32] 杨国荣.伦理与存在:道德哲学研究[M].北京:北京大学出版社,2011.
[33] 梁启超.儒家哲学[M].天津:天津古籍出版社,2003.
[34] 苏舆.春秋繁露义证[M].钟哲,点校.北京:中华书局,1992.
[35] 道金斯.自私的基因:我们都是基因的俘虏?[M].赵淑妙,译.台北:天下文化,2002.
[36] 赵倞.动物(性):传统与现代之间的人性根由[M].北京:北京大学出版社,2013.

原载《邯郸学院学报》2019 年第 4 期

荀子的"王道"观念[①]

康香阁,贾建钢

荀子,名况,字卿,《荀子》等文献称之为孙卿,战国时期赵国(今河北邯郸)人。从地域文化讲,荀子是赵地赵国文化最重要的代表人物;从整个中国传统文化讲,荀子是先秦诸子思想之集大成者,战国末期最后一位儒学大师。研究荀子,鉴古知今,探幽发微,推陈出新,既具有学术理论意义又有积极的现实意义。

在先秦的各思想流派中,"王道"与"霸道"之辩是人们共同关注的一个问题。具体到儒家而言,孔子主张王道,但他对管仲"九合诸侯,一匡天下"的霸道观念又有正面的评价;孟子则明确提出了崇王黜霸的观念;荀子对王霸之辩的主张较为复杂,在他的心目中,王道无疑是最高的理想,但他对霸道却没有孟子那样持论决绝,提出了"信立而霸"的看法。也因为如此,学者的研究多侧重于对荀子霸道思想的阐释。本文则尝试对荀子的王道观念作一梳理,以便更好地理解荀子的相关观念。

"王道"是荀子政治理想的核心,在这一点上,孔孟荀似乎并没有差别。但要理解荀子的王道观念,我们还得从荀子的具体说法中来论述。

荀子对用国的三种方式"王""霸""亡"有其自己清晰的定义,荀子云:

> 故用国者,义立而王,信立而霸,权谋立而亡。三者,明主之所谨择也,仁人之所务白也。[1]122

在荀子看来,"王""霸""亡"是三种"用国"的不同方式。什么是"用国"?"用国"用我们今天的话来说,就是国家的治理。所谓"义立而王""信立而霸""权谋立而亡",乃人君所选择的"用国"(治理国家)方式。荀子用了"谨择"一词,显示出其庄重的态度。人君主动选择不同的方式,进而付诸相应行动,并最终通向"王"

[作者简介] 康香阁(1959—),男,河北邯郸人,《邯郸学院学报》编辑部编审,中国先秦史学会荀子研究会秘书长;贾建钢(1976—),男,山东临清人,《邯郸学院学报》编辑部主任、副教授。

① 该文被《新华文摘》2020 年第 18 期以《荀子的"王道"观念》为题转摘。被人大复印报刊资料《哲学文摘》2020 年第 4 期转摘。

"霸"或"亡"的结局,是为"王道""霸道"或"亡道"。

荀子对王道的规定为"义立而王"。所谓"立"者,有"确立""树立"之意。"立"的对象是什么?自然是"义"。立国以义的"义"又是什么意思?"义"当然有具体的所指,但若联系到诸家对同篇"如是,则下仰上以义矣,是綦定也"以及"国一綦明"中"綦"字的注释,或许可以先使我们明了其所立之"义"的抽象涵义。杨倞注云:"綦,当为基;基,本也。言以义为本。"并将"国一綦明"之"綦"亦解作"基";而刘台拱与王念孙不与,他们均将"綦"训作"极","极"乃有"标准"之意。王氏并曰:"前极谓义,后极谓信也。"这样看来,所立之"义"乃指"立基""立本"或"立标准"。如是,"义立而王"则意谓,若人君确立"义"为"用国"之原则、标准或准则,则可以成就"王道"。

一、"义立而王"

显然这里的关键在于"义"的具体含义。《荀子》一书言义之说甚多,荀子所说的义也包含丰富的内涵。学者如陈大齐等人有专文加以论述,此不赘。基本上,"义"在《荀子》文本中常出现两种用法:一是与礼并用,为"礼义";一是与仁并用,为"仁义"。在《荀子》一书中,"礼义"一词频繁出现,而对"仁义"的解读却常常为人忽视。关于"仁义",荀子大体也有两种用法:一是作为政治理想的要求,集中表现出荀子对王道的理解,如荀子云:"修仁义,伉隆高,正法则,选贤良,养百姓,为是之日,而名声专天下之美矣。"[1]99-100 又云:"彼王者不然。仁眇天下,义眇天下,威眇天下。仁眇天下,故天下莫不亲也。义眇天下,故天下莫不贵也。"[1]90《荀子》一书中有许多类似的论述,此处不一一列举。另一是作为个人德性的表现,如荀子云:"苟仁义之类也,虽在鸟兽之中,若别白黑。"[1]77 这一段原是说大儒之品格,在荀子看来,无论外在环境如何,大儒都能够实现人格的自我完成。

不过,对于荀子而言,无论是"礼义"还是"仁义",荀子的"义"与孟子所主张的"仁义内在"的"义"相比,都表现出某种客观化的倾向。例如,荀子云"不隆礼义而好贪利"[1]138,此处"礼义"并举,成为治道的价值取向。荀子以"义立"来规定王道,那么,具体该如何来理解呢?《王霸》篇云:

> 今亦以天下之显诸侯,诚义乎志意,加义乎法则度量,著之以政事,案申重之以贵贱杀生,使袭然终始犹一也。如是,则夫名声之部发于天地之间也,岂不如日月雷霆然矣哉!故曰:以国齐义,一日而白,汤武是也。汤以亳,武王以鄗,皆百里之地也,天下为一,诸侯为臣,通达之属,莫不从服,无它故焉,以义

济矣。——是所谓义立而王也。[1]122

依荀子之意,诸侯得势,若能效法仲尼在政事等各方面合于礼义,那么结果就会像汤武那样声名如日月雷霆,这便是"义立而王"。故王者取天下依于义道,"取天下者,非负其土地而从之之谓也,道足以壹人而已矣。彼其人苟壹,则其土地奚去我而适它? 故百里之地,其等位爵服,足以容天下之贤士矣;其官职事业,足以容天下之能士矣;循其旧法,择其善者而明用之,足以顺服好利之人矣。贤士一焉,能士官焉,好利之人服焉,三者具而天下尽,无有是其外矣。故百里之地,足以竭埶矣。致忠信,箸仁义,足以竭人矣。两者合而天下取,诸侯后同者先危"[1]130-131。荀子这里用"壹人"说王道,所谓"壹人"也就是团结一致、和谐融一的意思,就是以"义"取人心,王道所行,即人心所归。正因为如此,荀子又提出"兼人"的三种不同方式,而谓"凡兼人者有三术:有以德兼人者,有以力兼人者,有以富兼人者。彼贵我名声,美我德行,欲为我民,故辟门除涂,以迎吾入。因其民,袭其处,而百姓皆安。立法施令,莫不顺比。是故得地而权弥重,兼人而兵俞强:是以德兼人者也。非贵我名声也,非美我德行也,彼畏我威,劫我埶,故民虽有离心,不敢有畔虑,若是则戎甲俞众,奉养必费。是故得地而权弥轻,兼人而兵俞弱:是以力兼人者也。非贵我名声也,非美我德行也,用贫求富,用饥求饱,虚腹张口,来归我食。若是,则必发夫掌窌之粟以食之,委之财货以富之,立良有司以接之,已期三年,然后民可信也。是故得地而权弥轻,兼人而国俞贫:是以富兼人者也。故曰:以德兼人者王,以力兼人者弱,以富兼人者贫,古今一也。"[1]177 以德兼人和以力兼人是旧说,用以区分王道和霸道,在孟子那里可以看到;但以富兼人是荀子的新说,这里不作详细的梳理[2]46-49。所要说明的是,荀子的王道所表现的"以德兼人"的特点皆落在道德人心上,所以他认为"以德兼人者王"。不过虽如此说,在荀子的思想中,这种"以德兼人"的王道在具体的内容上依然与孟子有不同的规定,而这种不同正在于荀子说突出主张的"义立"的"义"。

二、"义"之含义

因此,如果再作认真的分析,这里仍有讲求,因为要真正理解"义立而王",似乎"义"就是核心概念,而荀子言义含义颇为丰富,如荀子云:

> 君子处仁以义,然后仁也;行义义礼,然后义也;制礼反本成末,然后礼也。[1]313

荀子这一段向来不好解释。有学者认为,荀子那里,仁是有关对他人的情感,义是遵循某种社会规范。杨倞对"制礼反本成末"的注释是："反，复也。本，谓仁义；末，礼节。谓义仁义为本，终成于礼节也。"如果这种理解成立，那么，其中的意思就可能有某种循环。其实，荀子对义的理解有多个不同的面向，前面所说的与礼并用只是其中的一层意思，这种情况下，义与礼常常可以互换，其表达的意思就是某种可以做或不该做的事情的规范。唐君毅就说"荀子之义就是礼义"[3]439。如荀子云：

> 君子易知而难狎，易惧而难胁，畏患而不避义死，欲利而不为所非，交亲而不比，言辩而不辞，荡荡乎其有以殊于世也。[1]20

又云：

> 兼服天下之心：高上尊贵，不以骄人；聪明圣知，不以穷人；齐给速通，不争先人；刚毅勇敢，不以伤人；不知则问，不能则学，虽能必让，然后为德。遇君则修臣下之义，遇乡则修长幼之义，遇长则修子弟之义，遇友则修礼节辞让之义，遇贱而少者，则修告导宽容之义。无不爱也，无不敬也，无与人争也，恢然如天地之苞万物。（《非十二子》）[1]55

又云：

> 因天下之和，遂文武之业，明主枝之义，抑亦变化矣，天下厌然犹一也。[1]55

又云：

> 有义荣者，有势荣者；有义辱者，有势辱者。[1]215

荀子以上所说的"义"大体上皆指向某种确定的行为规范或标准。但在有些地方，"义"所表示的可能只是某种意蕴，而没有道德的含义，如荀子云："学恶乎始？恶乎终？曰：其数则始乎诵经，终乎读礼；其义则始乎为士，终乎为圣人。"[1]5此处所说的"义"，学者大都诠释为"意义"。同时，荀子在有些地方也用"义"来表达通权应变之意，如荀子云："临事接民而以义，应变宽裕而多容，恭敬以先之，政之始也。"[1]159 这里的"义"主要是指当规范、法教未及之时，义所表现的应变局势的能力。由此可见，义在荀子那里含义颇为丰富，既是指导和判断人的行为的道德规范和准则，又是指导和判断政治理想和行为的意义的原则。从政治哲学的角度上说，"夫义者，内节于万物者也，上安于主，而下调于民者也，内外上下节者，义之情也"[1]189。因此，义（此处主要指的是礼义）是一个彻内彻外，彻上彻下的原则，既是道德原则，又是政治原则，既能够调和自己的身心，又能够安顿好天下国家。

荀子所言"义"的含义十分丰富，但就其所说的"义立而王"的"义"字而言，礼义无疑是他所主张的王道的实质内容，也因为如此，虽然在王道的形式表达上，荀

211

子与孟子似乎很相近,但其内容规定则有很大的不同。

三、"义立而王":理想与现实

当我们明白了荀子所说的"义"具有丰富的含义之后,我们来理解荀子的"义立而王"便可有确定的下手之处。在荀子看来,统一天下之道在于王道,而王道的核心在于以礼义为最重要的内容。君王选择王道,立国措施皆必须以礼义为标准,用荀子自己的话来说,"行一不义,杀一无罪,而得天下者,仁者不为也"[1]67-68。而对于君王和各级官僚,也必须以礼义约束自己,做好表率的作用,如是,则"下仰上以义矣,是基定也,基定而国定,国定而天下定"。能够实行王道,则能够得百姓之力,得百姓之死,得百姓之誉,如是,则天下归顺,万事太平,故云:"彼王者则不染,致贤而能以救不肖,致强而能以宽弱。"[1]61 荀子甚至对此有非常明白的描述:"上好礼义,尚贤使能,无贪利之心,则下亦将綦辞让,致忠信,而谨于臣子矣。如是则虽在小民,不待合符节,别契券而信,不待探筹投钩而公,不待冲石称县而平,不待斗斛敦概而啧。故赏不用而民劝,罚不用而民服,有司不劳而事治,政令不烦而俗美。百姓莫敢不顺上之法,象上之志,而劝上之事,而安乐之矣。"[1]142 在荀子看来,明主若能"明礼义以壹之,致忠信以爱之,尚贤使能以次之,爵服庆赏以申重之,时其事,轻其任,以调齐之,潢然兼覆之,养长之,如保赤子。若是,故奸邪不作,盗贼不起,而化善者劝勉矣"[1]114。① 我们不能说这是荀子所理想的王道政治的完全的图景,但它的确可以从一个侧面告诉我们,荀子心目中的王道所具有的特色。无疑的,王道的实现在荀子那里必须仰赖仁人、明主,而这一点恰恰是荀子王道观的重要特点。明主因其德慧和知能而能承担此一重任,用荀子自己的话来说,"其知虑足以治之,其仁厚足以安之,其德音足以化之,得之则治,失之则乱。百姓诚赖其知也,故相率而为之劳苦以务佚之,以养其知也;诚美其厚也,故为之出死断亡以覆救之,以养其厚也;诚美其德也,故为之雕琢、刻镂、黼黻、文章以藩饰之,以养其德也。故仁人在上,百姓贵之如帝,亲之如父母,为之出死断亡而愉者,无它故焉,其所是焉诚美,其所得焉诚大,其所利焉诚多"[1]107。如果说,王道社会有何突出的特点的话,那么,在这样一个社会中,至少有一点,即是人主与百姓的关系和谐融一,"百姓贵之如帝,亲之如父母,为之出死断亡而愉者",这可以理解为"义立而王"的王道社会,"义道"落实而后有的理想图景。

---

① 参东方朔:《"报应论"抑或"功利论"——荀子刑罚观的哲学根据》,载涂可国、刘廷善主编《荀子思想研究》,济南:齐鲁书社,2015年,第277页。

当然,荀子言"义"在理想的一面之外,也有现实的规定,荀子云:

> 夫义者,所以限禁人之为恶与奸者也。……夫义者,内节于人而外节于物者也,上安于主而下调于民者也。内外上下节者,义之情也。然则凡为天下之要,义为本,而信次之。古者禹汤本义务信而天下治,桀纣弃义背信而天下乱。故为人上者,必将慎礼义、务忠信,然后可。此君人者之大本也。[1]189-190

这里"义"与"恶"和"奸"相对而言,指的是原则和标准,故荀子认为"义"乃用以"限禁"奸恶。但是,"义"除了"限禁"之外,还有"节"的作用。按照杨倞的解释,"节"也是"限禁"的意思,不过,俞樾不同意,因为依"上安于主而下调于民","义"之"节"的意思显然与安和、调适之意相近,而与"限禁"的意思较远,故俞樾以"适"训"节"。这样一来,"内外上下节者",指的是人与物、主与民因"义"而处于安和调适之状态。除此之外,"义"还与"分"连在一起,荀子说:

> 人何以能群?曰:分。分何以能行?曰:义。故义以分则和,和则一,一则多力,多力则强,强则胜物,故宫室可得而居也。[1]94

> 先王恶其乱也,故制礼义以分之,使有贫富贵贱之等,足以相兼临者,是养天下之本也。[1]86

"分"说的是职分,用以规定人的身份、等级等;人依其"分"而行其事,行其事而得其所宜,亦即具有"度量分界"。在荀子看来,因为人具有天生的不可去的欲望,而且这种欲望又永难满足,但人们所处的现实世界的物品却有限,若纵人之欲,那么在欲与物之间就会造成紧张,进而使人群陷入"争乱穷"的境地。荀子以"义"为原则来调节平衡这种紧张,使欲与物能够相持而长。这样,"义"的基本作用在于通过"分"而使人群处于"群居和一"的状态,社会即处于正理平治,而这就是荀子所向往的王道之治。[4]38

四、结语

本文讨论的主题是荀子的王道,但在方法上不同于其他学者,而是紧扣荀子"义立而王"的论述来开展。具体而言,我们首先展示荀子"义立而王"的理想图景;然后,分析荀子所言"义"的多层含义,并指出荀子"义立而王"的"义"主要指的是礼义,因此,在王道的表达形式上,虽然荀子与孟子相似,但其实质内容却可能不同;最后,我们在行文中也就荀子"义立而王"的主张在理想与现实的层面上的表现作了相应的说明。其实,对荀子的王道理想的把握甚至不必从《荀子》一书中全尽搜索,《王制》一篇已经在很大的程度上表明了荀子的王道的理想规划。就王道政治之原则而言,荀子说:"以善至者待之以礼,以不善至者待之以刑。两者分别,则贤不肖不杂,是非不乱。贤不肖不杂,则英杰至,是非不乱,则国家治。若是,名声日闻,天下愿,令行禁止,王者之事毕矣。"[1]85 就王道政治之措施而言,"奸言,奸说,奸事,奸能,遁逃反侧之民,职而教之,须而待之,勉之以庆赏,惩之以刑罚。安职则畜,不安职则弃。五疾,上收而养之,材而事之,官施而衣食之,兼覆无遗。才行反时者死无赦。夫是之谓天德,是王者之政也"[1]84。在荀子看来,王道理想的核心在"壹人",而"壹人"的根本在于以仁、义、威眇乎天下,故云:"仁眇天下,义眇天下,威眇天下。仁眇天下,故天下莫不亲也;义眇天下,故天下莫不贵也;威眇天下,故天下莫敢敌也。以不敌之威,辅服人之道,故不战而胜,不攻而得,甲兵不劳而天下服,是知王道者也。知此三具者,欲王而王,欲霸而霸,欲强而强矣。"[1]44 至是而论王者之人、王者之制、王者之论、王者之法,荀子皆有详明的论述。不过需要指出的是,荀子所述这些,林林总总,其核心必落在"义立而王"上,而"义"即是他所主张的礼义。

参考文献

[1] 杨倞. 荀子[M]. 东方朔导读,王鹏整理. 上海:上海古籍出版社,2010.

[2] 孔繁. 荀子评传[M]. 南京:南京大学出版社,1997.

[3] 唐君毅. 中国哲学原论·原道篇·卷一[M]. 台北:台湾学生书局,1986.

[4] 东方朔."无君子则天地不理":荀子思想中作为政治之理想人格的君子[J]. 邯郸学院学报,2015(4):36-49.

原载《邯郸学院学报》2020 年第 2 期

《公孙龙子》新解

杨菊生

公孙龙,战国时赵国人。《公孙龙子》一书,现存6篇,除《迹府》一篇为后人介绍他的生平事迹外,其余5篇应为公孙龙本人撰写。一般认为,公孙龙是唯心主义诡辩家,故常被列为批判对象。本文拟对《公孙龙子》提供另一种解读方法,进而对公孙龙其人其思想给以重新评价。

一、物位思想:名位思想的理论基础

所谓物位思想,是指万物产生出来后,在自然界大家庭中,必有一固定位子,如同我们去剧场看戏,买了票后对号入座一般。物位思想也可称为物格思想,是说天下每一物皆处于一定的时空位置,犹如网络中的一个方格,中药店中的一个药柜或药盒。天生我物必有位。《名实论》说:"天地与其所产者,物也;物以物其所物而不过焉,实也;实以实其所实而不旷焉,位也;出其所位非位,位其所位,正也。"这段内容,描述了万物从产生到对号入座的全过程,与《周易·序卦传》"有天地,然后万物生焉,盈天地之间唯万物"相似,强调了世界的物质性及其运行规律的客观性。比较起来,公孙龙的论述更为全面而深刻。他提出了他的物位思想,强调了万物"位其所位"的重要性。具体来说,公孙龙在这里表达了四层意思:"物也"句是说,天地万物是客观存在;"实也"句是说,万物适时生长,形成实体;"位也"句是说,万物形成实体后,找到自己的位子坐上去,勿使位子空着;"正也"句是说,只有位其所位,才是正道。

对于这段内容的错误解读,表现在两个方面。一是认为公孙龙所说的"物"是没有物质性内涵的,它是天地万物的创造者。这以侯外庐等为代表。他们断言公孙龙所说的"物",乃是"天地万物的最后原因,似是'神'的代名词"[1]448。在他们

[作者简介] 杨菊生(1935—),男,江苏无锡人,南京财经大学副教授。

笔下,客观存在着的、涵盖了"天地与其所产者"的"物",被消解得无影无踪;与此同时,"物"升天变成了"神",变成了"最后原因"的造物主。他们说,"物以物其所物而不过焉"中的第一个"物"字,就是《指物论》中的"指":这个"指"是个"观念的东西",它可以"直接转化为'物指',无须借物而显现";而当这个"'指'转化为'物指',因而有'物'",才有"'天地与其所产者'的个别的物概念"。[1]451-453他们先把"物"神化为"指",再由"指"物化为天地万物,为我们描述了造物主的"造物过程"。他们用柏拉图的理念论解读公孙龙所说的"物"字,其结果必然走上否定客观世界、肯定上帝存在的歧途。这是对读者的一种误导。二是认为"不过"和"不旷"是正名的原则和标准。这以庞朴为代表,他将"过"字解读为"过分",即多了一点什么;将"旷"字实际解读为"欠缺",即少了点什么。例如以马为白马,则为"过",以白马为马,则为"旷";前者多了一个"白",后者少了一个"白"。[2]49-79其实,这里的"过"是过错(指发生灾害),"不过"就是没有过错,是说在物生物("物其所物")的过程中,风调雨顺,万物适时生长、结实;所以"不过"也可理解为不失时。"旷"是空缺(指位子空着),"不旷"就是没有空缺,是说物生物后,新生之物凭着"出生证"找到了自己的位子,是对号入座的("实其所实");所以,"不旷"也可理解为不空位。"过错"不等于"过分","空缺"不等于"欠缺";而且不应把它们放在同一个时间点上;物不失其时才有"实",实其所实才有"位",位其所位才是"正",是有时间先后顺序的,颠倒不得。问题出在对"不过"的错误解读上,即把"过"字当作"过犹不及"或"言过其实"中的"过"字理解。并由此导致对"不旷"的错误解读,因为"少了一点"与"多了一点"是相对应的。将"不过"解读为没有过错,古籍中并非鲜见,如《周易·系辞上》:"知周乎万物而道济天下,故不过。"《墨经·经说下》:"知狗不重知犬,则过。重则不过。"《荀子·正名篇》:"辨异而不过,推类而不悖。"将"不过"解释为不失时,也可以从古籍中得到印证,如《诗·小雅·鱼丽》:"物其有矣,唯其时矣。"《管子·白心篇》:"天不为一物而枉其时。"这也就是《荀子·天论篇》中所说的"天行有常"的意思。

《名实论》的主旨是物位其位,即物之名与物之实相当,也就是彼之名只用于彼之实,此之名只用于此之实,不可"彼且此"或"此且彼"。以牛马为例,牛之名只用于牛之实,马之名只用于马之实,不可"求牛则名马,求马则名牛"(《吕览·审分篇》)。公孙龙的本意是强调概念的确定性、同一性,不可混淆概念,导致名实不当。再以白马与马而言,公孙龙不仅从概念的内涵上认定白是"命色"的,马是"命形"的,所以命色命形的"白马"不同于命形的"马"。他还认为,"求马,黄黑马皆可致;求白马,黄黑马不可致",则从黄黑马的可致与否,也就是从概念的外延上强调白马只是马类中的一种马,不可将白马和马等同起来。公孙龙还说,"有白马不可谓有马",等于说"有白马不可谓兼有黄黑马";也就是说"有白马"就"只有白马",并不包括有其他颜色的马。故"有白马不可谓有马",可说成"有白马非有(各种)马",再去掉两个"有"字,就简化成"白马非马"。因此,"白马非马"可看作是"有白马非有(各种)马"的紧缩语。但一般解读时,将"白马非马"说成"白马不是马";并认为只能说"白马是白马",不能说"白马是马",否则就是"彼且此"或"此且彼"了。这样,"白马"和"马"之间的关系,原本是相容的从属关系,被曲解为不相容的排斥关系。这绝不是公孙龙的本意。"白马非马"不是"白马是马"的反命题。"白马非马"中的"非"字,本为"非有",也就是"无有""没有",不可用否定判断词"不是"来解读,这里是"异于"或"不同于""不等于"的意思,《白马论》中"异黄马于马,是以黄马为非马"就是明证。事实上,"白马是马"这一判断蕴含在"求马,黄黑马皆可致"中,公孙龙为了表达自己观点的需要,故意将白马隐去。公孙龙并未否定"白马是马"的存在权。[2]78 应该说,"白马是马"和"白马非马"是一个事物的两个方面,可以同真。这就是说,"白马"是"马"(中的一种马),但"白马"和"马"不是同一概念,两种说法都对。冯友兰说,"白马是马"和"白马非马"这两个命题都是真的,并没有冲突:"白马是马"的马是就这个名词的外延说的,"白马非马"的"马"是就这个名词的内涵说的;"白马是马"的"马"是就具体的马说的,"白马非马"的"马"是就抽象的马说的。这是对的。但蔡尚思却批之为"是非不明,主次不分",持论有失公允。[3]

公孙龙的物位思想始于《礼记·祭法》所说的"黄帝正名百物"和《书经》的"取类正名"。物有属类分野,人有尊卑上下,不管是物是人,各位其位,那么,天下就太平了。公孙龙就是这样从物到人来论述物和人"位其所位"的重要性的。因此,他的物位思想,实在是正名、定分即名位思想的理论基础。在《名实论》中,公孙龙特别强调"正位""当位",反对"出位""非位"。这种守位思想直接源于《周易》,如《鼎卦·象传》:"鼎,君子以正位凝命。"《坤·文言》:"君子黄中通理,正位居体,美在其中。"《蹇卦·象辞》:"当位贞吉,以正邦也。"其实正名就是要正位,或者说通过正位达到正名的目的。如果你买的戏票是10排10座,那么剧场里就有这个座位等你去坐,这戏票犹如"名",那个对应的座位就是"位"。因此,"名"和"位"可说是一回事,合起来称作"名位"。当你这个"实"坐在该你坐的座位上,实其所实,就是名实相当,叫作"正位"或"当位"。但如果你坐到别人的座位上,或与别人的座位互易了,叫作"错位"或"易位";如果你的座位被别人强占了,对别人来说是"占位",而你就"失位"了;如果你坐到较前较好的座位上,那你就"越位"了。凡此种种,都是不允许的。因为位非其位,名实不当,就会发生混乱。所以要正名,要正位,即查验一下你的戏票,到底几排几座,是否坐错了。公孙龙说:"其正者,正其所实也;正其所实者,正其名也。"这是说正名就要正实,而正实就要实其所实。实正了,位其所位了,名也就正了。"正其所实",不是要改变"实"的内容和性质,而是要改变"实"所处的位置。使此在此、彼在彼,不出位、不错位。如果你这个"实"坐错了座位,实非其实,你就该挪动你的屁股,重新对号入座。名位具有相对稳定性,在一定历史条件下是不变的。所以正名一般不是要改变名位本身,而是要改变实体所处的位置。还应看到,在人类社会关系中,名位一经确定,必有行为准则相随,而行为准则是人类活动在一定历史条件下的产物。正名就是要求人们按行为准则办事,谨言慎行;正位就是要求人们把自己的言行关进名位的笼子里,非礼勿为。所以正名的关键是你这个"实"必须位其所位,走正道。当然,也有尸位素餐的情况,在其位不谋其事,这种"缺位"情况也应当作失位、错位来处置。孔子把正名看作"为政"的头等大事,以期循名责实、各位其位。那种"用旧名以正新实""用主观的名去纠正客观的实"的说法,实在是对孔子正名思想的一种曲解。[4]11,172

正名之要务在"定分",也就是"定位",即分尊卑、上下、贵贱、贤愚。《周易·系辞上》:"天尊地卑,乾坤定矣。卑高以陈,贵贱位矣。"在孔子看来,名位的尊卑上下,似乎是天经地义的。他修《春秋》"以道名分"。管子认为,"义者,谓各处其宜也",而"明分以喻义之谓也"(《心术上》)。意思是说,能分君臣上下,就是明事理、知礼义。荀子则从自然和实践的角度论证了"群而有分"的重要性和必要性:人是群居性动物;"群而无分则争,争则乱,乱则穷"(《富国篇》),原因是"势位齐,而欲恶同,物不能澹(赡)"(《王制》)。他并引用《尚书·吕刑》"维齐非齐"的话,认为只有不齐,才能齐。慎到也从财物占有的角度,论证了"分"的重要性。他举例说,"今一兔走,百人逐之,由分未定",而"积兔满市,行者不顾,非不欲兔也,分已定矣"。"分已定",说明所有权已定,就争不起来;而"分未定"必争。① 因此,定分定位,正名正位,则万物各得其所,各位其位,各守其职,就不会出乱子,而错位、占位、越位等,乃是致乱之道。春秋无义战。孔子生于乱世,君不君、臣不臣等事时有发生。他主张正名,主张君君、臣臣、父父、子子,企图以此来消除各种社会乱象,按周礼要求,恢复正常的社会秩序。他修《春秋》,为使乱臣贼子惧。尽管他相信

---

① 引自《吕览·慎势篇》。

天命,思想保守,但并不顽固。他对"礼"的看法,有继承,有发展,是与时俱进的;他还赞扬汤武革命,认为"顺乎天而应乎人"。① 他的人治理念,即使在今天,在规范人们的行为准则方面,仍有积极意义。公孙龙的物位思想,为孔子的正名思想作了深层次的诠释。他告诫人们说,正名就是要实其所实,位其所位,做到君象君,臣象臣,从而使比较抽象的正名主义变得具体而具有可操作性。

《迹府》中说公孙龙疾名实之散乱,欲"以正名实而化天下"。而《名实论》是专门论述名实问题的,可以认为这是一篇反映公孙龙思想的具有纲领性的文章。抓住欲"以正名实而化天下"这条红线,则《公孙龙子》可解可读;背离这条红线,势必肢解公孙龙的思想,作出错误的解读和判断。"纯逻辑论"便是一例。温公颐说,公孙龙"摆脱了正名主义的政治逻辑,而把逻辑纯化","从纯逻辑观点出发,不带有政治和伦理意味"。[4]52 果真如此吗？在公孙龙自己的言论和文章中,不乏他对政治和伦理的高度关注。《庄子·秋水篇》中说,公孙龙自称"少学先王之道,长而明仁义之行",难道这与政治、伦理无关吗？《名实论》结尾处他写道:"至矣哉,古之明王！审其名实,慎其所谓。至矣哉,古之明王！"公孙龙认为,古代贤明的帝王正确处理了名实关系,把国家治理得很好,赞美之情,溢于言表,难道不带有强烈的政治倾向性吗？宋濂《诸子辨》说公孙龙"伤明王之不兴,疾名器之乖实……冀时君之有悟,而正名实焉",确认他的思想是带有政治和伦理意味的。在《通变论》中,公孙龙假物取譬,专论君臣关系和国家治乱问题,说明他是非常关心政治和伦理的(详见下文)。公孙龙还以"正名实"为思想武器,以"化天下"为政治抱负,积极参与了一些社会政治活动,如他驳赵惠文王"偃兵",助赵责秦王"非约",劝燕昭王"偃兵",劝梁君勿滥杀无辜,劝平原君拒虞卿为其"请封"等。② 公孙龙继承了孔子的正名传统,求治反乱,具有明显的儒家思想色彩。他既不是如晋人鲁胜所说,为孙诒让、梁启超诸人认同的"祖述墨学"的墨家,因为他主张分上下、正名位,而墨子倡导"兼相爱""僈(无)差等";更不是如郭沫若、杨荣国诸人所说的属于道家,因为他主张离坚白、别同异,而庄子倡导"万物与我为一",不辨是非。汉人司马谈始创"名家"之名,将研究过名实关系且能言善辩的人(辩者)称作名家,这样一来,战国时代多数思想家几乎都被囊括在内,公孙龙自然名列其中。胡适认为,"古无'名学'之家,故'名家'不成为一家之言。"[2]103-108 这话有一定道理。因为辩者们各

---

① 《论语·为政》:"殷因于夏礼,所损益可知也;周因于殷礼,所损益可知也。其或继周者,虽百世可知也。"另见《周易·革卦·彖辞》。
② 参见《吕览》中的《审应》《淫辞》《应言》及《庄子·逸文》《史记·平原君列传》。

是所是、各非所非,不成一家之言,怎么能称"一家"呢?能称"一家"的,应在宇宙论、人生论或认识论中某一方面有独特而一致见解者,如儒家讲"仁义",墨家讲"兼爱",道家讲"无为",法家讲"刑法"。名家是个大杂烩,它汇集了各家各派的思想家。在中国哲学史、思想史中,当各思想家一一被其祖师爷认领后,名家门中就只剩下被称作诡辩家的惠施和公孙龙两人了,故诡辩家几乎成了名家的别名。唯一令人困惑不解的是,荀况和公孙龙均是同时代赵国人(公孙龙约比荀子年长22岁),只见荀子将惠施和邓析"捆绑"在一起批判之,未见他如今人那样将惠施和公孙龙"捆绑"在一起鞭挞之。虽然,荀子也批评过"牛马非马"和"坚白同异",但很难断定这是针对公孙龙的。荀子是眼睛里容不得沙子的人,而对公孙龙却网开一面。究其原因,莫非他们在思想深处原本是一家——儒家,所以不愿下狠手?

二、治乱理论:君臣当位则治(通),君臣错位则乱(变)

《通变论》是公孙龙文章中最怪诞的一篇,诸如"二无一""左与右可谓二""羊合牛非马""牛合羊非鸡""青以白非黄""白以青非碧"等命题,令人不知所云。其实,说怪也不怪,只要明白其中的名词、形容词和数词一、二均是比喻就行了。庞朴认为:"通变论,即通达变化之论,其目的在于弄通变化的道理。"[2]26 此话有两个问题:一是如果"通变"一词是通达变化之意,那么视"通"即"变","变"即"通",是两个字义相同或相近的字组成的合成词,只有通达变化一义;二是如果"通变论"是弄通变化之论,那"通变"一词就成为动宾式词组,也仅弄通变化一义。其实,公孙龙笔下的通变二字,字义相对甚至相反,通非变,变非通;也不能组成动宾式词组。这与《名实论》中的名实、《坚白论》中的坚白、《指物论》中的指物一样,均是两个字义相对或相反的字组成的合成词。"通变"一词,源于《周易》。《系辞上》:"一阖一辟谓之变,往来不穷谓之通","化而裁之谓之变,推而行之谓之通"。这里"变"是变化、变革,"通"是通达、通畅,是指自然界和人类社会发展变化过程中的两个既相衔接又有实质性区别的不同阶段。《系辞下》:"易穷则变,变则通,通则久。"这里的"变则通",并非"变即通"。这句的意思是:"易"的原理是当走入困境后就要变革,变革才能通畅,通畅才能长久。在《通变论》中,公孙龙赋予通变二字以特殊的含义:"通"是指君臣当位,政通人和;"变"是指君臣错位,变乱频仍。简言之,"通"是治,"变"是乱。具体而言,一是马、黄比喻"通",二是鸡、碧比喻"变"。因此,《通变论》是公孙龙论述国家治乱兴亡的一篇文章,既讲治和兴,又讲乱和亡。《通变论》也可说是《治乱论》或《兴亡论》。

"二无一"是本篇主题。谭戒甫认为,"白马非马"就是"二无一"。郭沫若认为,"白马非马"乃是"二非一",并说《通变论》的'二无一'也就是'白马非马'的数字上的衍变"。杜国庠则解释为"当概念构成时,构成这个概念的因素概念不能够和它同时作为独立的概念而存在",这就是说,两个"一"构成"二"时,已失去原来"一"的独立意义了。庞朴把"二"明确地看作是"全体","一"是"部分",故"二无一"就是"全体中不再存在部分"。屈志清则倒转过来,认为"一"是全体,"二"是部分。[①] 实际上,这里的"二"和"一"跟数量基本无关,其意义相对或相反:"一"是比喻一致、协调、和谐,"二"是比喻差异、分离、变乱。例如《墨经》中将"异"分为二、不体、不合、不类四种,"二"为异之首。《经说上》解释道:"二必异,二也。"据侯外庐等统计,《论语》中"异"字凡八见,并指出:"此八'异'字皆可训'二',训'贰',训'离',而与'一'为对待语,与'二'为同义语。"[1]184 因此,"二无一"是说当出现分离、变异时,就无一致、和谐可言了。把这种思想应用于国家、社会,就是"一山不容二虎,一国不可二主"。类似的说法,在先秦典籍中不胜枚举。《管子·霸言篇》说:"使天下两天子,天下不可理也;一国而两君,一国不可理也;一家而两父,一家不可理也。"("两"义同"二")《明法篇》又说:"主行臣礼则乱,臣行主道则危","上下无分,君臣同道,乱之本也"。所以主张"威不两错,法不二门"。《慎子·德立篇》详细分析了国乱、家乱的根源是"两",所以"立天子者,不使诸侯疑焉;立诸侯者,不使大夫疑焉;立正妻者,不使嬖妾疑焉;立嫡子者,不使庶孽疑焉。疑则动,两则争,杂则相伤,害在有不在独"。《荀子·致士篇》则认为:"隆一而治,二必乱。自古及今,未有二隆争重而长久者。"《成相篇》甚至认为"一而不贰为圣王"。所以他主张"修道而不贰,心结于一"。《吕览》中也有较多的关于"二无一"的论述,结论是:"一则治,两则乱。"(《执一篇》)因为"二"与"贰"通,故"二心"同于"贰心","叛臣"也称"贰臣"。总之,"二"是形容矛盾、分离、变异的那种状况,在一个乱象丛生、争斗不息的国家里,怎么会有安宁、祥和之"一"呢?这就是公孙龙"二无一"的本意。

公孙龙认为,国家出现"二无一"的那种状况,主要是君臣矛盾、君臣错位引起的;君不君,臣不臣,国必乱。公孙龙以左右、羊牛、青白及其结合方式为喻,论述了君臣关系的变化;又以一二、马鸡、黄碧为喻,论述了治乱(通变)之不同结果。这里,"右"和"左"有贵贱、上下、强弱的区别。《史记·廉颇蔺相如列传》中有"秦汉

---

① 参见谭戒甫《公孙龙子形名发微》、郭沫若《十批判书》、杜国庠《便桥集》、庞朴《公孙龙子研究》、屈志清《公孙龙子新注》。

以前,用右为上"的记载。"以右为尊"的习俗,大概是从《黄帝内经》中"人左手足不如右强也"的自然规律中引申而来。公孙龙以"右"喻君,以"左"喻臣,所以"陪臣执国命"就是"左与右可谓二",意谓处于下位的臣子越权凌驾于君王之上,国家就不得安宁了。这里的"与"和下文的"合""以"等字兼有连词和动词的作用,在它们前边的词是处于主动地位的结合者,后边的词是处于被动地位的被结合者,词序的先后有着贵贱、上下、主次之分。其次,马、牛、羊、豕、犬、鸡,古称"六畜",其中,马最珍贵,牛次之,羊又次之,鸡最低贱了。这是以人的价值判断为根据的贵贱系列,是人为的"物位表"。公孙龙以"牛"喻君,以"羊"喻臣。当处于下位的"羊"越权凌驾于"牛"上时,变乱就发生了,所以"羊合牛非马"。"非马"就是"无马"。"马"表示国家通泰,表示"治",所以"无马"就是国家没有安宁了。再次,根据五行学说,青、赤、白、黑、黄皆为正色,这五色和木、火、金、水、土结合,分别表示东、南、西、北、中五个方位,形成东方木(青)、南方火(赤)、西方金(白)、北方水(黑)和中央土(黄)的格局,它们之间又有相生相克的关系。正色中,表示中央土的黄色最为尊贵,因为它象征着国家社稷;而碧非正色,即所谓"骊色"(杂色),最贱。公孙龙以西方金(白)比喻君,以东方木(青)比喻臣。金能克木,君在上,臣在下,天经地义。而当"木贼金"时,即臣下凌驾于君王之上时,就会产生种种矛盾,变乱就会发生,其结果是"碧",不可能是"黄",故"青以白非黄"。上述"青以白非黄""羊合牛非马"和"左与右可谓二"(等值于"左与右非一"),均是从反面论述君臣关系及其结果的,故称为"非正举";而"白以青非碧""牛合羊非鸡"和"右与左非二"(文中以右与左"苟不变"表述之),均是从正面论述君臣关系及其结果的,是"正举"。这就是说,"非正举"表示君臣错位,其结果"非黄"(同"碧"),"非马"(同"鸡"),"非一"(同"二"),也就是"变",是"乱";"正举"表示君臣当位,其结果"非碧"(同"黄"),"非鸡"(同"马"),"非二"(同"一"),也就是"通",是"治"。上述君臣关系的结合方式及其治乱结果如表1。表中的"正举"(箭头向上),表示君臣当位,产生治(通)的结果;"非正举"(箭头向下),表示君臣错位,产生乱(变)的结果。其具体表述如下:

  正　举:右与左非二(等值于"右与左则一")
     牛合羊非鸡(等值于"牛合羊则马")
     白以青非碧(等值于"白以青则黄")
  非正举:左与右可谓二(等值于"左与右非一")
     羊合牛非马(等值于"羊合牛则鸡")

青以白非黄(等值于"青以白则碧")

表1　君臣关系的结合方式及其结果

所喻		喻体			结合方式及其结果	
通	治	一	马	黄	↑ 正举	非正举 ↓
位下者	臣	左	羊	青		
位上者	君	右	牛	白		
变	乱	二	鸡	碧		

"狂举"是对治乱(通变)结果的错误选择,如说"与其马宁鸡""与其黄宁碧"。但文中是以正确选择的方式出现的:"与马以鸡宁马","与其碧宁黄",这就不算狂举了。至于"黄其正矣,是正举也。其有(犹)君臣之于国焉,故强寿矣"这段文字中的"强寿"二字,杜国庠引伍非百说,谓"寿"通"俦","类也",已属强解;温公颐则释为"勉强的比喻","强为类比",[4]52也是以不解而解之。其实,公孙龙的本意清楚明白:君臣当位,上下和调,则国家繁荣昌盛,长治久安。

公孙龙的物位思想,在《通变论》中表现为名位思想。他继承了孔子的正名传统,将名位思想应用于君臣关系的分析,形成了颇具特色的治乱理论。在他看来,君臣上下,尊卑分明;名位既定,不可逾越。君民臣等,只有各安其位,各守其职,国家才会安宁;反之,祸起萧墙,变乱就会发生。但公孙龙将治乱问题,简单地归结为君臣矛盾、君臣错位,忽视了社会矛盾和阶级矛盾,自有偏颇处。其实,在一定历史条件下,君臣矛盾是社会阶级矛盾在统治集团内部的反映。其次,由君臣当位或错位引发的治乱(通变)问题,在一定条件下是会互相转化的,治(通)会变成乱(变),乱(变)也会变成治(通)。但公孙龙似乎忽视了这种转化,这在文章结尾处"两明而道丧,其无以正焉"的话中,多少流露出了这种绝对化思想。公孙龙的名位思想和治乱理论,有利于社会的稳定和国家的安定,但明显是为统治集团巩固其统治地位服务的。

三、发现共相:"独而正"的石形和马形

(一) 关于共相

作为哲学名词的共相,其本义是一类事物的共同形式或共同形状。亚里士多德用此来对苏格拉底的"一般定义"进行诠释。他认为共相一词是用来"述说许多个主体的这样一种性质的东西",而个体却"不能这样",[5]213并指出"没有共相我

们就不可能获得知识"。他批评柏拉图却"把共相和个体分离开来",说它们是"单独存在的",并称之为"理念"。[6]58 因此,亚里士多德的共相论是对柏拉图理论的修正或否定。我国学术界将理念论、共相论引进后,应用于《公孙龙子》的研究,开创了新局面;常常把它们混为一谈,引起概念上的混乱。例如冯友兰说:"公孙龙未为共相专立名词,即以'指'名之,犹柏拉图所说之概念(idea),即共相也。"他并用"概念可思而不可见"来描述共相。他在对坚白石的分析中说:"'离坚白'者,即指出'坚'及'白'乃两个分离的共相也","岂独坚白离,一切共相皆分离而有独立的存在"。[7]258-261 他所说的"概念""共相""独立的存在",实是理念,不是共相。再如侯外庐等也把"指"称作"概念",认为概念"实际上是'神'的代名词","概念离事物而独有,共相离别相而自存";他们还认为公孙龙把宇宙间所有的具体事物,如白马、骊牛、坚白石等说成是"莫非概念的自己外化",并称之为"概念外化的唯心主义"。所谓"概念外化",就是以"概念"(理念)为摹本,复制出具体事物来;之所以说是"唯心主义",是因为"种类既不在于个体之中,共相又在个体之外"。[1]454-471 这是道地的柏拉图的理念论!这说明,我国学术界从西洋取来的不是亚里士多德共相论的真经。用共相论解读《公孙龙子》,方向是正确的;用理念论或其变种唯实论、新实在论解读《公孙龙子》,只会走入歧途。原因在于理念先于个别,高于个别,可以离开个别而单独存在,而共相存在于个别之中,不可离开个别而单独存在。前者是唯心的,后者是唯物的。

（二）关于"离坚白"和"白马非马"

坚、白是形容词,按照新实在论者罗素的说法,名词猫、狗、人和形容词白、硬、圆都表现为共相,[5]212-213 那么视坚、白为共相是无可非议的。但亚里士多德似未说白、硬、圆等形容词是共相。倒是柏拉图将美、善、大等形容词当作理念的。柏拉图有句名言:"美的东西是美使它美的。"[6]73 这句第二个美字,原是形容词,现在指"美本身",是理念,是单独存在的"实体",它已失去形容词性质了。罗素混淆了理念和共相这两个概念,用理念论来解读共相论,以致以讹传讹,我国学术界也就把形容词坚、白当作共相了。这是误解。

公孙龙认为,在坚白石中,石是形,是"定者"（尽管没有明说）,是本质属性,规定此物是"石",不是他物;坚、白是色性,是"不定者",是修饰成分,不是物,具有或藏或离的自离性,可以不坚石物而坚,不白石物而白。因此,在坚白石中,坚、白、石三要素有轻重之别,主次之分。《尹文子·大道上》有"以通称随定形"的说法,例如"好牛":"好则物之通称,牛则物之定形"。这里"好"是形容词,是修饰名词

"牛"的,是附属于"牛"的。所谓"通称",就是到处适用的意思,例如"好"字还可以去修饰马、人等"定形"之物,称作"好马""好人",等等;换句话说,"好"是"不定者",有自离性。所谓"定形",一是说牛是命"形"的,不是命"色"命"性"的;二是说牛是"定者",没有游离性。"通称"与"定形"之间这个"随"字,表明"好"只是"牛"的一种属性,具有游移不定、随遇而安的特点。"白马"和"好牛"的词语组合形式相同,"白马"也是"以通称随定形"的,甚至连"白"的性质也随定形之"马"发生了变化。所以《白马论》说:"白马者,言白定所白也,定所白者非白也。"与此类似,伍非百也有"以常然者寓偶然者"的说法。他说:"盖形状,常然者也;色地,偶然者也。"常然者(如石形)好比是个家,偶然者如坚、白)寓居其中,成为坚白石、白马。偶然者就是公孙龙所说的"不定者",常然者就是"定者"。《孔丛子·公孙龙》在说到给万物命名时,有两个原则:一是"先举其色,后名其质";二是"贵当物理,不贵繁辞"。例如坚白石,坚、白表示石之色性,是"繁辞"(修饰词),舍弃它们仍不失其为"石";"石自体"表示石之形,它是本质,是物之理,舍弃它就不成其为"石"。同理,在白马中,白是"繁辞",马是"本质"。古人重质轻辞,表示古人对事物本质属性把握的重视。但现今我国学术界一般都把坚、白、石三要素称作是"指",是共相,其含金量是相等的,没有主次之分、轻重之别;并认为"'物'不过是'指'的集合体的体现者"[4]41,"'物'是'指'的聚合"[9]7。这种观点,与贝克莱的"存在就是被感知"、马赫的"感觉要素论"相比较,只有主客观的不同,没有实质性区别。陈宪猷认为:"公孙龙以'形'为本质之内涵,其他各种属性是'形'的诸属性在各方面的反映。"[10]36 这是对的。"要素聚合论"无疑是错误的。

因为坚、白不是物,所以在自然界的"物位表"上就没有它们的位置,也就说不上位其所位了。再者,所谓"离坚白",是人们因视觉和触觉的功能差异("目不能坚,手不能白")而造成感觉上的坚、白分离,只可说坚石二、白石二而不可说坚白石三。由于坚、白皆是"不定者",有自离性,坚、白分离进一步表现为坚、白离石。但这就像人们处于"失神"状态时那样,面对坚、白却不知有坚、白。此时的石,即石形,从坚白石中"脱颖而出",表现为神奇的"可思而不可见"的共相。一般认为,不仅坚、白分离,坚、白、石三要素也是各个分离的;不仅坚、白可离石,石也可离坚、白。所以他们在解读"石其无有,恶取坚白石乎"一句时认为:石可离坚离白独自成石,不必通过坚、白而表现自己是石。但从上下文语意看,这个反问句似针对上文"坚白域于石,恶乎离"那个问句说的:石没有了坚、白(或藏或离),还能称作坚白石吗?坚、白有自离性,可以离石;石无自离性,不会离坚、白。此所谓跑得了"和尚"（坚、白）跑不了"庙"（石）是也。其实，"离"只是手段，不是目的。公孙龙先说坚、白分离，后又说坚、白离石，这犹如剥笋一般，当把坚、白等笋壳层层剥离后，剩下的就是"独而正"的笋芯——石形了。《坚白论》结尾处的"离也者天下，故独而正"，是说天下万物的色性都可离物而去，所以留下的就是那单一而纯正的形状（共相）了。因此，坚、白分离是为坚、白离石作铺垫，坚、白离石又为寻找"独而正"的"石形"作铺垫。"独而正"的"石形"，是存在于坚白石中的共相，是石类事物中的一般，寻找并发现它，才是公孙龙主张"坚白石离"的真正目的。在《白马论》中，公孙龙认为"独而正"的"马形"，是存在于白马中的共相，是马类事物中的一般，寻找并发现它，才是他主张"白马非马"的真正目的。这时，已回复到游离状态的坚或白，我们大可不必去管它。《白马论》中说，"白者，不定所白，忘之而可也"，可以弃之不论。

公孙龙还认为，在自然界，万物虽然各以其个体出现，但却是各以其形状分门别类的，即所谓"物以类聚"；而同类之物必有同一形状，这同一形状就是共相。《吕览·有始览》有"天斟（聚）万物，圣人览焉，以观其类"的话，只是假托圣人观其物类命名罢了。因为同一类事物必有同一形状，故"石形"是石类之物的共相，"马形"是马类之物的共相。这些剥离了繁辞的"石形""马形"和其他物类之"形"，组成了自然界大家庭。这是个"可思而不可见"的"独而正"的共相世界！在这个自然界大家庭中，形容词坚、白是不能开门立户的，因为它们不是"物"；坚白石、白马等个体也不行，因为它们不是"户主"；而石、马和罗素说的猫、狗、人都可以，这些都是实物名词，都是单名，都是普遍概念，都有一定的形状，都是"独而正"的共相，都可以当"户主"。如果说自然界是个大森林，那么石、马、猫、狗、人就是这个大森林中一棵棵"独而正"的共相之树，丫枝枝叶则是它们的属类。凡石类归"石家"管，马类归"马家"管。拿马类来说，白马只是"马"这棵树上的一枝，它不能代表整个"马家"，所以白马非"马"。

类名有大小，共相有层级。这是因为万物门类繁多，存在着属种关系；而且物类越多，越复杂，属种关系的层级就越多。"马"和"四足兽"有属种关系，"四足兽"和"动物"有属种关系，直到最高层级的达名即大共名"物"为止（四足兽、动物、物等可称为共名共相，有别于石、马、猫、狗、人等单名共相）。层级越高，共相概念的内涵越少，外延越大；反之，层级越低，共相概念的内涵越多，外延越小。而处于底层的私名即个别就不是共相了。一般而言，墨家说的类名和荀子说的共名、别名，都有一定的形状，都是有属种关系的，都表现为共相。荀子所说的"共则有共"（内涵逐步减少、外延逐步扩大)、"别则有别"(内涵逐步增多、外延逐步缩小),就是建立在名称之间具有属种关系的基础上的。属概念和种概念,合称类概念。任何判断和推理都离不开类概念。《墨经》上说的"辞以类行""以类取,以类予",是因为类概念之间具有属种关系。类概念即共相概念之间具有属种关系①,这是亚里士多德共相论的重要特征(这导源于苏格拉底的"辩证"方法,即人们"聚在一起讨论问题,按对象的种属加以辨析",见克塞诺封《回忆录》;在中世纪罗马人波爱修的《波尔费留〈引论〉注释》中也可得到佐证)。[6]59,232 值得注意的是,公孙龙在《坚白论》《白马论》中,采用剥离"繁辞"(坚、白)即"离"的方法,从个别中发现了"独而正"(石形、马形)的共相,苏格拉底采用归纳法即"合"的方法,从众多个别中发现了"一般定义"(共相),可谓殊途而同归,具有同样重要的意义。对公孙龙的重大发现,我们理应给以足够的重视,并给予恰当的评价。

(三) 关于"离坚白派"和"合同异派"

对于公孙龙主张的"坚白石离",多数学者较重视"坚白分离"而忽视"坚白离石"。于是,所谓"对立物绝对对立"的"离坚白",成了公孙龙思想的核心内容。有"离"就有"合",离、合两派论的出现,与此不无关系。冯友兰说:"战国时论及辩者之学,皆总而言之曰'合同异,离坚白'。或总指其学为'坚白同异之辩'。"[7]268 并据此将战国时代辩者分为"合同异派"和"离坚白派",分别以惠施和公孙龙为首领。此论一出,我国学术界普遍认同,几乎已成定论。其实此论疑点甚多,能否成立,值得讨论。

疑点一:误"别"为"合"问题。冯友兰"两派论"的主要依据是《庄子·秋水篇》中公孙龙自谓:"少学先王之道,长而明仁义之行。合同异,离坚白;然不然,可不可。"还有清人马国翰辑《鲁连子》谓齐辩士田巴"毁五帝,罪三王,訾五伯;离坚白,合同异,一日而服千人"。且不说其中并无离、合两派对立斗争迹象,其资料真实性也值得怀疑。据钱穆考证,《鲁连子》是伪书;而《庄子》书中内容,可能传抄致误。例如《淮南子·齐俗训》则称公孙龙"析辩抗辞,别同异,离坚白,不与众同道",与庄子说法不同。侯外庐等注意到这一问题,认为《庄子》书中的"合同异"有误,他们说:"此处'合'字应是'别'字之误。"[1]458 这是可能的。因为在公孙龙的文章和有关言论中,没有涉及"合同异"的。相反,在《通变论》中,公孙龙认为羊、牛虽可称作一类,却是"类之不同"者;马、鸡差异大,因而"材不材,其无以类"。这说

---

① 注意:白与白马之间无属种关系,而马与白马之间有属种关系。坚白石同理。

明公孙龙是主张"别同异"的。《墨经·小取》认为辩者的六大任务之一即为"明同异之处"。汉人刘向《别录》中说:"辩者别殊类使不相害,序异端使不相乱。"试问,作为辩者,不别同异,何辩之有？辩学是别同异、明是非的学问。公孙龙不别同异,还算是辩者吗？足见《庄子》书中的"合同异"有误,资料有问题。冯友兰凭借这有问题的资料,并冠以"皆总而言之曰"的概括性语言,认定战国时代辩者中离、合对立两派的存在,失之偏颇。

疑点二:离、合兼容问题。据庞朴的说法,离、合"两个学派,形同水火,仿佛毫无共通性可言"[2]120。如果《庄子》书中"误'别'为'合'"的情况没有发生,公孙龙既"离坚白",又"合同异",那么两个学派就有"共通性可言",亦即离、合观点可以兼容,集于公孙龙一身。从上文的分析中可知,此种情况似不可能发生。而惠施则不然。史料中并无直接证据证明他持"合同异"观点,只是"历物十事"中的"泛爱万物,天地一体也"一事,确有明显的"合同异"倾向。其他九事,很难说都是讲"合同异"的。例如"大同而与小同异,此之谓小同异；万物毕同毕异,此之谓大同异"一事,是讲万物"有同有异",只是观察角度的不同,同异程度有大小之别；不像是讲万物"合同异",因为"合同异"的实质是"视异为同","合异为同",有悖于"有同有异"的初衷。更值得注意的是《庄子·德充符》说惠施"天选子之形,子以坚白鸣",《齐俗训》说他"以坚白之昧终"；又《文选·演连珠》刘峻注:"倪惠以坚白为辞。"(倪惠即倪说、惠施)这里的"坚白",不可能是指"盈坚白",因为庄子是带着批评的口吻介绍惠施的。看来惠施是个矢志不渝、死不改悔的"离坚白"思想持有者,而"合同异"思想充其量不过是他思想中不很重要的一部分。尽管如此,似可说明离、合两种观点在一定条件下是可以相容的。如果这样,那么"形同水火"的离、合两派的存在与否,不是大可怀疑吗？

疑点三:訾应记载问题。如果离、合两派确实存在,就应该留下相互论战的记载,如像《吕览·淫辞篇》《孔丛子·公孙龙》记有孔穿和公孙龙"相与论于平原君所",或像《庄子·齐物论》中记有批评公孙龙的指、马之喻,或像《庄子·秋水篇》记有魏牟以井底之蛙批评公孙龙,使他无话可说,只好逃走,或像《史记·平原君列传》记有"邹衍过赵,言至道,乃绌公孙龙"。类似的情况,竟没有发生在惠施与公孙龙之间,岂不怪哉？至于《庄子·天下篇》记有惠施以历物十事"晓辩者","天下辩者相与乐之",辩者们也以二十一事"与惠施相应,终身无穷",表明惠施与辩者们在这些论题上的观点还比较一致,辩者们对惠施只是应之、乐之,鲜有争之、辩之者,没有发生"形同水火"的那种不愉快的情况。文中虽提及公孙龙为"辩者之徒",但似不在"晓辩者"之列,谈不上他曾与惠施论战过。

疑点四:"坚白同异之辩"问题。《荀子》书中多次提到"坚白同异",如《礼记》:"坚白同异之察"《儒效》:"坚白同异之分隔";《庄子·天下篇》称"坚白同异之辩"。冯友兰认为"坚白同异之辩"是指离、合两派对立说的,这未免望文生义。因为"离"虽是"合"的反义词,但"坚白"不是"同异"的同义词,故"离坚白"不是"合同异"的反命题。"坚白同异"确是先秦时期辩者辩论的两个专题,且由来已久,可以上溯到杨朱时代。《庄子·骈拇篇》说:"骈于辩者,累瓦结绳,窜句游心于坚白同异之间,而敝跬无用之言非乎?而杨、墨是已。"杨朱约比公孙龙早75年,杨、墨(家)进行坚白同异之辩时,公孙龙尚未出生。坚白同异之辩,不是坚白与同异之辩,而是坚白之辩和同异之辩的合称,《庄子·胠箧篇》中的"颉滑坚白,解垢同异"就是指此而言的。坚白之辩,有离、盈两派;同异之辩,有别、合两派。"离坚白"和"别同异",观点相近;"盈坚白"和"合同异",观点相近。不妨将前者称"离别派",后者称"盈合派"。"离坚白"与"盈坚白","别同异"与"合同异",观点相反,是对立的,争论主要发生在它们之间。杨朱"为我","拔一毛而利天下不为也",在坚白同异之辩中,似应属于"离别派",公孙龙是这派代表;墨翟"兼爱","摩顶放踵利天下",在坚白同异之辩中,似应属于"盈合派",庄子可做这派代表。详见表2。

表2 坚白同异之辩及有关人群

派别	坚白之辩	同异之辩	人群
离别派	离坚白	别同异	杨朱、辩者、法家
盈合派	盈坚白	合同异	墨翟、墨家、道家

所谓的"离坚白派"与"合同异派"的对立和斗争,因为不在同一个平台上,不存在捉对厮杀的条件。即使有所攻讦,本质上仍是坚白之辩和同异之辩。与离、合观点可以兼容一样,盈、别观点也不是针锋相对的。例如墨家重视"类"的区别,后期墨家内部更有"坚白同异之辩",并相谓"别墨"。侯外庐等认为,历代研究者不知施、龙所持论旨针锋相对,是因为将辩者二十一事都当作公孙龙一派的论题,遂不能与惠施的历物十事相分别,并引明人方以智的观点,认为施、龙的观点是对立的,从而论证冯友兰离、合两派论的正确性。其实,将惠施的历物十事均作为合同异论题已经不妥,将辩者二十一事划分为"离坚白"和"合同异"两类也很牵强。要之,用非此即彼的两分法,将战国时代辩者论题分别贴上"离坚白""合同异"标签,缺乏科学根据。公孙龙"善为坚白之辞",可视他为历代离坚白思想的代表者。惠

施竟"以坚白之昧终",这个合同异派首领实在不够称职。那种"施从'合'的观点谈坚白同异,龙从'离'的观点谈坚白同异"的说法,实难自圆其说。[1]417-419 庞朴则认为,公孙龙的"'离坚白'的观点,完全包含在惠施的'合同异'的观点中,虽然是作为对立物",更叫人匪夷所思。[2]118 且惠施本人约比公孙龙年长50岁,两人是祖孙辈的人物(钱穆:"施、龙之年辈不相及,其未能相交游"),相互对阵的可能性很小,这一出"关公战秦琼"式的好戏,似无上演的背景条件。

四、"指"即是"形":打开《指物论》的一把钥匙

《指物论》是公孙龙文章中最难读的一篇。文章开头的"物莫非指,而指非指",是本篇的总纲。其后句"指非指"中的两个"指"字,不可能同义;"而"字是转折连词,故前句中的"指"字必与后句两个"指"中的一个同义,一个不同义。句式或为"物莫非a,而a非b"(甲式),或为"物莫非a,而b非a"(乙式)。由于下文中有"使天下无物指,谁径谓非指"一句,意思是"因为有'物指',才去说'非指'",故"物指"可视作与"非指"等值。将"物指"代入"指非指"中,则成"指物指",可知"指非指"中前一个"指"字实为"物指"。于是,"指非指"变形为"物指非指","物莫非指,而指非指"可写成"物莫非指,而物指非指"。句子属乙式。弄清"指非指"实为"物指非指",对弄清"指"字含义和解读全文起着至关重要的作用。

《指物论》全篇269个字中,"指"字竟有49个之多。上文说过,冯友兰把"指"字解读为共相,这很有见地,但同时他把共相和理念搞在一起,也没有说清楚为何"指"是共相。后来的研究者们多半以"概念"或"观念"解之,不但含糊不清,而且没有搞清形与名、名与指、指与形等三种关系。

(一)形、名关系:名出于形

远古之初,混沌一片,无物无形无名。《老子·五十一章》说:"道生之,德育之,物形之,势成之。"意思是说万物靠道生德养,并获得形状,自然成长。《周易·系辞上》:"形而上者谓之道,形而下者谓之器",可见器物都是有形的。《荀子·解蔽篇》:"万物莫形而不见。"《正名篇》几乎把"物"和"形"等同起来:"异形离心交喻,异物名实玄纽。"《庄子·天下篇》也有"形物自著"的说法。可见物必有形,有形是万物的基本特征。但"物"有二态,"形"有二义。作为有形实体的"天地与其所产者",是物中的具体的个别事物,它们有形有体,我们称之为"个别物";作为有形实体组成之属类,是物中之一般事物,它们有形无体,我们称之为"一般物"。与此类似,"形"的基本义有形体和形状。"形状"是人们从一类事物的众多"形体"

(个别事物)抽象而得的共同形状即共相,是人们"知其象则索其形"(《管子·白心篇》)和"摹略万物之然"(《墨经·小取》)的结果。它是虚象,不是实体。摩崖上的人形石刻,白纸上的人形图画,均是概念化的"人"("两足而无毛");它是共相,虽不可见,但存在于所有活生生的具体人中,我们能说世界上没有"人"吗?《墨经·经说上》说:"物,达也,有实必待之名也。命之'马',类也,若实也者,必以是名也。命之'臧',私也,是名也,止于是实也。"不管是私名(个别物)还是达名、类名(一般物),都是反映"实"的,或者说,都是客观存在的反映。一般物是客观事物的一种特殊存在方式。理念论与共相论的根本区别在于:理念论认为一般物可以离个别物而独存,共相论认为一般物不可离个别物而独存。

有形就有名。《管子·心术上》:"物固有形,形固有名";"姑(诂)形以形,以形务(侔)名"。这是说,物本有形,形必有名,应根据万物的各种形状来形容万物,根据万物的各种形状来命名万物。这里的"形"字明显具有一般或共相的性质。《管子》又认为:"以其形,因为之名,此因之术也。"即根据万物之形状命名万物,是一种顺应自然的命名方法。《尹文子·大道上》也说:"名生于方圆","名者,名形者也;形者,应名者也",确认名从形来。对此,吕思勉在《先秦学术概论》中也作了精辟的论述。他说"物已既成,必有其形","名出于形";并说:"人之所以知物者,特此形耳。形万殊也,则各为之名。名因形立,必与形合。"综观世界各民族的原始文字,无不是象形文字(周有光称"形义文字"),例如埃及的古文字。我国现在使用的方块汉字,其中很多是象形字;所谓"六书",就是以象形为基础的六种造字方法。而所谓象形,就是描摹实物形状,《墨经》称作"拟实";而"拟实"就是"拟形",即《周易·系辞上》所说的"拟诸形容,象其物宜"。《墨经·经说上》还举例说:"名若画虎也。"意即画出的虎之形,即为虎之名。这与牛、马之名产生于牛、马之形是一样的。篆书中虎、牛、马三字分别写成🐅、🐂、🐎,可说是最简明的动物肖像画。因为名从形来,逐渐出现了"形名"一词。谭戒甫说:"因为凡物必有形,再由形给它一个名,就叫'形名'。"又说:"'形'即是物的标帜,'名'即是形的表达;物有此形,即有此名。"[12]1 这表明,古人在辨认万物并给以命名时,特别重视万物的外部特征,视其为本质属性。庄子说:"万物皆种也,以不同形相禅。"(《寓言》)赫胥黎说:"生生者各肖其所生。"这是因为物形内含有物种的不同遗传信息。尹文说"牛则物之定形",公孙龙说"马者,所以命形也",认为牛、马之名来源于牛、马之形。伍非百在论述《墨经》"命之马,类也"时说:"命之马者,以其同形状而名之。"可见,同类必同形,同形必同名。反之,殊类必殊形,殊形必殊名。因此,形和名是密不可分的:名出于形,名可代形,名即是形。在孙武的兵法中,形和名成了可以相互替代的一种治军御敌手段。

(二) 名、指关系:名可代指

《墨经·经说上》说:"或以名示人,或以实示人。举友富商也,是以名示人;指是霍(鹤)也,是以实示人也。"这是说,人们交流思想有两种方式,一是用"名"举实,二是用手"指"实。用"名"举实是在物名产生以后,是一种比较间接、比较文明的交流方式,时空限制小;用手"指"实只限于眼前事物,是一种相对直接、相对原始的交流方式。《指物论》认为:"天下无指,生于物之各有名,不为指也。"这是说,之所以天下无指,是因为天下万物已各有名称;既然有了名称,何必再用手去"指"呢?这也就是说,天下本来是有"指"无"名"的,现在变为有"名"无"指"了。显然,这里的"指"是动词,是以手指物之"指"。这表明:先有"指",后有"名";"名"是对"指"的替代。从"指实示人"到"举名示人",实在是先民们在生产、生活的实践中被倒逼出来的。这可从"名"这一字的产生窥探其端倪。《说文》:"名,自命也。从口从夕。夕者,冥也。冥不相见,故以口自命。"这是说,白天,人们可以指着实物示人;到了夜晚,所示之物变得模糊不清,甚至看不见,人们只好给它起个名呼叫之,以名示人了。这就是荀子在《正名篇》中所说的"制名以指实"。随着名越来越多,人们"声出口,俱有名"(《墨经·经说上》),人类开始走向文明。至此,人类社会完成了"名"对"指"的替代,"无名"世界变成了"有名"世界。但公孙龙似乎仍沉湎于过去的"无名"世界,企图返璞归真,故意以"指"代"名",而要说"物莫非指"了。但此"指"非彼"指":"指是霍也"中的"指"表示动作,"物莫非指"中的"指"表示共相,词性、词义都发生了实质性变化。《尔雅·释言》:"指,示也。"邢《疏》:"示,谓呈现于人也。""指"字的字义已从手部指示动作变为物象的自我显示。因此,"物莫非指"是说万物莫不呈现出各种不同的形状;"物莫非指"犹"物莫非形"。而"名"出于"形","物莫非形"可解读为"物莫非名","物—指—名"的命名模式其实是"物—形—名"的变相形式。公孙龙所说的"物之各有名",在"物"和"名"之间,是跳不过"形"或"指"这个中间环节或中介作用的,句意与吕思勉所说的"形万殊也,则各为之名"相当。这里的"形"和"指"都表现为共相,"名"则是它们的语言表达形式。

(三) 指、形关系:指即是形

首先,万物皆有形,有形便可指;可指必是物,物如其所指。从"指"到"形"有一个机制转换问题。当人们顺着手指的方向注视前方某一物时,被指的物形被反射回来,映入人们的眼帘,这物形便是被指的东西,就是"所指"。"指"(动词)的东西成了"所指"(相当于名词),这犹如"画"(动词)的东西成了"画"(名词)一样。故"所指"便是"形"。"物莫非指"其实是"物莫非如所指"的紧缩语,与"物莫非形"等值。由于"指"即是"形",故"指物论"也可说成"形物论",是专门论述"形"(共相)与"物"(主要指"一般物",也包括"个别物")的关系的。"指"即是"形",是解读《指物论》、打开《指物论》之门的一把钥匙。

其次,作为共相的"指"必然是"形"(形状)。上文说过,公孙龙在对坚白石和白马等个体的分析中,洞察出个别与一般的差异,提出了"坚白石离"和"白马非马"等著名命题,并且采用剥离"繁辞"(坚、白)的方法,发现了"独而正"的共相(石形、马形),并以"指"名之。在这里,形、指和共相是等值的(冯友兰认定"指"是共相,惜其未与"形"挂钩)。《指物论》实为关于个别与一般关系的一篇专论。文中公孙龙所讲的"指"的几个特点,无不与"形"有关:一是"天下无指,物无可以谓物"。坚、白等色性若没有石形、马形等"定形"之物作载体,天下就没有坚白石、白马了。二是"指也者,天下之所无"。单纯的不含色性的石形、马形,即所谓"石自体""马自体",确是天下所无的。三是"天下无指,生于物之各有名,不为指也"。"名"可代"指";而"名"本是"形","名"从"形"来。四是"且夫指固自为非指"。石形、马形等共相以坚白石、白马等"非指"显示出它们的存在。故公孙龙笔下的"指",实在是"形"的别称。

再次,我们还可从庄子批评公孙龙的一段话中知道"指"即是"形"。庄子说:"以指喻指之非指,不若以非指喻指之非指;以马喻马之非马,不若以非马喻马之非马。天地一指也,万物一马也。"(《齐物论》)原文指、马对举,作用相同。郭沫若认为,这里的指、马"只是一个符号"(《十批判书》)。这是有道理的。那么是个什么符号呢?庄子说"天地,形之大者也"(《则阳篇》),尹文说"牛"是物之"定形",公孙龙说"马"是"命形"的。看来,这个符号就是"形":天地是大形,万物是一个个小形。在庄子看来,所有天地万物,都是没有什么本质区别的,只有形状大小的不同。但"形"有虚实之分,形体不同于形状。因此公孙龙在讲"物莫非指"的同时,强调了"指(物指)非指",即个别不同于一般。"指非指"可以看作是"白马非马"的公式化表述(见图1)。

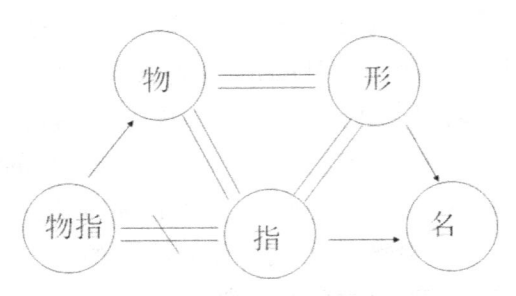

图 1　物、物指、指、形、名关系示意图

上图是物、物指、指、形、名五者关系示意图,基本上由左、中、右 3 个三角形组成。左:物(一般物)是指(共相),物指(个别物)不等于指(共相),物(一般物)是物指(个别物)的抽象。中:"物莫非指"犹"物莫非形",形和指是等值的。右:物(一般物)—形(形状)—名是一般命名模式,物(一般物)—指(共相)—名是变相命名模式;名是形和指的语言表达形式。

与上文有关,附带要提及的是"形名"与"刑名"问题。一般辞书和论著中,都认为"形名"等同于"刑名"。清代东吴人王鸣盛虽持此说,但他强调:"刑非刑罚之刑,与形同,古人通用,刑名犹言名实。"①裘锡圭在研究马王堆《老子》甲乙卷本前后佚书时指出:"其实'形名'指事物的本形及其名称,跟刑法根本无关。"[13]72 战国末至秦汉间,以商鞅、韩非为代表的法家思想占主导地位,刑名法术思想盛极一时,遂以"刑"代"形","刑"与"形"通用,"形名"和"刑名"从此混淆不清了。其实,刑名法术思想与"以形务名"的形名思想无涉,与"循名责实"的正名思想也有本质上的区别。"刑名"一词,常见于汉人笔下,马王堆是西汉墓,帛书将"形名"写成"刑名",也就不奇怪了。在法家思想集大成者韩非的文章里,"形名"变为"事名",与"名实"同义(以事为实,以言为名)。如《二柄篇》:"形名者,言与事也。"《主道篇》:"有言者自为名,有事者自为形。"伍非百认为:"以形名之原则,用之于刑当其名,则变为刑名。此后世'刑名'二字之所来。"[8]770 这一说法基本符合历史事实。因此,将"形名"与"刑名"等同起来是不妥的。

"形名"一词,最早见于《孙子·势篇》:"斗众如斗寡,形名是也。"曹操注:"旌旗曰形,金鼓曰名。"即所谓"言不相闻故为鼓铎,视不相见故为旌旗"。"形名"在这里是号令三军的一种治军御敌手段:举旗或击鼓,则进军;偃旗或鸣金,则收兵。形、名虽异,但其传递信息的功能是一样的,可以替代使用。其后的孙膑兵法,认为"形定则有名",在形名关系上,认定"名"产生于具体事物形态。[14]102

《庄子·天道篇》中说:"形名者,古已有之,而非所以为先也。"虽然古逸书上已有"形名"一词的记载,但最早恐不会早于《孙子》。因为庄子文章的内容,从明大道、明道德、明仁义、明分守、明形名、明因任、明原省,直到明赏罚,上承老子的道家思想,兼收孔子的儒家思想,归结于明赏罚的法家思想,可以看作是一种道家思想向法家思想发展的过渡形态,而孙武差不多与老、孔子同时代稍晚之人。裘锡圭把稷下学派的田骈、宋钘、尹文等人称作道法家,而道法家都是讲形名的。[13]72 因此庄子见到的古逸书其实并不很古,很可能出自哪位道法家之手。冯友兰将这里的形名二字解读为"某人者,形也;某职者,名也"[7]404,可备一说。

归纳起来,我们把"形名"一词的发展演变粗略地分为三个阶段。大致战国前为"物名阶段",战国时为"事名阶段",战国后为"刑名阶段"。物名阶段"以形务名",是文明社会之缘起;事名阶段"循名责实",是正名主义的产物。而刑当其名之"刑名",与原先之"形名"已大异其趣,几乎风马牛不相及。

通过以上分析,我们知道公孙龙对名实论、治乱论均有独到见解。尤其是他在洞察个别与一般差异的基础上,对个别与一般的关系作了详尽的分析。他采用剥离法,发现了"独而正"的共相(形状),与苏格拉底采用归纳法发现"一般定义"即共相具有同等重要意义。他深受儒家思想的影响,求治反乱,欲以正名实而化天下,积极参与了一些社会政治活动。他不仅是当时颇有影响的思想家,也是当时知名的政治家。但由于公孙龙采用当时辩者们常用的苛察缴绕、正言若反的表达方法,他的真知灼见不为常人所理解,学术界多半以唯心主义诡辩家目之,成为批判对象。谭戒甫将公孙龙所行事,与苏秦、张仪各持诡辩、玩弄人主、以要厚利高爵相比,认为"其正邪高下,殆犹天壤之差",并叹曰:"呜呼!龙诚才智之君子也,孰谓诡辩之雄者乎?其妄膺不美之名而为后世所诟病,盖亦冤之甚矣。"[12]155 其评说不为过也。钱穆则称公孙龙为"贤人""君子",赞扬他"恂工退让,不溺仕宦"。[15]149 冯友兰也曾为惠施、公孙龙说了句公道话:"他们在某些问题也带有一些诡辩的倾向,但不能归之于诡辩流派。"[2]111 我们怀着崇敬的心情研读《公孙龙子》并写成此文,冀望学术界给公孙龙其人其思想以应有的历史地位。这也是一个对传统文化能否予以客观评价并给以发扬光大的问题。

参考文献

[1] 侯外庐,赵纪彬,杜国庠.中国思想通史:第一卷[M].北京:人民出版社,1957.

[2] 庞朴.公孙龙子研究[M].北京:中华书局,1979.

[3] 蔡尚思.论公孙龙的违反辩证法:与冯友兰先生论"白马非马"[J].哲学研究,1981(7):36-37,45.

[4] 温公颐.先秦逻辑史[M].上海:上海人民出版社,1983.

[5] 罗素. 西方哲学史：上卷[M]. 北京：商务印书馆，1991.

[6] 北京大学哲学系外国哲学史教研室. 西方哲学原著选读：上卷[M]. 北京：商务印书馆，1981.

[7] 冯友兰. 中国哲学史：上册[M]. 北京：中华书局，1961.

[8] 伍非百. 中国古名家言：上册[M]. 北京：中国社会科学出版社，1981.

[9] 周文英. 中国逻辑思想史稿[M]. 北京：人民出版社，1979.

[10] 陈宪猷. 公孙龙子求真[M]. 北京：中华书局，1990.

[11] 詹剑峰. 墨子的形式逻辑[M]. 武汉：湖北人民出版社，1979.

[12] 谭戒甫. 公孙龙子形名发微[M]. 武汉：武汉大学出版社，2006.

[13] 裘锡圭. 马王堆《老子》甲乙卷本前后佚书与"道法家"[M]//中国哲学编辑部. 中国哲学：第二辑. 北京：生活·读书·新知三联书店，1980.

[14] 何兆武，步近智，唐宇元，等. 中国思想发展史[M]. 北京：中国青年出版社，1980.

[15] 钱穆. 惠施公孙龙[M]//《教学研究》编辑部. 中国哲学史文集. 长春：吉林人民出版社，1979.

原载《邯郸学院学报》2014 年第 1 期

【秦汉赵文化研究】

秦汉之际的赵国

赵国华

秦汉之际,从秦朝灭亡到汉朝重建,在以邯郸、信都为中心的赵地,先后出现了四个赵国:武氏、赵氏、张氏和刘氏赵国。这些赵国的兴亡过程,作为这段历史的一个缩影,一方面突显出历史的偶然性,一方面体现着历史的必然性。透过秦汉之际的社会背景,考察这些赵国的兴亡过程,对于认识这段历史的政治演变及其特点,具有一定的学术意义。

一

先说武氏赵国。

武臣是陈县人,早年与陈胜有交往,为陈胜所称许。秦二世皇帝元年(前209年)七月,陈胜在陈县称王之后,一面任命吴广为假王,与周文统领大军西征;一面任命武臣为将军,邵骚为护军,张耳、陈馀为左、右校尉,拨给士卒三千人,向北攻略赵地。①武臣率部渡过黄河,进入赵地,前往诸县鼓动豪杰,"因天下之力而攻无道之君,报父兄之怨而成割地有土之业"②,得到各地豪杰响应,沿途收编士卒,扩充军队至数万人。这是陈胜起义之后反秦斗争在赵地迅猛发展的结果。

借着胜利进军的势头,武臣自号为武信君,接连攻取赵地十余城,但剩余诸县坚守不降。武臣引兵进攻范阳,经过范阳人蒯彻的斡旋,以封侯为条件换取范阳县

[作者简介] 赵国华(1963—　),男,河南南阳人,华中师范大学历史文化学院教授。

① 陈胜"北略赵地"之计,出自陈馀。据《史记·张耳陈馀列传》,陈胜自立为王,派兵西征之后,陈馀进劝陈胜说:"大王举梁、楚而西,务在入关,未及收河北也。臣尝游赵,知其豪杰及地形,愿请奇兵北略赵地。"依此计的本意,"北略赵地"属于"用奇",主要目的在于配合西征。

② 《史记》卷八十九《张耳陈馀列传》,以下引此传,省注。

令归附,轻易地占领了范阳。赵地诸县长吏听说此事,相继归附者有三十余城,武臣随即进驻邯郸。张耳、陈馀听说西征军战败撤退,"又闻诸将为陈王徇地,多以谗毁得罪诛,怨陈王不用其策,不以为将而以为校尉",因而进劝武臣称王。八月,武臣自立为赵王,任命陈馀为大将军,张耳为右丞相,邵骚为左丞相,并派人报告陈胜。陈胜得到报告,非常恼怒,要先诛灭武臣、张耳、陈余诸家,然后发兵夺取赵地。但经过柱国蔡赐的劝说,陈胜改变主意,把武臣、张耳、陈余诸家属移居宫中,封张耳之子张敖为成都君,并派使者来到邯郸,祝贺武臣为赵王,催促武臣尽快发兵,向西进入函谷关,以期攻取咸阳。

然而,陈胜、蔡赐的做法,只是一厢情愿。张耳、陈馀看透他们的用心,不愿听命于陈胜,就进劝武臣说:

> 王王赵,非楚意,特以计贺王。楚已灭秦,必加兵于赵。愿王毋西兵,北徇燕代,南收河内以自广。赵南据大河,北有燕代,楚虽胜秦,必不敢制赵。

张耳、陈馀对时势的判断,颇具纵横家的眼光。赵国只有"南据大河,北有燕代",才能成为一方诸侯。所以,武臣听从张耳、陈馀的计谋,不理睬陈胜的要求,没有向西进军,而是分派部将韩广攻略燕地,李良攻略常山,张黡攻略上党,全力地向外拓展。

对武氏赵国而言,这样全力地向外拓展,是巩固政权的必然选择。然而,处于乱世的君臣关系,因为缺乏互信而往往靠不住。正如武臣称王那样,韩广领兵进入燕地之后,也被燕地豪杰拥立为燕王。面对这一变故,武臣亦如先前陈胜那样,根本无法加以挽回,尽管韩广的家属留在邯郸,也只能把他们送到燕国。

在赵燕关系缓和之后,又发生了一件戏剧般的事情。武臣和张耳、陈馀攻略土地到燕国边境,武臣独自外出时被燕军俘虏。燕将把武臣囚禁起来,想要挟赵国割让土地。张耳、陈馀派使者前去交涉,都被燕将杀死。在这紧急关头,张耳、陈馀又派一位伙夫赶到燕军营地,①见着燕将问道:"君知张耳、陈馀何如人也?"燕将回答:"贤人也。"又问:"知其志何欲?"燕将回答:"欲得其王耳。"这位伙夫心中有数,随即加以否定,并笑着辩解说:

> 夫武臣、张耳、陈馀,杖马箠下赵数十城,此亦各欲南面而王,岂欲为将相终已耶?夫臣与主岂可同日而道哉,顾其势初定,未敢三分而王,且以少长先

---

① 关于此事,《张耳陈馀列传》称:"有厮养卒谢其舍中曰:'吾为公说燕,与赵王载归。'舍中皆笑曰:'使者往十余辈,辄死,若何以能得王?'乃走燕壁。"这位伙夫前往燕军营地,似是个人行为。然据《新序·善谋》,这位伙夫在与同舍人谈话之后,"乃洗沐往见张耳、陈余,遣行见燕王"。这位伙夫是受张耳、陈馀派遣,去见燕王韩广,并且与韩广谈判,而不是去见燕将,抑或"燕将"即指燕王韩广。

> 立武臣为王，以持赵心。今赵地已服，此两人亦欲分赵而王，时未可耳。今君乃囚赵王，此两人名为求赵王，实欲燕杀之，此两人分赵自立。夫以一赵尚易燕，况以两贤王左提右挈，而责杀王之罪，灭燕易矣。

瞧这伙夫的辩说，从赵国的现状说到张耳、陈馀的政治抱负，再从武臣的处境说到燕国的潜在危险，巧妙地说服燕将。燕将同意释放武臣，由这伙夫护送回国。经过这次斡旋，赵燕关系再度缓和，赵国局势转趋稳定。

秦二世皇帝二年（前208年）十一月，在秦将章邯反攻下，吴广西征彻底失败。秦朝廷调派先前驻守西北长城沿线的军队东进，准备荡平赵地。赵将李良平定常山，又被武臣派去攻略太原。李良引兵进抵石邑，因秦军在井陉设防，无法继续前进。秦将谎称二世派人送信，劝李良投诚。李良得到此信，不信其所言，遂撤兵回邯郸，请求增派兵力。但就在回师途中，偶发一件小事，竟使李良改变主意，反过来袭杀武臣。

> 道逢赵王姊出饮，从百余骑。李良望见，以为王，伏谒道旁。王姊醉，不知其将，使骑谢李良。李良素贵，起，惭其从官。从官有一人曰："天下畔秦，能者先立。且赵王素出将军下，今女儿乃不为将军下车，请追杀之。"李良已得秦书，固欲反赵，未决，因此怒，遣人追杀王姊道中，乃遂将其兵袭邯郸。邯郸不知，竟杀武臣、邵骚。

李良杀害武臣的姐姐，起因于武臣的姐姐醉酒失礼，却表明李良的心胸狭隘。特别是李良一不做二不休，既杀害武臣的姐姐，又继续对武臣下手，撕破了原先的君臣关系。在这次袭击行动中，因为邯郸守兵没有察觉，李良顺利地达到目的，杀掉了武臣和邵骚。

随着武臣的遇害，武氏赵国戛然而止。这仅三个月的历史证明，当秦朝崩溃之际，在群雄竞逐的氛围里，谁拥有一定的武力，谁就能割据一方而称王称霸。但是，仅凭一定的武力，缺乏必要的社会基础和政治智慧，谁也无法维系统治。所以，武氏赵国与其他诸侯王一样，都坠入勃兴倏亡的泥淖。

二

次论赵氏赵国。

当李良袭击邯郸时，张耳、陈馀得到消息，成功地躲过一劫。他们收集逃散的士卒，得到数万人，又很快站稳了脚跟。这时的赵国面临着一个新问题：谁来继任赵王呢？这个问题的解决办法，出自张耳的一位宾客。

> 客有说张耳曰:"两君羁旅,而欲附赵,难;独立赵后,扶以义,可就功。"乃求得赵歇,立为王,居信都。①

这位宾客劝说张耳的理由,一方面说张耳、陈馀是外地人,难以得到赵人的归附;一方面说拥立赵王的后裔,再以道义相辅佐,就能够成就功业。从当时的情形看,这个建议符合客观要求,所以能被张耳、陈馀采纳。至于赵歇,应当出自赵国王室,②然与历代赵王的关系如何,因为缺乏相关史料,已无从考证。

秦二世皇帝二年(前208年)正月,张耳、陈馀立赵歇为赵王,重建赵国,暂居信都③。此后数月之间,陈馀引兵击败李良,李良投奔了章邯。章邯率军攻入楚地,全力与项梁交战,赵地相对平静。八月,章邯在定陶击破楚军,斩杀了项梁。闰九月,秦长城军到达赵国,与章邯的部队会合,进而展开了巨鹿之战。

> 章邯已破项梁,以为楚地兵不足忧,乃渡河,北击赵,大破之。引兵至邯郸,皆徙其民河内,夷其城郭。张耳与赵王歇走入巨鹿城,王离围之。陈馀北收常山兵,得数万人,军巨鹿北。章邯军巨鹿南棘原。赵数请救于楚④。

这段史料系糅合《项羽本纪》《张耳陈馀列传》而成,其中须注意的是,章邯率军攻下邯郸之后,不但把邯郸居民全部迁移到河内,还把邯郸城郭悉数堕毁,使这座战国以来的大都会遭到空前严重的破坏。据推理,陈馀赶走李良之后,张耳、赵歇进驻邯郸,而此时逃入巨鹿城,被秦长城军围困。

秦二世皇帝三年十二月,项羽率军援救巨鹿,"至则围王离,与秦军遇,九战,绝其甬道,大破之,杀苏角,虏王离"⑤,彻底歼灭了秦长城军。而经过此战,项羽树立了个人权威,一跃成为诸侯上将军,各路诸侯全都归附。赵歇、张耳走出巨鹿城,向各路诸侯致谢,继而返回信都。

汉高帝元年(前206年)二月,项羽分封诸侯王,改封赵歇为代王,移都代县;封张耳为常山王,统辖赵地,建都信都(改称襄国)。此前"从楚救赵"有功者,都被封王,如燕将臧荼为燕王,齐将田都为齐王。至于陈馀,因未随从项羽入关,就没有封王,仅得封侯,领有三县之地。四月,各诸侯王回到封国。那些未被封王者,如田

---

① 《资治通鉴》卷八《秦纪三》记述此事,称:"客有说耳、馀曰:'两君羁旅,而欲附赵,难;可独立,立赵后,辅以谊,可就功。'"这位宾客非独劝说张耳,而是劝说张耳、陈馀两人。按:这段记述显系改编,或因宾客称"两君",即臆补陈馀,未必确切,故仍从《张耳陈馀列传》。
② 《张耳陈馀列传》裴骃按:张晏曰"赵之苗裔"。
③ 邯郸城被章邯堕毁后,信都代之成为赵、常山国都城。参见孙继民、郝良真:《先秦两汉赵文化研究》第三编《秦汉之际赵都考略》,北京:方志出版社,2003年,第182—192页。
④ 《资治通鉴》卷八《秦纪三》。
⑤ 《史记》卷七《项羽本纪》。

荣、陈馀之流,抱怨分封不公,公然反对项羽。七月,田荣夺取齐地,自立为齐王。陈馀暗中派人游说田荣,称:"项羽为天下宰,不平。今尽王故王于丑地,而王其群臣诸将善地,逐其故主,赵王乃北居代,馀以为不可。闻大王起兵,且不听不义,愿大王资馀兵,请以击常山,以复赵王,请以国为扞蔽。"①田荣为在赵地培植势力以对抗项羽,决定派兵支持陈馀。

汉高帝二年十月,陈馀发兵与齐军会合,一举攻破襄国。张耳战败逃走,因以往与汉王刘邦有交情,就投奔了刘邦。这样一来,赵地就落入了陈馀之手。

> 陈馀已败张耳,皆收复赵地,迎赵王于代,复为赵王。赵王德陈馀,立以为代王。陈馀为赵王弱,国初定,不之国,留傅赵王,而使夏说以相国守代。

赵歇再度为赵王,重返信都,全凭陈馀一手操持。张耳投奔刘邦之后,颇受刘邦重用。三月,刘邦率军进入洛阳,分派使者游说各诸侯王,共同讨伐项羽。陈馀接见汉使,要求刘邦杀掉张耳。刘邦杀掉一个与张耳很相像的人,把头颅送给陈馀。陈馀就派兵支援刘邦,参与了彭城之战。但经过此战,刘邦被项羽击破,各诸侯王都又归附项羽,陈馀"复觉张耳不死",也背弃了刘邦。

八月,在韩信平定魏地之后,刘邦派张耳与韩信一道,率军向东挺进,攻略赵代之地。九月,韩信、张耳击破代军,俘虏了代相夏说。翌年十月,赵歇、陈馀集结赵军于井陉口,以抵挡汉军。但经过一场激战,汉军大破赵军,在泜水边斩杀了陈馀,继而追击到襄国,又斩杀了赵歇。②

赵歇两度做赵王,其间为代王,前后三年多时间,③虽然得到项羽的认可和陈馀等人的辅佐,仍不能摆脱勃兴倏亡的命运。这段历史再度表明,当秦统一国家崩溃之后,谁都无法凭借分封制度重建六国体制。这一历史的必然性打破了项羽、陈馀等人的政治诉求,使六国贵族的复国活动带有昙花一现的特性。

三

再看张氏赵国。

张耳是魏国大梁人,早年做过信陵君的门客,曾任魏国外黄县令,与陈馀"相与为刎颈交"。秦始皇帝二十二年(前225年),秦军攻破大梁,张耳居住在外黄,刘邦

---

① 《史记》卷七《项羽本纪》。
② 关于赵歇之死,《史记·高祖本纪》称"张耳与韩信遂东下井陉击赵,斩陈馀、赵王歇";《张耳陈馀列传》称"追杀赵王歇襄国",《淮阴侯列传》称井陉之战时"禽赵王歇",此三说各不同,待考证。
③ 赵歇两度为赵王,前一次从秦二世二年正月至汉王元年二月,有两年;中间为代王八个月;后一次从汉王二年十月至三年十月,仅有一年。

"尝数从张耳游,客数月",与张耳交情颇深。后因遭受秦朝通缉,张耳和陈馀逃到陈县。秦二世皇帝元年(前209年)七月,陈胜占据陈县,张耳、陈馀来见陈胜,得到陈胜的信任。当地豪杰拥立陈胜为楚王,陈胜征求张耳、陈馀的意见,他们回答说:

> 夫秦为无道,破人国家,灭人社稷,绝人后世,罢百姓之力,尽百姓之财。将军瞋目张胆,出万死不顾一生之计,为天下除残也。今始至陈而王之,示天下私。愿将军毋王,急引兵而西,遣人立六国后,自为树党,为秦益敌也。敌多则力分,与众则兵强。如此野无交兵,县无守城,诛暴秦,据咸阳以令诸侯。诸侯亡而得立,以德服之,如此则帝业成矣。

依此可知,张耳、陈馀参与反秦斗争,不啻是想恢复六国,更是为了重建帝业。他们劝陈胜"立六国后",主要是为了扩张优势,即为自己树立党羽,分散秦国的兵力,以利于同秦军作战,这属于战术的层次。而从战略上说,他们要求陈胜率军西进,迅速占领咸阳,以便号令诸侯,最终成就帝业。张耳、陈馀不赞成陈胜在陈县称王,并告诫陈胜说:"今独王陈,恐天下懈也。"但陈胜没听进去,当即自立为王,号称"张楚"。

如前述,武臣北略赵地之际,张耳、陈馀担任左、右校尉。等到攻取邯郸,张耳、陈馀怨恨陈胜"不用其策,不以为将而以为校尉",拥立武臣为赵王。后武臣被杀害,张耳、陈馀又立赵歇为赵王。在这段时间内,张耳、陈馀两人亲密无间,共同辅佐武臣和赵歇,在一定程度上影响着赵国的局势。

然而,当赵国处于危急关头时,张耳和陈馀竟分道扬镳。秦二世皇帝三年十二月,秦长城军围攻巨鹿,"巨鹿城中食尽兵少,张耳数使人召前陈馀。陈馀自度兵少,不敌秦,不敢前"。张耳闻讯大怒,又派张黡、陈泽前去责备陈馀,要挟陈馀引兵出战。陈馀无奈分出五千人,拨给张黡、陈泽攻打秦军,结果全军覆没。等到巨鹿之战后,张耳与陈馀相见,责备陈馀不出兵相救,又怀疑是陈馀杀害了张黡、陈泽,屡次追问陈馀。陈馀非常愤怒,解下印绶交给张耳,随后带领亲信数百人,离开了巨鹿城。

汉高帝元年(前206年)二月,张耳因追随项羽入关,被封为常山王,到汉王二年十月,张耳被陈馀赶出襄国,前后仅八个月时间。这说明反秦斗争胜利之后,赵地的政权竞逐仍很激烈。直到汉高帝三年十月,韩信、张耳击破赵军,斩杀陈馀之后,一面采纳广武君李左车的建议,派人游说燕王臧荼,燕王臧荼闻风而从;一面派人报告刘邦,请求封张耳为赵王,以便镇抚赵地,得到刘邦应允。① 张耳、韩信趁势

---

① 按:刘邦接受韩信的请求,封张耳为赵王,正值在荥阳、成皋一带与项羽作战,或只是口头应允,并未颁授印绶。

攻取诸县,迅速平定了赵地。

从当时的情形看,刘邦根据韩信的请求,分封张耳为赵王,是因为张耳本为常山王,原先掌控过赵地,并深得刘邦的信任。而在此时,刘邦正在荥阳、成皋与项羽对峙,因为作战不利,先从荥阳逃到成皋,再从成皋逃到修武,以致突入韩信、张耳的军营,上演了临阵夺兵的一幕。

> 六月,汉王出成皋,东渡河,独与滕公俱,从张耳军修武。至,宿传舍。晨自称汉使,驰入赵壁。张耳、韩信未起,即其卧内上夺其印符,以麾召诸将,易置之。信、耳起,乃知汉王来,大惊。汉王夺两人军,即令张耳备守赵地,拜韩信为相国,收赵兵未发者击齐。①

刘邦临阵夺兵之后,当即命令张耳留守赵地,而以韩信为赵相国,在赵地征集兵员,重新组建部队,用以攻略齐地。由此可知,刘邦分封始于张耳,张耳是刘邦最早分封的诸侯王。

汉高帝四年十一月,在韩信平定齐地之后,刘邦正式立张耳为赵王,以邯郸为都城。张耳为赵王,未足一年而去世。② 其子张敖前娶刘邦之长女鲁元公主,得以继任赵王,鲁元公主为赵王后。五年二月,刘邦在定陶称帝,改封齐王韩信为楚王,衡山王吴芮为长沙王,封彭越为梁王,韩王信为韩王,"淮南王布、燕王臧荼、赵王敖皆如故"③六年十二月,刘邦贬韩信为淮阴侯之后,"惩秦孤立而亡,欲大封同姓以填抚天下"④,张敖亦未受到影响。这都说明张耳、张敖父子与刘邦有着密切的关系,实非其他异姓王可比拟。

汉高帝七年十一月,刘邦亲征匈奴,在白登脱围之后,返回平城,留下樊哙平定代地,而后继续南行。十二月,刘邦到达邯郸,在与张敖相会时有一些失礼行为,竟激怒张敖属下一批官员,改变着赵国的命运。

> 高祖从平城过赵,赵王朝夕袒韝蔽,自上食,礼甚卑,有子婿礼。高祖箕踞詈,甚慢易之。赵相贯高、赵午等年六十余,故张耳客也,生平为气,乃怒曰:"吾王孱王也!"说王曰:"夫天下豪杰并起,能者先立。今王事高祖甚恭,而高祖无礼,请为王杀之!"张敖啮其指出血,曰:"君何言之误!且先人亡国,赖高祖得复国,德流子孙,秋毫皆高祖力也。愿君无复出口。"贯高、赵午等十余人

---

① 《史记》卷九十二《淮阴侯列传》。
② 张耳去世时间,本传在五年,《汉兴以来诸侯王年表》司马贞注在四年。按:刘邦称帝之后,分封诸侯王,而张敖已继任赵王,则张耳之死,应在汉高帝五年二月以前,兹从本传。
③ 《史记》卷八《高祖本纪》。
④ 《资治通鉴》卷十一《汉纪三》。

皆相谓曰:"乃吾等非也。吾王长者,不倍德。且吾等义不辱,今怨高祖辱我王,故欲杀之,何乃污王为乎?令事成归王,事败独身坐耳。"

贯高、赵午等人称得上忠直之臣,眼见其主受辱,就要奋起报复。他们不但有想法,还很快行动起来。汉高帝八年(前199年)冬,刘邦率军征讨韩王信,经过赵国柏人城。贯高派人潜伏下来,伺机行刺刘邦。刘邦本想在城中留宿,忽然心动不安,得知该城称"柏人",就未留宿而去。这本是一次秘密行动,但不知什么缘故,竟让贯高的仇家知晓。

汉高帝九年十二月,刘邦在洛阳,得到贯高仇家的举报,当即下诏逮捕张敖、贯高、赵午等人,押往长安审讯。赵午等人自杀,"贯高与客孟舒等十余人,皆自髡钳,为王家奴",跟随张敖到长安。这个案件特别重大,要由廷尉负责审理,还由于张敖的特殊身份,直接触动了刘邦和吕后。

贯高至,对狱曰:"独吾属为之,王实不知。"吏治榜笞数千,刺剟,身无可击者,终不复言。吕后数言张王以鲁元公主故,不宜有此。上怒曰:"使张敖据天下,岂少而女乎!"不听。

这里,吕后相信张敖不会谋反,是依据亲情作出的判断,而刘邦认为张敖有可能谋反,则是出自权力斗争的怀疑。因为贯高在审讯中的特殊表现,刘邦听过主审廷尉的汇报,竟称赞贯高为"壮士",并派中大夫泄公凭借同乡的关系,持节入狱探望贯高,弄清贯高行刺的真相。正月,刘邦下令赦免张敖,贬为宣平侯,改封代王刘如意为赵王。

伴随汉朝的建立和巩固,张氏赵国存在了六年多时间,在汉初异姓王中是一个特例,主要缘自张耳、张敖与刘邦的特殊关系。贯高行刺案件的发生,只是张敖被废黜的直接原因。司马光就此评论说:"高祖骄以失臣,贯高狠以亡君。使贯高谋逆者,高祖之过也;使张敖亡国者,贯高之罪也。"①这前半句言之有理,而后半句失之肤浅。照理说,在汉初强化君主专制,巩固中央集权的过程中,异姓王成为一种潜在威胁。因此,消除异姓王带有一定的必然性,张敖虽贵为刘邦的驸马,也无法摆脱被废黜的厄运。

四

末谈刘氏赵国。

---

① 《资治通鉴》卷九《汉纪一》。

刘如意是刘邦第三子,为戚姬所生,生于汉高帝二年。戚姬能歌善舞,在楚汉战争时常随从刘邦,颇得刘邦宠爱。汉高帝七年十二月,匈奴攻掠代地,代王刘喜弃国而逃,回到洛阳,被刘邦废黜,而改立刘如意为代王。九年正月,赵王张敖被废黜之后,刘如意改封为赵王。从此时到刘邦去世,刘如意的政治命运因为刘邦的个人情感,经历过较大的波动。十年七月,刘邦想废黜太子刘盈,改立刘如意。

> 太子为人仁弱,高祖以为不类己,常欲废之而立如意,"如意类我"。戚姬常从上之关东,日夜啼泣,欲立其子。吕后年长,常留守,希见,益疏。如意且立为赵王,留长安,幾代太子者数。①

从这件事情来看,刘邦要废立太子的原因,主要是基于自我感觉,认为刘盈仁弱而"如意类我",但因为得不到大臣们赞同,也就没有固执己见,改立刘如意为太子。不过,刘邦从后妃之争考虑,担心身后刘如意难以保全,又接受符玺御史赵尧的建议,任命周昌为赵相,负责处理赵国事务。赵国尽管有刘如意为王,实际上处于虚君状态。

周昌担任赵相期间,赵代之地仍不平静,甚至发生陈豨之乱。早在汉高帝七年十一月,刘邦从平城返回时,任命陈豨为赵相,统领赵代边兵。等到周昌出任赵相,陈豨则改任代相,辅佐代王刘恒。然而,陈豨怀有政治野心,当其势力膨胀之后,就勾结韩王信,公然反叛汉朝廷。

> 豨常告归过赵,赵相国周昌见豨宾客随之者千余乘,邯郸官舍皆满。豨所以待宾客布衣交,皆出客下。豨还之代,周昌乃求入见。见上,具言豨宾客盛甚,擅兵于外数岁,恐有变。上乃令人覆案豨客居代者财物诸不法事,多连引豨。豨恐,阴令客通使王黄、曼丘臣所。及高祖十年七月,太上皇崩,使人召豨,豨称病甚。九月,遂与王黄等反,自立为代王,劫略赵、代。②

陈豨之乱发生在代地,却严重地危害到赵国。为了平息陈豨之乱,刘邦亲自坐镇邯郸,指挥对陈豨作战。在了解到叛军部署之后,刘邦竟高兴地说:"豨不南据漳水,北守邯郸,知其无能为也。"③显然,就平定陈豨之乱而言,刘邦认为邯郸是一个重要的战略枢纽。经过一年多的作战,汉军不仅仅在邯郸击败叛军的进攻,另由太尉周勃率军从太原进入代地,到高帝十二年十月,彻底平定了代郡、雁门、云中等地,在当城将陈豨斩首,赵代之地得以稳定。

---

① 《汉书》卷九十七《外戚传》。
② 《史记》卷九十三《韩信卢绾列传》。
③ 《史记》卷九十三《韩信卢绾列传》。

在平定陈豨之乱时，淮南王黥布谋求自保，也起兵反叛朝廷。十一月，刘邦击破黥布，但在作战中负伤，回到长安之后，自知病情难愈，更想改换太子。

> 上从击破布军归，疾益甚，愈欲易太子。留侯谏，不听，因疾不视事。叔孙太傅称说引古今，以死争太子。上详许之，犹欲易之。及燕，置酒，太子侍。四人从太子，年皆八十有余，须眉皓白，衣冠甚伟。……竟不易太子者，留侯本招此四人之力也。①

据此可知，刘邦晚年一直想把刘如意立为太子，尽管张良、叔孙通都出来劝谏，仍未回心转意，但等看到"商山四皓"站在刘盈一边，才知道不宜更换太子。所以，司马迁记述此事，特别指出"竟不易太子者，留侯本招此四人之力也"；班固重述此事，也要强调"赖公卿大臣争之，及叔孙通谏，用留侯之策，得无易"②。这说明围绕废立太子之争是何等诡谲。

同年四月，刘邦去世。五月，太子刘盈继位，尊吕后为皇太后。吕后把戚姬囚禁起来，并派使者到邯郸，征召刘如意入宫，再加以谋害。赵相周昌深知吕后的用意，让刘如意称病拒召，不去京城长安。

> 使者三反，赵相周昌谓使者曰："高帝属臣赵王，赵王年少。窃闻太后怨戚夫人，欲召赵王并诛之，臣不敢遣王。王且亦病，不能奉诏。"吕后大怒，乃使人召赵相。赵相征至长安，乃使人复召赵王。王来，未到。孝惠帝慈仁，知太后怒，自迎赵王霸上，与入宫，自挟与赵王起居饮食。太后欲杀之，不得间。③

周昌称得上刚直之臣，却难以保住刘如意。吕后专心谋害刘如意，那也是防不胜防。汉惠帝元年（前194年）十二月，刘盈早起出去打猎，刘如意年幼不能同行，吕后派人趁机下手，强行把刘如意毒死。

刘如意做赵王四年，周昌主持赵国事务，对外应对陈豨之乱，对内应对吕后之难，可以说颇费心机。但在汉朝廷和后宫内，围绕废立太子之争，受嫡长子继承制的制约，"群臣心皆不附赵王"，刘邦终究无可奈何，刘如意竟死于非命。这说明在君主专制和中央集权的体制下，赵王和赵国作为汉朝的政治附庸，根本无法与朝廷抗衡。

---

① 《史记》卷五十五《留侯世家》。
② 《汉书》卷九十七《外戚传》。
③ 《史记》卷九《吕太后本纪》。

五

从秦二世皇帝二年（前208年）八月武臣称王起，到汉惠帝元年十二月刘如意遇害，只有短短十四年时间，在以邯郸、信都为中心的赵地发生了一系列波诡云谲的政治事件。这一系列政治事件反映出秦汉之际的历史特点，即在"秦失其鹿"的大背景下，从群雄竞逐到六国复兴，从分封异姓王到改立同姓王，重建君主专制和中央集权的帝国体制。

陈胜率先建立"张楚"政权，本意在领导反秦斗争，却未能操控局势；项梁拥立楚怀王，继续领导反秦斗争，也未能操控局势。这都是因为在"秦失其鹿"之后，必然会有一段时间处于政治无序状态。而在这种状态下，谁拥有一定的实力，谁就能割据一方，成为一方诸侯。武臣自立为赵王，就是趁着这一乱局，在赵地建立割据政权。其后，在重建天下秩序过程中，六国贵族逐渐占据上风，恢复六国体制一时竟成主流。赵歇被张耳、陈馀立为赵王，正是顺应这一主流要求。项羽分封诸侯之时，改封赵歇为代王，另立张耳为常山王，也不过是重新瓜分政治权力，再度确认六国体制。

然而，这时崛起的六国诸侯，拥有的地盘和武力有限，政治号召力也有限。在楚汉战争中，只能选择倒向一方，难以形成第三方势力。等到汉朝建立之后，刘邦再度分封功臣，出现新的地方政权。张耳、张敖父子相继为赵王，正是属于这种情形。接下来，为了巩固和维护帝国体制，刘邦决意铲除异姓王，代之以同姓王，以同姓王拱卫朝廷。刘如意被立为赵王，正是基于这一政治需要，但因涉及太子之争，最终成为牺牲品。

从地缘政治的角度来看，赵地有着特殊的战略地位，成为各种政治力量争夺的焦点。继刘如意遇害之后，这种权力斗争仍在继续上演。吕后为了扩大吕氏外戚的政治权利，"比杀三赵王，灭梁、赵、燕以王诸吕"[1]。所以在刘氏赵国之后，又出现过吕氏赵国。只是由于吕后的去世，吕氏外戚遭到清洗，吕氏赵国随之垮台。等到汉文帝即位之后，又分封刘遂为赵王，赵国复归刘氏皇族。这一后续时段的历史演进，同样需要进一步研究。

原载《邯郸学院学报》2014年第3期

---

[1] 《史记》卷九《吕太后本纪》。

秦朝末年影响赵国政局的进言与纳谏
——以《史记·张耳陈馀列传》为中心的考察

王文涛

司马迁在《史记·太史公自序》中说,"镇赵,塞常山,以广河内,弱楚权,明汉王之信于天下",这是其撰写《史记·张耳陈馀列传》的目的。张耳、陈馀所处的赵国在秦汉之际的军事斗争中具有重要的地理位置,张耳、陈馀在建立、发展赵国的政治和军事斗争中都发挥了关键性的作用。反秦起义初期,反秦力量强大的地区主要有三处:一是梁、楚(今河南东部和安徽、江苏北部一带),代表人物先后有陈胜、项梁、项羽、刘邦等;二是齐国(今山东中部一带),代表人物先后有田儋、田荣等;第三个就是赵国(今河北南部),以武臣、张耳、陈馀等为代表。司马迁在《张耳陈馀列传》中记载了多则耐人寻味的进言与纳谏史事,这些进言与纳谏、拒谏活动在赵国的兴亡更替和反秦斗争中产生了重要乃至关键性的作用,其中的利弊得失值得我们分析总结。

一、张耳、陈馀两谏陈胜

秦二世皇帝元年(前209)七月,陈胜起义军攻占陈县(治今河南淮阳),军队迅速扩充到几万人。大梁人张耳和陈馀求见陈胜。张、陈是"魏之名士",声名远播,秦廷曾悬重金"求购"。陈胜及其亲信"数闻张耳、陈馀贤",虽然未曾谋面,"见即大喜"。[1]2572

陈地的豪杰父老劝说陈胜为王,理由是:将军"率士卒以诛暴秦,复立楚社稷",使灭亡的国家得以复存,使断绝的子嗣得以延续,这样的功德,应该称王。况且还要"监临天下诸将,不为王不可,愿将军立为楚王也"。[1]2573

[**作者简介**] 王文涛(1956—),男,河南潢川人,河北师范大学历史文化学院教授,历史学博士,博士生导师,主要研究方向为秦汉史、社会史。

陈胜征求陈馀、张耳的看法。二人为陈胜设计了"据咸阳以令诸侯"而成帝业的方略。

> 夫秦为无道，破人国家，灭人社稷，绝人后世，罢百姓之力，尽百姓之财。将军瞋目张胆，出万死不顾一生之计，为天下除残也。今始至陈而王之，示天下私。愿将军毋王，急引兵而西，遣人立六国后，自为树党，为秦益敌也。敌多则力分，与众则兵强。如此野无交兵，县无守城，诛暴秦，据咸阳以令诸侯。诸侯亡而得立，以德服之，如此则帝业成矣。今独王陈，恐天下解也。[1]2573

陈馀、张耳认为，陈胜刚刚打到陈地就称王有些不妥，这样做会在天下人面前表现出自己的私心。希望陈胜尽快率兵西进，派人拥立六国的后代，作为自己的党羽，增加反秦势力。反秦势力越多，秦朝的力量就越分散；陈胜的党羽越多，兵力就越强大。这样，就可以迅速推翻暴秦，占据咸阳，号令诸侯。"以德服之"，最终成就帝王大业。如果只在陈地称王，恐怕天下诸侯就会斗志懈怠而不跟从了。

陈胜反秦天下响应，是因为他的义举反映了人们推翻暴秦的共同愿望。只有始终代表广大群众的共同利益，才能赢得他们的拥护和支持，完成反秦大业，赢得至尊地位。如果急于在陈地称王，难免有谋求一己之私的嫌疑，在义军中开创追逐私利的先河，涣散人心，影响反秦大业。可惜陈胜的目光看不到这么深远，没有听从张耳、陈馀的意见，自立为陈王。

对于张耳、陈馀劝陈胜不要急于称王，自古以来的评论褒贬不一。虽有否定批评之语，但以肯定者居多。范增在向项梁分析陈胜失败的原因时说，秦灭六国，楚人的仇恨最深，人们至今还怀念冤死于秦国的楚怀王，所以，楚南公曰："楚虽三户，亡秦必楚"，"今陈胜首事，不立楚后而自立，其势不长"，"陈胜败固当"。[1]300 就当时的形势而言，范增的分析还是有道理的。明初著名史学家凌稚隆在《史记评林》中说：张、陈"两人劝涉毋即自王而遣立六国后，以益秦之敌。此首事之善计，而涉不听。所卒之为赵、为燕者，纷纷自立，而天下由此遂解。涉之不能成帝业者，由此"①。王维桢也认为："二人之见诚高，惜陈涉不用耳。"[2]4822 清人何焯云："郦生说汉王立六国后，张良以为谏，至石勒以为此法宜失。张耳、陈馀说陈涉立六国后，当时不从，以为失策，何也？盖陈王初起，虑在亡秦而已，法宜树党。汉方与项争天下，又立六国，反而不可，一是树敌也。"[3]220

张耳、陈馀不是甘居人下之辈，陈胜急于称王，让他们觉得陈胜难成大事，在他

---

① 凌稚隆：《史记评林》（卷八十九），载四库未收书辑刊编纂委员会编《四库未收书辑刊》（第一辑第十二册），明万历四年刻本，北京：北京出版社，2000年，第238页。

手下难以施展抱负,决定离开陈胜,另谋发展。于是向陈胜进言:大王调遣梁、楚的军队向西挺进,当务之急是攻破函谷关,来不及收复黄河以北的地区。"臣尝游赵,知其豪桀及地形,愿请奇兵北略赵地。"[1]2573

陈胜采纳张耳、陈馀的建议,同意北伐赵地,但并不信任他们,就指派自己的老相识武臣为最高指挥官,以邵骚为护军,张耳、陈馀为左右校尉,拨给的军队只有区区三千人,是陈胜派出的几支方面军中人数最少的。陈胜没指望他们能攻占多少城池,主要目的是分散秦政府军的注意力。就是这支最不受重视的军队却成就最大,这是陈胜所始料未及的。

二、蒯通智谏范阳令和武臣

武臣的军队很快发展壮大到数万人,自号武信君。武臣军攻克赵国十座城池,其余的秦朝守城将领全都据城坚守,不肯投降。于是武臣向东北进军,攻打范阳。范阳人蒯通见秦朝大势已去,灭亡指日可待,①为使家乡免遭战争蹂躏,充分发挥自己纵横家的才能,先游说范阳令徐公向武臣的起义军投诚,又劝说武臣对范阳令以礼相待。《史记·张耳陈馀列传》详细记载了蒯通的这次游说活动。

> 范阳人蒯通说范阳令曰:"窃闻公之将死,故吊。虽然,贺公得通而生。"范阳令曰:"何以吊之?"对曰:"秦法重,足下为范阳令十年矣,杀人之父,孤人之子,断人之足,黥人之首,不可胜数。然而慈父孝子莫敢刃公之腹中者,畏秦法耳。今天下大乱,秦法不施,然则慈父孝子且刃公之腹中以成其名,此臣之所以吊公也。今诸侯畔秦矣,武信君兵且至,而君坚守范阳,少年皆争杀君,下武信君。君急遣臣见武信君,可转祸为福,在今矣。"
>
> 范阳令乃使蒯通见武信君曰:"足下必将战胜然后略地,攻得然后下城,臣窃以为过矣。诚听臣之计,可不攻而降城,不战而略地,传檄而千里定,可乎?"武信君曰:"何谓也?"蒯通曰:"今范阳令宜整顿其士卒以守战者也,怯而畏死,贪而重富贵,故欲先天下降,畏君以为秦所置吏,诛杀如前十城也。然今范阳少年亦方杀其令,自以城距君。君何不赍臣侯印,拜范阳令,范阳令则以城下君,少年亦不敢杀其令。令范阳令乘朱轮华毂,使驱驰燕、赵郊。燕、赵郊见之,皆曰此范阳令,先下者也,即喜矣,燕、赵城可毋战而降也。此臣之所谓传檄而千里定者也。"武信君从其计,因使蒯通赐范阳令侯印。赵地闻之,不战以

---

① 蒯通,原名彻,《史记》《汉书》因避汉武帝讳,改为通。

城下者三十余城。

班固将上面的内容移入《汉书·蒯通传》，文字基本相同，略有改动。《史记·张耳陈馀列传》中"赵地闻之，不战以城下者三十余城"一句，《汉书·蒯通传》改作"燕、赵闻之，降者三十余城"。荀悦《前汉纪·高祖纪卷一》同《汉书》。《资治通鉴》卷七《二世皇帝元年》亦同《汉书》，"燕、赵闻之，不战以城下者三十余城"。这件事发生的时间在秦二世皇帝元年（前209年）七月，此时武臣军才攻占赵地十座城池，尚未抵达燕地，说燕地之城不战而降，不合情理。八月，武信君武臣在邯郸自立为赵王，之后才"遣故上谷卒史韩广将兵北徇燕地"。[1]1955 因此，当以《史记》所记"赵地闻之，不战以城下者三十余城"为是。降归武臣的三十余城是赵地的，没有燕地。

战国是纵横家最风光的时代，蒯通和郦食其、陆贾等人一样，属于战国纵横家的流裔。他们的特长在于外交折冲，凭借三寸不烂之舌游说于各种政治、军事集团之间。蒯通能言善辩，足智多谋，对于政治形势有较为清醒的认识。他很好地揣摩出了被游说者范阳令徐公和武臣的心理，以利害得失打动他们，说辞极具针对性。范阳令守城不降的原因，可能正如蒯通所说，他在做范阳令的十年里，"杀人之父，孤人之子，断人之足，黥人之首，不可胜数"，既担心孤城难守，又害怕范阳百姓趁乱起事，响应武臣，危及自己性命。闻听蒯通有"转祸为福"的良策，自然言听计从。武臣正在筹划攻克范阳的良策，听到蒯通有"不攻而降城，不战而略地"的妙计，也是欣然恭听。不战而屈人之兵，传檄而定千里，乃用兵之上策。趋利避害是人的共性。告之以害，能警醒对方，征服对方，使其听取意见。

凌稚隆曰："范阳少年未必有是谋也，（蒯）通既假之以恐范阳令，复假之以悦武信君，通亦辨士之雄哉！"①钟惺说："蒯通说范阳令与武信君，两路擒纵，虽是战国人伎俩，然交得其利，而交无所害，不是一味空言祸人。"[2]4825 清人姚苧田认为："蒯通明于事机，与战国倾危之士绝异，矢口吊贺并至，善于耸动。""为范阳令及武信君谋，片语之间，免却千里兵戈惨祸，文在鲁连之上，品居王蠋之前，非战国倾危者所及也。"[4]142 不讲政治、摒弃道德是纵横家们行动的重要特点，蒯通作为纵横家的一员，追求谋主的成功自不待言。但我们必须承认，蒯通一番跌宕起伏的"吊""贺"游说，获得了一个多赢的结局：范阳百姓免受刀兵之灾，范阳令保全了性命，武臣兵不血刃而下赵地三十余城，使更广大的百姓免遭战争涂炭，壮大了这支反秦起义军的队伍和声威，为反秦战争作出了积极的贡献。

---

① 凌稚隆：《史记评林》卷八十九，载四库未收书辑刊编纂委员会编《四库未收书辑刊》（第一辑第十二册）第238页。

三、武臣纳谏称王，陈胜遣使祝贺

武臣军占领邯郸，张耳、陈馀听说周文西征关中的军队受挫后退，又听说"诸将为陈王徇地，多以谗毁得罪诛。怨陈王不用其策，不以为将军而以为校尉"①。于是张耳、陈馀劝武臣效仿陈胜，在赵地称王。

> 陈王起蕲，至陈而王，非必立六国后。将军今以三千人下赵数十城，独介居河北，不王无以填之。且陈王听谗，还报，恐不脱于祸。又不如立其兄弟；不即立赵后。将军毋失时，时间不容息。

武臣采纳二人的建议，自立为赵王，任用陈馀为大将军，张耳为右丞相，邵骚为左丞相。武臣派人奏报陈胜，陈胜盛怒之下，要杀尽武臣等人的家人，并发兵击赵。陈胜的相国房君劝阻说②：

> 秦未亡而诛武臣等家，此又生一秦也。不如因而贺之，使急引兵西击秦。

冷静下来的陈胜认为房君之言有理，杀了赵王等人的家属意义不大，最多是泄一时之愤，如因此与武臣结仇，徒增一强敌，不利于反秦大业，不如妥协。于是听从下属劝谏，把武臣等人的家属软禁在宫中，封张耳之子张敖为成都君，派使者祝贺武臣称王，命其火速调动军队西进关中攻秦，援助周文。陈胜对武臣自立山头的宽容，是顾全大局的正确措施，增援关中也是当时迫切的军事需要。但是，此时的陈胜已经不能控制羽翼丰满的武臣，计谋未能奏效。张耳、陈馀识破了陈胜的用意，二人向武臣献策说：

> 王王赵，非楚意，特以计贺王。楚已灭秦，必加兵于赵。愿王毋西兵，北徇燕、代，南收河内以自广。赵南据大河，北有燕、代，楚虽胜秦，必不敢制赵。[1]2576

张耳、陈馀认为，陈胜祝贺武臣"王赵"，非其本意，乃权宜之计。楚如灭秦，必然加兵于赵。在赵、楚关系中，当务之急，是发展赵国的势力。赵不应向西攻秦，而应"北徇燕、代，南收河内"，扩充地盘，即使楚胜秦，赵也不惧怕楚。

乍一看，张耳、陈馀关于赵、楚关系的分析不无道理，因为只要赵国强大起来，就不怕张楚的进攻。然而，如果站在反秦斗争全局的立场上来看，张、陈之议不仅

---

① 《史记》卷八九《张耳陈馀列传》，第2575页。《汉书·张耳陈馀传》在"陈王"下删去"不用其策"四字，此乃张、陈二人失意的关键文字，不当删。

② 据《史记·陈涉世家》："陈王以上蔡人房君蔡赐为上柱国。"《索隐》曰：晋灼案《张耳传》，"言相国房君者，盖误耳。涉因楚有柱国之官，故以官蔡赐。盖其时草创，亦未置相国之官也"。

短视,而且有明显的私欲。他们将对张楚的提防置于反对暴秦之上,此时,武臣的赵国已经变成与张楚并列的另一反秦政权,与陈胜貌合神离。局势发展到这种地步,一方面是因为陈胜气度狭小,对部属苛察严责,赏罚不当;更主要的,是武臣、张耳、陈馀等人势力大增后私欲膨胀,完全站在与张楚对立的立场上考虑问题,谋求个人利益的最大化。尽管如此,武臣的赵国仍然是反秦的重要力量,只不过将军事打击的目标转向秦朝地方政权,以发展壮大自己为主要目标。这是一种看似精明实则狭隘短视的做法,反秦义军力量的分散和各自为战,有利于秦军的各个击破。

赵王武臣同意张耳、陈馀的建议,不向西进兵增援反秦义军,而是派部将韩广夺取燕地,李良攻占常山,张黡进取上党。

近代著名史学家蔡东藩认为张耳、陈馀两谏陈胜的实质都是"为一己计",可资参考。论曰:

> 张耳陈馀,号称贤者,实亦策士之流亚耳。当其进谒陈胜,谏胜称王,请胜西向,为胜计不可谓不忠。及胜不从忠告,便起异心,徇赵之计,出自二人,武臣为将,二人为副,渡河经赴,连下赵城,向时之且胜称王者,乃反以王号推武臣,何其自相矛盾若此?彼且曰:"为胜计,不宜称王;为武臣计,正应称王。"此即辩士之利口,荧惑人听,实则无非为一己计耳。始欲助胜,继即图胜,纤芥之嫌,视若仇敌,策士之不可恃也如此。[5]50-51

四、厮养卒说燕救赵王

韩广的军队攻占燕地,在燕地贵人豪杰的鼓动下自立为燕王。韩广称燕王与武臣自立为赵王的过程和本质几乎完全相同。① 战乱年代,拥有军队的将领一旦势力壮大,即割据称雄者比比皆是。武臣非常气愤韩广的背叛,但"西忧秦,南忧楚",没有杀害扣留做人质的韩广母亲,率张耳、陈馀向北略地,抵达燕国边界。赵王空闲外出,不小心被燕军抓获。燕国囚禁赵王,要求割让赵国的一半土地,才放还赵王。赵国派去交涉的十几位使者都被杀了,燕国坚决要求拿土地换人。张耳、陈馀为此忧心忡忡,苦无良策。有一个做勤杂的士兵对同宿舍的伙伴说:"我要替张耳、陈馀二公去游说燕军,和赵王一同坐着车回来。"同伴们认为他吹牛,讥笑他

---

① 《史记》卷四八《陈涉世家》:"燕故贵人豪杰谓韩广曰:'楚已立王,赵又已立王。燕虽小,亦万乘之国也,愿将军立为燕王。'韩广曰:'广母在赵,不可。'燕人曰:'赵方西忧秦,南忧楚,其力不能禁我。且以楚之强,不敢害赵王将相之家,赵独安敢害将军之家!'韩广以为然,乃自立为燕王。居数月,赵奉燕王母及家属归之燕。"

说:"使臣派了十几位,去了就被杀了,你有什么办法能救出赵王?"他只身一人进入燕军大营。燕军将领看见他,感到很奇怪。他接连问了燕将三个问题:

"知臣何欲?"燕将曰:"若欲得赵王耳。"曰:"君知张耳、陈馀何如人也?"燕将曰:"贤人也。"曰:"知其志何欲?"曰:"欲得其王耳。"

"赵养卒"巧妙设问,制造悬疑,勾起燕将的好奇心,使其自愿听取自己的游说。有此三问,下面的游说顺势而下,水到渠成。

赵养卒乃笑曰:"君未知此两人所欲也。夫武臣、张耳、陈馀杖马箠下赵数十城,此亦各欲南面而王,岂欲为卿相终己邪?夫臣与主岂可同日而道哉,顾其势初定,未敢参分而王,且以少长先立武臣为王,以持赵心。今赵地已服,此两人亦欲分赵而王,时未可耳。今君乃囚赵王。此两人名为求赵王,实欲燕杀之,此两人分赵自立。"[1]2577

凌稚隆有评论说:"厮养卒欲求归赵王,乃逆推(张、陈)二人未萌之欲,以资其说。二人纵未必然,然英雄谋国之常态,实不外此,以故其说得行。"①

这位勤杂兵继续说道:"以原来一个赵国的力量就能轻而易举攻下燕国,何况张耳、陈馀两位贤王相互支持,以杀害赵王的罪名来讨伐,灭亡燕国唾手可得。"燕国将领认为他说的有道理,于是归还赵王。勤杂兵为赵王驾车,一同返回赵国。

赵厮养卒说燕救赵王,颇有几分传奇色彩,前人多有赞赏之论。董份曰:"养卒奇甚,太史公载之亦备。至为御而归,想见其时亦为称快。"王慎中曰:"厮养卒从容进说,切中情事,犹有战国策士之习。惜乎!史公不传名。"[2]4829 姚苧田说:"养卒之论事势,明透已极,盖深知武臣之不足事,而见张、陈之必非人下者也。此段语,张、陈固不欲人道破,然即谓此时名为求王,实欲燕杀之,则殊未必然。盖此时果欲燕之杀武臣,便当鼓行而前决一死战,则赵王必危;乃杀十余使而未敢兴兵,正其投鼠忌器之私衷耳。"所论精当。燕王不杀赵王,亦如陈胜不杀赵王将帅亲属,之前赵王不杀燕王之母,即因强秦尚在,投鼠忌器。但姚氏以为养卒未得封赏,可能是因为他道破了张耳、陈馀的隐情。"养卒归王而不闻特赏,则未必不以其道破隐情而忌之也,即谓欲杀赵王,亦未为逆诈已甚。"[4]143-144 笔者认为,此系推测之辞,养卒未得封赏,当是史书失载,即使张耳、陈馀因为养卒"道破隐情"而阻挠或不同意奖赏他,赵王没有任何不奖赏养卒的理由。

梁玉绳指出:赵厮养卒"未奉张、陈之命,岂敢遽走敌营哉!《新序·善谋》述

---

① 凌稚隆:《史记评林》卷八十九,见四库未收书辑刊编纂委员会编《四库未收书辑刊》(第一辑第十二册)第239页。

其事云:'厮养卒乃洗沐往见张耳、陈馀,遣行,见燕王。于情事较全。''燕将'亦当作'燕王'为实。归王大事,燕将敢自主乎?"[6]1325 此说有理。《新序·善谋下》记载:厮养卒"往见张耳、陈余,遣行见燕王。……卒曰:'王知臣何欲?'燕王曰:'欲得而王耳。'卒曰:'君知张耳、陈余何人也?'燕王曰:'贤人也。'曰:'君知其意何欲?'曰:'欲得其王耳。'……燕王以为然,乃遣赵王,养卒为御而归,遂得反国,复立为王,赵卒之谋也"。

五、李良信谗言,叛赵弑武臣

李良平定常山以后,又奉赵王武臣之命进取太原。李良军至石邑(今河北石家庄市西南),秦兵已严密封锁了地势险阻的井陉,无法前进。秦将诈称二世皇帝派人送给李良一封信,没有封口,信中说:"良尝事我得显幸。良诚能反赵为秦,赦良罪,贵良。"

李良怀疑信中的内容,决定先返回邯郸,请求赵王增兵。临近邯郸,遇上赵王的姐姐外出赴宴回宫,有一百多骑马的随从护卫,声势浩大。李良远远望见如此气魄,以为是赵王,跪在路旁拜见。赵王姐姐喝醉了,不知道跪拜的是将官,只派了一名随从答谢。李良一向显贵,在随从官员面前感到非常难堪。有一位随从煽动李良反赵说:"天下畔秦,能者先立。且赵王素出将军下,今女儿乃不为将军下车,请追杀之。"[1]2578

李良收到秦二世的书信后,就有了叛赵之心,但犹豫不决,无端遭遇赵王姐姐无礼之辱,因此大怒,派人追杀赵王姐姐于道中,随即率军袭击邯郸。邯郸不知道李良叛变,没有任何防备,秦二世皇帝元年(前209年)十一月,赵王武臣和左丞相邵骚被杀。

赵人中有很多是张耳、陈馀的耳目,二人因此得以逃脱。他们收集邯郸残兵,又组织起数万人的军队。有宾客向张耳献谋:"公与陈将军均系梁人,羁居赵地,赵人未必诚心归附。为两公计,不如访立赵后,由两公辅佐,导以仁义,广为号召,方可扫平乱贼,得告成功。"①张耳、陈馀找到战国时期赵国王族的后代赵歇,立为赵王,迁都信都(治今河北邢台市),重整旗鼓。李良进击陈馀,被陈馀击败,为了保命,投降了秦将章邯。

李良曾经是反秦义军中颇有战功和成就的将领,最终却令人痛心地走上了叛赵、降秦的无耻之路。究其根本原因,是李良个人私欲和图谋富贵的野心膨胀所致。素来显贵的李良偶遇赵王姐姐无意间的失礼,仅仅为了挽回面子,竟然置反秦大业于不顾,听信谗言,追杀赵王姐姐及其随从。继而将错就错,袭占邯郸,杀死赵王武臣和左

---

① 《汉书》卷三二《张耳陈馀传》:"两君羁旅,而欲附赵,难可独立。立赵后,辅以谊,可就功。"师古曰:"谓求取六国时赵王后而立之,以名义自辅助也。"(北京:中华书局,1962年,第1835页)

丞相邵骚。如果李良没有图谋富贵的私欲，秦将低劣的诱降之计不可能得逞，他也不会轻信谗言。李良被陈馀打败，失去了在赵地建立以他为首的政权、谋求个人发展的机会和资本，不得已投降了秦将章邯。李良的叛变，是反秦队伍中个人利益至上的突出表现，也反映了反秦义军鱼龙混杂，思想状况和斗争目标的复杂多元。

史家多认为武臣之死是咎由自取，他纵容姐姐酗酒傲慢，导致家破身亡。武臣因为与陈胜的故旧关系而被任命为北伐军的主帅，率军北徇赵地。他能虚心听取张耳、陈馀以及蒯通的意见，这是赵国建立和发展的重要原因。他采取灵活的切合实际的军事和外交斗争策略，几乎收复了全赵，极大地推动了反秦斗争的发展，能力和功绩应当肯定。但是，武臣在军事和政治上都不成熟，缺乏防患未然的警觉性。身为一国之主，轻履险地，沦为燕国俘虏，险些丧命。终因失于防范，惨死于叛将李良之手。

用人，在于用其力与谋，用其谋尤为重要。这就是个纳谏问题。纳谏与拒谏是衡量用人长短得失的重要标尺。虚心纳谏是政治家必备的优秀素质。纳谏，首先要辨别进言的正误。辨别进言的正误，需要有见微知著、明察秋毫的政治鉴察力，要顾大局、识大体，不计较个人恩怨得失，要善于观察、善于分析，只有这样，才能区分诤言与谗言，择善而从。就《张耳陈馀列传》所记史实来看，陈胜和武臣基本能够听取下属的正确意见，反秦斗争也因此得到进展。宋人洪迈对陈胜纳谏给予了肯定，例如，陈胜"称王之初，万事草创，能从陈余之言，迎孔子之孙鲋为博士，至尊为太师，所与谋议，皆非庸人崛起者可及"。不可否认，纳谏和识谏是优秀政治家的必备条件，但要成就一番事业，需要具备更全面的优秀素质，以及天时、地利、人和等因素。洪迈指出，陈胜失败的主要原因是"杀吴广，诛故人，寡恩忘旧，无帝王之度，此其所以败也"[7]635。

参考文献

[1] 司马迁. 史记[M]. 北京：中华书局，1959.

[2] 施之勉. 汉书集释[M]. 台北：三民书局，2003.

[3] 何焯. 义门读书记[M]. 崔高维，点校. 北京：中华书局，1987.

[4] 姚苎田. 史记菁华[M]. 台北：联经出版事业公司，1977.

[5] 蔡东藩. 前汉史[M]. 北京：中国华侨出版社，2014.

[6] 梁玉绳. 史记志疑[M]. 北京：中华书局，1981.

[7] 洪迈. 容斋随笔[M]. 呼和浩特：远方出版社，2002.

原载《邯郸学院学报》2014年第4期

汉代初期赵国政治管辖权的争夺及其影响

阎盛国

在汉代赵国历史上曾有一位特殊的历史人物,那就是刘彭祖(前166—前92年)。在汉景帝二年(前155年)被封为广川王,四年之后,又被"徙赵为王"。赵王彭祖在位时间长达60余年,几乎历经整个景帝、武帝主政时期,去世时间仅比武帝早3年。值得关注的是,他所在这一历史时期,正值汉代中央政府着手解决同姓诸侯王国问题的时间节点上,身为赵王的刘彭祖,自然不能置身于"局"外,也不能"独善其身",他曾为赵国政治管辖权与中央政府展开激烈的较量。这一较量持续的时间长,影响大。而这曲折复杂的斗争过程,却为令人眼花缭乱的"晁错削藩"、吴楚"七国之乱"和"淮南王谋反"等一系列重大事件所掩盖。仿佛给人的感觉是,主父偃提出的"推恩令",一夜之间就解决了同姓诸侯王国问题。而实际斗争要比史书片段描写复杂得多,赵王彭祖曾给予顽强抵抗。因而说来,赵王彭祖是汉代同姓诸侯王与中央政府进行政治对抗的一个重要"符号"。本文旨在对这一特殊的政治"符号"展开解读,并进一步剖析围绕赵国政治管辖权争夺背后的影响因素,以及对汉代社会政治所产生的影响进行探讨。

一、景帝时赵国政治管辖权的争夺

景帝时期,赵王彭祖拥有独立的政治管辖权,这是彭祖苦心孤诣与努力布局的结果,而这一切又是与彭祖本人的性格及其才能密不可分:

一是赵王彭祖具有多面性格。对于彭祖独特少有的个性,《史记》和《汉书》对其的评点是一致的。以《史记》为例:"为人巧佞卑谄,足恭而心刻深。好法律,持诡辩以中人。"[1]2098 从人物个性描写来看,彭祖实乃具有多重性格:第一,奸诈机

[作者简介] 阎盛国(1972—),男,河北康保人,历史学博士,河南师范大学历史文化学院副教授,河北师范大学历史文化学院博士后流动站研究人员,主要从事秦汉史与《孙子兵法》研究。

巧,"为人巧佞";第二,谄媚逢迎,"卑谄,足恭";第三,内心严酷,"心刻深";第四,喜好法律,"好法律";第五,善于诡辩伤人,"持诡辩以中人"。他的这种性格在许多场合助彭祖击败众多的政治对手。赵王彭祖"奸诈机巧"的个性容易欺骗对手。赵王彭祖"谄媚逢迎"的个性容易让对手获得好感,使其放松警惕心。赵王彭祖"善于诡辩"的个性却能使之在是非面前颠倒黑白。彭祖"喜好法律"的个性使之只讲法,不讲情,以法绳人。赵王彭祖"内心严酷"使之总是置对手于死地。赵王彭祖邪恶个性极端的表现是,凡被朝廷派到赵国监督其政务与行为的国相和二千石官员,都受其陷害:"无能满二岁,辄以罪去,大者死,小者刑。"[2]2420

二是赵王彭祖精通政治权术。这主要体现在彭祖把朝廷派来的国相变成自己手中的玩偶。赵王彭祖最初总是对朝廷派来的国相热情相待,姿态低调,亲自迎接,亲自打理国相的住舍,让国相有宾至如归的感觉:"是以每相二千石至,彭祖衣帛布单衣,自行迎除舍。"初来乍到的国相被他一番友好的表演所迷惑,以为其人不错,随之戒备心理消失。此时,赵王彭祖就会设计多重陷阱,让其上当:"多设疑事以诈动之,得二千石失言,中忌讳,辄书之。"[2]2419 这样国相就不知不觉地落入彭祖的圈套,或"失言",或"中忌讳"。然后,彭祖就会断其退路,把其"罪证"记录在案,保留下来。一旦国相有一天要依法办事,那么赵王彭祖就会以这些"罪证"来胁迫他遵从自己的意志,这样就把国相的权力完全控制在自己手中。一旦遇到不低头屈服的国相出现,赵王彭祖就会让人揭发其"贪污、渔利"等腐败事情。结果,这些被委派来的国相要么被处死,要么被治罪,致使无人与之相抗衡。

三是赵王彭祖通晓聚财之术。古人有言:"财以聚人。"应用财富手段,可以积累人气,培养人脉关系。赵王深深明白这一点,不能仅仅依靠自己的好口舌,人有言口惠而实不至。因此,他非常渴求财富。赵王彭祖不仅认识到财富巨大的政治价值,而且还通晓聚财之术:"使使即县为贾人榷会。"由于赵国四通八达的地理环境,便于商旅往来。赵王充分利用这一有利条件,在赵国之境内开"贾人榷会"。这样天下商旅云集,成为当时天下商品重要集散地,赵王榷会自然获利颇丰。据史书所载:"入多于国租税。""贾人榷会"带来的收入非常可观,远远超过赵国当时土地的租税收入。赵王彭祖理所当然就拥有更多可供自己支配的财富。彭祖不是把这笔财富供自己挥霍,而是用来收买人心。史载:"赵王家多金钱,然所赐姬诸子,亦尽之矣。"[2]2420 彭祖赏赐姬诸子财富,是大手笔。这样赵王彭祖的威望与日俱升,自然有许多人愿意为其效力,或充当耳目。姑且不说整个景帝时期对赵国政治管辖权分割没有成功,而且路过赵国的朝廷使者也是提心吊胆,不敢停留:"诸使过客,以彭祖险陂,莫敢留邯郸。"[2]2420 此时彭祖治下的赵国,俨然成为中央政府的法外之地,不受任何的约束。

正是由于赵王彭祖独特的性格,佐以非同寻常的个人才能,使他能轻而易举对付前来与之分享赵国政治管辖权的国相,让其无法置喙。正如史书所点明的:"以故二千石莫敢治,而赵王擅权。"[2]2420 这种擅权的表现可以说是在景帝末年汉武帝初期达到顶峰。孙继民先生曾利用汉代石刻资料说明汉代赵王至尊无比,对本文论证赵王彭祖独享政治管辖权颇有帮助。"赵廿二年群臣上酬"石刻是已知汉代石刻中年代最早的石刻。除了此年八月丙寅赵国君臣在今朱山之北有一次重要活动之外,还反映了赵王在封国内自行使用王位纪年。封国之内的属僚均目赵王为君,自视为臣,可见西汉初期诸侯王在封国之内位居至尊。诸侯王国的王位纪年与朝廷皇帝的皇位纪年同时并行,生动地反映了西汉初期大一统背景下诸侯王国位尊地博的特殊形态。[3]从"赵廿二年"这一时间推算,赵王立于景帝二年(前155年),即所谓的赵之元年,那么"赵廿二年"(前134年)正值汉武帝元光元年(前134年),此时汉武帝即位第七年,年方23岁。也就是前一年,建元六年(前135年),窦太后病死,22岁的刘彻正式主政。故此时的汉武帝刚刚掌有实权,未来得及抗衡赵王彭祖。"赵廿二年群臣上酬"石刻,标志着赵王彭祖权力其时达到顶峰。赵国政治管辖权牢牢掌控在赵王彭祖个人之手,甚至与皇帝媲美,使用自己的王位纪年。问鼎皇位的野心呼之欲出:"彭祖不好治宫室襐祥,好为吏。"[2]2420 赵王彭祖不像其他的诸侯王,过着淫乱、奢侈的生活。

二、武帝时赵国政治管辖权的争夺

对于咄咄逼人的赵王彭祖,汉武帝没有丝毫的退缩,而是把争夺赵国政治管辖权重新提上了历史日程。主政后的汉武帝开始主动出手,赵国独立的政治管辖权逐渐被侵蚀,直至完全易手于中央政府。赵王彭祖虽使尽多种手段维护其政治管辖权,但都被汉武帝一一破解。汉武帝争夺赵国政治管辖权的智慧主要表现在四方面:

一是汉武帝利用司法手段打击赵王彭祖心腹人物。在汉武帝看来,赵王彭祖之所以能够以全力抗衡中央,并拥有独立自主的政治管辖权,关键在于形成了一个以赵王彭祖为中心的强大政治集团。这个政治集团能"呼风唤雨",其触角已开始伸向中央。彭祖利用自己的财富随意收买人心,培养个人势力。彭祖的野心自然引起汉武帝的警惕。对于如何制服彭祖,汉武帝是"避实击虚",不是直接打击彭祖,而是采用《孙子兵法》中的一个高明的战术:"先夺其所爱,则听矣。"[4]245 孙子认为,只要剥夺了敌人的"所爱",敌人就会乖乖听话。汉武帝应用《孙子兵法》,这是有一定事实依据的。所持证据是汉武帝学习研究过《孙子兵法》。因为他曾建议霍去病学习《孙子兵法》,但霍去病却不愿意学:"天子(汉武帝)尝欲教之孙吴兵法,(霍去病)对曰:'顾方略何如耳,不至学古兵法。'"[1]2939 材料中的"孙吴兵法"是《孙子兵法》和《吴子兵法》的合称。以往学界对这则史料的解读多是站在霍去病的角度,认为不学古兵书也能打胜仗。而本文则是站在汉武帝的角度解读这则材料,这背后说明汉武帝通晓《孙子兵法》,也颇为欣赏《孙子兵法》,故此把这部兵书推荐给爱将霍去病。因而说来,汉武帝行为的背后有《孙子兵法》的指导,这种推断也是合情合理的。在汉武帝看来,"太子丹"就是赵王彭祖之"所爱"。这从后来赵王彭祖对待太子丹的态度上可以看出汉武帝的判断是准确的:第一,太子丹"下魏郡诏狱"时,赵王彭祖"上书冤讼丹,愿从国中勇敢击匈奴,赎丹罪"。第二,"后彭祖入朝,因帝姊平阳隆虑公主,求复立丹为太子"[2]2421。从赵王彭祖对太子丹的态度来看,太子丹很讨赵王彭祖喜欢,也是赵王彭祖重要的心腹人物,必须给予致命打击汉武帝"夺其所爱"的这一目标选择,毫无疑问,是十分正确的。汉武帝果断行动:"武帝遣使者发吏卒捕丹,下魏郡诏狱,治罪至死。"[2]2421 在这一较量场合,汉武帝显然吸取了以往教训,不是只派一个没有保护的相国或使者,而是全副武装地派使者前去逮捕太子丹,不给赵王彭祖留下反抗的余地和喘息时间。《汉书》披露太子丹的罪过:"太子丹与其女弟及同产姊奸。江充告丹淫乱,又使人椎埋攻剽,为奸甚众。"[2]2421 但这属江充的一面之词,不可尽信。成功抓捕赵王太子丹,使赵国独立的政治管辖权分崩离析。正如史家评价说:"直指之使始出,衣绣杖斧,断斩于郡国,然后胜之。"[2]3929 当赵王彭祖为太子丹赎罪时,当赵王彭祖试图以汉武帝姐姐平阳隆虑公主说情谋求恢复被废的太子丹时,无论是赵王彭祖的花言巧语,还是汉武帝姐姐的情面,都没有让汉武帝答应他们的请求,"上不许"。最终是"竟败赵太子"。张晏曰:"虽遇赦,终见废也。"[2]2176 赵王彭祖最大的愿望落空。笔者认为,一个根本原因是,许多遭受赵王彭祖打击的国相,成为活生生的例子,使汉武帝充分领略了赵王彭祖的奸诈与野心,不给其创造反击自己的机会。

二是汉武帝通过收归榷场管理权来削弱赵王彭祖的经济实力。在汉武帝看来,赵王彭祖实力的膨胀与其雄厚的经济实力有关。彭祖财富雄厚,很大一部分是从"贾人榷会"得来的。"榷会"是商品专卖贸易形式,却被赵王彭祖发明并专用,国家收入受到影响不说,还影响到国家的政治稳定。汉武帝认为,有必要釜底抽薪,断其财富来源,使其没有从事政治活动的资源。桑弘羊的"盐铁专营"的经济策略被汉武帝巧妙使用,用来打击赵王彭祖。以往学者们大多关注铸币权收归中央,却很少注意到汉武帝收归榷场管理权背后的深意:不仅是为了增加国家税收,而且也是为了断绝像赵王彭祖这样寄生在"榷会"之上政治势力的经济来源,不让其拥有发展实力的资本。汉武帝于是"造盐铁酒榷之利以佐用度"[2]2832。而各种"榷"之事务的管理主要是由大司农属官"斡官、铁市两长丞"来负责。如淳注解其职责曰:"斡音筦,或作幹。斡,主也,主均输之事,所谓幹盐铁而榷酒酤也。"[2]731 无形之中,赵王彭祖重要的经济命脉被废掉,实力大打折扣。以往那些长期受赵王彭祖资助的对象由于不再如以前一样得到好处,自然就不会全心全力为赵王彭祖做事了。

三是汉武帝采用"分而治之"的手段缩小赵国的行政管辖区。汉武帝十分清楚诸侯国之所以敢叫板中央政府,其中一个很重要的原因就是诸侯国地盘大,人口多,综合国力强。主夫偃给汉武帝提出了"分而治之"有效肢解诸侯国的策略:"今诸侯子弟或十数,而适嗣代立,余虽骨肉,无尺寸地封,则仁孝之道不宣。愿陛下令诸侯得推恩分子弟,以地侯之。彼人人喜得所愿,上以德施,实分其国,不削而稍弱矣。"[1]2961 这就是后世称赞有加的"推恩令"的肇始。主夫偃的建议自然与汉武帝是一拍即合。汉武帝"推恩令"出来之后,诸侯王的热情并不高,有的诸侯王马上意识到这是中央政府削弱诸侯国实力的一种策略。因而,响应者并不多。在这种情况下,汉武帝随即使之演变为一种强制性的"推恩令":"武帝复以亲亲故,立敬肃王小子偃为平干王。"[2]2421 这样原有赵国的行政管辖区被分割,相应之下,赵国的政治版图被大大挤压。

四是汉武帝利用立嗣手段削弱后继赵王的影响力。汉武帝在制服赵王彭祖过程中,认识到赵王彭祖奸诈有心计,颇费周折。这使汉武帝意识到,强悍的诸侯王绝对是中央政府的对抗者。为了永久而安全地削除诸侯王的隐患问题,就要极力避免出现"赵王彭祖"类型的人物登上诸侯王位。因此,为了防患于未然,汉武帝对赵王彭祖嗣子进行精挑细选,绝不让强势的后继者上位。这一判断是从后来汉武帝选择赵王继承人的表现上分析得出:汉武帝最终选择平庸无能的"昌",而不是选择欲望极强的"淖子"就是鲜明的例子。当初,赵王彭祖娶了江都易王的宠姬,非常喜爱她,她也为彭祖生下一个男孩,"号淖子"。赵王彭祖在征和元年(前92年)去世。彭祖死时,淖姬兄是汉武帝宫廷中的一名宦者,汉武帝于是召见询问他:"淖子何如?"淖姬兄回答:"为人多欲。"汉武帝最后得出的结论是:"多欲不宜君国子民。"又问武始侯昌的情况,淖姬兄回答说:"无咎无誉。"[2]2421 汉武帝认为他可以继承王位:"如是可矣。"于是汉武帝"遣使者立昌。"从汉武帝与宦者的对话当中看出,汉武帝在出手之时,总是首先了解对方的情况。这也是汉武帝最终获取胜利的一个重要原因,很符合孙子所言:"知彼知己。"由于汉武帝的殚精竭虑和聪明智慧,最终赵国的政治管辖权被收归中央政府。

三、汉初赵国政治管辖权争夺之影响

武帝时期争夺赵国政治管辖权的多次斗争,为汉代后来解决诸侯王国问题积累了丰富历史经验,其重要的历史经验主要表现在三方面:

一是汉武帝慎重处理皇室亲情关系。汉武帝面对的是强大的政治对手赵王彭祖,也是同父异母的兄长,"赵王彭祖,帝异母兄也"[2]2175。赵王彭祖不比其他的诸侯王,其志向远大,总是暴露无遗:"彭祖不好治宫室禨祥,好为吏。""常夜从走卒行徼邯郸中。"当时,中山靖王刘胜为人"乐酒好内,有子百二十余人"。他经常责难彭祖:"兄为王,专代吏治事。王者当日听音乐,御声色。"刘胜虽善意提醒赵王彭祖,但赵王彭祖却振振有词:"中山王但奢淫,不佐天子拊循百姓,何以称为藩臣!"[2]2426 既然中山靖王刘胜可以看出彭祖爱好治理政事,难道汉武帝看不出?面对治国欲望极强的赵王彭祖,汉武帝总是从心理上给予打击。当赵王彭祖"上书愿督国中盗贼",想染指国家司法大权,树立个人权威;当赵王彭祖想插手军政事务,"愿从国中勇敢击匈奴"时,汉武帝深知"国之利器,不可示人"的道理,都没有答应,使赵王彭祖的愿望化作了泡影。在汉武帝面前,赵王彭祖不仅颜面尽失,而且心理倍受打击。在许多人物眼中,赵王彭祖已经是一个失意的政治人物了,不值得追随。

汉武帝处理诸侯王国问题时充分注意亲情关系,其颁布的推恩令也是吸取以往教训:"古者诸侯不过百里,强弱之形易制。今诸侯或连城数十,地方千里,缓则骄奢易为淫乱,急则阻其强而合从以逆京师。今以法割削之,则逆节萌起,前日晁错是也。"[1]2961 若是对赵王彭祖处理不好的话,汉武帝势必成为社会谴责的对象。汉武帝忍而不发,没有把其置于死地,只是外围进攻。甚至赵王彭祖死后,汉武帝给其留有情面:"谥敬肃王。"[2]2421 但汉武帝始终未忘记不断削弱、孤立赵王彭祖,设法挽救其政治生命,避免演出手足相残的悲剧。

二是汉武帝采用合法手段打击政敌。汉武帝在关键时刻对赵王彭祖出手,都有其正当理由,都要彰显政敌之罪恶:"江充告丹淫乱,又使人椎埋攻剽,为奸甚众。"[2]2421 让以诡辩而著称的赵王彭祖有口难言。另外,这种合法手段不会激起社会舆论,让自己处于被动地位。这说明汉武帝讲究"以正治国",在处理诸侯王国问题上特别注意"道"的争取,而不是如赵王彭祖一味以"诡诈"制胜对手。"诡诈"之术的使用是有限度的,总是使用"诡诈",聪明的对手就永远不给你接招的机会。赵王彭祖因"诡诈"而成,也因"诡诈"而败。后来无计可施的赵王彭祖,已无力与汉武帝对抗。不得不屈从自己的意志,表达对汉武帝重大政治决定的全力支持。当淮南王谋反事情败露出来之后,汉武帝交给诸侯王讨论其罪行,赵王彭祖、列侯让等43人皆曰:"淮南王安大逆无道,谋反明白,当伏诛。"[2]2152 此时的赵王彭祖不敢为淮南王的罪行做任何的辩护,而是带头支持汉武帝的决定。总的来看,汉武帝在收拾诸侯王时,手段都是正大光明的,让其心服口服。绝不采取对付下属官员的特别做法"隐诛",秘密除掉一些官员。[5]

三是汉武帝极其注意未来诸侯王人选问题。诸侯王是一国之主,诸侯王品德的好坏、才能的高低,势必决定诸侯国将来的政治走向,对中央政府控制诸侯国政治管辖权影响极大。解决好诸侯王人选问题,就能消解诸侯王国问题。这显然是一个极其有效化解诸侯王国威胁中央权威的招数。在与赵王彭祖争夺政治管辖权的斗争中,汉武帝最终找到了一个一劳永逸的解决方案:"选择平庸之辈充当诸侯王。"未来的汉代皇帝就再也不用像自己一样,费尽心计对付类似赵王彭祖的诸侯王了。

值得注意的是,汉武帝在与赵王彭祖争夺赵国政治管辖的斗争中,积累下许多处理王国问题的重要经验,但也同时潜伏下严重的政治危机。对于汉武帝处理赵国诸侯王嗣子问题的做法,显然得到后来汉代皇帝的效仿。据史书记载:这些后来所封的赵王,继位时间大多数极短,即使在位时间长者,也没有突出的政治表现:"子怀王尊嗣,五年薨。无子,绝二岁。"汉宣帝"立尊弟高,是为哀王,数月薨"。其子"共王充嗣,五十六年薨。子隐嗣"。[2]2421 这种现象自然要归功于汉武帝精心策划的结果。有一巧,就有一拙,使汉武帝想不到的是,同姓诸侯王势力得到有效排斥的同时,却也为外戚势力的权力扩张提供了巨大空间。汉代赵国历史发展的归宿就是这种潜伏政治危机的爆发。诸侯国问题虽然解除了,但新的问题又显现了。到了王莽时代,赵国彻底被废除,"王莽时绝"[2]2421。王莽非常需要清除赵王彭祖与中央政府争夺政治管辖权的历史记忆。由于后继的诸侯王才能平庸,导致没有强势的诸侯王出来制衡王莽集团的势力,以至西汉政权也就走到了历史的尽头。

参考文献

[1] 司马迁. 史记[M]. 北京:中华书局,1959.
[2] 班固. 汉书[M]. 北京:中华书局,1962.
[3] 孙继民. 赵文化的分期及汉赵国新材料的发现[N]. 光明日报,2009-06-02(12).
[4] 杨丙安. 十一家注孙子校理[M]. 北京:中华书局,1999.
[5] 宋杰. 汉代的秘密处决与政治暗杀:"隐诛"[J]. 史学月刊,2013(7):12-30.

原载《邯郸学院学报》2015年第1期

西汉窦太后的黄老思想与赵文化

吴小强,张铭洽

西汉前期,统治集团奉行黄老政治思想,实行休养生息、与民休息的基本国策,政治清明,社会安定,百姓安居乐业,使遭受秦末战争严重破坏的社会生产力得到恢复与发展,形成著名的"文景之治"。窦太后在其中发挥了重要作用,为文景之治作出了重要贡献。在窦太后身上所体现的某些汉代赵国与邯郸文化特质,值得进行深入探讨。

一、窦太后的黄老思想

学术界一般认为,西汉孝文帝皇后、汉景帝生母窦太后是推行黄老政治思想的主要人物。[①]关于窦太后的事迹,《史记·外戚世家》载:"窦太后,赵之清河观津人也。吕太后时,窦姬以良家子入宫侍太后。太后出宫女以赐诸王,各五人,窦姬与在行中。窦姬家在清河,欲如赵近家,请其主遣宦者吏:'必置我籍赵之伍中。'宦者忘之,误置其籍代伍中。籍奏,诏可,当行。窦姬涕泣,怨其宦者,不欲往,相强,乃肯行。至代,代王独幸窦姬,生女嫖,后生两男。而代王王后生四男。先代王未入立为帝而王后卒。及代王立为帝,而王后所生四男更病死。孝文帝立数月,公卿请立太子,而窦姬长男最长,立为太子。立窦姬为皇后,女嫖为长公主。其明年,立少子武为代王,已而又迁徙梁,是为梁孝王。窦皇后亲蚤卒,葬观津。于是薄太后

[作者简介] 吴小强(1960—),男,陕西洛南人,广州大学人文学院教授、中国史专业硕士研究生导师,兼学校档案馆馆长、高等教育研究所副所长、中国秦汉史研究会常务理事、广东农史研究会常务理事、广东省档案学会高校系统委员会常务理事、广东伦理学会常务理事;张铭洽(1949—),男,湖北汉川人,陕西历史博物馆研究员,原中国秦汉史研究会副秘书长。

① 参吕思勉:《秦汉史》,上海:上海古籍出版社,1983年,第98—99页;陈广忠,梁宗华:《道家与中国哲学》(汉代卷),北京:人民出版社,2004年,第18页;杨树增:《汉代文化特色及形成》,北京:人民出版社,2008年,第647—648页。

乃诏有司,追尊窦后父为安成侯,母曰安成夫人。令清河置园邑二百家,长丞奉守,比灵文园法。"关于窦太后的本名,《史记索隐》按:"皇甫谧云名猗房。"①《汉书·外戚传》对窦太后事迹的记述,稍略于《史记》,《资治通鉴》又略于《汉书》。从司马迁、班固和司马光的记载可知,窦太后本为赵地清河郡良家子,②因家庭出身好,人品端庄,少女时即被选入吕太后宫做宫女,后被吕后作为礼物赏赐给诸王,阴差阳错,被赠与代王刘恒。史书虽然没有关于她容貌的记载,但能被选入宫中,其良好的禀赋是不可或缺的。代王一下子爱上了这位品貌出色的嫔妃,"独幸窦姬"。正值青春期的她生育力旺盛,为代王连生了一女两男。她的运气非常好,丈夫的王后前妻及其所生的4个男儿均先后不幸病故,适逢代王被汉室拥立为皇帝,她依照顺序,继立为皇后,她生的长子刘启被立为太子,女儿刘嫖为馆陶长公主,少子刘武初立为代王,复转任梁王。孝文帝在位23年崩,太子即位,是为孝景帝,窦皇后被尊为皇太后。孝景帝在位16年崩,窦太后16岁的长孙刘彻即位为孝武帝,窦太后被尊为太皇太后。

《史记·外戚世家》:"窦太后后孝景帝六岁崩,合葬霸陵。遗诏尽以东宫金钱财物赐长公主嫖。"《资治通鉴》卷十七《汉纪九》武帝建元六年(前135年):"五月,丁亥,太皇太后崩。"[1]568 窦太后被立为皇后23年,被尊为皇太后16年,被尊为太皇太后6年,在位累计45年,享年应有70岁左右。《汉书·外戚传》称:"太后后景帝六岁,凡立五十一年,元光六年崩,合葬霸陵。遗诏尽以东宫金钱财物赐长公主嫖。"师古注:"《武纪》建元六年,太皇太后崩。此传云后景帝六岁是也。而以建元为元光,则是参错。又当言凡立四十五年,而云五十一。再三乖谬,皆是此传误。"

窦太后并不仅仅是妇以夫荣、母以子贵,更是颇有见识、内心坚定、思想卓越的奇女子。她在青年时代就表现出自主自立的个性,例如她在得知将要被放出宫、许配诸侯王时,为了靠近家,她找到主事的宦者,要求"必置我籍赵之伍中"。因宦者失误,错将她安置到代国,她以"涕泣"抗争,"怨其宦者,不欲往"。最后由于宦者采取高压手段,迫使她就范:"相强,乃肯行。"从此事可以发现,窦太后是敢于选择并善于把握自己命运的女子。

---

① 陈直《汉书新证》:"直按:御览卷三百九十六,引三辅决录云:'窦后名漪,清河观津人。'史记索隐引皇甫谧云:'后名漪房',与决录名漪相合,但多一房字。颜师古注汉书,最诋皇甫各说,谧说固多可议,然有时可采,亦未尽全非。"(陈直:《汉书新证》,天津:天津人民出版社,1959年,第459页)

② 宋艳萍认为,汉代以道德标准来衡量是否为良家,不仅对人子的行为有严格的要求,而且其父也应行为端正。良家女子年龄在13岁以上,长相"合法相",即可选入宫中。"宜参良家,简求有德,德同以年,年钧以貌"应是汉代选取皇后的标准。(宋艳萍:《汉代"良家子"考》,载中国秦汉史研究会编:《秦汉史论丛》(第十三辑),郑州:郑州大学出版社,2014年,第104—117页)

汉朝代秦而立,鉴于"天下苦秦久矣",统治集团调整政策,采取与民休息的国策,以"清净无为"为宗旨的黄帝、老子思想开始广泛流行于社会,长沙马王堆汉墓出土帛书《老子》,即为佐证。窦太后成为黄老思想的坚定信仰者和笃行者,对此史有明载。《史记·外戚世家》:"窦太后好黄帝、老子言,帝及太子、诸窦不得不读《黄帝》《老子》,尊其术。"《汉书·外戚传》也载:"窦太后好黄帝、老子言,景帝及诸窦不得不读《老子》尊其术。"中年时,窦太后因眼疾而失明。《史记·外戚世家》:"窦皇后病,失明。文帝幸邯郸慎夫人、尹姬,皆毋子。"《汉书·外戚传》:"窦皇后疾,失明。文帝幸邯郸慎夫人、尹姬,皆无子。"尽管已成为残疾人,但窦太后依然关心国家大事,参与议政,对于企图贬低、否定黄老学说的人,毫不留情地予以回击。

《史记·魏其武安侯列传》:"魏其、武安俱好儒术,推毂赵绾为御史大夫,王臧为郎中令。迎鲁申公,欲设明堂,令列侯就国,除关,以礼为服制,以兴太平。举适诸窦宗室毋节行者,除其属籍。时诸外家为列侯,列侯多尚公主,皆不欲就国,以故毁日至窦太后。太后好黄老之言,而魏其、武安、赵绾、王臧等务隆推儒术,贬道家言,是以窦太后滋不说魏其等。"魏其侯窦婴原本是窦太后的堂兄之子,因平息吴楚七国之乱立功而封侯,却因主张儒术,反对道家,和窦太后的思想主张相左,故被窦太后所厌恶。"及(汉武帝)建元二年,御史大夫赵绾请无奏事东宫。窦太后大怒,乃罢逐赵绾、王臧等,而免丞相、太尉,以柏至侯许昌为丞相,武强侯庄青翟为御史大夫。魏其、武安由此以侯家居。"①赵绾、王臧为鲁国儒生申公的弟子,受传《诗》学。《史记·儒林列传》:"兰陵王臧既受《诗》,以事孝景帝为太子少傅,免去。今上初即位,臧乃上书宿卫上,累迁,一岁中为郎中令。及代赵绾亦尝受《诗》申公,绾为御史大夫。绾、臧请天子,欲立明堂以朝诸侯,不能就其事,乃言师申公。于是天子使使束帛加璧安车驷马迎申公,弟子二人乘轺传从。至,见天子。天子问之乱之事,申公时已八十余,老,对曰:'为治者不在多言,顾力行何如耳。'时天子方好文词,见申公对,默然。然已招致,则以为太中大夫,舍鲁邸,议明堂事。太皇窦太后好老子言,不说儒术,得赵绾、王臧之过以让上,上因废明堂事,尽下赵绾、王臧吏,后皆自杀。申公亦疾免以归,数年卒。"《资治通鉴》卷十七《汉纪九》武帝建元二年也记载:"太皇窦太后好黄、老言,不悦儒术。赵绾请毋奏事东宫,窦太后大怒曰:'此欲复为新垣平邪!'阴求得赵绾、王臧奸利事,以让上;上因废明堂事,诸所兴为皆废。下绾、臧吏,皆自杀;丞相婴、太尉蚡免,申公亦以疾免归。"[1]557-558

---

① 《史记》卷107《魏其武安侯列传》。

窦太后维护道家学说,甚至到了顽固的程度,听不得任何有损老子的言论。《史记·儒林列传》载:"窦太后好老子书,召辕固生问《老子》书。固曰:'此是家人言耳。'太后怒曰:'安得司空城旦书乎?'乃使固入圈刺豕。景帝知太后怒而固直言无罪,乃假固利兵,下圈刺豕,正中其心,一刺,豕应手而倒。太后默然,无以复罪,罢之。居顷之,景帝以固为廉直,拜为清河王太傅。"

二、窦太后思想来源与赵国文化

窦太后出生于赵地清河郡观津县。关于观津的地望,《史记·外戚世家》:"窦太后,赵之清河观津人也。"《正义》注:"在冀州枣强县东北二十五里。"《资治通鉴》卷十三《汉纪五》文帝元年(前179年),胡三省注:"班志,观津县属信都郡,清河郡无观津。盖信都、清河本皆赵地,景帝二年为广川国,四年为信都郡,而清河郡则高帝置,此在未分置之前,故系之清河。杜佑曰:汉观津县在德州蓨县东北。"[1]442《史记·魏其武安侯列传》:"魏其侯窦婴者,孝文后从兄子也。父世观津人。"《史记索隐》:"案:《地理志》观津县属信都。以言其累叶在观津,故云'父世'也。《正义》观津城在冀州武邑县东南二十五里。"《汉书·地理志》:"清河郡,高帝置,莽曰平河。属冀州。户二十万一千七百七十四人,口八十七万五千四百二十二人。县十四。"这是东汉初期清河郡的概况。

窦太后的黄老思想来源应该有五个方面。

(一)吕太后的影响

汉高祖刘邦皇后、汉惠帝生母吕太后吕雉,是西汉初年著名的女主,性格刚毅,做事果断,手段毒辣。《史记·吕太后本纪》:"吕后为人刚毅,佐高祖定天下,所诛大臣多吕后力。"汉高祖崩后不足1年,吕太后就将刘邦的爱姬戚夫人变为"人彘",将戚夫人及其儿子赵王如意残害至死。吕太后政治头脑清醒,实际执政14年,采取了适应社会需要的政策。司马迁评价道:"孝惠皇帝、高后之时,黎民得离战国之苦,君臣俱欲休息乎无为,故惠帝垂拱,高后女主称制,政不出户房,天下晏然。刑罚罕用,罪人是希。民务稼穑,衣食滋殖。"①窦太后少女时"以良家子入宫侍太后",与吕太后朝夕相处多年,深受其执政理念的影响,应在情理之中。

(二)汉朝开国元勋张良的影响

张良是西汉道家思想的先驱。《史记·留侯世家》载,张良的祖父开地、父平

---

① 《史记》卷9《吕太后本纪》。

先后担任韩国相,服务五代韩王。秦灭韩国,"良家僮三百人,弟死不葬,悉以家财求客刺秦王,为韩报仇,以大父、父五世相韩故"。汉高帝六年(前201年)正月,封功臣,刘邦认为:"运筹策帷帐中,决胜千里外,子房功也。"请张良"自择齐三万户"。张良推辞:"始臣起下邳,与上会留,此天以臣授陛下。陛下用臣计,幸而时中,臣愿封留足矣,不敢当三万户。"高祖"乃封张良为留侯,与萧何等俱封。"①张良以谦虚为怀,功成身退。"留侯乃称曰:'家世相韩,及韩灭,不爱万金之资,为韩报雠强秦,天下振动。今以三寸舌为帝者师,封万户,位列侯,此布衣之极,于良足矣。愿弃人间事,欲从赤松子游耳。'乃学辟谷、导引轻身。会高帝崩,吕后德留侯,乃强食之,曰:'人生一世间,如白驹过隙,何至自苦如此乎!'留侯不得已,强听而食。"②张良与吕太后关系密切,窦太后从吕太后处会间接受到张良道家思想的影响。

(三)汉初名相曹参的影响

据《史记·曹相国世家》载,曹参担任齐国丞相时,"闻胶西有盖公,善治黄老言,使人厚币请之。既见盖公,盖公为言治道贵清净而民自定,推此类具言之。参于是避正堂,舍盖公焉。其治要用黄老术,故相齐九年,齐国安集,大称贤相。"曹参代萧何为汉朝相国后,萧规曹随。"举事无所变更,一遵萧何约束。择郡国吏木讷于文辞,重厚长者,即召除为丞相史。吏之言文刻深,欲务声名者,辄斥去之。日夜饮醇酒。卿大夫已下吏及宾客见参不事事,来者皆欲有言。至者,参辄饮以醇酒,间之,欲有所言,复饮之,醉而后去,终莫得开说,以为常。……闻吏醉歌呼,从吏幸相国召按之。乃反取酒张坐饮,亦歌呼与相应和。"曹参做丞相,"见人之有细过,专掩匿覆盖之,府中无事"。他后来告诉汉惠帝:"且高帝与萧何定天下,法令既明,今陛下垂拱,参等守职,遵而勿失,不亦可乎?"③窦太后在吕太后宫中时,对曹参治国方略当有所耳闻,记于心中。

(四)孝文帝的影响

窦太后的丈夫汉孝文帝本身就是黄老思想的笃信者和实践者,"然文帝本修黄老之言,不甚好儒术,其治尚清净无为"[2]96。他在位23年,以民生为重,轻徭薄赋,休养生息。他在遗诏中指出:"朕闻盖天下万物之萌生,靡不有死。死者天地之理,物之自然者,奚可甚哀。当今之时,世咸嘉生而恶死,厚葬以破业,重服以伤生,吾

---

① 《史记》卷55《留侯世家》。
② 《史记》卷55《留侯世家》。
③ 《史记》卷54《曹相国世家》。

甚不取。"①窦太后之所以能得到汉文帝的宠爱,除了年轻漂亮之外,恐怕深层次的因素正是俩人在思想价值观的接近或趋同,汉文帝思想对窦太后的影响无疑是根本的、全面的。《史记·儒林列传》载:"孝惠、吕后时,公卿皆武力有功之臣。孝文时颇征用,然孝文帝本好刑名之言。及至孝景,不任儒者,而窦太后又好黄老之术,故诸博士具官待问,未有进者。"②

(五) 赵国与邯郸文化的影响

窦太后出生于赵地,在故乡度过了童年和少年时期,不可避免地会受到赵文化的影响。《汉书·地理志下》:"赵地,昴、毕之分野。赵分晋,得赵国。北有信都、真定、常山、中山,又得涿郡之高阳、鄚、州乡;东有广平、巨鹿、清河、河间,又得渤海郡之东平舒、中邑、文安、束州、成平、章武,河以北也;南至浮水、繁阳、内黄、斥丘;西有太原、定襄、云中、五原、上党。""赵、中山地薄人众,犹有沙丘纣淫乱余民。丈夫相聚游戏,悲歌忼慨,起则椎剽掘冢,作奸巧,多弄物,为倡优。女子弹弦跕躧,游媚富贵,遍诸侯之后宫。邯郸北通燕、涿,南有郑、卫,漳、河之间一都会也。其土广俗杂,大率精急,高气势,轻为奸。"在赵国与邯郸文化的长期熏陶下,赵地民众男子出豪杰(如战国时廉颇、蔺相如、李牧,汉初南越王赵佗),女性出美女(如秦始皇生母赵姬、汉文帝窦皇后、慎夫人,汉武帝时赵之王夫人、中山李夫人、河间钩弋赵婕好等),这是自战国迄汉代赵文化的独特历史现象,赵文化在窦太后身上则体现出坚定豪迈、顺应自然的精神人格。

三、窦太后与文景之治

窦太后坚持黄老思想不动摇,积极辅佐汉文帝、汉景帝父子两代治国,开辟了汉朝盛世"文景之治",其功不可没。一般认为,"文景之治"的内容主要包括:减免田租算赋、减轻百姓徭役、提倡节俭朴素、重农抑商、平狱缓刑、任用贤良等。[3]72-75 如果从历史大时空观点来看,汉文帝、汉景帝最值得后人称颂的,当是其所拥有的古典人道主义情怀。他们从道家思想出发,以百姓之心为心,以德化民,仁爱天下,改善民众的人权状况,尤以废除肉刑为典型。《资治通鉴》卷十五《汉纪七》文帝十三年载:"齐太仓令淳于意有罪,当刑,诏狱逮系长安。其少女缇萦上书曰:'妾父

---

① 《史记》卷10《孝文本纪》。
② 2014年10月19日至22日,在邯郸学院、中国秦汉史研究会联合主办的"汉代赵国与邯郸文化国际论坛"期间,内蒙古大学王绍东教授向笔者提出,汉文帝生母薄太后对窦太后的思想亦有影响,特记。

为吏,齐中皆称其廉平;今坐法当刑。妾伤夫死者不可复生,刑者不可复属,虽后欲改过自新,其道无繇也。妾愿没入为官婢,以赎父刑罪,使得自新。'"文帝阅后,"怜悲其意",五月下诏书,引用《诗经·大雅·泂酌》"恺弟君子,民之父母"句,称"今人有过,教未施而刑已加焉,或欲改行为善而道无繇至,朕甚怜之!夫刑至断支体,刻肌肤,终身不息,何其刑之痛而不德也!岂为民父母之意哉!其除肉刑,有以易之;及令罪人各以轻重,不亡逃,有年而免。具为令。"遵照文帝旨意,丞相张苍、御史大夫冯敬奏请定律曰:"诸当髡者为城旦、舂;当黥髡者钳为城旦、舂;当劓者笞三百;当斩左止者笞五百,当斩右止及杀人先自告及吏坐受赇、枉法、守县官财物而即盗之、已论而复有笞罪者皆弃市。罪人狱已决为城旦、舂者,各有岁数以免。"[1]495-496

实行10年后,汉景帝即位时现"文帝除肉刑,外有轻刑之名,内实杀人;斩右止者又当死;斩左止者笞五百;当劓者笞三百,率多死"。

于是下诏:"加笞与重罪无异;幸而不死,不可为人。其定律:笞五百曰三百,笞三百曰二百。"[1]511 废除肉刑,在人类历史上无疑是一个重大的社会进步,它在一定程度上改善了汉代百姓的人权,提升了因罪获刑的囚犯的生存质量,促进了生产力的发展。文帝时,"惩恶亡秦之政,议论务在宽厚,耻言人之过失;化行天下,告讦之俗易。吏安其官,民乐其业,畜积岁增,户口寝息。风流笃厚,禁罔疏阔,罪疑者予民,是以刑罚大省,至于断狱四百,有刑错之风焉"[1]496-497。

从汉惠帝、吕太后开始,经过文景之治,到西汉武帝时,汉朝综合国力空前强盛,社会经济文化繁荣,民众安居乐业,社会矛盾相对缓和,出现了中国自秦统一后的第一个"盛世"。《资治通鉴》卷十六《汉纪八》中记载,班固赞曰:"汉兴,扫除烦苛,与民休息;至于孝文,加之以恭俭;孝景遵业。五六十载之间,至于移风易俗,黎民醇厚。周云成、康,汉言文、景,美矣!汉兴,接秦之弊,作业剧而财匮,自天子不能具钧驷,而将相或乘牛车,齐民无藏盖。……继以孝文、孝景,清净恭俭,安养天下,七十余年之间,国家无事,非遇水旱之灾,民则人给家足。都鄙廪庾皆满,而府库余货财;京师之钱累钜万,贯朽而不可校;太仓之粟陈陈相因,充溢露积于外,至腐败不可食。众庶街巷有马,而阡陌之间成群,乘字牝者摈而不得聚会。守闾阎者食粱肉,为吏者长子孙,居官者以为姓号。故人人自爱而重犯法,先行义而后绌辱焉。"[1]547-548 窦太后对于文景时代的贡献,史书虽然并无明文称颂,但究其实际,其功劳是不言而喻的,窦太后在文、景两朝皇帝身后,默默地支持丈夫和儿子,付出了巨大的努力和智慧,应予以充分肯定,因为文景之治是黄老政治思想实践的最重要的成果。

最后,值得一提的是,窦太后对待家人的态度。窦太后虽属良家子,但父母早亡,家道衰败,弟弟被卖。待她被立为皇后时,她才与失散多年的兄弟重逢。《史记·外戚世家》载:"窦皇后兄窦长君,弟曰窦广国,字少君。少君四五岁时,家贫,为人所略卖,其家不知其处。传十余家,至宜阳,为其主入山作炭,暮卧岸下百余人,岸崩,尽压杀卧者,少君独得脱,不死。自卜数日当为侯,从其家之长安。闻窦皇后新立,家在观津,姓窦氏。广国去时虽小,识其县名及姓,又常与其姊采桑堕,用为符信。上书自陈。窦皇后言之于文帝,召见,问之,具言其故,果是。又复问他何以为验?对曰:'姊去我西时,与我决于传舍中,丐沐沐我,请食饭我,乃去。'于是窦皇后持之而泣,泣涕交横下。侍御左右皆伏地泣,助皇后悲哀。乃厚赐田宅金钱,封公昆弟,家于长安。"其姐弟之情令人动容,然而,她并未放纵自己的兄弟骄横胡来。"绛侯、灌将军等曰:'吾属不死,命乃且悬此二人。两人所出微,不可不为择师傅宾客,又复效吕氏大事也。'于是乃选长者士之有节行者与居。窦长君、少君由此为退让君子,不敢以尊贵骄人。"显然,将自己的兄弟培养成为谦谦君子,知礼循法,正是符合窦皇后的心愿。因此,绛侯周勃、灌将军的安排必然得到年轻的窦皇后的支持与鼓励。

窦太后到了中年,随着丈夫离世,长子即位,心态逐渐发生了变化,偏爱小儿子梁孝王刘武,甚至一度想让汉景帝死后传位于小弟刘武,导致梁孝王私欲膨胀,恣意妄为,违法犯罪。《史记·梁孝王世家》记载:"孝王,窦太后少子也,爱之,赏赐不可胜道。于是孝王筑东苑,方三百余里。广睢阳城七十里。大治宫室,为复道,自宫连属于平台三十余里。得赐天子旌旗,出从千乘万骑。东西驰猎,拟于天子。出言跸,入言警。招延四方豪杰,自山以东游说之士莫不毕至。"后来,因景帝立胶东王为太子,梁孝王怨恨大臣袁盎等,指使刺客杀害了袁盎等10余人。在窦太后的袒护下,汉景帝未追究弟弟梁孝王的罪责。窦太后与梁孝王关系十分亲密:"孝王慈孝,每闻太后病,口不能食,居不安寝,常欲留长安侍太后。太后亦爱之。及闻梁王薨,窦太后哭极哀,不食,曰:'帝果杀吾子!'景帝惧,不知所为。"窦太后溺爱小儿子,娇惯放纵的结果,最后害了梁孝王。窦太后对待幼子的态度,与两千年来许多中国普通家庭母亲的心态如出一辙。

参考文献

[1] 司马光. 资治通鉴[M]. 北京:中华书局,1956.
[2] 应劭. 风俗通义校注[M]. 王利器,校注. 北京:中华书局,2010.
[3] 张习礼,林岷. 秦汉大事本末[M]. 北京:中国国际广播出版社,2007.

原载《邯郸学院学报》2015 年第 3 期

汉武帝时期的"赵蛇"之谶解析

——兼论汉代画像中的"蛇"形象

宋艳萍

"赵蛇"事件发生于汉武帝太初四年(前101年),赵国之蛇将邑中蛇群斗死。以往学者对此事关注甚少,其实,史家记载此事有着深刻寓意。本文依据文献记载和汉画像石,力图对此事的历史背景及其深刻寓意加以解析。

一、赵蛇之谶与汉武政治

从汉高祖刘邦斩白蛇起义开始,蛇似乎与汉代社会有着不解之缘。高祖斩白蛇的故事载于《汉书·高帝纪》中:

> 高祖以亭长为县送徒骊山,徒多道亡。自度比至皆亡之,到丰西泽中亭,止饮,夜皆解纵所送徒,曰:"公等皆去,吾亦从此逝矣!"徒中壮士愿从者十余人。高祖被酒,夜径泽中,令一人行前。行前者还报曰:"前有大蛇当径,愿还。"高祖醉,曰:"壮士行,何畏!"乃前,拔剑斩蛇。蛇分为两,道开。行数里,醉困卧。后人来至蛇所,有一老妪夜哭。人问妪何哭,妪曰:"人杀吾子。"人曰:"妪子何为见杀?"妪曰:"吾子,白帝子也,化为蛇当道,今者赤帝子斩之,故哭。"人乃以妪为不诚,欲苦之,妪因忽不见。后人至,高祖觉。告高祖,高祖乃心独喜,自负。诸从者日益畏之。
>
> 高祖乃立为沛公。祠黄帝,祭蚩尤于沛廷,而衅鼓。旗帜皆赤,由所杀蛇白帝子,杀者赤帝子故也。

高祖斩白蛇,成为其起义的符谶。所斩之蛇为白帝之子,刘邦成为赤帝之子。刘邦在立为沛公,正式举起反秦大旗之时,利用了这一符谶,作为得天命的受命之符。因他为赤帝之子,所以旗帜为赤色。班固在《汉书·高帝纪》中曰:"由是推

[作者简介] 宋艳萍(1971—),女,山东泗水人,中国社会科学院历史研究所副研究员,博士。

之,汉承尧运,德祚已盛,断蛇著符,旗帜上赤,协于火德,自然之应,得天统矣。"
"断蛇著符","得天统矣",正是班固对刘邦斩蛇符谶的肯定和神化。可知,刘邦斩蛇在汉代成为天命的表达。从刘邦开始,蛇,成为汉代的一种政治符号。

到汉武帝时期,有关"蛇"的符谶再次出现,那就是太初四年的"赵蛇"事件。班固在《汉书》中两次记载了"赵蛇"事件。第一次在《汉书·武帝纪》中,记载曰:"(太初四年)秋七月,赵有蛇从郭外入邑,与邑中蛇群斗孝文庙下,邑中蛇死。"这件事只作为历史事件记载下来。第二次在《汉书·五行志》中,曰:"武帝太始四年七月,赵有蛇从郭外入,与邑中蛇斗孝文庙下,邑中蛇死。后二年秋,有卫太子事,事自赵人江充起。"班固在叙述完"赵蛇"事件后,马上便引向"巫蛊之祸"。班固将"赵蛇"和"巫蛊之祸"相联,其实是将前者作为后者的符谶。从《汉书·五行志》看,班固似乎将"巫蛊之祸"的罪魁祸首指向了江充,"赵蛇"似乎预示了赵人江充。但仔细研究《汉书·五行志》,我们发现,班固在分析"赵蛇"事件之前,援引了《左传》的两则故事:

> 《左氏传》鲁严公时有内蛇与外蛇斗郑南门中,内蛇死。刘向以为近蛇孽也。先是郑厉公劫相祭仲而逐兄昭公代立。后厉公出奔,昭公复入。死,弟子仪代立。厉公自外劫大夫傅瑕,使僇子仪。此外蛇杀内蛇之象也。蛇死六年,而厉公立。严公闻之,问申繻曰:"犹有妖乎?"对曰:"人之所忌,其气炎以取之,妖由人兴也。人亡衅焉,妖不自作。人弃常,故有妖。"京房《易传》曰:"立嗣子疑,厥妖蛇居国门斗。"

> 《左氏传》文公十六年夏,有蛇自泉宫出,入于国,如先君之数。刘向以为近蛇孽也。泉宫在囿中,公母姜氏尝居之,蛇从之出,象宫将不居也。《诗》曰:"维虺维蛇,女子之祥。"又蛇入国,国将有女忧也。如先君之数者,公母将薨象也。秋,公母薨。公恶之,乃毁泉台。夫妖孽应行而自见,非见而为害也。文不改行循正,共御厥罚,而作非礼,以重其过。后二年薨,公子遂杀文之二子恶、视,而立宣公。文公夫人大归于齐。[1]1467-1468

这两则故事都与蛇有关。一则发生于鲁严公时期,在郑国国都南门,发生了内蛇与外蛇相斗事件,结果内蛇被斗死。六年后,郑国发生了政变,出逃的厉公从外归国,袭君自立。这正与六年前外蛇杀内蛇之符谶相应。班固引用京房《易传》"立嗣子疑,厥妖蛇居国门斗"为结论,认为立嗣子不明确,使国人猜疑,就会发生蛇相斗事件。第二则故事发生于鲁文公时期,有蛇自泉宫出,进入国门。泉宫是鲁文公母亲姜氏曾经居住的地方,这预示着"国将有女忧也"。果然过了几个月,姜氏就去世了。此后二年,文公薨,两公子被杀。班固在引述了《左传》两则关于蛇的故事之后,接着说:"武帝太始四年七月,赵有蛇从郭外入,与邑中蛇斗孝文庙下,邑中蛇死。后二年秋,有卫太子事,事自赵人江充起。"班固的着眼点还是在汉武帝时期的"赵蛇"上。他引《左传》,其实是要为赵蛇之谶寻求历史依据。两则故事,一为立嗣问题,一为女忧问题,这正是班固对赵蛇之谶的历史思考。他似乎并不单纯将赵蛇之谶指向赵人江充,而是暗含着另一层深意,那就是赵婕妤和"尧母门"。

"尧母门"发生于汉武帝太始三年,据《汉书·外戚传》记载:

孝武钩弋赵婕妤,昭帝母也,家在河间。武帝巡狩过河间,望气者言此有奇女,天子亟使使召之。既至,女两手皆拳,上自披之,手即时伸。由是得幸,号曰拳夫人。先是,其父坐法宫刑,为中黄门,死长安,葬雍门。拳夫人进为婕妤,居钩弋宫。大有宠,太始三年生昭帝,号钩弋子。任身十四月乃生,上曰:"闻昔尧十四月而生,今钩弋亦然。"乃命其所生门曰尧母门。

这是《汉书》所记赵婕妤和"尧母门"的故事。赵婕妤是汉昭帝的生母,她的出现充满了传奇色彩。汉武帝在巡狩过河间时,望气者说此处有奇女,这女子的奇表现在两个方面:一是两手握拳,谁都打不开,而汉武帝却能轻易打开。二是普通女子为怀胎十月生子,而赵婕妤却怀胎十四个月生子。汉武帝感到惊异,古代的五帝之一尧是其母怀胎十四月而生,没想到自己的儿子也是如此,于是他将生昭帝的钩弋宫宫门称为"尧母门"。汉武帝命名宫门为"尧母门",含有深刻寓意,其实是将赵婕妤比喻为尧母,而将儿子弗陵比喻为尧。

"尧母门"背后有着怎样的历史背景?弗陵出生时,当时的皇后是卫子夫,太子是其子刘据。据《汉书·外戚传》记载:"卫后立三十八年,遭巫蛊事起。"卫子夫被立为皇后时二十多岁,到弗陵出生时,她已经五六十岁。据《汉书·外戚传》记载:"后色衰,赵之王夫人、中山李夫人有宠。"说明在弗陵出生之前卫皇后早就因色衰而失宠了。汉武帝宠爱的妃子李夫人说过一段经典的话:"夫以色事人者,色衰而爱弛,爱弛则恩绝。上所以挛挛顾念我者,乃以平生容貌也。今见我毁坏,颜色非故,必畏恶吐弃我,意尚肯复追思闵录其兄弟哉!"[1]3952"色衰而爱驰,爱驰而恩绝",这是大多数后妃的宿命,卫皇后也不例外。太子刘据六岁被立为太子,到弗陵出生前,太子已经失宠。这固然和其母卫皇后失宠有关,更主要的是汉武帝对他很不满意。第一,太子的性格和汉武帝不同。刘据"性仁恕温谨,上嫌其材能少,不类己"[2]726。汉武帝是个雄才大略、非常有个性的人,刘据仁恕温谨,显然和汉武帝性格不同。据《汉书·武五子传》记载:"(太子)少壮,诏受《公羊春秋》,又从瑕丘江公受《穀梁》。及冠就宫,上为立博望苑,使通宾客,从其所好,故多以异端进者。"汉武帝喜欢《公羊春秋》,他立的学官为公羊春秋博士,而不是谷梁春秋博士。他让刘据学习《公羊春秋》,但刘据却喜爱《谷梁春秋》,这在思想层面上就与汉武帝相抵触。第二,太子已经形成一定势力,成为武帝的潜在威胁。据《资治通鉴》记载:"上用法严,多任深刻吏;太子宽厚,多所平反,虽得百姓心,而用法大臣皆不悦。皇后恐久获罪,每戒太子,宜留取上意,不应擅有所纵舍。上闻之,是太子而非皇后。群臣宽厚长者皆附太子,而深酷用法者皆毁之;邪臣多党与,故太子誉少而毁多。卫青薨,臣下无复外家为据,竟欲构太子。"[2]727 太子在武帝出京时代理朝政。因为性格宽厚,深得民心,他周围依附了一批宽厚长者型的大臣,但同时得罪了一批奸佞酷烈之臣。这些酷吏都是汉武帝所宠信的,而宽厚长者则不得武帝信任,所以太子得到的诋毁远远大于赞誉。太子的宽厚执政与武帝的严刑峻法相悖,这令汉武帝非常不满,且汉武帝是个多疑之人,太子势力让他如芒刺在背,从心里上对太子产生了防备和猜忌。汉武帝一共有六个儿子:"卫皇后生戾太子,赵婕妤生孝昭帝,王夫人生齐怀王闳,李姬生燕刺王旦、广陵厉王胥,李夫人生昌邑哀王髆。"[1]2741 王夫人所生齐怀王闳早亡,"燕王旦、广陵王胥行骄嫚"[1]217,"皆多过失"[1]2932 汉武帝对他们很失望。李夫人虽然受宠,但她很年轻就去世了,她所生的儿子昌邑哀王髆,因为没有母亲做靠山,也失去了皇帝的关注。太子刘据失宠,其他儿子也令武帝失望,赵婕妤生下弗陵,让汉武帝看到了新的希望,从心理上倾向于立他为嗣。

太子刘据在处理政事时"多所平反",打击酷吏,得罪一批邪臣,他们都欲除太子而后快。太子的舅舅卫青去世后,太子失去了政治上最大的靠山,政治地位变得岌岌可危。邪臣的代表为江充,江充曾惩办在御用驰道中疾驰的太子家使,太子亲自出面说情,江充也不给面子。江充处理太子家使事件时的铁面无私,得到了汉武帝的赞赏,称赞他道:"人臣当如是矣"[1]2178,并将他升为水衡都尉。江充被升为水衡都尉时,正好此年弗陵出生,即太始三年(前94年),则江充与太子结怨在"尧母门"之前不久。江充不顾太子情面,汉武帝非但没有怪罪他,反而对他大为赞赏,并升官加爵,从侧面反映了汉武帝与太子关系的微妙。汉武帝年事已高,疾病缠身,江充害怕一旦武帝去世太子登基,会对他进行打击报复,所以急于寻找机会除掉太子。江充从"尧母门"透露的信息得知,汉武帝已经不信任"不类我"的太子,其喜欢并寄予希望的,是"尧母门"中所生的儿子弗陵。正巧阳陵硃安世状告丞相公孙贺的儿子利用巫蛊害人,江充趁机上书汉武帝,说他的病都是因为有人使用巫蛊所致。汉武帝相信了此事,任命江充为使者,专门负责查办巫蛊事件。江充利用这次机会,诬陷太子,"因言宫中有蛊气,先治后宫希幸夫人,以次及皇后,遂掘蛊于太子宫,得桐木人"[1]2179。太子被逼无奈,只能反叛,最终被朝廷镇压,数万人受牵连而被诛。这就是汉武帝晚年震惊朝野的"巫蛊之祸"。"巫蛊之祸"是汉武帝晚年一次重大的政治事件,在这次事件中,数万人死亡,皇后、太子以及大批大臣死于非命,给汉武政治带来了不可估量的损失。可以说,"巫蛊之祸"是西汉由盛到衰的转折点。江充等邪臣发动"巫蛊之祸"并非偶然,而是汉武帝晚期各种矛盾冲突的结果。审视"巫蛊之祸"发生的原因,"尧母门"事件是难逃其咎的。没有"尧母门"所透露出的汉武帝的心思,江充等邪臣是不敢向太子发难的。

"巫蛊之祸",不仅赵人江充负有不可推卸的责任,而且与"尧母门"事件也有着因果关系。"尧母门"中,赵婕妤为赵人,她生的儿子,最终战胜汉武帝的其他儿子,顺利地当上了皇帝,这和太始四年发生的赵蛇和邑中蛇群相当而最终取胜的现象何其相似。"尧母门"存在的问题,一为立嗣问题,它使刘据的太子地位产生动摇,使国人产生猜疑;一为女忧问题,它不仅使卫子夫的皇后地位产生动摇,而且使赵婕妤的生命受到了威胁。不久,卫皇后在"巫蛊之祸"中被害,赵婕妤也被残忍地逼死。"尧母门"存在的这两个问题,正是班固所引《左传》蛇故事中存在的问题。班固记载"赵蛇"事件的真正目的,其实是映射"尧母门",只不过班固身处刘汉王朝,不敢明言,只是用了"微言大义",将矛头指向了江充而已。后世史家不能洞明此意,只原文转录了班固的文字,如清代张尚瑗在《左传折诸·卷三》中曰:"内蛇与外蛇斗于郑南门中,《京房易传》曰:'立嗣立疑,厥妖蛇居国门斗。'又汉武帝太始四年七月,赵有蛇从郭外入,与邑中蛇斗孝文庙下,邑中蛇死。后二年秋有戾太子事,自赵人江充起。"张尚瑗亦将"赵蛇"和赵人江充联系在一起,惜没有挖掘出赵蛇之谶的更深层含义。

二、汉画像石中的蛇图像

先秦秦汉时期,蛇与上帝或帝王息息相关。春秋时期,秦"文公梦黄蛇自天下属地,其口止于鄜衍。文公问史敦,敦曰:'此上帝之征,君其祠之。'于是作鄜畤,用三牲郊祭白帝焉"[3]1358。秦文公所梦之蛇,被史敦诠释为上帝之征。班固在论述赵蛇之谶时,所引《左传》两个关于蛇的故事中,蛇都和诸侯王有关,预示了王位的变更和争夺。汉代之蛇,也多与神祇或帝王相关。据陈留《风俗传》记载:"沛公起兵野战,丧皇妣于黄乡。天下平,乃使使者梓宫招魂幽野,有丹蛇在水,自洗濯,入于梓宫,其浴处仍有遗发,故谥曰昭灵夫人。因作园陵、寝殿、司马门、钟虡、籍守。"这里的丹蛇,指刘邦母亲的魂魄。丹,和刘邦标榜为赤帝子有关。蛇,成为天子母亲灵魂的象征物。东汉安帝在幼年时期,"数有神光照室,又有赤蛇盘于床笫之间。年十岁,好学《史书》,和帝称之,数见禁中"[4]203。幼年的汉安帝房间里经常有神光照耀,而且还有赤蛇盘于床笫之间。赤,是因为东汉确立了火德之制,崇尚赤色。神光和赤蛇成为汉安帝具有帝王之相的标志。

汉代的画像石,有一些关于蛇的图像。按照图像所表达的意境,我们将之分为神仙世界和现实世界两部分:

第一,刻画神仙世界中的蛇形象。

在神仙世界中,蛇的形象一般表现为人首蛇身的神祇形象。马王堆帛画是西汉前期的画像,在帛画的最高处,有一个人首蛇身的神祇(见图1、图2):

在帛画中,最上部的中间,有一个人首蛇身的神祇。这个神祇是谁?学术界存在分歧,有人认为是伏羲,有人认为是女娲,也有人认为是太一。到底是哪位神祇,至今还没有定论。但不可否认,他确实是一位在神仙世界中拥有最高地位的神祇。

西汉后期开始,墓葬中的画像增加,有画像石、画像砖等不同类型。在墓葬画像中,人首蛇身形象大量出现。山东嘉祥武氏祠有一幅古帝王画像,排在最前面的帝王,是两个人首蛇身者合体形象(见图3):

图像左侧的榜文是:"伏羲仓精,初造王业,画卦结绳,以理海内。"从榜文可知,右边戴帽持规者为伏羲,左边人首蛇身者应该是女娲。四川简阳出土的画像石棺上,也有人首蛇身的形象(见图4):

图1 马王堆一号墓帛画

图2 马王堆一号墓帛画局部

赵文化研究

图3 山东嘉祥武梁祠 伏羲女娲图　　**图4 简阳三号石棺 伏羲·女娲·玄武图**[5]80

上面的榜题分别写着"伏羲""女娲",这也为武梁祠画像中与伏羲合体者为女娲提供了直接证据。从山东武梁祠和四川简阳石棺的榜题可以看出,汉代人首蛇身的形象,大多为伏羲、女娲。除伏羲、女娲形象外,还有人首蛇身手捧日、月的形象,有人认为是日神和月神。不管是伏羲、女娲,还是日神、月神,人首蛇身形象代表的都是当时人们心目中地位甚高的神祇形象。

第二,刻画现实世界中的蛇形象。

汉代画像所刻画的现实世界中也出现了很多蛇的形象,大多与斩蛇相关。河南南阳针织厂墓出土了一幅斩蛇画像(见图5):

图5 河南南阳针织厂墓画像石[6]14

280

图5中左边的人手拿长斧,斧子从中上部折断,此人惊慌失措,身子后倾,险些跌倒。右边之人被一条蛇缠绕,他手持长剑,做拔剑出击状。很多学者认为这幅图是"高祖斩蛇"[6]7,因无榜题,我们不敢断言,但图中所描绘的场景和《史记·高祖本纪》中描绘的"高祖被酒,夜径泽中,令一人行前。行前者还报曰:'前有大蛇当径,愿还。'高祖醉,曰:'壮士行,何畏!'乃前,拔剑击斩蛇。蛇遂分为两,径开"场景非常相似。高祖斩蛇的故事,在汉代应该影响很大,画像石中刻画这一故事不足为怪。

在汉画像石中,还有一些图像和斩蛇图相类似。如山东石刻博物馆藏有一幅画像(见图6):

图6　山东石刻博物馆藏戏蛇图[7]95

图6中间一人表情木讷,似处于睡梦之中。一条蛇贯穿其身,蛇的上半身从其右边袖子露出,下半身从其左边袖子露出。两边分别有一武士。左边武士手持锤子,右边武士手持斧子,都做搏击状。《中国画像石全集》的整理者认为图中刻画的是"戏蛇",将之作为一个游戏。这幅画是不是"戏蛇",因无榜题我们不敢断言,但这幅画和山东嘉祥武氏祠中的一幅画像意境相似(见图7):

图7这幅画像中,中间一人卧地做睡眠状,一条蛇缠在他身上。两边各一武士。左边武士手持锤子,右边武士手持斧子,做搏击状。图6和图7中,除了中间之人一个立着,一个躺着外,其他没有区别,两者反映的应该是同一母题。图6上面的画像是胡汉交战图,图7上面的画像是一些历史故事,说两图为游戏,似乎不符合它们所处整幅画像石图像的意境。刘辉认为图7反映的是"汉承尧运"[9],认为中间所卧之人为刘邦的母亲刘媪,反映的场景为:"其先刘媪尝息大泽之陂,梦与神遇。是时雷电晦冥,太公往视,则见蛟龙于其上。已而有身,遂产高祖。"这一观点很有价值。

281

赵文化研究

图7　山东嘉祥武氏祠左石室后壁小龛东侧画像[8]57

四川雅安高颐阙上的一幅画像似乎与图7相似（见图8）：

图8　雅安高颐阙画像[5]68

图中一武士侧卧而眠，在他身上缠绕着一条蛇。这幅画和图7的意境相似，都是一人卧地而眠，身上或旁边有一条蛇，两者反映的应该为同一母题。整理人员将图8称为"高祖斩蛇"①[5]68，仔细观察此图，确实和《史记·高祖本纪》中记载的高祖斩蛇后"醉，因卧"的场景相似。如果图7和图8反映的为同一母题，图6又和图7所刻画的情景相似，似乎也应和图8有一定联系。如果三幅画为同一母题，则都与斩蛇故事息息相关。因无榜题，我们不敢对图6、图7、图8这类图像的含义下论断，但无论是刘媪感蛇生子，还是高祖斩蛇，都与帝王息息相关，都是汉代王权符谶的艺术表达形式。

从以上可以看出，汉画像中关于蛇的图像，无论是神仙世界还是现实世界，所刻画的都与帝王相关。伏羲女娲，是传说中的三皇。斩蛇图、戏蛇图，也都与汉代

---

① 另外《出土汉画像石破解千年帝王相》（《彭城晚报》2009年10月30日C06版）也持此说。

帝王的符谶相关。我们再回头看汉武帝时期的"赵蛇"之谶，这里的蛇，不应该专喻卑臣江充，或者江充只是其中之一，真正所指的，也是最为重要的，应该是赵婕妤和"尧母门"中所生子弗陵。是赵女所生的孩子，战败了汉武帝的其他儿子，成为新的天子。

参考文献

[1] 班固. 汉书[M]. 北京：中华书局，1996.

[2] 司马光. 资治通鉴[M]. 北京：中华书局，1995.

[3] 司马迁. 史记[M]. 北京：中华书局，1982.

[4] 范晔. 后汉书[M]. 北京，中华书局，1982.

[5] 中国画像石编辑委员会. 中国画像石全集·7[M]. 济南：山东美术出版社，2000.

[6] 中国画像石编辑委员会. 中国画像石全集·6[M]. 济南：山东美术出版社，2000.

[7] 中国画像石编辑委员会. 中国画像石全集·2[M]. 济南：山东美术出版社，2000.

[8] 中国画像石编辑委员会. 中国画像石全集·1[M]. 济南：山东美术出版社，2000.

[9] 刘辉. 武氏祠中"汉承尧运"的汉画像解读[J]. 徐州工程学院学报，2007(7)：29-31.

原载《邯郸学院学报》2015年第2期

战国秦汉赵地学术特征探微

臧知非

关于战国秦汉时期赵地的地理空间和文化特征,班固和司马迁有过明确的界定和概括。《汉书·地理志》云:"赵地,昴、毕之分野。赵分晋,得赵国。北有信都、真定、常山、中山,又得涿郡之高阳、鄚、州乡。东有广平、钜鹿、清河、河间,又得渤海郡之东平舒、中邑、文安、束州、成平、章武,河以北也。南至浮水、繁阳、内黄、斥丘。西有太原、定襄、云中、五原、上党。上党,本韩之别郡也,远韩近赵,后卒降赵,皆赵分也。"以今地况之,约为河北、山西的大部。司马迁在《史记·货殖列传》概括赵地的社会文化特点云:

> "种、代,石北也,地边胡,数被寇。人民矜懻忮,好气,任侠为奸,不事农商。然迫近北夷,师旅亟往,中国委输时有奇羡。其民羯羠不均,自全晋之时固已患其僄悍,而武灵王益厉之,其谣俗犹有赵之风也。故杨、平阳陈掾其间,得所欲。温、轵西贾上党,北贾赵、中山。中山地薄人众,犹有沙丘纣淫地余民,民俗懁急,仰机利而食。丈夫相聚游戏,悲歌忼慨,起则相随椎剽,休则掘冢作巧奸冶,多美物,为倡优。女子则鼓鸣瑟,跕屣,游媚贵富,入后宫,遍诸侯。"[1]3263

从地理和文化渊源上看,赵地与胡人接壤,又有中山国和殷商遗民的历史基因,其文化基础和经济结构具有多样性。但是,司马迁是立足于"货殖"、从"经济"这个层面概括之的,时间也仅仅限于汉武帝以前,还缺少系统性。而班固的总结则更全面。《汉书·地理志》云:

> 赵、中山地薄人众,犹有沙丘纣淫乱余民。丈夫相聚游戏,悲歌忼慨,起则椎剽掘冢,作奸巧,多弄物,为倡优。女子弹弦跕躧,游媚富贵,遍诸侯之后宫。

[作者简介] 臧知非(1958—),男,江苏宿迁人,苏州大学社会学院教授,博士研究生导师,从事中国古代史教学和研究。

邯郸北通燕、涿,南有郑、卫,漳、河之间一都会也。其土广俗杂,大率精急,高气势,轻为奸。

太原、上党又多晋公族子孙,以诈力相倾,矜夸功名,报仇过直,嫁取送死奢靡。汉兴,号为难治,常择严猛之将,或任杀伐为威。父兄被诛,子弟怨愤,至告讦刺史二千石,或报杀其亲属。

钟、代、石、北,迫近胡寇,民俗懻忮,好气为奸,不事农商,自全晋时,已患其剽悍,而武灵王又益厉之。故冀州之部,盗贼常为它州剧。

定襄、云中、五原,本戎狄地,颇有赵、齐、卫、楚之徙。其民鄙朴,少礼文,好射猎。雁门亦同俗,于天文别属燕。[2]1656

比较班固和司马迁文,班固除了抄录司马迁的总结以外,也受到司马迁思想维度的影响,从经济特点、历史传统不同层面揭示风俗和行为特点及原因。众所周知,班固和司马迁的历史观有别,写史的目的有异,对诸多相同问题的看法和材料取舍都有不同,但是,班固的叙述几乎原封不动地接受了司马迁的记述,说明司马迁所说的风俗文化终西汉之世没有改变,而班固看到了更多的现象,对区域文化特点的了解比司马迁要丰富一些,所以班固的叙述要比司马迁更加全面。

比较《史记》《汉书》文字,对战国秦汉赵地文化特点可以有如下的认识:一是生产经营方面,"不事农商、仰机利而食",走捷径致富,生活奢靡。"丈夫相聚游戏,悲歌忼慨,起则椎剽掘冢,作奸巧,多弄物,为倡优。女子弹弦跕躧,游媚富贵,遍诸侯之后宫","嫁取送死奢靡"。二是民众性格"矜懻忮,好气,任侠为奸","民俗懻急","大率精急,高气势,轻为奸"。三是善用心计,重视复仇,"以诈力相倾,矜夸功名,报仇过直"。四是民风古朴醇厚,"民鄙朴,好射猎,少礼文"。各个方面既有共性又有地域特征,均决定于其历史基础和现实条件:或者是因为"地近胡",或者是因为殷商遗风,或者是因为中山国的历史沉淀,或者是因为地理上的四通八达,或者是晋文化的遗传基因,不一而足。这些,学界有过充分的研究,无须笔者饶舌。① 笔者关注的是赵地学术特点问题。

司马迁和班固是就赵地民众的价值观念、行为特征的总体而言的,属于民俗的范畴,并没有涉及学术问题。但是,无论是战国时代的赵国,还是秦汉时代的赵地,其学术发展是不容忽视的,尽管人们在谈到先秦法家时,不约而同地认为三晋是法

---

① 以《史记》《汉书》的概括为引导研究先秦两汉赵文化的论著甚多,或者是就某一个现象作出探讨,或者作全面的叙述。系统研究者的代表作,参见卢云:《汉晋文化地理》,西安:陕西人民教育出版社,1991年。王子今:《秦汉区域文化研究》,成都:四川人民出版社,1998年。

家思想的发源地,赵国自然是法家思想的发源地之一。赵武灵王以"胡服骑射"为特征的社会改革影响深远,从一个侧面折射着当时赵国的学术发展,但是人们很少去思考当时赵国的学术问题,对于以后赵地的学术发展涉及尤少。不能不说,这是受了"矜懻忮,好气,任侠为奸","民俗懁急","大率精急,高气势,轻为奸"等先入之见的影响。若从思想意识与历史实践相统一的层面考察,无论是赵武灵王之改革,还是平原君之养士,都说明了学术发展之一斑:因为有了对传统与现实的思考,赵武灵王才能排除阻力取得改革的成功;平原君所养之士固然以刺客死士居多,但是不乏一般意义上的知识分子。正是具备了这样的历史基础,才孕育出荀子这样的思想大家,吕不韦在邯郸经商才能具有卓越的政治眼光,不仅"钓奇"成功,而且能主持编纂出《吕氏春秋》这样的杂而成家的大书;也正是这样的历史传统,董仲舒才综合众说而形成新的儒学。关于赵武灵王改革、平原君养士与赵国学术发展的关系不在本文讨论范围之内,本文仅就荀子、吕不韦、董仲舒思想的学术特点,略述赵地的学术特征:这就是立足现实、综合诸说。

关于荀子之学的学派归属,多以为是儒家,有的学者认为荀子是儒家的集大成者;或者以为自成一家,谓之荀学。笔者赞同后说,荀子是自成学派的。就本文来说,学派归属并不重要,这只是后人的排队而已,故不加讨论,重要的是要明白荀子思想的特征,这只要对荀子基本主张稍加概括就不难明白。荀子之学如人性自然、化性起伪、天人相分、制天命而用、隆礼重法、义利并重、道法后王、劝学论师,以及对君民关系、君臣关系等的分析论证,在先秦诸子中最具有科学理性,均是综合诸子而自成体系。这些都是植根于赵国这块学术沃土之上的。

任何学术思想均有其相应的生成基础,有着地域属性,荀子之学也是如此。当然,这是个有争议的话题。因为文献中对荀子在故乡生活的时间有不同的记载,对荀子故里也有不同的理解。《史记》仅仅谓荀子是赵人,然而赵国地域宽广,究竟出生于何处,是生活在赵国都城邯郸,还是在别的城邑;如果在别的城邑,这个城邑的文化传统接近于邯郸还是更多地带着其他区域的文化特征……对于理解荀子之学与赵文化的关系是大有区别的。笔者以为,荀子即使不是出生于邯郸,其学术活动也以邯郸为中心,因为在当时的历史条件下,学术中心和政治经济中心合一,依附于政治经济中心而存在,不存在学术活动脱离政治经济中心独立发展的问题。现在需要说明的是荀子的思想基础是在邯郸奠定的还是游学齐国而后形成的。如果是后者,则无从说明赵国的学术特点。这要对文献中荀子是15岁游学齐国还是50岁游学齐国作出明确的说明。

荀子50岁游学齐国的记载见于《史记》。《史记·孟子荀卿列传》谓：

> 荀卿，赵人也。年五十，始来游学于齐。驺衍之术迂大而闳辩。奭也文具难施。淳于髡久与处，时有得善言。故齐人颂曰："谈天衍，雕龙奭，炙毂过髡"。田骈之属皆已死。齐襄王时，而荀卿最为老师。齐尚修列大夫之缺，而荀卿三为祭酒焉。齐人或谗荀卿，荀卿乃适楚，而春申君以为兰陵令。

按司马迁文，"驺衍之术迂大而闳辩。奭也文具难施。淳于髡久与处，时有得善言。故齐人颂曰：'谈天衍，雕龙奭，炙毂过髡'。田骈之属皆已死"并非如学者所说是错简，和荀子游学齐国没有关系，而是在交代荀子游学齐国时的学术背景。即荀子到齐国游学时，曾经享有盛名的邹衍、邹奭、淳于髡、田骈等辈已经离世，但齐襄王并没有因为邹衍、邹奭、淳于髡、田骈等辈的离世而改变招来天下学人的方针，而是继续"修列大夫之缺"。在这一背景之下，荀子来到齐国，并且成为学术领袖，"三为祭酒焉"。刘向在编定《荀子》之书时，做《荀卿书录》说明《荀子》一书的由来和荀子事迹，认为荀子是50岁游学于齐国，云：

> 孙卿赵人，名况。方齐宣王、威王之时（引者按：系威王、宣王之误。清人卢文弨已经指出），聚天下贤士于稷下尊崇之。若邹衍、田骈、淳于髡之属甚众，号曰列大夫，皆世所称，咸作书刺世。是时孙卿有秀才，年五十，始来游学，诸子之事皆以为非先王法也。荀卿善为《诗》、《礼》、《易》、《春秋》，襄王时，孙卿最为老师，齐尚修列大夫之缺，而荀卿三为祭酒焉。[3]557

刘向的50岁之说，是根据司马迁之说而来，还是另有所本，无法确证。但是，从逻辑上判断，刘向博览群书，收集到的当时流传的荀子之书320篇，删除重复的292篇，确定32篇为定本，即今本《荀子》。关于荀子事迹，刘向所见，除了《史记》以外，可能有其他文献。当这些文献对荀子行年额记载出现矛盾时，自然要考订而后立说。所以刘向和司马迁一样，谓荀子年五十游学于齐，只有两种可能：就是刘向所见图书对荀子游学齐国的年龄没有不同记载；或者虽然有不同记载，经过刘向考订以后认为不可信，摒而不用。

荀子15岁游学齐国的记载见于东汉应劭《风俗通义》。《风俗通义·穷通》云：

> 威王、宣王之时，聚天下贤士于稷下，尊宠之。若邹衍、田骈、淳于髡之属甚众，号曰列大夫，皆世所称，咸作书刺世。是时孙卿有秀才，年十五始来游学，诸子之事皆以为非先王之法也。孙卿善为《诗》《礼》《易》《春秋》，至襄王时，孙卿最为老师。齐尚修列大夫之缺，而荀卿三为祭酒焉。

明显,《风俗通义》所说荀子事迹是照抄《荀卿书录》的,唯一不同的是谓荀子"年十五始来游学"。现代学者或主50岁游学于齐,或主15岁游学于齐,于是出现了荀子行年之争。从20世纪初叶即有争议,至今没有定论。① 这直接关系到荀子在邯郸或者赵国学术活动及其思想体系的形成与赵国学术基础问题,需要作出明确说明。

笔者以为,从目前所见传世文献难以对荀子行年作出确定无疑的判断,只能是从历史和逻辑相统一的层面思考问题,在现有资料条件下,得出符合逻辑的结论。比较而言,应当以《史记》记载为是。这不仅仅因为《史记》成书距离荀子时代较近,本着时代较近可信性大的原则,②司马迁记载的可信性要大于应劭,更主要的是"年五十始来游学"所透露的历史信息。

胡适先生谓,"年五十始来游学,这个'始'字含有来迟了的意思。若是年十五,决不必用'始'字了"。这是非常重要的见解,《颜氏家训·勉学》谓"荀卿五十始来游学,犹为硕儒",这"犹为硕儒"四个字正说明了"始来游学"之"始来"是"才来"的意思,表示荀子50岁才来游学,但仍然成为一代硕儒。颜之推以此勉励子孙只要潜心向学,年龄再大,也能学有所成,不能以年龄大为借口逃避向学。游国恩先生认为胡适看法"或是错的",以为应注意"游学"二字的含义:"游学于游宦和游说不同,荀子游学于齐与孟子游梁、墨子游楚和苏秦游说六国不同。它来齐国游学,必在年少时代。'始'字本训为初,意思是说荀子十五岁的时候初到齐国来读书。若五十岁才来到齐国读书未免太迟了。"③钱穆先生谓:"以年十五之说为是。何者?曰'游学'是特来从学与稷下诸先生而不明一师者,非五十以后为师之事也。曰'有秀才',此年少英俊之称,非五十以后学成为师之名也。曰'始来游学'此对以后之最为老师而言,谓荀卿之始来尚年幼为从学,而其后最为老师。"④这是主张荀子"年十五"游学于齐的代表性意见。

笔者以为,游国恩和钱穆先生的理解粗粗看去似无问题,细绎则不能成立。因

---

① 在现代学术史上,荀子游学齐国的年龄之争,胡适首开其端。胡适在《中国哲学史大纲》卷上认为,"年五十始来游学,这个'始'字含有来迟了的意思。若是年十五,决不必用'始'字了"(商务印书馆,1919年,第305页)。胡适之说一出,首先有游国恩著《荀卿考》反对,认为是荀子"年十五"游学于齐;梁启超《荀卿及荀子》、钱穆《荀卿考》均持"年十五"游学齐国说。赞同胡适,主张荀子"年五十"游学于齐的则有罗根泽《荀卿游历考》。以上诸文具刊《古史辨》第四册,上海:上海古籍出版社,1982年(下同)。现在论者考证荀子行年时,无论是采纳哪一家,所依理由,均未超出上述诸文。
② 罗根泽:《荀卿游历考》。
③ 游国恩:《荀卿考》,《古史辨》第四册,第95页。
④ 钱穆:《荀卿考》,《古史辨》第四册,第115—116页。

为即使是在现代汉语语境下,"游学"并不仅仅是求学,而带有着学术交流的成分在内,需要以相应的学术素养为基础。学有所成,周游四方,以文会友,交流提高者,也可称之为"游学",故不能把"游学"狭义地理解为"读书",谓荀子游学于齐是来"齐国读书"。稷下诸公,享受列大夫的待遇,个个学有所长,不治而议论,其门下固然有生徒,但是起码要系名于某位老师名下。15岁的荀子学不宗于一家,怕未得列于其中,所以说荀子"游学于齐"是到"齐国读书"意有未周。当然,这个误解的发明人不是游国恩先生,也不是钱穆先生,应该是应劭。东汉时,因为察举的需要,为了扩大影响,读书人特别是年轻学子游学他方,投附名师门下,蔚为风气,应劭根据自己的理解,觉得荀子50岁才游学于齐,有些太晚,故而改50为15,后人不解,而是其说。应劭的《风俗通义》并非历史著作,而是一部根据事实纠正流行观点之谬的著作。举荀子等人事迹是为了自己对"穷通"的理解,即对于士人来说,为了自己的理想奔走四方,看上去四处碰壁,但并不存在世俗心目中的"穷"的问题。只要心目中的"道"在,理想在,永远不"穷"。所举事迹只要能说明自己的主张即可,对所举事迹是否准确,并不在意。所以,应劭的"年十五始来游学",要么是传抄之误,要么是应劭觉得50岁才来游学太晚而改。至于解"秀才"是"年少英俊之称"则有望文生义之嫌。西汉时,秀才是察举科目,是才学出众的意思,故而举"秀才"为官,和年龄没有关系,和现代意义的秀才是两个概念。刘向推崇荀子之学,和那些"作书刺世"的田骈之辈不相上下,才谓"荀卿有秀才"。这"有秀才"之"有"已经表明"秀才"非"年少英俊"之意,而是说荀子才学超群,有汉代秀才之学而游学稷下。正因为如此,荀子才能够"最为老师""三为祭酒"。若是15岁即游学稷下,经过30多年,到了50岁以后,邹衍、田骈之属均已作古,才"最为老师""三为祭酒",这不过是因为年龄大的原因而已,实在是没有什么可以称道之处。司马迁、刘向没有必要称美,颜之推也没有必要举以勉励子孙。

至此,我们可以得出结论,荀子是到了50岁的时候才游学齐国,其思想体系已经完成,赢得世人认可,才逐步成为学宫领袖,"最为老师"而"三为祭酒"。这"三为祭酒"很可能是连续三次任祭酒,也可能是多次(先秦时代,三亦指作多次),这儿的祭酒是礼仪性职位,而非职官性质,也无权干涉稷下学人的学术活动如写什么和不写什么,等等。也就是说,荀子的思想在游学齐国之前已经成熟,此间固然不排除游学其他国家和地区,但显然是植根于故乡。

现在谈吕不韦与赵国的学术关系问题。古往今来的研究者,无不以为吕不韦是一个商人,是一个善于投机并取得巨大成功的悲剧性人物,和思想学术特别是和赵文化似乎没有什么关联,既不是思想家也不是学者,虽然有《吕氏春秋》传世,但是《吕氏春秋》是其宾客们的集体著作,不是他的思想展现。这当然有其道理,但是仔细分析,又不尽然。班固把《吕氏春秋》作为杂家的代表,其特色是"兼儒墨,合名法,知国体之有此,见王治之无不贯,此其所长也"。颜师古注说:"王者之治,于百家之道无不贯综"。[2]1742 所谓杂家,杂而成家,这个"家"就是"王治"的理论体系:"王者之治,于百家之道无不贯综。"《吕氏春秋》的任务就是把百家之道"贯综"于王治。吕不韦编纂此书的目的就是要秦王嬴政能够参照执行,治理即将到来的统一王朝。吕不韦在《吕氏春秋·序意》中不无自得地借口回答"良人请问十二纪"时说:"尝得学黄帝之所诲颛顼矣,爰有大圜(圆)在上,大矩在下,汝能法之,为民父母。盖闻古之清世,是法天地。"[4]648 很显然,吕不韦以黄帝自居,希望嬴政像颛顼师从黄帝那样接受自己学说。这里透露出这样一个历史信息:吕不韦赞赏"王道",希望统一以后,嬴政能够实行"王道"政治,不要像以往那样继续"霸道"传统。这个"王道"理论和吕不韦的政治观是分不开的,也可以说是吕不韦政治主张的具体化。

众所周知,稷下学宫曾经聚集天下学人,不治而议论,学术自由,思想解放,可谓盛极一时,但是并没有形成系统的理论,使执政者有不知所宗之嫌;四公子养士,名满天下,但是更没有什么理论建树,也没有给本国政治带来改良。在这一背景之下,吕不韦"以秦之强,羞不如,亦招致士,厚遇之,至食客三千人。是时,诸侯多辩士,如荀卿之徒,著书遍天下。吕不韦乃使其客人人著所闻,集论以为八览、六论、十二纪,二十余万言。以为备天地万物古今之事,号曰《吕氏春秋》而布咸阳市门,悬千金其上,延诸侯游士宾客能增损一字者予千金"[1]2510。吕不韦是"以秦之强,羞不如"而"招至士"的,是为了秦国养士,诸侯之士来秦者,能仕者仕之,能著述者著述之。著述要有宗旨,这个宗旨谁来确定?衡以当时学界,怕没有哪一位能够承担此任而得到众多学人的认可。如果要这些门客讨论而后决定,衡以稷下学宫的学术经验,更是难以确定。所以,只能由吕不韦来定。吕不韦对各家各派的思想主张不一定清楚,但是清楚自己的政治选择,对各家各派的功能有着统一的要求。在这个统一宗旨、要求之下,诸子传人才摒弃以往的门户之见,根据吕不韦定下的政治目标的需要,选择自己的思想主张,而为《吕氏春秋》一书。参与撰著的都是当时之选,其理论主张自然是最高水平,所以吕不韦才有自信悬书市门,千金求错。

吕不韦何以将"王者之治"作为自己的目标?对诸子之学的认识是如何形成的?笔者以为,这当然与养士有密切关系。但是,不能谓之为是相秦以后才思考的事情。这和吕不韦在邯郸的经历有着直接关系。吕不韦虽然是阳翟(一作濮阳)商人,但是其主要活动地点在邯郸,洞悉赵国、秦国内部矛盾和秦赵关系,对聚集邯郸的士人宾客也了如指掌,对诸子学说有一定了解,起码懂得游说技巧,才能定下"奇货可居"的计划。如吕不韦游说华阳夫人姐弟时所透露出来的游说技巧和对游说对象的心理把握,与其说吕不韦是商人,不如说吕不韦是演说家,吕不韦相秦以后,内政外交等一系列举措,更体现了吕不韦高超的政治智慧和理想追求。也就是说,吕不韦不仅仅会经商,更有着常人所不及的政治眼光;不仅仅懂得生意经,也懂得治国之道。他有高远的政治理想,对诸子之学内容的把握当然不及诸子传人,但是对诸子之学之政治功能的把握则在诸子领袖之上。① 郭沫若称"吕不韦在中国历史上应该是一位有数的大政治家"[5]390是有道理的。吕不韦对"诸侯多辩士,如荀卿之徒,著书遍天下"的了解并非始于入秦为相,而是渊源有自,不仅知道"诸侯多辩士,如荀卿之徒,著书遍天下",而且对荀卿之徒所著之书的内容也有一定的了解。

秦昭王时,荀子入秦考察,对秦国政风民情有过高度赞扬,远非六国能望其项背。《荀子·强国》云:"观其风俗,其百姓朴,其声乐不流污,其服不挑,甚畏有司而顺,古之民也。及都邑官府,其百吏肃然,莫不恭俭、敦敬忠信而不楛,古之吏也。入其国,观其士大夫,出于其门,入于公门;出于公门,归于其家,无有私事也,不比周,不朋党,倜然莫不明通而公也,古之士大夫也。观其朝廷,其间听决百事不留,恬然如无治者,古之朝也。故四世有幸,非幸也,数也。是所见也。故曰:佚而治,约而详,不烦而功,治之至也,秦类之矣。"但是,在荀子眼里,这还属于"霸政"的境界,这并非理想的政治,"悬之以王者之功名,则倜倜然其不及远矣。是何也?则其殆无儒邪!故曰:'粹而王,驳而霸,无一焉而亡。此亦秦之所短也。'"[3]303 "驳而霸"是指为了霸业不分是非,只要有益于霸业,即拿来为我所用,追求的是效率,置正义于一旁。所谓"粹而王"是指采用各家各派的"精粹"而实现的"王业"——既是天下一统,又尽善尽美。商鞅变法以后的成功是霸政使然,是"驳而霸",缺少儒家的"王道"之善与美,"驳"而不"粹",故霸则霸矣,距离"王者之业"还差得很远,而《吕氏春秋》所要追求的正是王者之业。二者之间的逻辑联系是清楚的,这逻辑联系,是以邯郸的学术传统为基础的。

---

① 关于吕不韦与秦国政治以及《吕氏春秋》的成书、渊源,参见拙著《吕不韦传》,重庆:重庆出版社,1999年;拙文《吕不韦、〈吕氏春秋〉与秦国政治》,《秦文化论丛》第六辑,西安:西北大学出版社,1998年;《由霸而王:〈吕氏春秋〉的学术史分析与历史实践》,《国学学刊》2011年1期。

秦汉一统,文化地域性格趋同,但是其历史基础仍不容忽视,即使是意识形态层面的文化建构,也离不开地域文化的基础,同时也反衬出不同的地域存留。董仲舒儒学的学术特色就从一个方面说明了西汉前期赵地的学术发展。董仲舒生活于广川(今河北衡水),接近于齐鲁文化圈,以春秋公羊学擅名天下,班固谓"《春秋》,于齐则胡毋生,于赵则董仲舒"[2]3593。景帝时为博士,"下帷讲诵,弟子传以久次相授业,或莫见其面。盖三年不窥园,其精如此。进退容止,非礼不行,学士皆师尊之"[2]2495。这"三年不窥园"云云应是指当了博士官以后的事情,但从此可以推知在故乡勤奋读书的一斑。能够潜心儒学,想来自有其风气。学者或以为这是地缘上接近齐鲁的原因,但是,若参以荀子之学,恐不尽然,赵国是有一定的学术基础的。这些点到即明,无须多证。现在要注意的是董仲舒之学的学术特征问题。董仲舒为春秋公羊学大家,汉儒的代表,其最大的特点是站在现实需要的基础上阐发公羊学的同时,吸收了其他学派的思想,将阴阳学派、黄老学派、法家学说以至于民间方术,一一糅合于公羊学系统之中,完成了以儒学为主体的对诸子之学的综合改造。儒学从民间走向了官方,由此成为庙堂之学。这些众所周知,无须一一。

综上所述,从方法论的角度,将荀子之学、吕不韦思想、董仲舒的春秋公羊学联系考察,我们不难发现这样一个共性:综合。这除了学术发展的一般规律使然之外,与地域文化的生成基础是分不开的,就如阴阳学派之生成于燕齐海岱地区,儒学之生成于鲁,法家学派生成于三晋而以魏为核心一样。赵地地理构成复杂,社会经济结构多样,其民俗、学术自然具有多样性。作为赵国都城的邯郸,"北通燕、涿,南有郑、卫,漳、河之间一都会也"。早在战国末年,邯郸虽然在地理位置上处于晋国边邑,但是其经济和军事地位远非一般城邑可比,故而成为赵国都城。随着工商业的发展,邯郸商贾云集,人口杂凑,富商巨贾辈出,终西汉之世,均为工商业大都会之一,和成都、临淄、宛、洛阳并列。文化遂人而流动,因人的思想进程而发展,人的思想则因为环境的变化而变化。在南来北往的人流里,在熙熙攘攘的人群中,除了商贾官僚贩夫走卒农夫农妇以及刺客死士之外,还有着相当数量的知识分子。平原君所养之士中除了权谋纵横之士、鸡鸣狗盗之徒以外,也有不少"贤者",荀子也曾因为平原君之礼遇而出入赵国朝堂。这些"贤者"、士人都学有所长,来到邯郸之后,或者是交流思想,或者寻找施展身手的机会。他们从四面八方来到赵国,在宣扬各自主张的同时,自然地彼此认同、相互吸收而走向综合。这些在传世文献中虽然不见记载,但是我们可以从学术思想的地域生成的层面窥见其一二。如此,我们对战国秦汉时代赵文化的认识庶几深入一层。

参考文献

[1] 司马迁. 史记[M]. 北京:中华书局,1982.
[2] 班固. 汉书[M]. 北京:中华书局,1962.
[3] 王先谦. 荀子集解[M]. 北京:中华书局,1988.
[4] 陈奇猷. 吕氏春秋校释[M]. 上海:学林出版社,1984.
[5] 郭沫若. 十批判书·吕不韦与秦王政的批判[M]//郭沫若著作编辑出版委员会. 郭沫若全集:历史编·第二卷. 北京:人民出版社,1982.

原载《邯郸学院学报》2015 年第 1 期

赵国土地制度与《二年律令·户律》的关系

王彦辉

一

张家山汉简公布后,学界围绕《二年律令·户律》规定的田宅制度进行了广泛的讨论,在许多问题上已经达成了共识。大致认为《户律》是当时的行用法律,《户律》规范下的土地制度是一种有受无还的长期占有制度。[①]当然,其中也有一些环节尚未打通,即《户律》所载田宅制度是否真正实行,实行的程度如何等。[②]这其中隐含的问题在于,对于战国以来的国家授田制度究竟应当在什么意义上理解其实行与否。学界惯常的思维逻辑是将之理解为打破原有的土地占有状况而由官府重新分配,实际情况或许只能是在原有土地占有状况下多收少补,而非打乱重分。只有在大规模徙民的情况下才能有计划地"营邑立城,制里割宅,通田作之道,正阡陌之界",所谓"家室田作,且以备之"[1]2286-2288,实现真正意义上的国家授田。明乎此,中国历史上的授田制、均田制等规定的田宅额度都只能是一种限额,在这个额度

[作者简介] 王彦辉(1960—),男,吉林敦化人,东北师范大学历史文化学院教授,博士生导师,兼职中国秦汉史研究会副会长,吉林省历史学会副会长、秘书长。长期从事秦汉史、简牍学研究,出版《汉代豪民研究》《张家山汉简二年律令与汉代社会研究》《古史体系的建构与重塑——古史分期与社会形态研究》等,在《中国社会科学》《中国史研究》《史学月刊》等刊物发表科研论文 50 余篇。

① 朱绍侯:《吕后二年赐田宅制度试探》,《史学月刊》2002 年第 12 期;《论汉代的名田(受)制及其破坏》,《河南大学学报》2004 年 1 期。

② 于振波认为:"当时名田宅制的法律标准只是一个限额,不是实授,既不强求也不保证每户占有足额的田宅。"(于振波:《张家山汉简中的名田宅制及其在汉代的实施情况》,《中国史研究》2004 年第 1 期)张金光认为该文在实践上实为待授制加生荒授垦制,"从总的方面来看,基本上可以说是一简空文,尤其是对庶人的授田,可以称之为待授制"(张金光:《普遍授田制的终结与私有地权的形成——张家山汉简与秦简比较研究之一》,《历史研究》2007 年第 5 期)。

③ 朱绍侯:《论汉代的名田(受)制及其破坏》。

内,新生政权根据爵位、身份等在短时期进行有限的田宅授予。因此,汉初律规定的田宅制度也只能是在刘邦时期曾经大规模实施过,实施的对象当以复员的军吏卒为主体。

战国时代的国家授田制以秦制为典型,秦国授田制始于商鞅变法,汉承秦制,至文帝以后式微。这一制度在秦国实行了150余年,成效显著,何以在汉初仅仅存续了30余年即告瓦解?对此,学界作出了种种解读,或谓赐爵的溢滥动摇了以爵位为基础的田宅名有制度;[2]或谓授田(名田)制的废止是土地私有化、土地兼并的必然结果。应当说,爵位的轻滥会直接影响授田制的实现程度,却不能直接导致田宅名有限度的破坏,所以是一种无解之解。田宅的买卖或说土地兼并才是最终瓦解田宅限额的根本原因。至此,就提出了以下两个问题:既然国家授田制在所有制性质上属于土地的长期占有制,则土地占有者并不具有对土地的私有权,占有者何以能自由买卖土地;授田制下的土地所有权既然属于国家,法律本身又何以允许田宅买卖。要回答上述问题,需要从授田制的内在机制及其传统入手。

二

《二年律令》关于田产转移的规定可以分为三类:

一是《置后律》规定的户内田宅继承,可分为法定继承和遗嘱继承两种情况。这类田产转移是在户内进行的,属于财产继承范畴。

二是《户律》规定的亲属间的析产行为,即别户析产。简340规定:"诸后欲分父母、子、同产、主母、叚(假)母,及主母、叚(假)母欲分孽子、叚(假)子田以为户者,皆许之。"[3]226 这种田产转移的前提是另立户籍,是在享有继承权的"诸后"中进行的虽然田产转移发生在被继承人在世期间,但严格说来,仍然可以归类为财产继承。

三是田宅买卖。《户律》关于田宅买卖的规定有以下四条:

1. 简322:代户、贸卖田宅,乡部、田啬夫、吏留弗为定籍,盈一日,罚金各二两。
2. 简321:受田宅,予人若卖宅,不得更受。
3. 简338:孙为户,与大父母同居,养之不善,令孙且外居,令大父母居其室,食其田,使其奴婢,勿贸卖。
4. 简386—387:(寡妇不当为户后)而欲为户以受杀田宅,许以庶人予田宅。

毋子,其夫而代为户。夫同产及子有与同居数者,令毋贸卖田宅及入赘。①

对以上四条法律规定,学者认为是授田宅制对田宅买卖的限制。其实,如果我们理解了汉初的授田宅是在民户原有的田宅占有基础上的有限授予,就会发现国家禁止的不过是由政府授予的部分,民户自有的田宅是允许买卖的。所以,对正常的"代户、贸卖田宅"行为,乡级政府只需履行"定籍"手续即可,不按时"定籍"才要受到罚金。国家授予的田宅可以在户内或亲属间转让,如前引简340所规定的"欲分",法律明文"皆许之"。除此之外,宅是可以买卖的,而田是禁止买卖的。例2的内容一直未引起学界的重视,其实,这条规定极为重要,即所"受田宅"可以"予人",而且可以卖"宅",但"田"只许"分",不允许"卖",所以律文中只提到"卖宅"。这种田宅制度与后世的均田制是相通的,授田制下的"田",相当于均田制下的"露田"或"口分田";"宅"相当于"永业田",制度规定,"永业田"是许可买卖的。

第三条和第四条是针对一些特殊家庭制定的。从法理上讲,第三条中的大父母不是户主,第四条中的赘婿虽然"代为户",但并不拥有田宅的所有权。按继承法原则,田宅的最后归属权属于寡妇前夫的"户后"。为此,发生第三条和第四条的情况,法律是禁止这类家庭"贸卖田宅"的。

由此可见,《户律》所见田宅制度本身,并不严格禁止土地买卖,禁止的只是国家授出的"田",以及特殊家庭背景的田宅买卖行为。而对于民户原有的田宅以及国家授出的"宅",法律并不禁止买卖。明乎此,我们对萧何强贱买民田宅以自侮的做法才会释然,他的做法属于以权欺人,但并不违法。那么,这种田宅制度的历史依据是什么?据学者研究,《二年律令》基本继承秦制,而秦制又来源于三晋,故汉初田宅制度的源头应当是赵国的"予田宅"制度,即赵国"予田宅"制度的精神和原则直接或间接地影响了汉初律的制订。

中国上古时代的土地制度由于资料的极度缺乏,目前还不是很清楚,通常所说的井田制不过是一种土地规划和分配办法,至于这种田制反映的所有制属性问题则一直见仁见智,或曰是典型的土地国有制,或曰是国有或王有名义下的各级贵族所有制,或曰是公社土地所有制。事实上,三代的土地所有制处于"主权"与地权尚未分离的时代。即在国家形成初期,对生产资料的占有是以集体为单位以先占取得为原则的,土地所有权与领土或曰"主权"是合二为一的,故曰"普天之下,莫

---

① 分见彭浩,陈伟,工藤元男主编:《二年律令与奏谳书》,第220、225、240页。按:简386—387原释为"毋子,其夫;夫三八六毋子,其夫而代为户",寡妇无子,应由赘婿代户,故曰"其夫"。后面的"夫毋子其夫"应属于窜写,否则无解。

非王土"。西周分封的结果,土地所有权被分割为层级所有权,诸侯卿大夫对域内土地并不享有礼制上的最高所有权。这一点颇类日耳曼封建领主与封臣的关系,所有权主体呈现出层级的关系。这种主权与地权即政权与财产权纠缠不清的传统,到战国时代张扬国家集权的条件下被进一步利用和放大,国家政权始终享有法理上和事实上的对土地的最终支配权。因此,中国历史上从来没有产生一部罗马法那样的关于财产绝对所有的法律,也不存在现代意义上的纯粹的土地私有制。

春秋时期的制度、观念基本沿袭西周而又有所损益,特点是"礼乐征伐自诸侯出"嬗变为"礼乐征伐自大夫出",甚者"陪臣执国命"。这个"礼乐"在经济领域的表现就是土地权益的下移,土地的赏赐、转移不再经由周天子,而由各诸侯国自作主张。为此,学界对晋"作爰田"的理解应当顺应这一历史大趋势,而不是拘泥于古人的注说。李民立曾将汉以来经学家的疏解整理为"九说六论"[4],或曰"易田",或曰"赏田",或曰"轮作",或曰"车赋",除"赏田"说外,余皆旧制,何以谈得上是"作"。今人结合后代制度或耕作方式的变更,结合古书古注,对"爰田"又作出了新的解说,袁林以为"爰田"即"牛耕之田","制辕田"即推广垄畎耕作制;[5]杨兆荣释""为"爰"之正字,认为"爰田"即农村公社的分户授田制;[6]杨善群释"爰"为"引",乃"援"之本字,"爰田"即为了"引"导和结"援"而"上下相付"的赏田。①学者的意见无不论之有据,但结合历史条件的制约和土地层级所有权下移的过程来看,当以"赏田"说更符合历史发展逻辑。

有人说春秋时代的中国处于"城市国家"发展阶段,这种看法尽管不尽可取,但说春秋列国掌握了事实上的国家主权却是事实。诸侯国君掌握了国内的军政事权,撇开西周礼制原则自行其政蔚然成风。在这种条件下,晋惠公通过"作爰田"即"赏田"以争取公卿大夫和国人的支持,符合西周以来的传统,称之为"作"是说晋侯行"天子之政"。古人释"爰田"为"自爰其处",可以理解为理论上的永久享有,所以,这一做法才称为"赏以悦众"。既如此,土地所有权的进一步发展只能是在"赏田"的基础上实行国家授田。

三

战国时期是专制政体形成的时期,专制政体的暴力性质在经济领域最本质的特点是"利出一孔",国家以"主权"为后盾,控制几乎所有的生产资源,这是实行国

---

① 杨善群:《"爰田"是什么样的土地制度?——兼论银雀山竹书〈田法〉》,《学习与探索》2009年第1期;《战国时期齐稷下学者的论文汇编——银雀山竹书〈守法〉等十三篇辨析》,《史林》2010年第1期。

家授田制的法理依据。从现实政治需要出发,这一时期又处于以农立国的时代,各国纷纷通过立法驱民务农,奖励耕织之策纷纷出台,不遗余力地将民众束缚于土地之上。[7]国家既然掌控着对土地的最后支配权,因此也就无须对授出的田宅制定更多的限制措施。农民对田宅尽管享有占有权、使用权甚至支配权,但却是一种残缺的、不完整的所有权,国家随时都可以通过各种法令予以剥夺。因此,早在春秋末叶,晋卿赵鞅在与支持范氏的郑军战于铁时,就下令曰:"克敌者,上大夫受县,下大夫受郡,士田十万,庶人工商遂,人臣隶圉免。"[8]1614 其中,"受县""受郡"指封建,"士田十万"可以理解为"士"能克敌者,受"田十万"。若此,赵鞅已开授田制的先河。

如果从"士受田"的行为主体来说,这一句又可以说成"授予士田十万"。根据在于,赵鞅的做法被他的后人所继承,时隔不久,赵襄子立国,襄子即位后即收复中牟。《韩非子·外储说左上》记载:

王(当作"壬")登为中牟令,上言于襄主曰:"中牟有士曰中章、胥己者,其身甚修,其学甚博,君何不举之?"主曰:"子见之,我将为中大夫。"相室谏曰:"中大夫,晋重列也,今无功而受,非晋臣之意。君其耳而未之目邪?"襄主曰:"我取登既耳而目之矣,登之所取又耳而目之,是耳目人绝无已也。"王登一日而见二中大夫,予之田宅,中牟之人弃其田耘、卖宅圃,而随文学者邑之半[9]652。

这段记载有两点应引起重视,一是王登召见中章、胥己,以襄子名义拜之为中大夫,并"予之田宅"。予之即授之,予田宅即授田宅,授田宅的依据应当是身份,说明赵国已经存在按身份等级授予田宅的制度。对这种做法,相室反对的理由是"非晋臣之意",即不是晋国举人的传统,而对"予之田宅"并无异议,说明依身份等级予田宅是晋国的传统。这个传统就是从"爰田"亦即"赏田"发展而来的"士田十万",即有功而受,这个"功"当为"军功"。奖励军功的做法被秦国继承和发展,故秦法规定:"能得甲首一者,赏爵一级,益田一顷,益宅九亩,除庶子一人,乃得入兵官之吏。"[10]152 军功赐爵是商鞅的在秦国的创新,而"益田"的做法却来自赵制。

二是由于文士中章、胥己以其博学身修而平步拜为中大夫,在中牟引起极大的轰动,因此中牟之人"弃其田耘、卖宅圃"争先恐后随文学而习焉。需要注意的是,这些人放弃本业从文学,其所拥有的"田耘"只能弃之不耕却不能卖,能卖的不过"宅圃"而已。韩非在这段叙述中难免有些言过其词,但"弃其田耘、卖宅圃"或许是现实经济活动的写照。若此,赵国自战国初年即开始推行国家授田制,但除了依据军功、身份授予田宅,宅圃可以买卖之外,其余内容已经无从稽考。既然宅圃可以买卖,行之日久,田耘也必然流入交易市场,故战国末年,赵括才可以"日视便利田宅可买者买之"[11]2447。

秦国的授田宅制度，至今不可得而详，尽管袁林、张金光几乎同时对秦的国家授田制进行了阐发，①但对秦民所受田宅的转移、买卖作出的推测并无可靠根据，当然张金光所谓"所授田宅定期还授"的结论更站不住脚。[12]唯其如此，由赵国的"予田宅"到汉初律的国家授田宅之间还缺少必要的环节。但有一点是可以大致确定的，即秦国授田宅制度比之赵制应当更完善，而且执行的也更坚决，所以直到秦统一前夕，王翦为消除秦王的顾虑，出兵前乃"请美田宅园池甚众"，理由与萧何几乎如出一辙，所谓"我不多请田宅为子孙业以自坚，顾令秦王坐而疑我邪"[11]2340。或许因为秦国授田宅制度有禁止土地买卖的约束，所以王翦只能"请"，而不能"强贱买"。正由于战国时期各国田制不同，田宅买卖市场的发育程度各异，所以汉初律经过萧何对秦律的损益，才会存在貌似矛盾的律条。在田宅买卖问题上，民户自有田宅允许买卖；国家授予的田宅，宅允许买卖，而田不允许买卖。考虑到赵制到汉制的演变轨迹，这一法律规定或许是赵制在汉制中的遗留吧。

参考文献

[1] 班固. 汉书[M]. 北京：中华书局，1965.
[2] 杨振红. 秦汉"名田宅制"说：从张家山汉简看战国秦汉的土地制度[J]. 中国史研究，2003(3)：49-72.
[3] 彭浩，陈伟，工藤元男. 二年律令与奏谳书[M]. 上海：上海古籍出版社，2007.
[4] 李民立. 晋"作爰田"析：兼及秦"制辕田"[J]. 复旦学报（社会科学版），1986(1)：109-111.
[5] 袁林. 爰田《辕田》新解[J]. 中国农史，1998，17(3)：15-24.
[6] 杨兆荣. 爰（趯、辕）田新解[J]. 思想战线，2001(2)：125-129.
[7] 侯旭东. 渔采狩猎与秦汉北方民众生计：兼论以农立国传统的形成与农民的普遍化[J]. 历史研究，2010(5)：4-26.
[8] 杨伯峻. 春秋左传注·哀公二年[M]. 北京：中华书局，1990.
[9] 陈奇猷. 韩非子集释[M]. 上海：上海人民出版社，1974.
[10] 高亨·商君书注译[M]. 北京：中华书局，1974.
[11] 司马迁. 史记[M]. 北京：中华书局，1959.
[12] 王彦辉. 思想在制度史炼狱中闪光：读张金光《秦制研究》一书有感[J]. 史学月刊，2012(2)：105-118.

原载《邯郸学院学报》2015年第4期

---

① 张金光：《试论秦自商鞅变法后的土地制度》，《中国史研究》1983年第2期；袁林：《战国授田制试论》，《甘肃社会科学》1983年第6期。

肩水金关汉简的赵地戍卒①

黎明钊

一、引言

汉代戍卒屯戍边区是边区防守的常规政策,同时也是作为编户民履行徭役的一部分。存世文献记载戍卒屯戍的资料并不详尽,出土的汉代居延及肩水地区的简牍,特别是戍卒名籍的简册遗文,给予研究汉代戍卒新的空间。当中,戍卒的籍贯和征发情况,引起颇多学者留意。陈直先生曾统计居延戍卒人数,发现以汝南和南阳籍贯的百姓居多。另外,悬泉汉简记载,宣帝神爵年间出守敦煌郡、酒泉郡的戍卒,除来自南阳、河东、颍川等大郡外,还有赵地的赵国和魏郡。汉人概念中的赵地大致包括赵国、魏郡及邻近的巨鹿等郡国,此证明他们的编户民一样须履行戍守边区的义务。现在考察所得,这些郡国有相当数量的戍边戍卒在河西地区服役,如宣帝甘露二年(前52年)的一份状辞记:"戍卒赵国柏人希里马安汉等五百六十四人,戍诣张掖,署肩水部。"笔者推测这564名戍卒是同一次调遣,同时戍卒是以郡国为单位,征发后统一前来边区。西汉平帝时赵国有四县,户数逾84000,口数接近35万,四县共出500多名戍卒前来张掖戍守,为数不少。印象所得,赵国的戍卒多派肩水都尉府防地,而魏郡士卒多驻在居延都尉府。究竟是否如此,近年出版的3卷《肩水金关汉简》共收录6741枚出土于汉代张掖郡肩水都尉府下辖肩水金关的汉简,约占1973年金关出土简牍的58%,其中包括不少戍卒名籍、出入记录,为

[作者简介] 黎明钊(1956—),男,香港人,香港中文大学历史系教授、系副主任,中国历史研究中心主任,加拿大多伦多大学博士。主要研究秦汉简牍文书,秦汉政治和社会史,专著有《辐辏与秩序:汉帝国地方社会研究》《史学传薪:社会·学术·文化的探索》,等。

① 本文初稿发表于2014年10月19—22日邯郸学院及中国秦汉史研究会主办之"汉代赵国与邯郸文化国际论坛",在撰写及修改期间得研究助理唐俊峰先生提供意见及协助完成,特此致谢。同年12月又得邢义田先生手示大作《〈肩水金关汉简(一)〉初读札记之一》,纠正缪误,特表谢忱。

重新讨论西汉边区戍卒来源、屯戍制度提供了大量前所未见的材料。本文将尝试透过分析肩水金关汉简中的赵国戍卒简牍,考察该地戍卒派遣边区的情况,并兼论同乡同区遣派一地,是否有乡里情意结等问题。

二、赵地民风

赵地大致指春秋末年,韩、赵、魏三氏族瓜分晋室后所占领的地区,《汉书·地理志》讨论列国分野,汉人认识赵地涵盖:

> 赵地,昴、毕之分野。赵分晋,得赵国。北有信都、真定、常山、中山,又得涿郡之高阳、鄚、州乡;东有广平、巨鹿、清河、河间,又得渤海郡之东平舒、中邑、文安、束州、成平、章武,河以北也;南至浮水、繁阳、内黄、斥丘;西有太原、定襄、云中、五原、上党。上党,本韩之别郡也,远韩近赵,后卒降赵,皆赵分也。①

其地主要包括冀州大部分、幽州的西南面,在黄河下游以北的地方,南面达到渤海的浮水、冀州的繁阳、内黄、斥丘,西面达到并州和朔方的太原、定襄、云中、五原、上党等郡,当中赵国的邯郸、易阳、柏人和襄国应是赵地的核心区域。王子今先生认为秦一统天下后,在赵国原地建立邯郸、恒山、巨鹿、太原、云中和上党诸郡。[1]60 邯郸是赵国的都城,位于太行山以东的孟津邯郸道的南北交通要道,②是河内郡与冀州、幽燕地区城镇的交通枢纽。《汉书·地理志》说:"邯郸北通燕、涿,南有郑、卫,漳、河之间一都会也。"[2]1656 西汉太行山以东,由于大白渠的开凿,开通了绵曼水和斯洨水,连系了此区的两条主要河流,即漳水和滹沱水,③使赵国与魏郡、广平国、巨鹿郡、常山郡和信都国形成一个运输网络。王莽时期在长安及全国5个主要都市建立的五均官,邯郸之名紧随洛阳之后,而与临淄、宛、成都并列,商业经济,颇为发达。然而赵国和中山一带土地贫瘠,人口众多,《汉书·地理志》说此地"地薄人众,犹有沙丘纣淫乱余民。丈夫相聚游戏,悲歌慷慨,起则椎剽掘冢,作奸

---

① [汉]班固:《汉书》,卷28下,《地理志》,[唐]颜师古注,北京:中华书局,1962年,第1655页。近日有邱靖嘉据《汉纪》指出,"昴、毕之分野"一语夺一"胃"字,原文当作"胃、昴、毕"。邱氏并指出,《汉书·地理志》所记十三国系统,乃"自春秋战国以来在人们头脑中长期形成的一种文化地域观念"。参邱靖嘉:《十三国与十二州——释传统天文分野说之地理系统》,《文史》2014年第1期(总106辑),第7—12页。
② 据谭宗义考证,汉代存在孟津邯郸道,路线为自洛阳北渡孟津,经邺城、邯郸、襄国、柏人、元氏、石邑、真定北平范阳至蓟。参谭宗义:《汉代国内陆路交通考》,香港:新亚研究所,1967年,第106—120页。
③ 史念海认为开凿大白渠是为了沟通滹沱河和绵曼水转入汾水,使山东漕运至太原羊肠仓,但由于滹沱河有300多个阻隔,漕运船经常溺没,东汉章帝时改行陆路。参史念海:《中国的运河》,第三章,《秦汉时期对于漕运网的整理》,西安:陕西人民出版社,1988年,第95—101页。

巧,多弄物,为倡优。女子弹弦跕躧,游媚富贵,遍诸侯之后宫",此间男子性格乖异、急躁,不事生产,经常相聚玩乐,愤怒或者激动就唱起慷慨激昂的悲歌,动辄杀人,掘人墓冢,作奸犯科。这种乖异、急躁民风,在邯郸通往燕、涿两地一带至为明显,班固谓此地区百姓:"土广俗杂,大率精急,高气势,轻为奸。"[2]1655 用司马迁之言,此间百姓"民俗懁急"。《史记集解》徐广曰:"懁,急也。"意为急躁的意思。赵地附近地区包括北面的"锺、代、石、北,迫近胡寇,民俗懁忮,好气为奸,不事农商,自全晋时,已患其剽悍,而武灵王又益厉之。故冀州之部,盗贼常为它州剧",赵地西北的"定襄、云中、五原,本戎狄地,颇有赵、齐、卫、楚之徙。其民鄙朴,少礼文,好射猎。雁门亦同俗……"[2]1656 "锺、代"《史记·货殖列传》作"种、代",《史记索隐》谓:"种、代在石邑之北也。"石邑在常山郡的上曲阳县,地理上接近边区胡寇,民风"懁忮""好气""剽悍"。自赵武灵王以来,为了防备燕、东胡及楼烦,胡服骑射以教百姓,①使赵国军事力量骤然增强,成为战国时期东方六国抗秦的先锋,廉颇、李牧等就是赵国出的名将。有学者研究冀州民俗,认为冀州之人,"其性格很(狠?)戾、坚毅、刚强、剽悍"②,这种坚毅、刚强、剽悍以及善骑射的民俗性格,与冀州逼近边区胡寇,长期接触林胡、白狄、楼烦等戎狄不无关系。在一统国家的过程中,正好利用其作为守护边区的骁勇战士。

三、汉代兵役的问题

关于汉代的兵制,根据《汉书》卷二十四上《食货志》颜师古曰:"更卒,谓给郡县一月而更者也。正卒,谓给中都官者也。"[2]1137 更卒是在郡县上服役,正卒服役于中都官,所谓中都官在汉代是指京师各个官署。③ 更卒和正卒都要服役一年。

---

① 诸祖耿撰:《战国策集注汇考》,卷19,《武灵王昼暇居》,南京:江苏古籍出版社,1985年,第967页。有关赵武灵王胡服、骑射的改革,可参考沈长云,魏建震,白国红,张怀通等:《赵国史稿》,第七章,《赵武灵王的功烈——赵国的强盛》,北京:中华书局,2000年,第155—189页。
② 参萧旭:《"冀州"名义考》,见复旦大学出土文献与古文字研究中心网页,2014年8月21日,(http://www.gwz.fudan.edu.cn/SrcShow.asp?Src_ID=2317)。王子今亦认为赵地民俗风格剽悍、精急、高气势、少理文。参王子今:《秦汉区域文化研究》,第三章,《赵地社会文化的特色》,第61页。
③ 《汉书·昭帝纪》云:"比岁不登,民匮于食,流庸未尽还,往时令民共出马,其止勿出。诸给中都官者,且减之。"颜师古注:"中都官,京师诸官府。"

秦汉徭役和兵役制度,已登记"傅"籍者,均须有履行徭役和兵役的义务①。有学者认为秦汉徭役、兵役的制度是以丁中制度为基础的,例如杨振红认为这些兵役和徭役的负担者称为"正""正卒"或"卒"。他们要履行徭役的义务,即每年服一个月的更的劳役;其次服一岁屯戍兵役(包括戍边、戍卫京师或戍卫郡县)和服一岁"徭"的力役。秦及汉初屯戍兵役及徭均是以每年一个月、"傅"籍期间完成一年的方式服役,高后五年(前183年)始实行戍卒岁更之制。材官骑士是从正卒中选拔出来的职业军人,平时居家,战时征调,每年集中训练一个月,可以充抵"徭"。[3]332-348 文献解释汉代徭役的资料,首先是服虔解释《汉书·吴王刘濞传》"卒践更,辄与平贾"一语时说:"以当为更卒,出钱三百,谓之过更。自行为卒,谓之践更。吴王欲得民心,为卒者顾其庸,随时月与平贾也。"[2]1905 服虔认为"过更"指雇人代任卒更,"践更"指自行为更卒。但三国时人如淳提出"更有三品"之说,他以为:

> 更有三品,有卒更,有践更,有过更。古者正卒无常人,皆当迭为之,一月一更,是谓卒更也。贫者欲得顾更钱者,次直者出钱顾之,月二千,是谓践更也。天下人皆直戍边三日,亦名为更,律所谓繇戍也。虽丞相子亦在戍边之调。不可人人自行三日戍,又行者当自戍三日,不可往便还,因便住一岁一更。诸不行者,出钱三百入官,官以给戍者,是谓过更也。律说,卒践更者,居也,居更县中五月乃更也。后从尉律,卒践更一月,休十一月也。食货志曰:"月为更卒,已复为正,一岁屯戍,一岁力役,三十倍于古。"此汉初因秦法而行之也。后遂改易,有谪乃戍边一岁耳。谪,未出更钱者也。

按照如淳所说,更有三品,有"卒更",有"践更",有"过更"。

(1)"卒更"谓一月一更。

(2)"践更"谓出钱代雇更卒;如淳此处提及"次直者出钱顾之"的"月二千",与上句"贫者欲得顾更钱者"的"贫者"相连,疑接受雇佣的"贫者",月得二千钱。因为下文谓"诸不行者,出钱三百入官,官以给戍者",所讲雇人代戍是三百钱,这笔钱是入于官,然后官府向受雇戍边的更卒发放雇更钱二千。笔者认为雇更钱是

---

① 笔者曾经讨论"傅"籍这问题:男子达到应役年龄,就要办理"傅"的登记手续,表示成年,随时应役。但《史记·孝景本纪》谓:"男子二十而得傅。"《汉书·高帝纪》注引服虔曰:"傅音附。"孟康曰:"古者二十而傅,三年耕有一年储,故二十三而后役之。"如淳曰:"律,年二十三傅之畴官,各从其父畴学之,高不满六尺二寸以下为罢癃。《汉仪注》云民年二十三为正,一岁为卫士,一岁为材官骑士,习射御骑驰战陈。"师古曰:"傅,著也。言著名籍,给公家徭役也。"孟康认为古者二十而傅,待家积储粮食,二十三岁才正式服役,如淳更认为高度不满六尺二寸称为"罢癃",不适合服役,也就是不适合当正卒和做材官骑士。以上见拙文:《里耶秦简:户籍档案的探讨》,《中国史研究》2009年第2期,第9页。

二千,乃据苏林解释《汉书·沟洫志》所讲"平贾"的意思。他认为平贾指"以钱取人作卒,顾其时庸之平贾也"。如淳具体地引"律说"谓:"平贾一月,得钱二千。"①

(3)"过更"谓戍边为"繇戍",不欲亲身执行一年一更的繇戍,可纳钱予官府,由官府给戍者,名为"过更"。

每年当更卒一个月,即是《食货志》颜师古说的"更卒,谓给郡县一月而更者也"的徭役。服虔和如淳的说法颇有矛盾,滨口重国接纳了服虔的说法,反对如淳对"践更""过更"的解释。滨口氏驳斥如淳汉代"更有三品"的说法,指"卒更"此用语是否存在,尚有疑问;"践更"乃更卒当番,而非更卒当番者出钱雇人代劳;"过更"应是如淳说的"践更"之意;"戍边"则前后汉皆定为一年,没有缩短。[4]400-403 滨口重国之说为劳榦先生所承。劳氏同样认为汉代兵制和徭役制度应归在一类,他对汉代的兵制有如下的综述:

> 汉代兵制凡天下男子皆服役。自二十三起,至五十六免。其兵役之类别凡三,正卒,戍卒,更卒是也。正卒者,天下人皆当为正卒一岁,北边为骑士,内郡为材官,水处为楼船士,其服役之年,在郡由都尉率领,由太守都尉都试以进退之。一岁罢后,有急仍当征调也。戍卒者,天下人一生当为戍卒一岁。其在京师,屯戍官卫,宗庙,陵寝,则称卫士,其为诸侯王守宫卫者亦然,其在边境屯戍候望者,则称戍卒。其不愿为更卒者,可雇人代戍,每月三百钱也。更卒者,服役于本县,凡人率岁一月,其不愿为更卒者,则岁以三百钱给官,官以给役者,是为过更。故《汉书·食货志》上,董仲舒对武帝云:"月为更卒,已复为正一岁,屯戍一岁,力役三十倍于古。"月为更卒者。言年必有一月为更卒也。正者正卒,言骑士材官之属,一生为之者一岁,其屯戍者又一岁也。[5]392-393;209-241

另外,关于践更和过更,滨口重国有清晰的论述,他认为当更卒是义务,"当番之际,亲自承担服役之义务",就是所谓的"践更";而对于没有亲自履行更卒义务的人,他们"出钱免更卒的当番",就是所谓的"过更"。[4]389 如淳的注也提及汉律说所有编户民需要履行繇戍的义务,丞相之子也不能免,人们常常认为贫民才会亲自

---

① 《汉书》,卷29,《沟洫志》,第1689—1690页。关于汉代雇佣价格,宋杰先生认为汉代雇佣价格因时因地而不同,汉政府征收更赋的数目,亦随市场佣价而调整,如淳引"律说""平贾一月,得钱二千"可能指东汉是东汉雇佣价格。参宋杰:《汉代雇佣价格辨析》,《北京师院学报》1988年第2期,第81—82页。

戍边，①但司隶校尉盖宽饶之子尝步行边戍践更的历史记载，②就经常标举作为高官子弟也拥有的高尚品德，有卫国卫民的责任感的实例。不愿意践更的编户民，可以出钱三百，又官府以给戍者雇人代役，佣任费用大约是每月三百钱。[4]396,403 居延汉简有颇多所属卒受庸名籍问题，可以反映没有履行戍边的戍卒雇佣他人代役的情况。[6]33-56

简言之，汉代的征兵制，已"傅"为正的编户男子，自23岁至56岁都要服兵役。兵役分三个类别，一是正卒、二是戍卒、三是更卒。正卒在受训练后，随事应急，被征调至战地作战。汉代繇戍边区的戍卒和在地方的更卒服役时间多长？如淳注《汉书》时说"天下人皆直戍边三日，亦名为更，律所谓繇戍也。虽丞相子亦在戍边之调。不可人人自行三日戍，又行者当自戍三日，不可往便还，因便住一岁一更。诸不行者，出钱三百入官，官以给戍者，是谓过更也。"[2]230 即说汉代戍边为期三日，至于地方郡县的更卒，如淳注说："律说，卒践更者，居也，居更县中五月乃更也。后从尉律，卒践更一月，休十一月也"。[2]230 即说曾经实行六个月就当更卒一个月，但其后据《尉律》改为，一年休十一月，践更一月。

关于汉代戍边为期的长短问题。如淳初说汉代戍边为期三日，但又说："又行者当自戍三日，不可往便还，因便住一岁一更"，好像说戍卒往返困难，既抵边区便"一岁一更"，事实上明白记载汉代戍边三日之说，只在如淳的注出现。于豪亮先生质疑如淳之说，他引用文献及出土云梦、居延简牍，认为戍边三日可能是东汉时代的制度，他引董仲舒之说，秦代的适龄男子已经是一生戍边一年，而汉代高后五年明确规定戍卒戍边岁更，其后《汉书·晁错传》说："令远方之卒守塞，一岁而更"[2]2286，进一步肯定戍边为期一年。武帝时期挞伐匈奴，兵源不足，戍边时限更不

---

① 雷海宗就认为贫民、流民、无赖是秦汉时代的主要兵力（参雷海宗：《中国文化与中国的兵》，香港：龙门书店，1968年，第4—44页）；就其出身言，高敏于《农民阶级是戍边徭役的主要承担者》认为边戍徭役的人都是农民（收高敏：《云梦秦简初探》，郑州：河南人民出版社，1979年，第29—36页）。

② 很多学者把《汉书·盖宽饶传》"宽饶为人刚直高节，志在奉公。家贫，奉钱月数千，半以给吏民为耳目言事者。身为司隶，子常步行自戍北边，公廉如此"（《汉书》，卷77，《盖宽饶传》，第3246页）中的"常"字解释为经常、常常、往往，如段玉裁就说此字引伸为经常之意（玉裁注：《说文解字注》，据宅韵楼藏版影印，上海：上海古籍出版社，1981，第58页）。李富孙亦谓："今俗以常为经常、寻常字。"（李富孙：《说文辨字正俗》，嘉庆戊寅年校经斋藏版，卷六）笔者认为此"常"字，解释为"尝"更为正确。《汉语大字典》巾部谓："常"通"尝"。副词，"曾经"的意思。王先谦集解《荀子·天论》时说"常作尝"（汉语大字典编辑委员会：《汉语大字典》三卷本，成都：四川辞书出版社，1995，第744页），按"常""尝"两字相通，《汉书·高帝纪》："高祖常繇咸阳，纵观秦皇帝"（《汉书》卷1上《高帝纪》，第3页），王先谦《汉书补注》引刘敞谓："常"作"尝"（参考上海师范大学古籍整理研究所整理：《汉书补注》，上海：上海古籍出版社，2008，第5—6页），自吕后五年，"令戍卒岁更"，这即是边戍为期一年，盖宽饶子"常"步行自戍北边，其实是说：盖宽饶家贫，奉钱月数千不足支持家中开支，无余钱交代更钱，其子曾经步行自至边戍践更，汉人一生戍边一次，"常"作"尝"更合理。

能减。及昭、宣以后,外徭戍卒减少,戍边期限改为半年,戍边三日可能是东汉时期的事。① 于氏认为西汉戍卒不可能仅仅戍边三日之说十分正确,高后明确规定"令戍卒岁更"。② 因此,《汉书·食货志》说:"月为更卒,已复为正,一岁屯戍,一岁力役"是秦制,汉承其制,屯戍边区"屯戍"是一年。西汉初年以来确实推行过戍边一年之制,至于昭、宣以后是否戍边时间有减短仍待商榷。但正如如淳所说,戍卒"不可往便还,因便住一岁一更",表面戍边一年,实则也许需花上更长时间。武帝讨伐匈奴需要大量士卒,从内郡戍卒更番上番,正好补充兵源。滨口重国更是认为汉代戍边是一年,并无缩减,其从实际运作和如淳注计算三百钱雇更钱约为几天的赁钱而来,估计汉代戍边实为一年。[4]403

汉代戍卒大部分都是关东的内郡人,人数有多少？承上所言,戍卒当番有两种,一是在京师任卫士,一是到边区屯戍候望。昭帝即位初年,《汉书·魏相传》及魏相被大将军霍光责备"贼杀不辜",由于他任职河南太守时曾"禁止奸邪,豪强畏服",支持他的"河南卒戍中都官者二三千人,遮大将军,自言愿复留作一年以赎太守罪",事涉由河南派入京师任宫中卫士、宗庙陵寝的卫士二三千人。以此人数为指标,河南郡在西汉平帝年间有170万人口,假设一半为女子(85万人),其余人口的另一半23—56岁适龄服兵役者以四分之一计算,已经超过21万人。他们在33年适龄戍边期间戍边一次(一年),这样每年约有6000人戍边,当然他们可以选择在京中当卫士。《魏相传》记愿为魏相赎罪的"河南卒戍中都官者"有二三千人,约为适龄戍卒的三分之一。③ 假设另外三分之一人数交付过更钱而解脱戍边的责任,尚有三分之一,约二千人,应当戍卒到边区屯戍。以此方法计算,其他小郡,每年也许会有数百名屯戍边区的戍卒。④ 当然戍边不一定是在西北的居延、敦煌,也许在北面的五原、朔方、上谷或其他地方。

---

① 于豪亮:《西汉适龄男子戍边三日说质疑》,载于豪亮:《于豪亮学术文存》,北京:中华书局,1985年,第218—223页。
② 《史记·汉兴以来将相名臣年表》记吕后五年:"令戍卒岁更。"(第1124页)"岁更"应该指戍卒每年更换一次,但同书载文帝十三年就废除"戍卒令"(第1127页),戍卒岁更似乎停止。笔者怀疑这是黄老之治时期,减轻徭刑狱、薄赋敛的短暂政策,至迟武帝时,便已恢复"戍卒令"。
③ 守卫京师的卫士,由卫尉所管,每年人往来者有万人以上,《汉书·武帝纪》记(建元元年)……诏曰:"卫士转置送迎二万人,其省万人。罢苑马,以赐贫民。"(《汉书》,卷6,《武帝纪》第157页)这二万人是每年正卒来京师服兵役的卫士数字,所以注引郑氏曰:"去故得新,常二万人。"《补汉兵志》引《汉旧仪》谓:飨卫士万五千人。汉代京师卫士有一万五千至两万人,即使减半仍有近万人。
④ 一个例子是《史记·陈涉世家》记载带领前赴渔阳的适戍合共900人,包括来自陈涉和吴广的阳城和阳夏戍卒。据《史记索隐》《史记正义》韦昭等的解释,阳城和阳夏曾经在不同时期属颍川、汝南、汝阴郡。无论如何,戍卒是先集中在郡,再由郡尉带领至边区。

戍卒的征发，云梦秦简的《戍律》可证明征发戍卒是县负责："戍律曰：同居毋并行，县啬夫、尉及士吏行戍不以律，赀二甲。"[7]98 清楚说了明县啬夫（令）、尉及士吏依法征发赴边。汉代更卒番上，在县应由县尉及其属下尉史所主，[8]220 但当中县尉是长官，汉代分曹办事，县尉其下的尉曹可能负责征发徭役的运作，例如《史记》记郭解为箕倨无礼的乡人解脱践更，当中就是通过尉史来达成的，县置尉曹掾史，安排更卒上番。尉曹职主供应士卒《五行大义》引《洪范五行传》曰："尉曹，共本（卒）使"，严耕望引文作"尉曹，主本（卒）使"，[8]232 疑当为"尉曹，供卒使"；翼奉言："……尉曹主士卒，宜得仁"[9]133-134，推测更卒番上是县尉之主，而实际运作由尉曹的尉史安排。鹫尾祐子研究负责征发地方徭役的官，认为县内负责更卒征发是"尉的属官尉史"，她根据郭解为人解脱践更为例，认为征发是预先安排的，尉史"负责抽选应当征发的更卒"，尉史"主要是负责文书的官员"。[10]191-192 按县尉主士卒，尉曹有掾史，尉史"直接负责制作被征发者名册工作"。鹫尾祐子的推断颇为正确，但并未见到尉史制作的征发名册。笔者认为以尉曹内的掾史实际安排每年番上的更卒，是县内一种行政运作的模式，①而非个别人员支配。尉曹的安排是否得宜和恰当，涉及对百姓仁爱与否，所以翼奉说"尉曹主士卒，宜得仁"。②

戍卒在县征发后，会集中调配至所居郡，由郡统一率领。《汉书·百官公卿表上》说："郡守，秦官，掌治其郡，秩二千石。有丞，边郡又有长史，掌兵马。"郡有郡尉，同上书："郡尉，秦官，掌佐守典武职甲卒，秩比二千石。有丞，秩皆六百石。景帝中二年更名都尉。"[2]742 是郡兵统于郡守，而领于郡尉。上番戍卒到郡后，郡二千

---

① 著名《都乡正卫弹碑》提及颍川郡昆阳县令零陵君承昆阳在黄巾丧乱后，透过结弹平均徭役，当中题名有"尉曹掾都□，字汉宾；史张苞，字子才"等都乡官员，他们均属县内尉曹掾史，与县内徭役事务有关，洪适认为此碑记述守令徭役条教，然则协助达成轻赋、均徭役的人，应该是安排征发徭役的"尉曹掾都□，字汉宾；史张苞，字子才"等乡官员。引文见洪适：《隶释》，据洪氏晦木斋刻本影印，卷15，北京：中华书局，1985年，第163—164页。

② 1993年出土的尹湾汉简其中"东海郡下辖长吏不在署、未到官者名籍"有十三位长吏出徭，其中带领囚犯"罚戍上谷"者有三位："郯狱丞司马敞正月十三日送罚戍上谷""郯左尉孙严九月廿一日送罚戍上谷""司吾丞北宫宪十月五日送罚戍上谷"；"送卫士"者一位："费长孙敞十月五日送卫士"；另外"送徒民敦煌"者一位："平曲丞胡毋钦七月七日送徒民敦煌"（连云港市博物馆、中国社会科学院简帛研究中心等编：《尹湾汉墓简牍》，北京：中华书局，1997年，第96—97页）。显然，县派出县中长吏：200石的郯狱丞，400石的郯左尉，200石的司吾丞率领囚徒和徙民远至边区，当然这与县中征发戍卒性质不一样，"东海郡下辖长吏不在署、未到官者名籍"是因应个别事件临时派出长吏率领囚徒和徙民至边地，征发戍卒有可能是一批为数上百人的遣发。被罚戍边的囚徒，很大可能是做守烽燧和候望的工作，例如司徒刘郃，将作大匠阳球和中常侍程璜不合，诬陷蔡邕等，结果蔡邕被劾以仇怨奉公，议害大臣，大不敬的罪名，判与家属髡钳徙朔方。蔡邕在其《戍边上章》提及被判刑后，为"郡县促遣，……不得顷息，……既到徙所，乘塞守烽，职在候望"（《续汉书》，《律历志》注，第3083页）。显然蔡邕罪罚戍卒，工作就是"乘塞守烽，职在候望"。

石及长吏负责领到边区上番。居延新简 EPT51：15 谓："制曰：下丞相、御史。臣谨案：令曰：'发卒戍、田，县、侯国财，令史将，二千石官令长吏并将至戍田所。罢卒还，诸将罢卒不与起居，免，削爵。'"据此牍，戍卒来自县、侯国，由县令史统率。戍田卒先到郡，郡守再命令史长吏将领到戍田之地。案戍卒在边区被分派不同工作，有任田卒者，亦有河渠卒者，都是戍卒的工作，此处郡县发卒戍田，当指屯戍边区的戍卒。[11]125-126 居延新简 EPT51：15 一简的"县、侯国财，令史将"，"财"通"裁"，有裁成、裁择、裁察的意思，[12]2176-2177 全句指选择适合的令史，带领戍卒至郡。此处或许举一例子，《肩水金关汉简（一）》有"魏郡魏右尉"一简，从图版看与其他戍卒名籍近似，释文谓：

魏郡魏右尉公乘杜陵富成里张赣年卌八长八尺□（73EJT6：94）

邢义田先生谓此简彩色和红外线图版皆清晰，释文可从，并引《汉书·地理志》魏郡有魏县，原注亦有"都尉治"，推测魏郡都尉可能一度分左右尉，此说正确。[13] 按汉县万户以上为令，不满为长，汉大县有二尉，在《后汉书·百官志》有记载，西汉魏郡有户逾 12 万，有县 18 个，东汉户数逾 21 万，有县 15 个。以平均计算，每县超过万户，有两尉很正常。笔者推测县、侯国选择适合的令史统率上番士戍，当中县尉统率戍卒至郡，甚至带领本县戍卒赴边，所以"魏郡魏右尉公乘杜陵富成里张赣"，很可能是带领魏郡士卒戍边的官员。另外戍卒被征召后，以军队编制伍人为伍、什人为什的组织，选任其中一人为车父，运送所用兵器，什器粮车，一车一车地赶赴边区。①

居延和敦煌汉简不乏来自内郡士卒的例子，如神爵四年一枚简记载丞相史李尊安排在神爵六年负责带领河东、南阳、颍川、上党、东郡、济阴、魏郡、淮阳国等地戍卒诣敦煌郡、酒泉郡屯戍，送罢此批戍卒后，又要带领河东、南阳、颍川、东郡、魏郡、淮阳国戍卒返回内郡，同时监督从军死卒传槥归县：

神爵四年十一月癸未，丞相史李尊，送获（护）神爵六年戍卒河东、南阳、颍川、上党、东郡、济阴、魏郡、淮阳国诣敦煌郡、酒泉郡。因迎罢卒送致河东、南阳、颍川、东郡、魏郡、淮阳国并督死卒传菒（槥）。为驾一封轺传。御史大夫望之谓高陵，以次为驾，当舍传舍，如律令。（I0309（3）：237）[14]45-46

这枚简值得注意的地方有三点。第一，此简开首就说"神爵四年"，接着说"丞

---

① 有关车父的性质和戍卒的组织，参李均明：《"车父"考辨》，《简牍学研究》第 2 辑，1997 年，第 79—82 页。有关秦汉戍卒赴边区的组织，秦汉士卒前赴边区的组织和交通，可参赵宠亮：《秦代戍卒赴边问题初探》，载梁安和徐卫民主编：《秦汉研究》第四辑，西安：陕西人民出版社，2010 年，第 192—203 页。

相史李尊,送获(护)神爵六年戍卒"。《敦煌悬泉汉简释粹》认为"神爵六年"是预设之辞,[①]即内郡河东、上党、东郡、魏郡等郡国戍卒前赴边区的敦煌郡、酒泉郡,预先在两年已经安排好,换言之,这种护送戍卒是有计划和常规性的。邢义田先生认为出现这种文书的原因可能是神爵四年边塞戍卒不够,因而提前抽调两年后的役男。[15]163 笔者以为此说虽不无道理,但如果急需兵源补充,可以临时招募、大发卒,又或发天下七科谪以扩充兵源,这种速度比提前抽调快捷。上面提过尉曹及相关的尉史实际安排每年番上的更卒,被安排戍边的戍卒不可能实时出发,尉史早已预先编排次序。郭解为他人解脱践更,被解脱者实际已经知道大约什么时候轮到他践更。同样地,预先安排负责带领戍卒往返边区和内郡,也不是临时抽调,神爵四年此简记载丞相史李尊带戍卒往返边区和内郡可能是其中一次常规性质的安排。第二,负责带领士卒到敦煌郡、酒泉郡的人是丞相史李尊,按丞相史为丞相属吏,秩四百石,[②]是朝廷任命的长吏,官秩虽然不高,但有权衡之量,不可欺以轻重。两汉书常见到丞相史外遣刺探各州或者协助朝廷处理地方重大事务,成帝鸿嘉年间黄河在平勃海、清河一带溢溢,河隄都尉许商与丞相史孙禁一起出行视察,共谋治河方略即其例子。[2]1690-1691 这次由丞相史李尊护送戍卒至边区,应当显示朝廷重视边区屯戍,然而凡编户民都有义务履行繇戍边区的责任,所以丞相史护送可能不是常事,更多是郡守命令郡长吏将领到戍田之地。第三,从内郡征发至西北戍守的戍卒,像悬泉汉简 I0309(3):237 所载河东、南阳、颍川、上党、东郡、济阴、魏郡、淮阳国等关外郡国精锐戍卒,[③]似乎先抵达长安,与中央政府派出之护送官员会合,然后出发至边区。

四、肩水金关赵地戍卒

理论上,戍卒将被定期派送至汉帝国的边区屯戍,派送的地方也可能因实际需求,分送数量不一的戍卒。虽然每年派出屯戍人数今无记载,但从文献所载,亦可

---

① 《敦煌悬泉汉简释粹》(第45页)。按此文书制定时间是"神爵四年十一月",后两年预计是"神爵六年",但翌年汉室即改年号为"五凤",然而文书已发,无法更改"神爵六年"的纪年,当事的官员应该如常在预设的时间执行繇戍。

② 《汉官旧仪》:"武帝元狩六年,丞相吏员三百八十二人:史二十人,秩四百石;少史八十人,秩三百石;属百人,秩二百石;属史百六十二人,秩百石。皆从同秩补。"见[清]孙星衍等辑:《汉官六种》,周天游点校,北京:中华书局,1990年,第37页。

③ 邢义田先生谓淮阳地区是汉代精兵产地之一,很正确,参考氏著《汉代边塞的助吏、省卒、士吏、候长和精兵产地》,见《徐苹芳先生纪念文集》编辑委员会编:《徐苹芳先生纪念文集》,上海:上海古籍出版社,2012年,第562—565页。

得一印象。《汉书·赵充国传》记充国提议以屯田制羌人,曾言:"北边自敦煌至辽东万一千五百余里,乘塞列隧有吏卒数千人,虏数大众攻之而不能害。"[2]2989 上文计算大郡如河南郡,每年可能约有二千名戍卒到边区屯戍,其他小郡,每年也许会有数百名屯戍边区的戍卒,但此为可派出的数字,实际远远低于此数。赵充国以讨伐羌人的经验说"乘塞列隧有吏卒数千人",当是具体而可信的数字。吴礽骧先生考察河西汉塞,由于地形差异,烽燧间距,大致在 1—3 千米之间(约合汉里 2.4—7.2 里)[16]189,每燧人数仅有 2—4 人,[17]76 个别情况达到 10 人,于豪亮计算一燧,连燧长、燧卒一共 4—5 人。从敦煌至辽东之间,戍守的吏卒绝不可能少至七八千人,[18]222 这样的话,宽松一点推测,戍守边区吏卒有一万人,也可接受。①

陈直先生统计居延戍卒人数中,而籍贯汝南和南阳人民最多,②上引宣帝神爵年间戍卒出守敦煌郡、酒泉郡的戍卒除有来自南阳、河东、颍川等大郡外,还有赵地的魏郡,说明赵地编户民一样履行戍守边区的义务。根据何双全先生的研究,派驻河西的戍卒到边地后,就不规则地被分配不同区域驻守。虽然如此,其分配也有规律,他认为戍守河西全线边防的士兵,来自全国 25 个郡、140 余个县、350 余个乡村。内郡出兵最多者包括魏郡、淮阳郡、东郡、大河郡、汝南郡、济阴郡、河南郡、汉中郡、昌邑国等十郡国,其中驻守张掖郡肩水都尉府防地者主要是淮阳、昌邑、汝南、济阴、汉中、河南、赵国、东、大河等十郡的士兵;驻居延都尉府防地者主要是魏郡、南阳、东、河东、颍川、陈留、上党、河内、济阴等十郡的士兵。[19]36 笔者从另一角度看,赵国的戍卒多派肩水都尉府防地,而魏郡士卒多驻在居延都尉府。然而何先

---

① 马怡认为汉代赋税的征收与国家的军费需求有密切关系,汉代人大部分人不亲身戍边,都缴交代役金,即"更赋",代役金就成了一种赋税。《汉书·昭帝纪》载元凤四年的诏书,说免收元凤三年"逋更赋未入者"(第 229 页),显示此时就有更赋。马怡认为更赋是在边境和平少戍卒的情况下出现,武帝对外征战,戍卒数量多,如《史记·平准书》说元鼎年间初置张掖、酒泉,及上郡、朔方、西河开田官,戍卒(斥塞卒)六十万人(第 1439 页)。但轮台之诏后,武帝思富养民,不复出兵,士卒逐步减少。宣帝时,赵充国上书言北边士卒数千人,宣帝五凤年间减戍卒十分之二。又据元帝绥和年间,《汉书·匈奴列传》记夏侯藩谓张掖郡汉三都尉有士卒数百人,认为元帝时张掖边区士卒仅有数百人(参马怡:《汉代的诸赋与军费》,载中国社会科学院历史研究所编:《古史文存:秦汉魏晋南北朝卷》,北京:社会科学文献出版社,2004 年,第 252—253 页)。笔者在本文是以赵充国以屯田制羌人的言论为据,所讲北边是指"自敦煌至辽东万一千五百余里"。粗略估计,《汉书·地理志》的北面边区有 20 个郡,假设每郡 500 名戍卒,就已经一万人了。赵充国说:"乘塞列隧有吏卒数千人",以这个数字的戍卒在沿边烽燧斥候,实力薄弱。

② 陈直:《居延汉简研究》,天津:天津古籍出版社,1986 年,第 17 页;张晓东也指出南阳郡 43 名戍卒来自南阳郡 15 个县,占南阳郡 36 个县中 15 个,占总县数的 41.67%,参张晓东:《居延汉简所见南阳戍卒》,《和田师范专科学校学报》2006 年第 2 期,第 172—173 页。

生此文出版于1989年,事隔25年,近日出版的《肩水金关汉简》①收录了6741枚出土于汉代张掖郡肩水都尉府下辖的肩水金关的汉简,约占1973年金关出土简牍的百分之五十八,②为张掖地区戍卒来源增添了大量资料。本文尝试分析此批肩水金关汉简,兼谈这种现象乃因乡里情意结的存在,抑或仅是为了提高行政管理效率而作出的安排。

金关建于汉武帝元狩二年至太初三年(前121—前102)间,早年贝格曼在此地试掘,出土超过850枚简,年号集中在昭帝至哀帝年间。吴礽骧先生认为屯戍活动约在王莽时期衰落,东汉光武初年曾恢复,[16]162这批简牍就是武帝至东汉初年,张掖都尉府屯戍张掖至居延要边区的屯戍资料。③ 其中派往此地的戍卒,有大量赵地士兵,当中出现较多者包括来自赵国、巨鹿、广平、魏郡等地的戍卒。

本文仅以赵国戍卒相关名籍为研究对象,以下先列简文,再作分析。

(1) 戍卒赵国邯郸邑中阳陵里士伍赵安世,年三十五(《合校》50.15)[20]

(2) ☑卒赵国邯郸成☐里☑(《合校》340.45)(金关)

(3) 戍卒赵国邯郸县蒲里董平(《合校》346.1)(A33地湾,肩水候官治所)

(4) 戍卒赵国邯郸输里公乘☑(《合校》346.5)(A33地湾,肩水候官治所)

(5) 戍卒赵国邯郸上里皮议　车工(73EJT1∶19)

(6) 戍卒赵国邯郸侍里公乘宋张利,年卌六☑(73EJT4∶59)

(7) 戍卒赵国邯郸台邮里公乘(73EJT7∶38)

(8) 戍卒赵国邯郸东赵里士五道忠,年卅 庸同县临川里士五郝☐,年卅 丿(73EJT7∶42)

(9) 戍卒赵国邯郸广阳里公乘盖☐☑(73EJT9∶196)

(10) ☑☐国邯郸困里簪马 (73EJT8∶10)

(11) 戍卒赵国邯郸乐中里乐彊☐☑(73EJT25∶133)

(12) 登山隧戍卒赵国邯郸鹿里吾延年☑(73EJT26∶59)

(13) 田卒赵国襄国长宿里庞寅年廿六(73EJT1∶13)

---

① 《肩水金关汉简》拟出版五卷,目前已经出版有三卷,由甘肃简牍保护研究中心,甘肃省文物考古研究所,甘肃省博物馆等编,上海中西书局出版。本文引用的肩水金关汉简、释文俱出自以上三书。

② 根据1973年《居延新简·甲渠候官》的出版前言所说,肩水金关出土一万余简牍,但未有具体数字。吴礽骧先生在《河西汉塞调查与研究》讲述A32金关遗址时说此处共出土11577枚简牍,其中未编号的有1426枚(第162页)。

③ 《肩水金关汉简(贰)》的纪年简显示,第二批简纪年最早的武帝延和(征和)三年,最晚为王莽始建国五年,跨约103年。参黄艳萍:《〈肩水金关汉简(叁)〉纪年简校考》,载《简帛研究2013》,第188—200页)。

（14）田卒赵国襄国下广里张从☒（73EJT1:118）

（15）田卒赵国襄国恩☒（73EJT2:59）

（16）田卒襄国陈西里簪裹?☒（73EJT2:86）

（17）博望隧卒赵国襄国曲里翟青☒（73EJT10:132）

（18）襄国泛里☒（73EJT1:165）

（19）并山隧戍卒赵国襄国公社里公乘韩未央,年卅☒（73EJT22:135）

（20）☒房□□卒赵国襄□☒（73EJT23:445）

（21）田卒赵国襄国斋里李赐,年卌三 丿 ~（73EJT27:22）

（22）戍卒赵国襄国稺楚里□☒（73EJT32:58）

（23）戍卒赵国易阳侯里李登高☒（73EJT23:161）

（24）戍卒赵国易阳南实里王遂☒（73EJT23:921）

（25）戍卒赵国易阳寿☒（73EJT23:1058）

（26）戍卒赵国易阳长富□里公乘董故,年廿☒（73EJT24:578）

（27）田卒赵国柏人☒（73EJT1:136）

（28）戍卒伯（柏）人宣利里董安世 四石具弩一

兰一冠一

藁矢铜镞五十（73EJT28:6）①

（29）☒国佰（柏）人平阳里□□□☒（73EJT28:15）②

（30）状:公乘氏池先定里,年卅六岁,姓乐氏,故北库啬夫。五凤元年八月甲辰以功次迁为肩水士吏,以主塞吏卒为职。☒

戍卒赵国柏人希里马安汉等五百六十四人戍诣张掖,署肩水部。至□□到酒泉沙头隧,阅具簿□☒（73EJT28:63A）

䢼五月丙辰戍卒赵国柏人希里马安汉戍诣张掖,署肩水部。行到沙头隧,阅具簿□□□□□亡满三☒

---

① 按图版和红外线皆为"伯"字,但"伯"字在此名籍当为地名,两汉书未见地名为"伯人"者,但赵国有"柏人"县,疑书手误把"戍卒柏人"写为"戍卒伯人"。

② 此处"☒国佰人"与上简一样,而且前一字为地名"国"字,断去的字推测为"赵"字,"佰"为"柏"字的误写,"☒国佰人"当为"赵国柏人"。简73EJT28:6"戍卒伯（柏）人"与简73EJT28:15"☒国佰（柏）人"应即指赵国的"柏人"县,感谢邢义田先生手示大作《〈肩水金关汉简（一）〉初读札记之一》,指出肩水简73EJT6:106:"卒魏郡百人大守 封遣定陶☒"的"百人"也是指《汉书·地理志》赵国条下的"柏人",邢先生认为此简释文当读"上、魏郡、百人太守……封遣定陶☒",又引北京大学藏西汉中期简《赵正书》谓"秦王出游天下,还,至白人而病",谓"白人"即是"柏人",白、柏、百相通。此说十分正确,按本文的"柏人",有写作"伯人",有写作"佰人",正合邢先生所说的"白、柏、百相通"。

甘露二年六月己未朔庚申,肩水士吏弘别迎三年戍卒……候以律令从事
□□□☑(73EJT28:63B)

(31) 田卒赵国尉文翟里韩□☑(73EJT1:32)

(32) 广汉隧戍卒赵国□☑(73EJT23:532)

(33) 执适隧卒赵国☑(73EJT26:282)

(34) ☑□郸平阿里公乘吴传孺①

三石具弩一丝伟同几郭轴辟完　弩循一完

槀矢铜鍭五十其卅二完十八斥呼　兰兰冠各一负索完(73EJT23:768)

根据上面的资料,笔者制成附表(一)"赵国戍卒/田卒/隧卒表",上述34枚简牍,合共35名赵国屯戍金关地区的士兵,从出土编号看,他们都是张掖郡肩水金关及肩水侯官治所的简牍,相关士兵都是来自赵国所属的五个县,包括:邯郸、襄国、易阳、柏人及尉文等。②称为戍卒者有20人,田卒者7人,隧卒者2人,□卒者2人,身分不明者4人,合共35人。其中,(8)号简是"卒佣作名籍",涉及两名戍卒:"赵国邯郸东赵里士五道忠"雇佣"同县临川里士五郝□",前者事实真身并不在边区。35人之中,9人有爵位,社会身分较高,当中爵位是公乘者有7人;簪褭者1人;公士者1人,另外被夺爵的士五(含士伍)者3人,即不及一半人数清楚书写其为戍卒身分者。除了因为简牍有残断及字迹漫漶不能辨别之外,其余都是没有爵位的普通戍卒。有年龄记下来者8人,分布是"年廿六""年廿☑""年卅"(2人)"年三十五""年卅☑""年卌三"和"年卌六",集中在三十岁至四十岁以下的年龄层,占了一半人数。第(8)枚简所涉"卒佣作"的两名戍卒:"赵国邯郸东赵里士五道忠"和"同县临川里士五郝□",其年龄一样是"年卅",身分都是"士五",这非巧合而是刻意安排的。

最值得注意的是,这些赵国人,其籍贯集中在邯郸一县,另一人来自邯郸邑,其次是赵地襄国,详见表1:

---

① 笔者怀疑"□郸"一字为"邯"字,连同前面断去的字,推测吴传孺为赵国邯郸戍卒。
② 《汉书·地理志》及《后汉书·郡国志》均没有尉文县,但黄浩波引《史记·建元已来王子侯者年表》及《汉书·王子侯表》证明武帝元朔二年间封赵敬肃王子丙为尉文侯,其后元狩元年侯犊嗣,元鼎五年免,国除。黄浩波又据周振鹤所考宣帝所封敬肃王子八侯国中有六个国除、省并(参黄浩波:《西汉政区地理》,北京:人民出版社,1987年,第79页),当中有尉文,说明尉文属赵国,其年代在尉文侯国国除之后,省并之前,即武帝元鼎五年至宣帝之间。参黄浩波:《〈肩水金关汉简(一)〉所见郡国县邑乡里》,见《简帛网》,2011年12月1日,http://www.bsm.org.cn/show_article.php?id=1586。

表1 赵国戍卒来源分布表

籍贯(赵国县名)	人数	注
邯郸邑	1	
邯郸	13	其中一人为"□郸"
襄国	10	
易阳	4	
柏人	4	
尉文	1	
不明(残断,仅见赵国)	2	
合计	35	

这些戍卒基本上来自不同的里,可考者如下:中阳陵里、成□里、蒲里、输里、上里、侍里、台邮里、东赵里、临川里、广阳里、困里、乐中里、鹿里、长宿里、下广里、恩□、陈西里、曲里、泛里、公社里、斋里、稺楚里、侯里、南实里、寿□、长富□里、宜利里、平阳里、希里、翟里及平阿里,合共31个里,可是每个里之间看不出任何联系,即使"卒佣作名籍"的两名戍卒也只是同县人,却不同里居住,大致可以说他们是同乡人。

邯郸县为赵国都城,从赵敬侯元年(前386年)迁都至此,到赵幽缪王八年(前228年),秦破邯郸,改置为邯郸郡,邯郸城一直是赵都,达159年。邯郸西倚太行山,人口聚集,工商业兴盛,冶铁业发达,交通便利,是漳、河之间的重要都会,北通燕、涿,南有郑、卫,民俗好气任侠。赵平原君时,秦攻邯郸,邯郸传舍吏子李同说平原君,尽散家财以飨士,瞬间得"敢死之士三千人。李同遂与三千人赴秦军,秦军为之却三十里"[21]2369。可见赵不乏敢死善战之士,所以赵国征发戍卒,以籍贯邯郸者为主。

以上赵国戍卒简牍,除了(30)号简年号为汉宣帝"五凤元年"及"甘露二年"外,绝大部分没有记载年代,所以无法判断是否同期戍边的戍卒。然而同一次番戍边区的戍卒有多少?肩水金关一枚简牍或可给予一点讯息,简(30)当中讲及赵国戍卒屯戍肩水人数:"戍卒赵国柏人希里马安汉等五百六十四人戍诣张掖,署肩水部。"

此牍显示有两点可思考。第一,这状辞说:甘露二年六月"马安汉等五百六十四人戍诣张掖",表示这564名戍卒是征发后一起前来边区,似乎是同一次调遣。同时这批戍卒是以郡国为单位,一起被派住肩水部驻防。西汉平帝时赵国有四县,户数逾48000,口数接近35万,四县共出500多名戍卒前来张掖戍守,并非少数。

印象所得,赵国的戍卒多派肩水都尉府防地,而魏郡士卒多驻在居延都尉府。① 从赵国来肩水戍边的戍卒一年就有564人,相对上引的不同时期的35名赵国戍卒,后者就是极为少量的数字。一次征发数百名戍卒戍边并非孤证,肩水金关73EJT25:86记梁国卒1095人戍张掖:

> 梁国卒千九十五人戍张掖郡,会甘露三年六月朔日　四□☑

"梁国卒"应指梁国戍卒,超过1000名梁国卒派驻——张掖郡戍边的资料,"会甘露三年六月朔日"一语的"会"疑指"期会",谓这批梁国戍卒在指定日期内抵达张掖,然后张掖在所官员把他们分驻各个烽燧。无论如何,从文例言,应该指梁国戍卒1095人来到张掖郡戍守。同样,简73EJT28:63A:"戍卒赵国柏人希里马安汉等五百六十四"名戍卒是同一次征发戍边来张掖,其后部署肩水部。

为什么籍贯相同的同乡会被安排在同一处戍守?这批赵国戍卒的屯戍地点集中在肩水金关的烽燧,是不是由于语言习惯和默契好些,所以集中一起管理?这种做法并非不可能。不过汉代社会是一个相对复杂的社会,绝对不是一个单纯以血缘为中心的社会。这批戍卒都不同姓,看不出他们之间有宗族的关系,也许各自有守业,只是因为当戍卒才走在一起,又因为都是赵国人,都是同乡,有比较接近的语言文化和生活习惯,所以彼此间更容易互助互济,故此,同乡同区遣派一地,集中屯戍。但从管理和资料调配的角度看,这些戍卒可能基于语言文化相同,为省却监督人力,才由该地的尉或掾史带领,集中管理,乡关情结并非主要考量因素。笔者从"至□□到酒泉沙头隧"一语看,前来肩水的戍卒,分别调遣至其他地方,当中是整批戍卒一起调走,还是个别遣调,就无法判断。然而,个别的遣调的机会最大。有一点可肯定的是,相关戍卒不是长期停留一处。又按居延旧简屡见"沙头亭""沙头卒","沙头亭"位置在肩水地区,位置在驿北亭之南,驿马亭之北,金关与肩水都尉府之间。73EJT28:63记戍卒"署肩水部。行到沙头隧",可知这批戍卒应署于肩水地区,"沙头隧"疑即指沙头亭。但如果"至□□到酒泉沙头隧"一句连读,则有可能与酒泉郡沙头县有关,考虑B面内容不见"酒泉",或许"酒泉"为衍文。②

第二,此牍显示赵国戍卒有个别逃亡的现象。此枚木牍以"状"开首,推测"状"指提出起诉的"状辞",但此文书是一份不完整的起诉书,相当李均明所说"状辞"的部分内容。按一份完整的起诉文书,应该包括劾文、状辞及相关呈文,[22]77 此

---

① 本文暂未论述此点,有待补述。
② 西汉时酒泉郡有沙头县,张俊民先生有考证,参张俊民:《简牍学论稿——聚沙篇》,兰州:甘肃教育出版社,2014年,第145页。

文书显然有残缺,并非全豹。状辞形式一般包括明确的起诉人资料:(一)爵、县、里、年、姓、官、禄等;(二)被起诉人及其违法犯罪的基本事实、诉讼请求;(三)起诉提起的原因或起因,一般会在结尾说明:"以此知而劾,无长吏使劾者,状具此",表示起诉是起诉人的职责所在,并非上级指使。① 本简牍似乎只涉事地方的官员征查案件的部分内容,文书先列出起诉人的资料:"公乘,氐池先定里,年卅六岁,姓乐氏,故北库啬夫。五凤元年八月甲辰以功次迁为肩水士吏。"起诉人是肩水士吏乐弘,"以主塞吏卒"为职责。然后讲述事件内容:"戍卒赵国柏人希里马安汉等五百六十四人戍诣张掖,署肩水部。至□□到酒泉沙头隧,阅具簿□☑。"可见涉案人应该是戍卒赵国柏人希里马安汉,具体所犯何事并不清楚,但无疑与"阅具簿"所记内容有关。《说文》曰:"阅,具数于门中也,"[23]590 有会计查点的意思。由于此牍只提及"阅具簿",未知是指器物的簿籍,抑或马匹的名籍。《合校》有"驿马阅具簿":"橐他駮南驿建平元年八月驿马阅具簿。"(《合校》502.7)此牍后文未见提及马匹,但不一定与马匹无关,相反,下文提及"亡",也许亡者盗取马匹逃走,被肩水士吏乐弘所揭发,亦有可能。从另一角度看,如果"阅具簿"与点核来屯赵国戍卒名籍有关,则当中可能涉及戍卒"去亡""乏徭"。案《二年律令·津关令》谓:

> 相国、御史请缘关塞县道群盗、盗贼及亡人越关、垣离(篱)、格堑、封刊,出入塞界,吏卒追逐者得随出入服穷追逋。令将吏为吏卒出入者名籍,伍人阅具,上籍副县廷。事已,得道出入所。出人盈五日不反(返),伍人弗言将吏,将吏弗劾,皆以越塞令论之。[24]206

按《津关令》提及关塞县道防范群盗、盗贼及亡人越关、垣离(篱)、格堑、封刊,出入塞界,吏卒必要时越关迹穷追捕,但吏卒出入要登记名籍,五人为伍,相伍连坐,立为记录。追捕完毕,得从原道返回,离开塞界超过五日而不返回,就以《越塞令》来论罪。按彭浩,陈伟,工藤元男等主编的《二年律令与奏谳书:张家山二四七号汉墓出土法律文献释读》释"伍人阅具"为"伍以阅具",又引杨建语,释"阅具"为查点、计算的意思,意为津关将吏要造吏卒名籍,五人相数,②方便核实士卒身分,以防假冒。笔者认为此牍背面讲戍卒赵国柏人希里马安汉戍诣张掖,署肩水部后,

---

① 参李均明:《秦汉简牍文书分类辑解》,北京:文物出版社,第77页;李均明:《简牍法制论稿》,桂林:广西师范大学出版社,2011年,第57—58页;程政举:《汉代诉讼制度研究》,北京:法律出版社,2010年,第241—244页。
② 见彭浩,陈伟,[日]工藤元男主编:《二年律令与奏谳书:张家山二四七号汉墓出土法律文献释读》,上海:上海古籍出版社,2007,第310页;另外参考杨建:《张家山汉简〈二年律令·津关令〉简释》,见丁四新主编:《楚地出土简帛文献思想研究(一)》,武汉:湖北教育出版社,2002年,第326页。

行到沙头隧,其下提及"阅具簿□□□□□□亡满三□","亡"是逃亡、逋亡的意思。汉代称逃避徭役为"逋事",已被征发到服徭役的地方,但逃亡别去,就叫作"乏徭"。秦对此法律概念有明确的界定。《睡虎地秦墓竹简·法律答问》载:

  可(何)谓"逋事"及"乏繇(徭)"?律所谓者,当繇(徭),吏、典已令之,即亡弗会,为"逋事";已阅及敦(屯)车食若行到繇(徭)所乃亡,皆为"乏繇(徭)"。[25]221

秦代黔首也要履行徭役的责任,如如淳所言成年男子每人每年要服役一个月,黔首不履行此责任,去亡,相关官员要上报县廷,详记去亡者的"名事里"、"亡及逋事几何日"。《睡虎地秦墓竹简·封诊式》云:

  覆 敢告某县主:男子某辞曰:"士五(伍),居某县某里,去亡。"可定名事里,所坐论云可(何),可(何)罪赦,【或】覆问毋(无)有,几籍亡,亡及逋事各几可(何)日,遣识者当腾,腾皆为报,敢告主。[25]250

逋亡者的多少、有无,是考课县令的其中一项标准。①《居延新简》有一例子是隧卒不履行戍卒的责任逋亡:"吞北隧卒居延阳里士伍苏政年廿八 □复为庸,数逋亡,离署,不任候望。"(EPT40:41)士伍苏政数次逋亡,擅离工作岗位,不任候望,原因可能就是去当上佣工。[26]129-137 从状的内容推测,戍卒马安汉戍诣张掖,署肩水部后,不知何故离开同伍戍卒,走出关超过三日(?):"满三",结果被肩水士吏乐弘劾告,当中相关官员可能翻查士卒"阅具簿",发现涉及士卒"去亡"和"乏徭"。

五、结语

本文以出土于肩水金关汉简为中心,尝试探讨被征发至肩水驻防的赵地戍卒的情况,虽然近日出版的《肩水金关汉简》仅收录了 6000 枚出土于汉代张掖郡肩水都尉府下辖的肩水金关的汉简,提供赵地戍卒的派任屯戍的具体活动,但由于讨论和篇幅的问题,本文仅论述赵国五县的戍卒,尚有魏郡、巨鹿两郡戍卒有待论述。

简言之,笔者以为汉代戍边徭役,郡县每年征发戍卒。先是县所属尉曹的掾史进行运作,当中县尉是长官,尉曹掾史,文献常见是尉史,安排适龄编户民出戍,编为征发名籍,这是一常规的工作。被征调践更的戍卒,编为什五,由县尉或县中长吏带领至郡,郡守再命令郡长吏将领到屯戍之地,然后再署相关的部、候。甘露二年赵国柏人希里马安汉戍诣之地为张掖郡,被署肩水部。《悬泉汉简》有神爵四年

---

① 《史记·酷吏列传》记载义纵任上党郡某地的县令"治敢行,少蕴藉,县无逋事,举为第一。迁为长陵及长安令,直法行治,不避贵戚"就是例子。见《史记》,卷 122,《酷吏列传》,第 3144—3145 页。

(未知是敦煌郡还是中央的决定)记载预先安排在神爵六年,由丞相史李尊送护戍卒河东、南阳、颍川、上党、东郡、济阴、魏郡、淮阳国诣敦煌郡、酒泉郡,然后又负责迎罢卒送致河东、南阳、颍川、东郡、魏郡等地,似乎隐含部分内郡戍卒赴边区前,先由郡来到长安,再由丞相史带领戍地。①

笔者考察了赵国五县的35名赵国戍卒,但仅是赵国徭戍的小部分。赵国来肩水戍边的戍卒,甘露年间一次就有564人,而且是同乡同戍一地,当中的安排也许有同乡凝聚的情结,但赵文化慷慨慓急、民风剽悍、善骑射,个人的独立性很强,从行政的角度看,统一意志,集中管理更具效率。另外,笔者怀疑肩水金关73EJT28:63一牍的"状"为"状辞",涉及"戍卒赵国柏人希里马安汉"戍诣张掖,署肩水部后,不知何故离开同伍戍卒,越塞而亡。

参考文献

[1] 王子今.秦汉区域文化研究[M].成都:四川人民出版社,1998.

[2] 班固.汉书[M].北京:中华书局,1962.

[3] 杨振红.徭、戍为秦汉正卒基本义务说:更卒之役不是"徭"[J].中华文史论丛,2001(1):331-362.

[4] 滨口重国.践更和过更[M]//刘俊文.日本学者研究中国史论著选译(第三卷):上古秦汉.黄金山,孔繁敏,等译.北京:中华书局,1993.

[5] 劳榦.劳榦学术论文集:甲编[M].台北:艺文印书馆,1976.

[6] 黎明钊,马增荣.汉简簿籍再探:以"卒佣作名籍"为例[J].中国文化研究所学报,2011(53):33-55.

[7] 睡虎地秦墓竹简整理小组.睡虎地秦墓竹简·秦律杂抄[M].北京:文物出版社,1990.

[8] 严耕望.中国地方行政制度史:秦汉地方行政制度[M].台北:台湾研究院历史语言研究所,1974.

[9] 萧吉.五行大义[M].钱杭,点校.上海:上海书店出版社,2001.

[10] 鹫尾祐子.汉代的更卒:试论徭役、兵役制度[M]//卜宪群,杨振红.简帛研究(2012).桂林:广西师范大学出版社,2013.

[11] 张俊民.简牍学论稿:聚沙篇[M].兰州:甘肃教育出版社,2014.

[12] 宗福邦,陈世铙,萧海波.故训汇纂[M].北京:商务印书馆,2003.

[13] 邢义田.《肩水金关汉简(一)》初读札记之一[EB/OL].[2012-05-08].http://www.bsm.org.cn/show_article.php?id=1686.

[14] 胡平生,张德芳.敦煌悬泉汉简释粹[M].上海:上海古籍出版社,2001.

[15] 邢义田.地不爱宝:汉代的简牍[M].北京:中华书局,2011.

[16] 吴礽骧.河西汉塞调查与研究[M].北京:文物出版社,2005.

[17] Michael Loewe, Records of Han Administration[M]. London: Cambridge University Press, 1967.

---

① 不排除在长安组织卫士为戍卒,然后由长安赴边的可能性。

[18] 于豪亮.西汉适龄男子戍边三日说质疑[J].考古,1982(4):407-409,380.

[19] 何双全.汉代戍边士兵籍贯考述[J].西北史地,1989(2):31-39.

[20] 谢桂华,李均明,朱国炤.居延汉简释文合校[M].北京:文物出版社,1987.

[21] 司马迁.史记[M].北京:中华书局,1982.

[22] 李均明.秦汉简牍文书分类辑解[M].北京:文物出版社,2009.

[23] 许慎.说文解字注[M].段玉裁,注.上海:上海古籍出版社,1981.

[24] 张家山二四七号汉墓竹简整理小组.张家山汉墓竹简(二四七号墓)[M].北京:文物出版社,2001.

[25] 睡虎地秦墓竹简整理小组.睡虎地秦墓竹简[M].北京:文物出版社,1978.

[26] 黎明钊.捕亡问题探讨:读汉简小记[M]//卜宪群,杨振红.简帛研究(2007).桂林:广西师范大学出版社,2010.

附表（一）　赵国戍卒/田卒/隧卒表

	身份	郡/国	县	里	爵	姓名	简号
1	戍卒	赵国	邯郸邑	中阳陵里	士伍	赵安世	50.15
2	□卒	赵国	邯郸	成□里	□	□	340.45
3	戍卒	赵国	邯郸	蒲里	□	董平	346.1
4	戍卒	赵国	邯郸	输里	公乘	□	346.5
5	戍卒	赵国	邯郸	上里	□	皮议	73EJT1:19
6	戍卒	赵国	邯郸	侍里	公乘	宋张利	73EJT4:59
7	戍卒	赵国	邯郸	台邮里	公乘	□	73EJT7:38
8	戍卒	赵国	邯郸	东赵里	士五	道忠	73EJT7:42
9	戍卒（庸）	赵国	邯郸	临川里	士五	郝□	73EJT7:42
10	戍卒	赵国	邯郸	广阳里	公乘	盖□	73EJT9:196
11	□	□国	邯郸	困里	公士	马□	73EJT8:10
12	戍卒	赵国	邯郸	乐中里	□	乐彊	73EJT25:133
13	戍卒	赵国	邯郸	鹿里	□	吾延年	73EJT26:59
14	田卒	赵国	襄国	长宿里		庞寅	73EJT1:13
15	田卒	赵国	襄国	下广里	□	张从	73EJT1:118
16	田卒	赵国	襄国	恩□	□	□	73EJT2:59
17	田卒		襄国	陈西里	簪褭□		73EJT2:86
18	隧卒	赵国	襄国	曲里	□	翟青	73EJT10:132
19	□	□	襄国	泛里	□	□	73EJT1:165
20	戍卒	赵国	襄国	公社里	公乘	韩未央	73EJT22:135
21	□卒	赵国	襄国	□	□		73EJT23:445
22	田卒	赵国	襄国	斋里	□	李赐	73EJT27:22
23	戍卒	赵国	襄国	稺楚里	□	□	73EJT32:58
24	戍卒	赵国	易阳	侯里	□	李登高	73EJT23:161
25	戍卒	赵国	易阳	南实里	□	王遂	73EJT23:921
26	戍卒	赵国	易阳	寿□	□	□	73EJT23:1058
27	戍卒	赵国	易阳	长富□里	公乘	董故	73EJT24:578
28	田卒	赵国	柏人	□	□	□	73EJT1:136
29	戍卒	赵国	柏人	宜利里	□	董安世	73EJT28:6
30	□	赵国	柏人	平阳里	□	□	73EJT28:15
31	戍卒	赵国	柏人	希里	□	马安汉	73EJT28:63
32	田卒	赵国	尉文	翟里	□	韩□	73EJT1:32
33	戍卒	赵国	□	□	□	□	73EJT23:532
34	隧卒	赵国	□	□	□	□	73EJT26:282
35	□	□	□郸	平阿里	公乘	吴传孺	73EJT23:768

原载《邯郸学院学报》2014年第4期

边地商人与西汉初期的赵地叛乱研究

张 功

西汉政权建立之初,在战国时期赵国地区设置郡国,实施管理。但在不到五年的时间内,这一地区先后发生了燕王臧荼、卢绾、韩王信、陈豨等叛乱,西汉政权花费巨大的人力、物力,数次出动大军才得以镇压。学术界对这一问题作过一些探讨,[1]得出了一些令人信服的结论,但仔细研究这些叛乱,就会发现,每次叛乱都与边地商人有着密切的联系。本文就从边地商人群体利益与汉政权政策的关系为切入点,探求西汉初年边地商人群体与赵地叛乱之间的关系,以求教于方家。

一、战国时期赵国地区的边地商人

《史记·货殖列传》云:"赵、中山地薄人众,仰机利而食。"邯郸地区之民,"设智巧,仰机利",具有从事商业活动的传统。"杨、平阳(陈)西贾秦、翟,北贾种、代。种、代,石北也,地边胡,数被寇。"[2]3263 杨、平阳位于战国时期赵国西部,与秦接壤,北接匈奴。种在恒州石邑县北,地望在今蔚州地界。代,即汉代代郡。石,即石邑县,在常山郡。战国后期直至秦汉,在赵国北部边境地区,活跃着边地商人群体,依靠经营边境贸易而获得巨大的经济利益和社会影响。

《史记·冯唐传》:"臣大父言,李牧为赵将居边,军市之租皆自用飨士,赏赐决于外,不从中扰也。委任而责成功,故李牧乃得尽其智能,遣选车千三百乘,彀骑万三千,百金之士十万。是以北逐单于,破东胡,灭澹林,西抑强秦,南支韩、魏。"何谓"军市"?《资治通鉴》五代后周显德六年(959 年)胡三省注:"军中有市,听军人各以土物自相贸易。"军市出现于战国中期。《商君书·垦令》说:"令军市无有女子,而命其商人自给甲兵,使视军兴;又使军市无得私输粮者,则奸谋无所于伏,盗输粮者不私,稽轻惰之民不游军市。"商人通过军市为军队提供作战需要的物资,商人可

[作者简介] 张功(1966—),男,甘肃成县人,湖北经济学院法学院教授,历史学博士。

以自由出入军市,根据军队作战需要准备相应的物资。能保障动辄十万甚至数十万军队的物资需要的商人群体应该是十分庞大的。

军市设立于战时军营附近。《三国志·吴志·潘璋传》记载,潘璋"征伐止顿,便立军市,他军所无,皆仰取足"。大军出征,驻屯无定处,在正常的物品供应渠道不畅之处,而又必须让士兵的日常生活消耗品能有补充,于是军市的设置就有了必要。这也是军市多见于战乱之中或边远之地的原因。

军市多设立于边境或远离城镇的地区,驻扎于城镇的军队不许设立军市。《汉书·胡建传》记载,西汉武帝时胡建为北军执法官(守军正丞),他发现北军监军御史在都城长安私设军市,"穿北军垒垣以为贾区,……以求贾利,私买卖以与士市"。结果胡建不经请示,断然将监军御史当众斩首,事后反而得到皇帝的褒扬。所谓"贾区",即军市,在长期驻军之所是不允许设立军市的。

李牧为赵国将军,长期率领大军驻守北边代(今河北蔚县)、雁门(治所在今山西右玉县南)防备匈奴。对匈奴开战时,从全军中选拔出战车1300乘,精锐骑兵13000人,善于搏杀之士5万人,善射士兵10万人。各军种的精兵达到166900人,为之服务的军市和参与军市交易的商人数量应该有相当大的规模的。从战国后期开始,在赵国北部的雁门、代一带,围绕军市聚集了数量可观的商人群体,从事"仰机利而食"的商业活动。与此同时,赵国似乎没有禁止与匈奴的贸易往来,那么这些依靠军市的商人群体,也会从事与匈奴之间的边境贸易。

秦统一六国,"使蒙恬将三十万众北逐戎狄,收河南。筑长城,因地形,用制险塞,起临洮,至辽东,延袤万余里。……蒙恬威振匈奴"[2]2566。匈奴势力受到打击,远离秦朝边境。围绕30万秦军的军市,边地商人群体继续从事着他们的经营活动。只是长城的修筑,可能在一定程度上会限制商人从事境外贸易。

秦末大乱,匈奴乘此有利时机,重新占领了被蒙恬夺去的"河南地"。据《史记·匈奴列传》:"(冒顿单于)大破灭东胡王,而虏其民人及畜产。既而西击走月氏,南并楼烦、白羊河南王。悉复收秦所使蒙恬所夺匈奴地者,与汉关故河南塞,至朝那、肤施,遂侵燕、代。是时汉方与项羽相距,中国罢于兵革,以故冒顿得自强,控弦之士三十余万……至冒顿而匈奴最强大,尽服从北夷,而南与中国为敌国。"[2]2890 驻守北部边境的秦朝军队一时逃散,"蒙恬死,诸侯畔秦,中国扰乱,诸秦所徙适戍边者皆复去,于是匈奴得宽,稍复渡河南与中国界于故塞"[2]2887。故塞即秦昭王时修建的长城,[3]274 匈奴势力重新回到秦长城沿线,"常往来侵盗代地"。秦军退却,围绕军市的贸易活动自然不复存在。但边境贸易带来的巨大利益,依然值得边地商人群体去追求。

二、刘邦定都长安，封锁匈奴和边地商人东移赵国地区

西汉建立之初，匈奴"与汉关故河南塞，至朝那、肤施，……刘敬从匈奴来，因言：匈奴河南白羊、楼烦王，去长安近者七百里"[2]2719。索隐："二者并在河南。河南者，案在朔方之河南，旧并匈奴地也，今亦谓之新秦中。"匈奴势力南下越过长城，方便了朔方郡附近的边地商人从事贸易，但也使关中地区更易受到匈奴攻击。高祖进入关中之后，于二年十一月"缮治河上塞，六月，兴关中卒，乘边塞。"[4]33 征发士卒，补充兵力，修缮长城要塞，防备匈奴的入侵。汉朝在上郡一带的严密防御，限制了匈奴的南下，也间接限制了这一地区商人的边境贸易。随后，匈奴势力开始从雁门、云中、代郡这些对匈奴封锁不太严密的地区南下侵扰汉朝。三郡在项羽封建时属赵歇的代国，高帝三年（前204年），韩信、张耳讨灭陈余和赵歇，三郡属汉；四年以后，雁门、云中属张耳的赵国。三郡与匈奴接境，时常受到匈奴的攻击，是汉匈对峙的前线地区。

与修筑各种防御设施相对应，汉政府颁布了《津关令》："越塞阑关，论未有□，请阑出入塞之津关，黥为城旦春；越塞，斩左止（趾）为城旦；令、丞、令史罚金四两。智（知）其请（情）而出入之，及假予人符传，令以阑出入者，与同罪。"[5]83《津关令》规定出入关塞必须持有"符传"，汉匈边境地区的"津关"重在限制人员、物资、武器、马匹、金属等战略物资流入匈奴。①

此外，还有"关市"贸易管理规定，"关市"是设在边境地区互市市场。②《史记·汲郑列传》裴骃《集解》引应劭曰："律：胡市，吏民不得持兵器出关。"[2]3109《汉书·汲黯传》颜师古注引应劭曰："律，胡市，吏民不得持兵器及铁出关。"[4]2321 这一规定在景帝、武帝时期一直都在执行，（宋子惠侯）"孝景中二年，坐寄使匈奴买塞外禁物，

---

① 张家山二四七号汉墓竹简整理小组：《张家山汉墓竹简》北京：文物出版社，2006年；陈伟：《张家山汉简〈津关令〉涉马诸令研究》，《考古学报》2003年第1期，王子今，刘华祝：《张家山汉简〈二年律令·津关令〉所见五关》，《中国历史文物》2003年第1期；王子今，李禹阶：《汉代北边的关市》，《中国边疆史地研究》2007年第3期。

② "高后时，有司请禁南越关市铁器。"（《史记·南越列传》）这是最早的关于西汉"关市"的记载。"孝景帝复与匈奴和亲，通关市，给遗匈奴，遣公主，如故约。"（《史记·匈奴列传》）这是汉匈边境"关市"的最早记载。林干先生认为汉匈关市开始于高帝九年（前198年），"汉朝开放关市，准许两族人民交易，这在刘敬结和亲之后便执行了。"（林干：《匈奴通史》，北京：人民出版社，1986年，第51页）；宋超先生指出"汉朝开放关市，准许汉匈双方物资交流"是"和亲"政策的内容之一，与林干先生判断一样（宋超：《汉匈战争三百年》，北京：华夏出版社，1996年，第28页）；王子今先生根据现有材料，判定汉匈关市的开放不晚于景帝初年（王子今，李禹阶：《汉代北边的关市》，《中国边疆史地研究》，2007年第3期）。

免。"[4]588 列侯因为违反禁令与匈奴交易而受到处罚。武帝元狩二年(前121年),"后浑邪王至,贾人与市者,坐当死五百余人。黠人,曰:……愚民安知市贾长安中而文吏绳以为阑出财物如边关乎?"[4]2320 应劭曰:"阑,妄也。律,胡市,吏民不得持兵器及铁出关。虽于京师市贾,其律一也"。臣瓒曰:"无符传出入为阑也"。限制、禁止与匈奴之间的物资贸易是"津关令"的核心内容之一。

西汉初期,张苍主持了这一地区的边境防务,"汉王以苍为代相,备边寇。已而徙为赵相,相赵王耳,耳卒,相赵王敖。复徙相代。(高帝五年七月)燕王臧荼反,高祖往击之,苍以代相从攻臧荼有功,以六年中封为北平侯。"[2]2675 赵王歇在击败张耳后分代地王陈余,陈余被杀后代地为汉郡,直到高帝六年(前201年)才封刘喜为代王,当时张苍已经进入中央政府。汉初,诸侯王相国实际掌控诸侯王国,张苍以"代相""赵相"的身份作为三郡地区的最高行政长官,主持对匈奴的防御工作,加上赵王张耳、张敖父子对汉朝的忠诚,①在韩王信叛乱以前,汉朝在代郡一带对匈奴的防御是成功的,至少没有与匈奴势力勾结,也看不出地方政府与商人势力勾结从事贸易走私的痕迹。

高帝六年,高祖下令军队复员,赵、代边郡地区没有出现战国后期赵国、秦朝那样驻扎数十万军队备胡的现象,依赖军市赢利的商人群体只能通过边境贸易获利。汉朝封锁边境和《津关令》及"关市律"实施的结果,使汉匈之间贸易往来受到限制,依赖汉匈贸易获取利益的边地商人受到打击。

三、边地商人与韩王信、陈豨叛乱

代郡、雁门、常山郡靠近匈奴的地区的商人群体,面对汉朝的边境封锁,他们以犯禁走私应对。"汉使马邑下人聂翁壹奸兰出物与匈奴交,详为卖马邑城以诱单于。单于信之。"[2]2905 裴骃《集解》:"奸音干,干兰,犯禁私出物也。"裴骃《集解》引《汉书音义》曰:"私出塞与匈奴交市。"边地商人的"奸出物"行为,在汉朝封锁边境的政策得到严格执行时,必然受到很大限制;得到地方政府的默许时,则会畅通无阻。所以,地方政府执行对匈奴封锁政策的严格程度,直接决定着商人的经营活动能否顺利进行,间接决定了商人势力对政府的态度。汉政府修筑要塞、加强边境军备、颁布《津关令》,严格限制汉匈之间人员流动、物资流通,严重损害了从事汉匈

---

① 据《史记·张耳陈余列传》记载:张敖手下准备刺杀刘邦时,"张敖啮指出血,曰:君何言之误也! 先人亡国,赖高祖得复国,德流子孙,秋毫皆高祖力也。愿君无复出口"。加上张敖之妻为鲁元公主的缘故,张耳父子对汉朝的忠诚度要高于其他诸侯王。

贸易的商人利益。边地商人开始聚集在代郡一带,继续其"奸出物"的行为,并寻找机会,努力使"奸出物"行为得到政府默许。

西汉初期的郡国并行体制下,上郡(今宁夏河套平原一带)属于汉朝直辖地区,随着对匈奴封锁的加强,边地商人们只能向东移动到诸侯王辖区,继续寻求贸易机会。当时匈奴王庭在代地正北方,代郡又属于诸侯王封地,对匈奴防备相对松懈,代郡一带遂成为商人进行对匈奴贸易的理想场所。

韩王信是战国时期韩国王族之后,高帝二年十一月封王,五年春改封颍川。六年正月,移封太原,同年九月,匈奴军队围太原,韩王信叛汉。七年十月,高祖率军攻打韩王信,韩王信败走匈奴。其部将曼丘臣、王黄拥立战国时期赵国王族后裔赵利,收集韩王信残兵,与匈奴联合继续与汉兵作战。高祖再次率军出征,于平城被围,用陈平奇计脱逃,遂派樊哙领兵平叛,自己返回长安。七年十二月,匈奴攻代,代王刘喜逃归洛阳,高祖封刘如意为代王。八年十月,高祖击韩王信余党于东垣,终于平息叛乱。韩王信、曼丘臣、王黄逃亡,与匈奴势力勾结继续侵扰汉朝边境。"信亡走匈奴,其将白土人曼丘臣、王黄等立赵苗裔赵利为王,收复信败散兵,而与信及冒顿谋攻汉。"[2]2633 韩王信叛乱被平息后,汉朝派陈豨镇守代郡。不久之后,陈豨又与韩王信的残余势力及匈奴人勾结,发动了叛乱。刘邦再次亲征。"上曰:陈豨将谁,曰王黄、曼丘臣,皆故贾人。"[2]2633 白土人曼丘臣、王黄原来都是活动于边境地区的商人,"(樊哙)破豨别将胡人王黄军于代南"[2]2657,则王黄还是匈奴人。陈豨曾"使王黄求救匈奴"[2]2638。王黄作为匈奴出身的商人,长期与匈奴保持着密切联系,所以陈豨才会派遣他去与匈奴人联系。

王黄等边地商人是西汉初期代郡一带叛乱的重要人物。他们是历次叛军的重要将领,在韩王信叛乱时,王黄率军接应匈奴,"匈奴使左右贤王将万余骑,与王黄等屯广武,以南至晋阳,与汉兵战"[2]2633。甚至准备与冒顿单于合围汉高祖于平城:"冒顿与韩信将王黄、赵利期,而兵久不来,疑其与汉有谋。"[4]3753 不仅如此,王黄在韩王信叛乱被镇压后,再次策动了陈豨叛乱:"十年春,(韩王)信令王黄等说误陈豨。……陈豨恐,阴令客通使王黄、曼丘臣所。及高帝十年七月,太上皇崩,使人招豨,豨称病甚。九月,陈豨遂与王黄等反,自立为代王,劫掠赵、代。"[2]2640 王黄等边地商人是策动韩王信、陈豨叛乱的罪魁祸首,还是韩王信、陈豨等叛乱势力与匈奴之间建立联系的使者,又在韩王信、陈豨叛乱时率领叛军与汉军作战。高祖对上述情况是知道的。

白土为上郡属县,地望在现在陕西省神木县、榆林县、米脂县一带,秦昭王修建的长城附近(神木县在长城以北、榆林县在长城沿线、米脂县在其南),境内"圁水出西,东入河"[4]1617。这一地区是古代西戎活动的地方,"晋文公攘戎狄,居于河西圁、洛之间。号曰赤翟、白翟"[2]2883。进入战国时代,这一地区被义渠戎占据,秦昭王时"遂起兵伐灭义渠。于是秦有陇西、北地、上郡。筑长城以距胡。……后秦灭六国,而始皇帝使蒙恬将数十万之众北击胡,悉收河南地,因河为塞,筑四十四县临河,徙谪戍以充之。而通直道。……十有余年而蒙恬死,于是诸侯畔秦,中国扰乱,诸秦所徙谪边者皆复去,匈奴得宽,稍复渡河南与中国界于故塞。(楚汉战争时期匈奴)悉复收秦所使蒙恬所夺匈奴地者,与汉关故河南塞者,至朝那、肤施(榆林)。遂侵雁代"[4]3749-3750。这一地区在秦末大乱时为匈奴人所占据,王黄是匈奴人就不奇怪了。

这一地区历代都活动着沟通汉族与北边游牧民族贸易往来的商人。"乌氏倮畜牧,及众,斥卖,求奇缯物,间献遗戎王。戎王什倍其赏,与之畜,畜至用谷量牛马。"[2]3685 乌氏县即在朝那(今宁夏固原一带)附近,处于秦昭王修建的长城之南,"奇缯物"即出产于内地而为少数民族所需要的各类织物。这些地区的商人在与北方少数民族的贸易中获得丰厚的收入,白土与朝那一样处于汉族与北方少数民族的分界线附近,随着匈奴的南下,白土商人获得了商机,从事匈奴与中国之间的贸易活动。当时匈奴不仅到达朝那,也到达了肤施,肤施是上郡郡治,在白土之南。由于匈奴南进和秦汉之际的战乱,再加上王黄匈奴出身的背景,使王黄等白土地区的商人们得到活动的机会,对外贸易的丰厚利润使他们积累起巨大的经济实力和社会影响力。西汉政权打击异姓诸侯王的做法与边境防御政策一起,促成了商人势力与韩王信、陈豨集团的结合。商人势力的加入,对边境地区的叛乱行为起了推波助澜的作用。

四、从《商贾律》看汉政权平定叛乱、经营赵地之方略

高帝"八年冬,上东击韩信余寇于东垣。……春三月,令士卒从军死者为椟,归其县,县给衣裳葬具,祠以少牢,长吏视葬……春三月,行如洛阳,令吏卒从军致平城及守城邑者(如淳曰:平城左右诸城能坚守者也),皆复终身勿事。爵非公乘以上不得冠刘氏冠。贾人(师古曰:坐贩卖者也)毋得衣锦绣绮縠绨纻罽、操兵、骑乘马。"[4]65 在守将反叛、边境被寇、汉军全力反击之际,发布厚葬战死者、优待参战者的诏书,其目的在于稳固军心,激发军队战斗力。但发布限制打击商人的《商贾律》,又与北方的平叛战争有什么关系?这需要通过对《商贾律》的解读来寻找

答案。

《商贾律》的第一条是对商人服装的限制。"毋得衣锦绣绮绁纻縠罽。"锦绣绮（细绫）縠绁纻（细葛）均是细的丝织品和葛织品，是中原地区出产而匈奴所需者。关于"罽"，师古曰："罽，织毛，若今毾及氍毹之类也。"属于毛织物。钱大昭《汉书弁疑》卷一："罽，西胡毲布也。"《周礼·春官·司服》："祀四望，山川，则毳冕。郑司农：毳，罽衣也。贾公彦疏曰：案尔雅云：毛牦谓之罽，则绩毛为之，若今之毛布。"孙诒让《周礼正义》同条："尔雅、释言云：牦，罽也。胡人绩羊毛做衣。"可知罽为胡人的毛织物，一种织有花纹的毛布。西汉时期，不仅中原的丝织品受到匈奴人的欢迎，匈奴出产的精美毛织品也很受中原人青睐。《史记·货殖列传》有"狐貂裘千皮，羔羊裘千石，旃席千具"可比千乘之家的说法。产自匈奴的皮制品、毛织品不但输入中国，而且受到中国人的喜爱，自然也会成为商人经销盈利的对象。《商贾律》禁止商人穿用这些丝织品、葛织品、毛织品，是在禁止丝织品、葛织品、毛织品输出的禁令之上的更加严厉的封锁措施，是为了限制商人以自家消费为名买入各类织品，然后与匈奴人秘密交易。第二条是禁止乘车、乘马。第三条是禁止使用武器。这些都与地方势力的叛乱有关。在韩王信叛乱中，商人不但是叛乱的策动者、联络人，还参加了对汉朝军队的作战。禁止商人乘车、骑马、拥有武器的目的在于剥夺商人的武装能力。对商人征收重税和限制他们仕宦为吏，则可以缓解当时的财政困难，防止商人和地方政治势力结合背叛朝廷。汉初，诸侯王国的官吏除傅、相由中央任命外，其余官吏由王国自己任命。《商贾律》通过对官吏选拔范围的限制，断绝商人成为地方高官，凭借他们的财力、物力与地方势力相结合而反叛中央政府的机会。《商贾律》的重点在控制那些在与匈奴交易中积累了雄厚财力的商人，防备他们与匈奴人、地方势力结合而反叛中央政府，以彻底消除赵代地方叛乱的根源。[6]

以上是《商贾律》的内容解析，其次看《商贾律》颁布后汉政府在雁门、代地区的防御措施。高帝七年（前200年）十二月，匈奴攻代，代王刘仲蒙尘洛阳，高祖封刘如意为代王，让陈豨统管赵代国境。"韩王信反，入匈奴，上至平城还，豨以郎中封为列侯，以赵相国将监赵、代边境，边兵皆属焉。"[4]1891 陈豨接替了原来张苍的职务。关于派遣陈豨的理由，高祖自己有所解释："豨尝为吾使，甚有信。代地，吾所急。故封豨为列侯、以相国守代。"[4]68 再次将国境管理收归中央，这是对张苍转任中央，国境警备委托韩王信却招致叛乱的反省。高帝九年正月，高祖废赵王张敖为宣平侯，封代王刘如意为赵王，将代地三郡归入赵王国。陈豨掌管的边境范围随即扩大，由其统一掌管代郡一带地区对匈奴的防御和封锁。随后，在边地商人的策动下，陈豨发动了叛乱。"豨少时，常称慕魏公子，及将守边，招致宾客，常告过赵，宾客随之者千余乘，邯郸官舍皆满。赵相周昌乃求入见上，具言豨宾客盛，擅兵于外，恐有变。上令人覆案豨客居代者诸为不法事，多连引豨。豨恐，阴令客通使王黄、曼丘臣所。"[4]1892 这些宾客可能早就与王黄有关系或者本来就是王黄同伙。"闻豨将皆故贾人也。上曰：吾知所以与之，乃多以金啖豨将，豨将多降。"[4]69 与王黄、曼丘臣有关系的商人策动、参加了陈豨叛乱，宾客之中商人占的比重较大。

陈豨宾客的"不法事"触犯的可能就是《商贾律》和封锁匈奴的禁令。《商贾律》和封锁禁令限制了边境附近商人的活动，这些对汉朝政策不满的商人集中在陈豨的周围。其中，有匈奴人，也有汉人，其势力覆盖代赵全境，成为叛乱发生的基础。高帝十年九月，代相国陈豨反叛时，刘邦指出："吏民非有罪也，能去豨、黄来归者，皆赦之。赵相周昌奏常山二十五城亡其二十城，请诛守尉。上曰：守尉反乎？对曰：不。上曰：是力不足也，亡罪。（复以为常山守尉）上令周昌选赵壮士可令将者，白见四人。上谩骂曰：竖子能为将乎？四人惭服，皆伏地。上封各千户，以为将。左右谏曰：从入蜀、汉，伐楚，功未偏行，今封此，何功？上曰：非若所知！陈豨反，赵代地皆豨有，吾以羽檄征天下兵，未有至者，今计惟独邯郸中兵耳。吾何爱四千户封四人，不以慰赵子弟！皆曰：善。又求：乐毅有后乎？得其孙叔，封之乐乡，号华成君。"[4]68 这次叛乱不是简单的陈豨武装集团的问题，实际是在国境附近汉王朝封锁、防御匈奴的政策与当地商人势力冲突的结果，叛乱是这一冲突的具体化。高祖敏锐地觉察到这一点，叛乱一发生，高祖就以掌握当地官民的人心为主：下令赦免参与叛乱的民众；不问常山守尉的罪而是让他们复职；将赵地壮士四人封为千户，任命为将军；封乐毅后。表面看来是争夺士兵，实际是为了获得地方势力的拥护，当然也包括商人阶层在内。高祖不是依靠武力消灭陈豨将士，而是以大量金钱收买他们，满足他们作为商人对金钱的需求，将他们纳入制度框架内来解决问题。高帝十一年（前196年）冬，下令"诸县监守不降反寇者，复租赋三岁"[4]70。仍然以获得地方势力的拥护为目的。

高帝十一年冬，郭蒙和曹参打败陈豨的将军王黄和张春，周勃平定代地，占领马邑，高祖占领东垣。十一年正月，柴武斩杀韩王信；十二年十月，陈豨被杀，叛乱终于平定下去。高祖改革了代地的行政区划，代、云中以西地区为云中郡由中央直辖，以太原郡的一部分和雁门郡、代郡为代国，封皇子刘恒为代王。诸多措施均以加强对这一地区的控制为目的。云中郡归中央直辖后："则代受边寇益少矣。"[4]70

以后代地商人阶层再没有和匈奴结合反叛汉朝,说明朝廷已经牢固控制了这一地区。

陈豨叛乱爆发后,西汉政府改变了仅仅以武力压制商人阶层的做法,通过赦罪、任用代表性人物为官等措施强化这一地区对朝廷的服从。随着朝廷对赵代地区的牢固控制和北方从事与匈奴贸易的商人阶层受到打击后分化、归附,《商贾律》也就失去了存在的意义,惠帝、吕后时期大加改动,接近名存实亡。

五、汉匈和亲背景下边地商人与朝廷对立关系的消除

汉高帝六年,韩王信降匈奴,匈奴引兵南下攻太原,至晋阳(今太原市西南)。刘邦亲率大军32万追击至平城(今山西大同市东北),被匈奴精兵40万骑包围于白登(平城东南十余里)七日。刘邦用陈平计方得突围。汉匈军事实力的差距显露无疑。

汉高帝八年,刘敬创和亲之议。他认为汉政权既无法战胜匈奴,又无法摆脱其侵扰,唯一减少或避免边患的办法只有和亲。他向刘邦建言:"陛下诚能以适长公主妻单于,厚奉遗之,彼知汉女送厚,蛮夷必慕,以为阏氏,生子必为太子,代单于。何者?贪汉重币。陛下以岁时汉所余彼所鲜数问遗,使辩士风谕以礼节。冒顿在,固为子婿。死,外孙为单于。岂曾闻孙敢与大父亢礼哉?可毋战以渐臣也。……高帝曰:'善。'……使敬往结和亲约。"[4]2122 和亲政策在一定程度上减少了边患,维持了边境的安宁。

随着汉匈和亲政策的推行,边境贸易受到的限制趋于减少,加上参与军市①贸易获得的利益,边地商人群体的活动空间得以保留,边地商人和汉政权的关系得以正常,此后未再出现大规模的商人参与的叛乱。

六、结语

自战国中后期开始,赵国北部边境地区出现了参与军市贸易的边地商人群体,这一群体同时从事边境贸易。在赵国名将李牧率领赵国大军防备匈奴的十几年里,赵国北部边地商人群体规模趋于壮大。他们通过从事军市交易、边境贸易获取数量不菲的商业利益。秦统一六国后,蒙恬率30万大军防守匈奴,依靠军市贸易,

---

① 《汉书·冯唐传》说:"今臣窃闻魏尚为云中守,军市租尽以给士卒,出私养钱,五日壹杀牛。"则边地守军设立军市在西汉依然存在,商人可以通过参与军市贸易获利。

边地商人群体的贸易活动得以顺利开展。秦末天下大乱,边境戍军不复存在,虽然丧失了军市交易的机会,但匈奴势力南下带来的边境贸易依然使边地商人的利益得以维护。西汉政权建立之初,开始采取综合措施防备匈奴南下,这些措施同时限制了商人的边境贸易,于是边地商人和地方郡国政府相勾结,以边境走私来获取商业利益,进而与匈奴政权相勾结。当商人和地方郡国政权通敌行为受到中央政府追究时,商人群体和地方郡国政府不惜举兵反叛、叛逃匈奴。西汉初年的韩王信、陈豨叛乱都是在这样的背景下发生的,臧荼、卢绾的叛逃匈奴,同样是在这样的背景下发生的。西汉政权为了平息叛乱,采取了武力镇压、金钱赏赐、《商贾律》限制等诸多手段,最终平息了叛乱。通过对赵地郡、诸侯国的调整,强化了对赵地的控制。边地商人群体受到分化打击,汉匈和亲政策推行后,商人的边境贸易得以顺利进行,商人群体与政府关系趋于正常化,此后未再发生叛乱。

参考文献

[1] 张永芳.一将谋反连累三王[J].辽宁电视大学学报,2000(4):51-52.

[2] 司马迁.史记[M].北京:中华书局,1989.

[3] 周振鹤.西汉政区地理[M].北京:人民出版社,1987.

[4] 班固.汉书[M].北京:中华书局,1979.

[5] 张家山二四七号汉墓竹简整理小组.张家山汉墓竹简[M].北京:文物出版社,2006.

[6] 张功.西汉《商贾律》探析[J].陕西师范大学学报,2013(6):92-97.

原载《邯郸学院学报》2015年第2期

东汉初年赵国的重建及其意义

张盼盼

宗室分封是东汉时期的一个重要问题,受到学界普遍关注,[①]学界对该问题的研究以整体研究为主,而对王侯封国进行微观、具体的考察仍有其价值。笔者拟以赵国为研究对象,结合其地理位置、东汉初年的政治军事形势,考察赵国在光武帝巩固河北、经略天下、对卢芳与匈奴作战过程中的特殊地位与作用。另外,赵国在东汉初年的诸侯分封中具有典型性,需结合光武帝调整宗室分封秩序、处理皇室内部矛盾的行动,探究其爵位等级调整的原因,以期有裨于东汉宗室研究。

一、东汉初年河北的形势

汉代河北之地,即战国燕赵故地,行政区划上属幽州、冀州刺史部管辖,范围相当于今山西东北部、河南北部、河北、北京、天津、内蒙古东南部、辽宁等地。河北之地商业兴盛,"邯郸亦漳、河之间一都会也""燕亦勃、碣之间一都会也"[1]3264-3265;盐、铁、粮等资源丰富,"有鱼盐枣栗之饶"[1]3265,渔阳、夕阳、平郭、北平设有铁官,泉州、

[作者简介] 张盼盼(1992—),男,河南柘城人,华中师范大学历史文化学院2019级博士研究生,研究方向为秦汉史。

① 张启琛:《汉光武帝传》,天津:天津人民出版社,1990年;张鹤泉:《光武帝刘秀传》,哈尔滨:黑龙江人民出版社,1993年;曹金华:《汉光武帝刘秀评传》,南京:江苏古籍出版社,2002年;黄留珠:《刘秀传》,北京:人民出版社,2003年;安作璋、孟祥才:《汉光武帝大传》,北京:中华书局,2008年,等等。以上著作对东汉光武时期宗室分封、限制宗室问题有简单论述。刘春藩在《秦汉封国食邑赐爵制》(沈阳:辽宁人民出版社,1984年)中考察了东汉王国分封、诸侯王政治经济权力的状况;李晓杰在《东汉政区地理》(济南:山东教育出版社,1999年)中将分封制与政区地理结合,从受封者封地角度考察;沈刚在《东汉分封诸侯王问题探讨》(《咸阳师范学院学报》2011年第5期)中考察了东汉中前期诸侯王分封、徙封、绍封及封地调整的状况;何丽华在《东汉封君、封地考察》(安徽师范大学2003年硕士学位论文)考察了东汉受封者封地、存在时间、地理分布及其原因等问题;贾海龙在《东汉宗室分封秩序研究》(华中师范大学2016年硕士学位论文)中探究了东汉宗室分封秩序的建立和维护、影响因素等问题。

海阳、平郭设有盐官[2]1623-1626,1632，如"蜀卓氏之先，赵人也，用铁冶富"[1]3277；加之，河北人口众多。①

赵国是河北之地的重要组成部分，在西汉时地理范围变化较大。汉初赵国的范围与战国时大致相当，经文帝、景帝、武帝调整后，其范围不断缩小，西汉末仅辖邯郸、易阳、襄国、柏人四县。东汉时辖邯郸、易阳、襄国、柏人、中丘五县，比西汉末稍大，范围相当于今河北省中南部。赵国位于河北之地南部，邯郸为战国、西汉时赵国旧都，曾为王郎集团大本营，是刘秀集团兴起之地，是北方最重要的政治文化中心。赵国具有"北通燕、涿，南有郑、卫"[1]3264 "西出漳、邺，则关天下之形胜；东扼清、卫，则绝天下之转输"[3]674 "西带上党，北控常山，河北之襟要，而河东之藩蔽"[3]658 的险要地理位置。早在战国时，燕赵交通系统已较为完备："太行山东边有一条主要道路，与太行山平行，纵贯南北，赵国都城邯郸和燕国都城蓟都在这条交通线上。"[4]124 邯郸当南北交通要冲，交通便利；加之，汉朝六大都会中唯有邯郸在河北，商业手工业发达，经济繁荣，是北方最重要的经济中心。

在西汉前期，赵国经历张耳父子、刘如意、刘友、刘恢、吕禄、刘遂七位赵王，刘遂参与七国之乱而自杀国除。汉景帝为加强对故赵地的控制，将勃海、巨鹿、魏郡划归中央管辖，并在前元二年（前155年）至中元五年（前145年）分封皇子建立六王国。② 刘彭祖获封原赵国核心区邯郸一带，六王及后裔多居河北之地；后又有燕王刘旦、广阳王刘建、中山王刘兴等分封到河北。王莽代汉时，河北宗室赵、真定等王侯封国多被废除，丧失封君身份，降身平民，但作为宗室豪族长期聚族而居，活动于河北，已深深扎根地方，其影响力并未立即消失，在河北仍颇为活跃。如赵缪王子刘林"好奇数，任侠于赵、魏间，多通豪猾"[5]491。

自新朝末年以来，实权派官吏、宗室、豪族势力是造成河北之地变乱频仍的重要因素。

随着农民军、宗室、豪族等反莽势力不断发展，赵国宗室成员也密切关注着天下形势。此时正值刘秀持节徇抚河北，刘秀抵达邯郸时，刘林献策："赤眉今在河东，但决水灌之，百万之众可使为鱼。"[5]11 被拒绝，刘秀留耿纯守邯郸，继续北上真定、中山。此时王郎诈称成帝子子舆进行舆论宣传，也积极活动于燕赵之地，与赵国宗室、豪族联系密切，刘林联合李育、张参等拥立王郎。王郎能够入都邯郸，在赵

---

① 据《汉书·地理志》载，西汉时期全国有户12233062，人口59594978。河北之地有户2070537，人口9170872，户所占比重约为16.93%，人口所占比重约为15.39%。其中，赵国有户84202，人口349952。
② 刘德封河间王、刘彭祖徙封赵王、刘胜封中山王、刘越封广川王、刘舜封常山王。

王宫即位称帝,离不开赵国宗室的大力支持;赵国宗室、豪族也凭借扶植王郎暂时获得了军政权力,如刘林为丞相,李育为大司马,张参为大将军。[5]492 王郎假借刘子舆身份在赵国称帝,率先占据河北之地最重要的政治经济中心邯郸,"于是赵国以北,辽东以西,皆从风而靡"[5]492-493。王郎政权迅速崛起,幽州、冀州郡县官吏、豪族、宗室多有响应王郎者,如:广阳宗室刘接等起兵蓟城响应王郎,①真定王刘扬曾一度依附王郎,鄗大姓苏公迎纳王郎将李恽。[5]762 刘秀在河北及南阳—颍川等地豪强与更始帝部下谢躬、苗曾的帮助下,迅速攻灭王郎政权,[6][7][8] 王郎、赵国宗室对赵国的控制终结。赵国宗室作为王郎政权的重要支持者,曾与刘秀为敌,东汉建立后其封国被取消,政治经济权益被剥夺,这是光武帝重建赵国的重要背景。

刘秀在河北之地兴起时,天下形势也变得异常复杂。

> 是时,长安政乱,四方背叛。梁王刘永擅命睢阳,公孙述称王巴蜀,李宪自立为淮南王,秦丰自号楚黎王,张步起琅邪,董宪起东海,延岑起汉中,田戎起夷陵,并置将帅,侵略郡县。又别号诸贼铜马、大肜、高湖、重连、铁胫、大抢、尤来、上江、青犊、五校、檀乡、五幡、五楼、富平、获索等,各领部曲,众合数百万人,所在寇掠。[5]16

刘秀坐镇邯郸,遣吴汉、耿弇诛杀苗曾、韦顺、蔡充,牢固掌控幽州十郡突骑,使得"北州震骇,城邑莫不望风弭从"[5]676,又袭杀谢躬、占领魏郡,与更始帝正式决裂。刘秀继续在河北扩张势力,打击并收编铜马、大肜、高湖、重连等农民军,"连大克获,北州略定"[5]600。随着军事实力不断壮大,刘秀也开始实施一统天下的大战略。[9]

建武元年(25 年)六月,刘秀在高邑即位称帝,东汉王朝正式建立。"建武二年,已定都于洛阳,而天下之乱方兴。帝所得资以有为者,独河北耳。"[10]154 刘秀积极经略中原,并进一步向西进取关中,向南进取南阳、南郡,向东争夺梁楚,统治中心由邯郸转至洛阳。以邯郸为中心的河北之地也由光武帝从事征战的前沿转变为支撑统一大业的战略大后方,赵国是东汉政权在河北最重要的政治、经济、军事基地。然而,河北宗室及实权派官吏是造成河北局势动荡的重要因素,赵国宗室、广阳宗室曾响应王郎,真定王刘杨图谋未遂,彭宠、张丰又以郡守身份反叛,叛乱波及广阳、渔阳、上谷、右北平、涿郡等地,严重影响到河北局势的稳定,这对光武帝不可能没有震撼。

---

① 王莽代汉时,广阳王刘嘉献符命,封扶美侯,赐姓王;广阳王子刘接等曾响应王郎。东汉建立后,光武帝应该剥夺了广阳宗室的政治经济权益,封国也被取消。

光武帝正忙于统一大业,又要应对卢芳、匈奴对北边的侵扰,因武力不及而放弃部分边疆郡县,徙其民人入内地,使得东汉西北边界内移,[11]21 赵国特殊的军事战略地位也凸显出来。赵国北有中山、常山、巨鹿屏障,南邻魏郡、河内、河南,西邻上党,原本离北边作战前线较远,而此时雁门、代、太原、常山、中山等地已成为对卢芳、匈奴作战的前沿。① 赵国因处于中原与边地的结合部,处在东汉王朝对匈奴作战的第二道防御体系内,是支援北部前线的枢纽,是维护统治核心区河南、河内等安全稳定的重要屏障;再者,赵国西南与上党、河东连接,向南通向河内、河南,向北通向广阳、上谷、右北平,南可沟通中原,北可联络燕地,处于南北交通要冲,交通条件便利,有利于向北输送作战军队及物资。另外,邯郸又恰处于南北信息沟通渠道中山至邺一线的关键点上。

光武帝鉴于赵国特殊的地理位置,根据天下形势及河北局势的变化,使以赵国为核心的河北之地真正成为光武帝实施统一大业的后方基地、与卢芳和匈奴作战的重要基地,决定分封宗室至亲刘良于河北,重建赵国并遣刘良坐镇邯郸。

二、光武帝重建赵国

刘秀"年九岁而南顿君卒,随其叔父在萧,入小学"[12]2。刘良对刘縯、刘秀兄弟姊妹有养育之恩,后被迫参与南阳起兵,在反莽斗争中历经艰辛。② 刘良曾举孝廉、任萧令,更始时任国三老,在舂陵宗室中享有崇高威望。更始败亡后,归附光武帝,建武二年(26年)三月分封为广阳王。光武帝因血缘亲情分封刘良为王,符合"非刘氏不王"旧制,符合"尊尊""亲亲"原则。

在彭宠叛乱之时,光武帝分封刘良,封地又恰在叛乱核心区广阳,刘良因河北局势不稳而未就国。光武帝分封宗室的举措,虽不能对实际控制河北发挥作用,但可借此向外宣示朝廷重视河北,在思想观念上会起到些许积极作用。西汉初年以来,"非刘氏不王"的观念深入人心,彭宠是异姓将领,反叛汉朝,自称燕王不具有合法性,而刘良是光武帝叔父,分封为诸侯王可以笼络河北人心,一定程度上抑制了某些野心家以宗室旗号作乱或自立为王。

---

① 《后汉书·王霸传》:建武九年,王霸、吴汉、王常、朱祐、侯进等"击卢芳将贾览、闵堪于高柳";王霸与贾览、匈奴军战于平城;王霸与诸将屯守雁门,与杜茂"会攻卢芳将尹由于繁畤,不克"(第737页)。《后汉书·天文志》:"匈奴助芳侵边,汉遣将军马武、骑都尉刘纳、阎兴军下曲阳、临平、呼沱,以备胡。"(第3221页)

② 《后汉书·赵孝王良传》:"及光武起兵,以事告,良大怒,曰:'汝与伯升志操不同,今家欲危亡,而反共谋如是!'既而不得已,从军至小长安,汉兵大败,良妻及二子皆被害。"(第558页)

"兖、豫、青、冀,中国之都,而寇贼从横,未及从化。渔阳以东,本备边塞,地接外虏,贡税微薄……况今荒耗,岂足先图?"[5]895光武帝将战略重心放在经略中原上,与刘永集团争夺梁楚,打击活跃于弘农、河内、上郡的五校、铜马、青犊、尤来等农民军,郾王尹遵、宛王刘赐等更始残余势力也需要及时清除,又要讨伐南阳邓奉叛乱,还要与赤眉军在崤底、宜阳进行决战,加之"狄贼出魏郡,在人后"[13]106,无暇顾及彭宠。另外,光武帝、伏湛对彭宠割据自为的叛乱性质及危害程度进行了准确估量,作出了从缓处理彭宠之乱的决策。[14]光武帝"以静制动,以道制权,以谋制力,以缓制猝,以宽制猛"[10]155的战略战术,对当时各股势力的轻重缓急判断精准,推进了统一大业的顺利进行。

在赤眉军投降,邓奉叛乱被平定,刘永、秦丰、延岑、董宪等势力受到重创的情况下,光武帝根据有利的天下形势,实施耿弇北定彭宠、东平齐地的策略。建武五年二月,彭宠被苍头子密所杀,不久叛乱平定。

叛乱虽未对光武帝的统一大业造成严重妨碍,但足以引起光武帝对河北之地的重视,维持这一战略大后方的安全稳定,关乎东汉王朝统一大业的顺利推进。于是,光武帝在征召耿氏父子入京的同时,采取任用郭伋、陈䜣、张堪、王霸等负责河北军政,重建赵国并遣刘良就国两项举措,以迅速稳定河北局势,防止变乱再起。

建武五年,"三月癸未,徙广阳王良为赵王,始就国"[5]38。刘良初封广阳王、徙封赵王的时间点与彭宠之乱发生、平定的时间点前后接近,这样的安排很难用巧合来解释,需结合东汉初年的政治军事形势来探究;至于为何会选择刘良,则需结合光武帝分封诸侯王的状况进行分析。

在一统天下阶段,光武帝分封舂陵宗室刘茂、刘良、刘章、刘兴、刘祉、刘歙、刘终为诸侯王,虽然时间上接近,但值得注意的是,仅刘良在建武初年就国。刘茂、刘祉、刘歙、刘终虽有一定的政治军事实力,但归附光武帝后,他们的军事力量已被吸纳、分化;加之与光武帝族属较疏远,很难获得光武帝的完全信任。此时,光武帝侄子刘章、刘兴年幼且缺乏政治经验,光武帝"以其少贵,欲以吏事就其名"[13]87,于建武十五年使二王试守平阴县、缑氏县,在洛阳附近锻炼其行政能力,至建武二十七年始就国。光武帝诸皇子也尚年幼,①缺乏政治威望与理政能力,未获封爵,也不堪镇抚河北的重任,这与公孙述"成败未可知,戎士暴露,而遽王皇子,示无大志,伤战士心"[5]541的做法形成对比。刘良对光武帝有抚养之恩,深得其宠信;至亲宗室

---

① 据《后汉书·皇后纪》载,长子刘强生于建武元年,四子刘阳生于建武四年,二子刘辅、三子刘英生于元年至四年间,建武初年分封宗室时,诸子尚年幼。

中唯有刘良年长且颇有政治威望,堪当镇抚河北的重任。刘良坐镇邯郸,可在思想观念上宣示汉王朝统治河北之地的正当性,彰显光武帝对该地的重视,避免再度出现割据局面。

彭宠之乱平定后,卢芳继续借助匈奴、鲜卑、乌桓的军事力量对抗东汉政权,这些游牧部族也乘汉朝分裂动荡之机时常侵扰,①对北部边疆的安全与稳定构成严重威胁。建武六年初,关东平定,光武帝将主要精力放在消灭隗嚣、公孙述两大势力上,然而也高度重视卢芳、匈奴、乌桓对北边的侵扰,"东方既平,七年,诏茂引兵北屯田晋阳、广武,以备胡寇"[5]776。

随着光武帝实施收缩北部边界线的举措,赵国因处于中原与边地的结合部,具有屏障河南、河内等中原核心区的重要作用,在支援对卢芳、匈奴作战上的战略重要性也不容忽视。鉴于"边境萧条,靡有孑遗,障塞破坏,亭隧灭绝"[15]152的状况,光武帝除派遣臣将从事征讨或镇守外,②也在长城防线以南构筑抵御北胡侵扰的第二道防御体系,令杜茂、王霸治飞狐道,"堆石布土,筑起亭障,自代至平城三百余里"[5]737。胡三省解释说:"治飞狐道以通赵、魏应援北边之兵。"[16]1378赵国、魏郡是向北输送应援军队的重要基地,如马援曾率军屯驻在赵国属县襄国。③ 马成又接替杜茂继续缮治障塞、烽燧,"自西河至渭桥,河上至安邑,太原至井陉,中山至邺,皆筑保壁,起烽燧,十里一候"[5]779。障塞、烽燧体系加强了司隶、并州、冀州的防御力量,密切了三州的军事联系,将晋阳、井陉、卢奴、元氏、襄国、邯郸、邺等军事要地有机连接,襄国、邯郸均处在障塞、烽燧体系的关键点上。再者,烽燧作为沟通边地与内地的通信形式,[17]471襄国、邯郸又处在南北信息传输要道中山至邺一线的关键点上,便于北边军情的传输。

光武帝任郭伋、陈䜣、张堪、王霸等负责河北军政,遣刘良坐镇邯郸,迅速稳定了河北局势,加强了对河北的控制,河北真正成为光武帝一统天下的稳固战略大后方。赵国因交通条件便利,处于中原与边地的结合部,处在东汉王朝第二道防御体

---

① 《后汉书·彭宠传》:"遣使以美女缯彩赂遗匈奴,要结和亲。单于使左南将军七八千骑,往来为游兵以助宠。"(第504页)《南匈奴传》:"建武初,彭宠反畔于渔阳,单于与共连兵,因复权立卢芳,使入居五原。"(第2940页)《乌桓传》:"光武初,乌桓与匈奴连兵为寇,代郡以东尤被其害……五郡民庶,家受其辜,至于郡县损坏,百姓流亡。"(第2982页)《鲜卑传》:"光武初,匈奴强盛,率鲜卑与乌桓寇抄北边,杀略吏人,无有宁岁。"(第2985页)

② 《后汉书·邓晨传》:"晨好乐郡职,由是复拜为中山太守,吏民称之,常为冀州高第。"(第584页)《朱祐传》:"九年,屯南行唐拒匈奴……十五年,朝京师,上大将军印绶,因留奉朝请。"(第770—771页)《马成传》:"十四年,屯常山、中山以备北边,并领建义大将军朱祐营。"(第779页)

③ 《后汉书·马援传》:"会匈奴、乌桓寇扶风,援以三辅侵扰,园陵危逼,因请行,许之……十二月复出屯襄国。"(第842页)

系内,是屯兵、输送军队及物资的重要基地,是抵御北边部族侵扰、保卫中原核心区安全的屏障。

三、赵王国—赵公国—赵王国的调整

建武十三年(37年),汉王朝再度实现统一,光武帝也着力调整宗室分封秩序以适应王朝统一的需要。建武十三年至十九年,赵国封爵等级经历了王国到公国再到王国的变化,这种变化深刻地反映了光武帝调整宗室分封,建立以至亲宗室为核心的东汉王朝宗室分封秩序的政治意图。

此前,光武帝已开始对诸侯王分封秩序进行调整。城阳王刘祉、泗水王刘歙、淄川王刘终等宗室与光武帝族属较疏远,建武十年刘歙、刘终薨,建武十一年刘祉薨,三王嗣子降封侯爵。

朱祐建议:"古者人臣受封,不加王爵,可改诸王为公。"[5]771 被光武帝采纳。

> (建武十三年二月)丙辰,诏曰:"长沙王兴、真定王得、河间王邵、中山王茂,皆袭爵为王,不应经义,其以兴为临湘侯,得为真定侯,茂为单父侯。"其宗室及绝国封侯者凡一百三十七人。丁巳,降赵王良为赵公,太原王章为齐公,鲁王兴为鲁公。庚午,以殷绍嘉公孔安为宋公,周承休公姬武为卫公。省并西京十三国:广平属巨鹿,真定属常山,河间属信都,城阳属琅邪,泗水属高密,胶东属北海,六安属庐江,广阳属上谷。[5]61

光武帝以鉴古的方式调整宗室分封秩序,明显带有降低疏属宗室分封等级,提升至亲宗室地位的倾向。此时光武帝已不再需要借助真定、中山等王的政治军事力量壮大新生政权,于是以"不应经义"为名,将族属疏远的长沙、真定、河间、中山等王降爵为侯。又以"列侯非宗室不宜复国"[16]1408 的原则处理西汉旧贵族绍封问题,对旧宗室贵族及绝国者进行笼络,绍封多达137人;空置王爵,以公爵作为最高爵位,光武帝至亲宗室刘良、刘章、刘兴由王爵降封公爵,封爵虽降低一个等级,但仍高于其他宗室成员,是东汉王朝爵位最高的宗室;省并西京13国,将这些封国纳入郡县制下,扩大了中央实际控制地域。

值得注意的是,此时光武帝对先代贵族及功臣分封的处理办法,与降低宗室分封等级的做法形成鲜明对比。光武帝以中兴之主的身份,承袭西汉表彰商周后裔的做法,改封周承休公为卫公,殷绍嘉公为宋公,"以为汉宾,在三公上"[5]3630。卫公、宋公地位虽崇高,但仅具有先代后裔的象征性意义。光武帝对功臣进行增邑更封,多达365人,外戚恩泽分封达45人,如高密侯邓禹食四县、广平侯吴汉食4县、

胶东侯贾复食6县,来歙、寇恂、冯异、岑彭等已故功臣则徙封、更封、复封其子弟。光武帝对待功臣"宥其小失,每能回容",在生活上也给予特殊关照,如"远方贡珍甘,必先遍赐列侯,而太官无余"[5]785。表现出没有过度优崇宗室,能够褒崇先代贵族,与功臣共享天下,保全功臣福禄的政治胸襟,这有利于维系东汉最高统治集团的稳定。

"初,巴蜀既平,大司马吴汉上书请封皇子,不许,重奏连岁。"[5]64 窦融、李通、贾复、邓禹等又上疏:"陛下德横天地,兴复宗统,褒德赏勋,亲睦九族,功臣宗室,咸蒙封爵,多受广地,或连属县。今皇子赖天,能胜衣趋拜,陛下恭谦克让,抑而未议,群臣百姓,莫不失望。"[5]65 从李通等人的奏疏中,可见光武帝调整宗室分封、优待功臣的行动,推动了功臣请求加封皇子的行为。此次上疏得到光武帝积极回应,建武十五年(39年)三月正式下诏群臣商议分封事宜。此时,光武帝诸皇子已渐渐长大,秉承"广籓辅,明亲亲,尊宗庙,重社稷"[5]65 的原则进行分封,建立以诸皇子为主导的宗室分封秩序,符合当时调整宗室秩序以巩固王朝统治的现实需要。同年四月,光武帝册封10位皇子为公,追谥刘縯、刘仲二兄。① 至此,王爵空置,公爵成为宗室享有的最高爵位,受封公爵者只有光武帝诸皇子、叔父刘良、侄子刘章、刘兴,光武帝至亲宗室在宗室分封秩序中享有最崇高的地位。光武帝在王侯之间加个公爵,固然有效法先代经典的因素存在。不可否认,这是"省并西京十三国"的一种辩护手段,对东汉皇帝子弟封公也仅是刘秀的权宜措施。[18]88

建武十七年,以废黜郭后为契机,光武帝为处理皇室内部矛盾,又对宗室分封等级进行调整,对象同样是光武帝诸皇子及赵、齐、鲁三国公。"冬十月辛巳,废皇后郭氏为中山太后,立贵人阴氏为皇后。进右翊公辅为中山王,食常山郡。"[5]68 此时光武帝尚健在,虽说"夫在称太,究属不经"[19]97,但这是光武帝为处理皇室内部矛盾,妥善安置郭后而采取的非常规举措。刘辅进爵中山王,尊郭氏为中山太后,其余皇子也由公爵进封王爵。紧接着赵、齐、鲁三国公也于建武十九年闰四月进爵为王。[5]71 班固《汉书·地理志》以天下九州体系叙述郡国,九州以冀州始;郡国按照先郡后国的顺序,诸侯国则以赵国始,[2]1524,1630 所述虽是西汉郡国,但编纂上的这种安排抑或受到东汉初年宗室分封状况的影响;范晔《后汉书·宗室四王三侯列传》在编纂上也遵循血缘亲疏的原则,先述至亲宗室齐、鲁、赵三王,之后才是舂陵

---

① 《后汉书·光武帝纪下》:封皇子辅为右翊公,英为楚公,阳为东海公,康为济南公,苍为东平公,延为淮阳公,荆为山阳公,衡为临淮公,焉为左翊公,京为琅邪公。癸丑,追谥兄伯升为齐武公,兄仲为鲁哀公。(第66页)

宗室刘祉、刘歙、刘终、刘茂、刘赐、刘嘉等疏属成员；班固、范晔在编纂上的处理办法都从侧面反映出赵国在东汉王朝分封秩序中享有崇高地位。

在光武帝的调整下，东汉宗室分封又回归到王侯两级的状态，宗室成员分封秩序基本定型，宗室分封王爵者只有光武帝诸皇子、赵王、齐王、鲁王及后裔，[①]他们无疑是舂陵宗室的核心，是东汉王朝最尊贵的宗室。此后赵国封爵等级再未发生变化，至建安十八年（213年）徙封为博陵王国，曹魏代汉后降为崇德侯国。

结语

"谐不谐，在赤眉；得不得，在河北"[5]3280，光武帝凭借河北之地缔造帝业。随着光武帝经略天下的重心转向中原、关中，河北之地也由从事征伐的前沿转变为支持统一大业的战略大后方。然而这一战略大后方并不稳固，宗室、实权派官吏、豪强是造成河北陷入割据、纷乱局面的重要因素，为彰显朝廷对该地的重视，在观念上维系河北人心、消弥乱源，光武帝分封叔父刘良为广阳王。在一统天下阶段，赵国作为河北的政治经济核心区，保持其安全稳定意义重大，需要年长且有政治威望的至亲宗室镇抚。光武帝基于赵国特殊而重要的地理区位条件，重建赵国并遣刘良就国，同时任用得力臣将负责河北军政，迅速稳定了河北局势，真正实现对战略大后方河北的牢固控制。另外，在对卢芳、匈奴作战过程中，赵国因处于边地与内地的结合地带，南北交通及信息传递的要冲，又在东汉王朝北部边防第二道防御体系的关键点上，是屯驻军队、向北边输送军队及物资的重要基地，是屏障中原核心区、支援北边作战的战略要地，其重要性更是不容忽视。

东汉王朝完成统一后，舂陵宗室实现由西汉远支宗室到东汉核心宗室的演变，进一步建立以光武帝至亲宗室为核心的宗室分封秩序也是现实的需要。赵国在东汉宗室封国中享有崇高地位，是东汉宗室分封的一个典型案例，其封爵等级经历了由王国降为公国，再由公国进为王国的变化，这与光武帝调整宗室分封、处理皇室内部矛盾的行动直接相关。经过光武帝的调整，舂陵宗室疏属成员地位有所降低，而至亲宗室的地位不断提升。光武帝家族实现了由舂陵宗室旁支向舂陵宗室核心的演变，最终光武帝建立以诸皇子、叔父刘良、侄子刘章和刘兴为核心的东汉王朝宗室分封秩序，东汉宗室分封秩序基本定型。

---

① 建武二十八年，鲁王刘兴徙封北海王，后以北海国承袭。

参考文献

[1] 司马迁. 史记[M]. 北京:中华书局,1959.
[2] 班固. 汉书[M]. 北京:中华书局,1962.
[3] 顾祖禹. 读史方舆纪要[M]. 北京:中华书局,2005.
[4] 史念海. 河山集[M]. 北京:生活·读书·新知三联书店,1963.
[5] 范晔. 后汉书[M]. 北京:中华书局,1965.
[6] 刘玲娣. 两汉之际王郎政权述论[J]. 邯郸学院学报,2015(2):32-40.
[7] 刘敏,陶继双. 王郎垮台与更始灭亡要因发覆[J]. 河北学刊,2015(4):44-49.
[8] 刘敏. 对王郎及邯郸败亡相关问题的质疑[J]. 邯郸学院学报,2015(4):27-31.
[9] 赵国华. 东汉统一战争的战略考察[J]. 华中师范大学学报(哲学社会科学版),1995(3):99-104.
[10] 王夫之. 读通鉴论[M]. 北京:中华书局,1975.
[11] 廖伯源. 秦汉史论丛续编[M]. 北京:中华书局,2018.
[12] 刘珍. 东观汉记[M]. 吴树平,校注. 北京:中华书局,2008.
[13] 袁宏. 后汉纪[M]. 周天游,校注. 天津:天津古籍出版社,1987.
[14] 孙家洲. 东汉光武帝平定"彭宠之叛"史实考论[J]. 河北学刊,2009(4):89-94.
[15] 孙星衍. 汉官六种[M]. 北京:中华书局,1990.
[16] 司马光. 资治通鉴[M]. 北京:中华书局,1956.
[17] 王子今. 秦汉交通史稿:增订版[M]. 北京:中国人民大学出版社,2013.
[18] 朱绍侯. 军功爵制研究[M]. 上海:上海人民出版社,1990.
[19] 赵翼. 廿二史札记[M]. 王树民,校证. 北京:中华书局,2013.

原载《邯郸学院学报》2021年第1期